全国公安高等教育重点培育专业(侦查学)建设阶段性成果

应对与处置
反恐法律问题研究

王 彬 等著

YINGDUI YU CHUZHI
FANKONG FALÜ WENTI YANJIU

郑州大学出版社
郑州

图书在版编目(CIP)数据

应对与处置:反恐法律问题研究/王彬等著. —郑州:郑州大学出版社,2017.11
ISBN 978-7-5645-4584-0

Ⅰ.①应… Ⅱ.①王… Ⅲ.①反恐怖活动-法律-研究-中国 Ⅳ.①D922.144

中国版本图书馆 CIP 数据核字(2017)第 163210 号

郑州大学出版社出版发行
郑州市大学路 40 号　　　　　　　　邮政编码:450052
出版人:张功员　　　　　　　　　　发行电话:0371-66966070
全国新华书店经销
虎彩印艺股份有限公司印制
开本:787 mm×1 092 mm　1/16
印张:19.75
字数:458 千字
版次:2017 年 11 月第 1 版　　　　　印次:2017 年 11 月第 1 次印刷

书号:ISBN 978-7-5645-4584-0　　　　定价:46.00 元
本书如有印装质量问题,请向本社调换

作者简介

王彬　男　河南淮滨人,法学博士、博士后,河南警察学院犯罪学系主任、教授,郑州大学法学院诉讼法专业硕士研究生导师。

担任全国公安高等教育重点专业(侦查学)培育点负责人;河南省第二批卓越法律人才培养(河南警察学院)基地负责人;河南省高等学校精品资源共享课程"刑事证据学"课程负责人。

兼任中国警察法学研究会警察刑事执法专业委员会委员;河南省刑事诉讼法研究会常务理事;河南省公安厅刑事侦查研究中心研究员;《中原侦查》杂志编辑部副主编。曾任郑州市公安局刑事侦查支队(现为刑事侦查局)党委委员、副支队长。

出版《刑事搜查制度研究》等著作;主编《刑事诉讼法学》《刑事侦查学》《刑事证据学》等国家级、省部级各类教材十余部;在《政治与法律》《武汉大学学报》《中州学刊》等期刊上公开发表学术论文五十余篇;主持并完成各级各类社科研究项目二十余项。

研究方向:刑事诉讼法、侦查理论与实务、证据理论与实务。

李建东　男　河南正阳人,河南警察学院侦查系副教授,西南政法大学诉讼法专业在读博士研究生,兼任河南省刑事诉讼法研究会理事;公开发表专业学术论文近二十篇,主持或者参与完成各类社科研究项目十余项;研究方向:刑事证据、刑事诉讼程序、刑事侦查。

芮强　男　河南新乡人,河南警察学院法律系副教授,法学硕士;公开发表专业学术论文近二十篇,主持或者参与完成各类社科研究项目十余项;研究方向:刑法法学。

李霞　女　河南宁陵人,河南警察学院侦查系讲师,法学博士;公开发表专业学术论文十多篇,主持或者参与完成各类社科研究项目多项;研究方向:刑法法学、经济犯罪侦查。

前言

近年来,受国际恐怖活动高发、境内外"东突"势力渗透煽动的影响,中国国内面临的暴恐活动威胁越来越突出,发生的暴恐案件给人民群众的生命财产安全造成了严重的损失,恐怖活动对国家安全、社会稳定、经济发展、民族团结和人民生命财产安全构成了严重的威胁。

中国政府历来高度重视反恐怖主义法律制度建设,中国的反恐怖主义工作始终在法治的轨道上进行。有关反恐怖主义的法律规定见于《刑法》《刑事诉讼法》《反洗钱法》《武装警察法》等多部法律和全国人大常委会关于加强反恐怖主义工作的有关问题的决定等,同时中国还缔结或者参加了一系列反恐怖主义国际条约。在现有法律规定的基础上,2015 年 12 月 27 日第十二届全国人民代表大会常务委员会第十八次会议通过了《中华人民共和国反恐怖主义法》(以下简称《反恐法》),自 2016 年 1 月 1 日起施行。

《反恐法》是在总结近年来我国防范和打击恐怖活动工作经验,借鉴国外有效做法的基础上制定的,是一部规范政府和社会开展反恐工作的法律。它全面系统地规定了我国反恐工作的体制、机制、手段、措施;它的颁布与施行为我国依法打击暴恐活动,维护国家安全、公共安全和人民生命财产的安全,以及加强国际反恐合作,提供了更加坚实的法律支撑和保证。恐怖主义是全人类的公敌,我国政府坚决反对一切形式的恐怖主义,坚决打击任何挑战人类文明底线的暴恐犯罪活动。反对在反恐问题上采取"双重标准",始终坚持综合施策、标本兼治,与国际社会一道打击恐怖主义。为了进一步加强对我国反恐法律制度的理论研究和实践应用,我们以我国《反恐怖主义法》及相关法律、法规为依据,在吸收我国反恐法律制度理论研究与实践成果的基础上,从基本理论问题、行政法律、刑事实体法律、刑事程序法律和国际法律等不同方面,对反恐法律问题进行了全面、深入的理论与实证研究。

本书由王彬教授撰写大纲,并分工写作,最后在集体讨论的基础上由王彬教授统稿、定稿。具体撰写分工如下:王彬,第一章、第二章;李霞,第三章;李建东,第四章;芮强,第五章。

本书能够顺利出版,得益于郑州大学出版社的大力支持与帮助,也得到了河南警察学院领导与有关部门的大力支持;在本书的写作过程中,我们还参考和借鉴了国内外一些专家、学者的理论研究成果,在此一并表示感谢。

本书是我们多年来对反恐怖主义法律制度深入研究与探索的集中体现。虽然我们在写作过程中尽了最大努力,但书中不足之处在所难免,请各位专家、学者和读者批评指正。

王　彬
2017年5月20日

目录

第一章 恐怖主义概述 …… 1
第一节 恐怖主义内涵分析 …… 1
一、恐怖主义的定义 …… 1
二、恐怖主义的要素 …… 8
三、恐怖主义的类型 …… 16
第二节 恐怖分子与恐怖组织 …… 21
一、恐怖分子 …… 21
二、恐怖组织 …… 25
三、恐怖组织与人员的认定 …… 31
第三节 恐怖主义的产生与发展 …… 37
一、恐怖主义的渊源与根源 …… 37
二、恐怖主义的严重危害 …… 41
三、当前恐怖主义的新趋势新特点 …… 46

第二章 恐怖主义活动的行政法问题 …… 50
第一节 恐怖主义活动及相关概念分析 …… 50
一、恐怖主义活动 …… 50
二、恐怖主义行为 …… 51
第二节 中国反对恐怖主义的立场与原则 …… 52
一、中国反对恐怖主义的立场 …… 52
二、中国反对恐怖主义的基本原则 …… 56
第三节 中国反对恐怖主义的行政立法 …… 62
一、立法沿革 …… 62
二、立法内容 …… 63
第四节 域外主要国家和地区反对恐怖主义的行政立法 …… 79
一、英美法系国家 …… 79
二、大陆法系国家 …… 86
三、俄罗斯及中亚国家 …… 91
四、中国港澳台地区 …… 103

第三章 恐怖主义犯罪的实体法问题 …… 108
第一节 恐怖主义犯罪的成因与趋势 …… 108

一、恐怖主义犯罪的成因 ……………………………………………… 108
　　二、当前恐怖主义犯罪的新趋势 ……………………………………… 109
　第二节　恐怖主义犯罪概念的界定 ……………………………………… 110
　　一、恐怖主义犯罪的概念之争 ………………………………………… 111
　　二、恐怖主义犯罪的实质 ……………………………………………… 115
　　三、界定恐怖主义犯罪应遵循的原则 ………………………………… 116
　第三节　域外主要国家和地区恐怖主义犯罪的刑事立法 ……………… 117
　　一、英美法系国家 ……………………………………………………… 118
　　二、大陆法系国家 ……………………………………………………… 122
　　三、俄罗斯及中亚国家 ………………………………………………… 126
　　四、中国港澳台地区 …………………………………………………… 130
　　五、对世界主要国家和地区反恐刑事立法的评析 …………………… 133
　第四节　中国恐怖主义犯罪的刑事立法 ………………………………… 134
　　一、中国恐怖主义犯罪立法发展 ……………………………………… 134
　　二、中国恐怖主义犯罪的立法内容 …………………………………… 138
　　三、对中国反恐刑事立法的评析 ……………………………………… 143
　第五节　恐怖主义犯罪与相关犯罪之比较 ……………………………… 144
　　一、恐怖主义犯罪与邪教犯罪的关系 ………………………………… 144
　　二、恐怖主义犯罪与黑社会（性质）犯罪的关系 …………………… 148
　　三、恐怖主义犯罪与洗钱犯罪的关系 ………………………………… 151

第四章　恐怖主义犯罪的程序法问题 ……………………………… 155
　第一节　恐怖主义犯罪的管辖 …………………………………………… 155
　　一、中国恐怖主义犯罪的管辖 ………………………………………… 155
　　二、域外主要国家恐怖主义犯罪的管辖 ……………………………… 160
　　三、恐怖主义犯罪管辖的比较与借鉴 ………………………………… 163
　第二节　恐怖主义犯罪的侦查 …………………………………………… 166
　　一、中国恐怖主义犯罪的侦查 ………………………………………… 166
　　二、域外主要国家恐怖主义犯罪的侦查 ……………………………… 175
　　三、恐怖主义犯罪侦查的比较与借鉴 ………………………………… 181
　第三节　恐怖主义犯罪的证据制度 ……………………………………… 185
　　一、关于恐怖主义犯罪技术侦查证据的审查 ………………………… 185
　　二、恐怖主义犯罪嫌疑人口供证据的适用与排除问题 ……………… 190
　　三、"营救式讯问"的口供证据不宜适用 …………………………… 194
　　四、恐怖主义犯罪案件中的证人制度 ………………………………… 197
　　五、恐怖主义犯罪案件诉讼中警察出庭作证保护问题 ……………… 201
　第四节　恐怖主义犯罪案件的证明 ……………………………………… 204
　　一、恐怖主义犯罪案件举证责任的倒置问题 ………………………… 204
　　二、犯罪事实认定中的推定 …………………………………………… 208

第五节 恐怖主义犯罪嫌疑人、被告人逃匿、死亡案件违法所得没收程序 ……… 210
 一、恐怖主义犯罪案件适用的对象范围 ……………………………… 211
 二、恐怖主义犯罪嫌疑人、被告人逃匿、死亡案件违法所得没收程序 ……… 213
 三、司法协助 ……………………………………………………………… 216

第六节 恐怖主义犯罪刑罚的执行 ……………………………………… 217
 一、刑罚执行机关应当强化对恐怖主义罪犯的管理、教育、矫正等工作 …… 218
 二、恐怖主义罪犯的关押 ………………………………………………… 219
 三、安置教育 ……………………………………………………………… 220

第七节 恐怖主义犯罪被害人国家救助制度 …………………………… 224
 一、恐怖主义犯罪被害人的特征 ………………………………………… 225
 二、恐怖主义犯罪被害人国家救助的理论基础 ………………………… 226
 三、恐怖主义犯罪被害人救助的原则 …………………………………… 228
 四、恐怖主义犯罪司法救助的对象 ……………………………………… 229
 五、国家司法救助的方式和标准 ………………………………………… 229
 六、恐怖主义犯罪国家司法救助程序 …………………………………… 230
 七、国家司法救助资金的筹集和管理 …………………………………… 231

第五章 恐怖主义犯罪的国际法问题 ……………………………………… 232
第一节 国际恐怖主义犯罪概述 ………………………………………… 232
 一、国际恐怖主义犯罪的概念 …………………………………………… 232
 二、国际恐怖主义犯罪的特征 …………………………………………… 233
 三、国际恐怖主义犯罪的构成 …………………………………………… 235
 四、国际恐怖主义犯罪的类型 …………………………………………… 238

第二节 预防和惩处国际恐怖主义犯罪的国际法机制 ………………… 240
 一、预防和惩处国际恐怖主义犯罪的国际法律依据 …………………… 240
 二、国际恐怖主义犯罪的管辖权 ………………………………………… 243
 三、国际恐怖主义犯罪人的引渡 ………………………………………… 251
 四、国际反恐联合侦查 …………………………………………………… 259

第三节 预防和惩处国际恐怖主义犯罪的国际法困境及解决 ………… 263
 一、预防和惩处国际恐怖主义犯罪的国际法困境 ……………………… 263
 二、预防和惩处国际恐怖主义犯罪的国际法困境之解决 ……………… 268

附录 …………………………………………………………………………… 275

参考文献 ……………………………………………………………………… 300

第一章　恐怖主义概述

第一节　恐怖主义内涵分析

"恐怖主义"(terrorism)一词,最早出现于18世纪末法国资产阶级大革命后期的雅各宾派专政时期。为了捍卫新生政权,巩固统治地位,雅各宾派用红色恐怖主义对付复旧的反革命分子。当雅各宾派的恐怖统治被"热月政变"推翻之后,热月党人即将雅各宾派一概称为"恐怖主义者"。之后,欧美国家语境中,"恐怖主义"一直不是一个贬义词,而只是"用来描述这样的一种方法或者理论的术语,即在这种方法和理论的背后,一个有组织的集团或者政党主要通过系统地使用暴力来达到其公开宣称的目的"[①]。直到进入20世纪中后期,由于全球范围内兴起的民族解放运动和冷战的共同影响,恐怖主义事件的数量急剧增加,在内容和形式上也出现了许多新的变化,对国际秩序的破坏作用日益增强,"恐怖主义"一词才开始演变成一个贬义词,并在美国"9·11"事件后得到了进一步的确认。

一、恐怖主义的定义

(一)词源词义

"恐怖主义"的英文"terrorism",是由词根"terror"和后缀"-ism"组合而成的,显然,"恐怖主义"是由词根"恐怖"(terror)演化而来的一个词语。从语源学的角度来看,"恐怖"(terror)一词发源于拉丁语系,最初被用来形容一种产生于人们内心的极度惊骇、恐惧、害怕、惊恐和惊慌的心理状态,有时候也指产生这种心理状态的缘由[②]。"恐怖"这个词汇是在14世纪经由法语的过渡而进入西欧语汇的,英语中最早见用于1526年[③]。《牛津高阶英汉双解词典》对"恐怖"(terror)的解释是:惊骇(extreme fear)或者可怕的人或者

[①] 杨洁勉、赵念渝:《国际恐怖主义与当代国际关系》,贵州人民出版社2002年版,第53页。

[②] *Webster's Third New International Dictionary of the English Language*, Merriam-Webster Inc., 1986, p2361.

[③] 杨洁勉、赵念渝:《国际恐怖主义与当代国际关系》,贵州人民出版社2002年版,第51页。

事物(terrifying person or thing)①。《朗文现代英汉双解词典》的解释是：极度害怕(very great fear)或者令人极度害怕的人或者事(someone or something that cause such fear)②。上述解释可知，"极度害怕"是"恐怖"(terror)最基本的和普遍的含义。

根据《新华字典》的解释，"主义是指人们对于自然界、社会以及学术、文艺等问题所持的有系统的理论与主张"③。据此，国内有学者认为，"恐怖主义"是一种"理论或者主张"，只有"恐怖主义活动"才是一种"行为"④。但是需要说明的是，仅从汉语的角度来解释"恐怖主义"是不够的，作为一个纯粹的西语词汇，"恐怖主义"的正确理解还需要从西语入手。"恐怖主义"(terrorism)中的"主义"，其项英语词源是"-ism"，而英语中的"-ism"既有"学说"(doctrine)的含义，也有"体系"(system)或者"运动"(movement)的含义⑤。而且，从目前西方国家法律和权威工具书对"恐怖主义"(terrorism)的表述来看，"恐怖主义"(terrorism)中的"主义"(-ism)也均被界定为"行为"，而非"理论"或者"主张"，因此，"恐怖主义"的"主义"，应当是指一种系统的、持续的和有组织的行为。在这个意义上，恐怖主义实际上与"恐怖的体系"(a system of terror)是相对应的⑥。

(二)辞典定义

西方国家很早就在辞典中对恐怖主义进行了定义。《简明不列颠百科全书》的定义是：对各国政府、公众和个人使用令人莫测的暴力、讹诈或者威胁，以达到某种特定目的的政治手段⑦。《朗文现代英汉双解词典》的定义是：为满足政治目的而使用或者威胁使用非法暴力的行为⑧。《牛津高阶英汉双解词典》的定义是：使用非法的暴力及以非法的暴力恐吓，特别是有政目的⑨。《布莱克维尔政治学百科全书》的定义是：恐怖主义可以简洁定义为强制性恐吓，或者更全面地定义为系统地使用暗杀、伤害和破坏，或者通过威胁使用上述手段，以制造恐怖气氛，宣传某种事业，以及强迫更多的人服从于它的目标⑩。

在我国，一些权威辞典对"恐怖主义"也进行了定义。《国际法知识辞典》的定义是：为达到一定目的，特别是政治目的而对他人的生命、自由、财产等使用强迫手段，引起如暴力、胁迫等造成社会恐怖的犯罪行为的总称⑪。《辞海》的定义是：主要通过对无辜平民

---

① 《牛津高阶英汉双解词典》，商务印书馆、牛津大学出版社(中国)有限公司2002年版，第1576页。
② 《朗文现代英汉双解词典》，现代出版社、朗文出版(远东)有限公司1988年版，第1471页。
③ 《防范和应对恐怖主义活动知识读本》编写组：《防范和应对恐怖主义活动知识读本》，人民日报出版社2015年版，第3页。
④ 杨杰军：《恐怖主义根源探析》，载《现代国际关系》2002年第1期，第54页。
⑤ 《朗文现代英汉双解词典》，现代出版社、朗文出版(远东)有限公司1988年版，第794页。
⑥ 王逸舟：《恐怖主义溯源》，社会科学文献出版社2002年版，第6页。
⑦ 《简明不列颠百科全书》(第4卷)，中国大百科全书出版社1985年版，第817页。
⑧ 《朗文现代英汉双解词典》，现代出版社、朗文出版(远东)有限公司1988年版，第1471页。
⑨ 《牛津高阶英汉双解词典》，商务印书馆、牛津大学出版社(中国)有限公司2002年版，第1577页。
⑩ 姚臻：《关于"恐怖主义"的界定》，载《北京政法职业学院学报》2010年第2期，第74页。
⑪ 马骏等：《国际法知识辞典》，陕西人民出版社1993年版，第220～221页。

采取暴力手段以达到一定的政治和宗教目的的犯罪行为的总称,较多采用制造爆炸事件、劫机、扣押或者屠杀人质等方式造成社会恐怖,打击有关政府和组织,以满足其某些要求或者扩大其影响①。《中国大百科全书》的定义是:国际社会中某些组织或者个人采取绑架、暗杀、爆炸、空中劫持、扣押人质等恐怖手段,图谋实现其政治目标或者某项具体要求的主张和行动②。

(三)学者定义

1. 国外学者的定义

国外学者很早就开始研究恐怖主义问题,并提出了恐怖主义的定义。

荷兰学者施密德在1988年出版的《政治恐怖主义》一书中指出,"恐怖主义是(半)秘密的个人、集团或者国家行为者,出于特殊的、犯罪的或者政治的原因,通过反复的暴力行为导致忧虑的方法"③。以色列前总理内塔尼亚胡在1995年出版的《与恐怖主义斗争》一书中指出,"恐怖主义是精心策划的、有系统地对公民的攻击,是为了政治目的制造恐怖气氛"④。

美国学者爱德华·F.密克鲁斯认为,恐怖主义是一种蓄意的、有组织的谋杀行为,旨在威胁和残害无辜者,使其感到恐惧,以此达到自己的政治图谋⑤。另一位美国学者理查德·G.鲁格则认为,恐怖主义是一种突发的暴力行为,其意在威吓而不是毁灭对手,它是旨在通过袭击和威胁具有象征性重要意义的目标而影响对手的政治行为。但恐怖主义造成的结果往往是平民百姓成了牺牲者⑥。

美国兰德公司反恐专家布兰恩·詹金斯认为,恐怖主义就是运用或者威胁运用暴力以促成政治变革的行为;美国乔治城大学教授瓦尔特·拉夸尔认为,恐怖主义就是为了政治目的针对无辜者非法使用暴力的行为⑦。

英国学者庄·B.沃尔夫索指出,恐怖主义是在和平状态而非战争或者内战情形之下的,出于某种政治目的而采取的个别暴力行为⑧。英国学者哈利戴认为,恐怖主义是战争或者内战以外,出于某种政治目的采取的个别暴力活动⑨。

英国反恐专家保罗·威金森认为,恐怖主义可以简洁地定义为强制性恐吓的行为,或者更全面地定义为系统地使用暗杀、伤害和破坏,或者通过威胁使用上述手段,以制造

---

① 《辞海》(下册),上海辞书出版社1999年版,第4537页。

② 《中国大百科全书》,中国大百科全书出版社2002年版,第799页。

③ 王逸舟:《恐怖主义溯源》,社会科学文献出版社2002年版,第8~9页。

④ 王逸舟:《恐怖主义溯源》,社会科学文献出版社2002年版,第8页。

⑤ Edward F. Mickolus, *How Do We Know We're Winning the War Against Terrorists? Issues in Measurement*, Studis in Conflict & Terrorism, 2002, 25(3):151~160.

⑥ Richard G. Lugar, *Redefining NATO's Mission: Preventing WMD Terrorism*, The Washington Quarterly, 2002, 25(3):5~13.

⑦ Walter Laqueur, *Terrorism*, Little, Brown and Company, 1977, p79.

⑧ Jon B. Wolfsthal, Ton Z. Collina, *Nuclear Terrorism and Warhead Control in Russia*, The International Institute for Strategic Studies, 2002, 44(2):71.

⑨ 姚臻:《关于"恐怖主义"的界定》,载《北京政法职业学院学报》2010年第2期,第 。

恐怖气氛,宣传某种事业,以及强迫更多的人服从于其目标的行为①。

在俄罗斯,对"恐怖主义"的定义,阿夫杰耶夫和卡尔别茨的观点具有代表性。他们认为,恐怖主义要有下列与政治性有关的前提:①有成体系的社会或者政治动机,以意识形态为基础支持其使用或者威胁使用暴力;②通过恐吓,控制人们作出有利于恐怖分子的行为,逐步达到政治目的;③具有双重目标,即直接的行动目标(人或者物)和间接的政治目标(社会组织或者阶层、政权机关的代表人物)。费多托娃则认为,恐怖主义简化了对"敌友"的理解,忽略了国家和外交的功能,为了达到政治目的,激发起复仇本能。复仇、自我证明、自我牺牲——这些古代政治形式被从文化深处唤醒。她认为,认清恐怖主义的特点恰恰需要从政治的角度出发,因为"伊斯兰极端主义者的主要目的不是宗教,而是政治"。

2. 国内学者的定义

由于研究领域和研究视角的不同,我国学术界对恐怖主义形成了多种定义。

有学者认为,恐怖主义是为实现政治目的,通过对人身或者财产非法使用暴力以恐吓、强迫政府和民众的行为②。

有学者认为,恐怖主义是具有国际政治目的的由私人或者有组织的团体伤害他人生命或者损害他人的暴力行为③。

有学者认为,恐怖主义是指以非法、非理性、违反人类社会公认准则的方式,用暴力、威胁或者其他破坏性手段来实现自己的政治或者其他非纯利己目标的思想逻辑和实践活动④。

有学者认为,恐怖主义者为了达到一定政治或者社会目的,采用突发性暗杀、绑架、劫机、爆炸、网络攻击等暴力或者破坏手段,或者以暴力或者破坏手段相威胁,来制造社会恐怖,从而实现其目的的违法犯罪行为的总称⑤。

有学者将恐怖主义定义为为了改变某一政治进程或达到某些政治目标,而对个人、集团采取的一种极端的行动⑥。

还有学者认为,恐怖主义是指一种旨在制造恐惧气氛、引起社会注意以威胁有关政府或者社会,为达到某种政治或者社会目的服务的,无论弱者或者强者都可以采用的,针对非战斗目标(特别是无辜平民目标)的暗杀、爆炸、绑架与劫持人质、劫持交通工具、施毒、危害计算机系统及其他形式的违法或者刑事犯罪性质的暴力、暴力威胁或者非暴力破坏活动⑦。

---

① [英]戴维·米勒、韦农·波格丹诺:《布莱克维尔政治学百科全书》,中国问题研究所等译,中国政法大学出版社1992年版,第757页。
② 杨隽、梅建明:《恐怖主义概论》,法律出版社2013年版,第10页。
③ 郑民远等:《国际反恐怖法》,法律出版社2003年版,第3页。
④ 杨洁勉:《国际反恐合作:超越地缘政治的思考》,时事出版社2003年版,第17页。
⑤ 刘德斌:《国际关系史》,高等教育出版社2003年版,第531页。
⑥ 俞正梁:《全球化时代的国际关系》,复旦大学出版社2000年版,第157页。
⑦ 胡联合:《当代世界恐怖主义与对策》,东方出版社2001年版,第28页。

(四)官方定义

在美国,官方对恐怖主义也没有一个统一的定义。

美国国务院 1986 年的定义为:针对人身或者财产,非法使用或者威胁使用暴力,以推进政治或者社会目标,或者迫使政府、个人或者团体改变其行为或者政策[①]。2001 年 4 月,美国国务院在一份报告中又指出,恐怖主义一词指的是由次国家组织或者隐蔽人员对非战斗性目标所实施的有预谋的、带有政治动机的、通常旨在影响群众的暴力的活动[②]。联邦调查局把恐怖主义定义为:为了政治或者社会目标而针对人身或者财产非法使用武力或者暴力以恐吓政府、平民或者对他们进行强制。美国国防部认为,恐怖主义就是通常为了达到政治、宗教或者意识形态上的目标而使用或者威胁使用武力或者暴力以恐吓政府或者社会或者对他们进行强制的行为。美国刑事司法标准与目标咨询委员会(Nation Advisory Committee on Criminal Justice Standards and Goals)认为,可以把恐怖主义看成是基于政治目的做了在整个社会或者社会的大部分人中产生恐惧的暴力性犯罪行为[③]。

美国官方机构对恐怖主义的定义虽然各不相同,但都试图通过对恐怖主义的定义回答以下问题,即:是谁,什么目的,采取什么手段,直接或者间接针对谁实施了被称为恐怖主义的行为。

德国政府认为,恐怖主义是为了政治目的而持续袭击人们生命和其他人财产的行为,特别是暗杀、杀人、敲诈勒索、纵火、爆炸或者其他旨在准备实施这种犯罪活动的暴力行为,以及相应的威胁行为。[④]

(五)法律定义

西方一些国家很早就通过了反恐怖主义的国内法,并明确地规定了恐怖主义的定义。英国 1974 年和 1989 年的《预防恐怖主义法》的定义是:基于政治目的使用暴力,旨在使公众或者公众的一部分处于恐怖之中[⑤]。2000 年英国通过了《反恐法》,对恐怖主义概念进行了更为全面的阐释。在本法中,"恐怖主义行为"是指实施或者威胁实施第(2)款所指的行为;实施或者威胁实施该行为之目的是为了影响政府,或者威胁公众;实施或者威胁实施该行为之目的是为了提升其政治、宗教或者意识形态之信仰。第(2)款所指的行为有:①涉及对他人实施的严重暴力;②涉及对他人财产造成的严重损坏;③危及他人的生命,而非行为人之生命;④对公众的健康或者安全构成严重威胁;⑤为了严重干扰或者破坏电子系统[⑥]。

《美国法典》第 22 条把恐怖主义定义为亚国家或者秘密代理人对非战斗人员实施的

---

① Quoted in *Military Review*,1986,66:74.
② 石斌:《试析美国政府对恐怖主义的定义》,载《世界经济与政治》2002 年第 4 期,第 56 页。
③ 杨隽、梅建明:《恐怖主义概论》,法律出版社 2013 年版,第 3 页。
④ 姚臻:《关于"恐怖主义"的界定》,载《北京政法职业学院学报》2010 年第 2 期,第 75 页。
⑤ 王逸舟:《恐怖主义溯源》,社会科学文献出版社 2002 年版,第 7 页。
⑥ 赵秉志:《外国最新反恐法规汇编》,中国法制出版社 2008 年版,第 3 页。

预谋的、基于政治动机的、通常意图影响公众的暴力①。"9·11"事件之后,美国还通过了专门的《爱国者法案》,这些法律、法案也使美国成为最早对恐怖主义进行国内法定义的国家。

《法国刑法典》第421-1条规定,故意与"旨在通过威吓或者恐怖手段,严重扰乱公共秩序的个人或者集体的行为"有关的如下行为,可构成恐怖主义行为:①由本《刑法典》第二篇规定的故意杀人、故意伤害、绑架、非法监禁和支持航空器、船舶或者其他运输工具;②由本《刑法典》第三篇规定的偷盗、敲诈、破坏、损坏及信息犯罪;③由本《刑法典》第431-13条至第431-17条规定的有关战斗团体和已解散运动团体的犯罪,由本《刑法典》第434-6条,以及第441-2条至第441-5条规定的犯罪行为②。

2006年《俄罗斯联邦反恐法》第3条第1款规定,恐怖主义是以恐吓居民和(或)实施其他暴力违法行为,影响国家权力机关、地方自治机关或者国际组织决定的暴力思想和行为。根据《俄罗斯联邦反恐法》,恐吓居民或者暴力违法,不再被视为恐怖主义的目的,而只是达到目的的手段。新定义提出了"暴力思想",具有深远的法律意义,它决定了抵制恐怖主义思想的重要的反恐方向,但是思想是否可以定罪,这在国际法学界引起了重大争议。

俄罗斯视野下的"恐怖主义"定义有三个构成要素:一是恐怖主义的对象是非武装个人或者组织,包括普通居民、国家和社会重要人士及受国际保护的外国代表或者国际组织工作人员等;二是恐怖主义的手段是暴力,包括使用暴力、威胁使用暴力,以及制造或者传播使用暴力的恐怖主义思想;三是目标是影响和改变组织或者国家决策。

我国《反恐法》第3条第1款规定,恐怖主义,是指通过暴力、破坏、恐吓等手段,制造社会恐慌、危害公共安全、侵犯人身财产,或者胁迫国家机关、国际组织,以实现其政治、意识形态等目的的主张和行为。

(六)国际条约定义

1937年11月16日,国际联盟主持下签署的《防止和惩治恐怖主义公约》(以下简称《公约》)是国际社会最早出现的反恐条约。《公约》第1条将恐怖主义定义为"直接反对一个国家,而其目的和性质是在个别人士、个人团体或者公众中制造恐怖的犯罪行为"。同时,《公约》第2条和第3条又进一步以列举的方式对属于恐怖主义的行为作出了明确的规定。然而,由于一直得不到规定数量的缔约国的批准,《公约》一直未能生效。"二战"之后,在联合国及其专门机构的主持下,国际社会先后通过了13项反恐怖主义国际公约,但这些公约都是针对某种特定的恐怖主义行为而制定的,都未对恐怖主义的定义作出明确规定。

早在1996年,联大就根据印度提案着手起草一项全面反恐公约。美国"9·11"事件后,制定包含恐怖主义定义的全球性全面反恐公约的呼声日益高涨。2004年12月,联合国威胁、挑战和改革问题高级别小组在向联合国秘书长提交的报告中,建议把恐怖主义定义为"现有有关恐怖主义各方面的公约、日内瓦四公约和安全理事会第1566〔2004〕号

---

① 何秉松:《恐怖主义·邪教·黑社会》,群众出版社2001年版,第59页。
② 赵秉志:《惩治恐怖主义犯罪理论与立法》,中国人民公安大学出版社2005年版,第468页。

决议已经列明的各种行动,以及任何有意造成平民或者非战斗员死亡或者严重身体伤害的行动,如果此种行动的目的就其性质和背景而言,在于恐吓人口或者强迫一国政府或者一个国际组织实施或者不实施任何行为"。同时,还就是否把"国家恐怖主义行为"和"反抗外来侵略的民族抵抗运动"纳入恐怖主义的范围分别提出了自己的意见①。然而,由于西方国家和阿拉伯世界在是否把"国家恐怖主义行为"和"反抗外来侵略的民族抵抗运动"纳入恐怖主义范围的问题上存在巨大分歧,全面公约缔结工作一直未取得进展。

在一些区域性的多边反恐条约制定过程中,各国对恐怖主义定义的争执也始终不断,以至于一些条约不得不回避恐怖主义的定义问题,如2005年11月欧盟—地中海国家首脑会议通过的《反恐行为准则》。当然,也有一些地区性条约在恐怖主义定义问题上达成了共识。

1977年1月27日,欧洲议会在斯特拉斯堡制定的《欧洲反恐公约》中就列举了一系列恐怖主义行为作为打击的对象,并明确地规定:恐怖主义不是政治犯罪,也不是与政治犯罪相关的犯罪,甚至不是由政治动机引起的犯罪。该公约的这项规定为欧洲议会成员国之间引渡恐怖分子奠定了基础。

欧盟成立后,《欧洲联邦公约》第29条特别提出,恐怖主义是一种需要采取措施预防和打击的严重犯罪形式。欧盟委员会在2001年提出的《打击恐怖主义框架决定建议书》中把恐怖主义定义为:由个人或者组织故意实施的反对一个或者多个国家、其制度或者人民,以达到恐吓人们或者极大地改变或者摧毁一个国家政治、经济或者社会结构的行为。需要说明的是,该项文件还把通过侵入信息系统实施的攻击列为恐怖主义行为。

1999年6月4日通过的《独联体成员国反恐合作条约》将"恐怖主义"定义为违法的、应受刑事处罚的一种行为,其目的是破坏社会安全,影响权力机关决定,恐吓居民。它表现为:①对自然人或者法人实施暴力或者以暴力相威胁;②消灭(破坏)或者威胁消灭(破坏)物资和其他物质,造成人群死亡危险;③导致重大的物资损失或者其他社会性危险后果;④蓄意侵害国家或者社会人士的人身安全,以此中断其国家或者其他政治活动;⑤攻击受国际保护的外国代表或者国际组织工作人员,攻击受国际保护的办公室或者交通工具;⑥根据独联体法律,或者公认的相关国际法律属于恐怖主义的其他行为。

2001年6月,上海合作组织成员国签署了《打击恐怖主义、分裂主义、极端主义上海公约》。该《公约》第1条规定,恐怖主义是指:①本公约附件所列条件之一所认定并经其定义为犯罪的任何行为;②致使平民或者武装冲突情况下未积极参与军事行动的任何其他人员死亡或者对其造成重大人身伤害、对物质目标造成重大损失的任何其他行为,以及组织、策划、共谋、教唆上述活动的行为,而此类行为因其性质或者背景可认定为恐吓居民、破坏公共安全或者强制政权机关或者国际组织实施或者不实施某种行为,并且是依各方国内法应追究刑事责任的任何行为。

---

① 联合国威胁、挑战和改革问题高级别小组:《一个更安全的世界:我们的共同责任》,http://www.un.org/chinese/secureword/reportlist.htm(2004-12-20).

二、恐怖主义的要素

恐怖主义的要素,是指构成恐怖主义应当具有的元素。正是通过这些元素的有机组合,才构成了恐怖主义。由于不同国家历史、政治、社会和文化条件的不同,恐怖主义的表现形式也不同,因此,对恐怖主义应当包含有哪些构成要素也存在一定分歧。

(一)国内学者的观点

有学者认为,恐怖主义有政治目的、暴力手段、刻意传播恐惧、系统连贯性等四个核心要素①。

从历史的角度来看,恐怖主义一定是基于某种政治目的。在达到该目的以前,他们不会主动放弃恐怖主义活动。政治目的是界定恐怖主义的第一个核心要素。

恐怖主义的暴力手段包括爆炸、暗杀、劫持交通工具及人质、武装袭击等,其中"爆炸"是恐怖分子最青睐的手段,如2015年发生的"法国巴黎连环爆炸案"与"比利时布鲁塞尔连环爆炸案",恐怖分子正是通过爆炸的方式吸引了来自全世界的眼球。

恐怖主义虽然是基于政治目的,但其行为的直接目的在于制造、传播恐惧,造成人人恐慌。因此,"刻意传播恐惧"也是恐怖主义的核心要素之一。

恐怖主义中的"主义"二字,是指一种"系统的、持续的、有组织的行为"。"主义"是一种人们所推崇的观点和主张,因而具有持续性和连贯性。这就意味着恐怖主义绝非是一种短暂的、偶发的行为。

有学者认为,恐怖主义要素包括暴力,政治目的,恐惧及心理影响,暴力威胁,有预谋性、有计划性,恐吓、强迫、胁迫,社会目的,非法性,宣传性,象征性,目标的随机性,暴力发生的不可预测性、突发性和不确定性,受害者(平民和其他客体),受害者和袭击目标的不同,非正义性等②。各种要素出现的频率如表1-1所示。

表1-1 要素频率表

要素	频率/%
暴力	92
政治目的	90
恐惧及心理影响	58
暴力威胁	54
有预谋性、有计划性	40
恐吓、强迫、胁迫	34
社会目的	30

---

① 尧超:《浅析界定恐怖主义的四个核心要素》,载《人民论坛》2016年第5期,第248页。
② 张健:《简论恐怖主义要素》,载《学理论》2005年第5期,第23~29页。

续表 1-1

要素	频率/%
受害者(平民和其他客体)	20
受害者和袭击目标的不同	20
宣传性	16
象征性	14
非法性	12
暴力发生的不可预测性、突发性和不确定性	8
非暴力破坏活动	3
非正义性	2
……	

其中出现频率超过 50% 的主要有：暴力，政治目的，恐惧及心理影响，暴力威胁。也就是说，它们得到大多数人的认可。当然，也有一些要素出现频率较低或者没有出现的，但并不是说它们就不重要。因此，恐怖主义要素既包括高频要素，也包括低频要素。高频要素主要有：暴力，包括爆炸、劫持人质、劫持交通工具，政治目的（或社会目的），恐怖氛围，暴力威胁，象征性，非暴力破坏活动，宣传性。依据上述七个主要要素，该学者给出了恐怖主义的定义，即针对具有一定象征意义的目标使用暴力，暴力威胁或者是非暴力破坏活动，并且这种行为将引起人们死亡，身体损害，心理创伤或者财产损失以达到制造恐怖氛围，引起全社会注意并实现自己的政治或者社会目的。

有学者认为，恐怖主义具有五大基本要素，即暴力行为、间接受害者（即观众）、直接受害者、恐惧情绪和行为目的[①]。

还有学者认为，恐怖主义最基本的定义必须包含三个明显的要素，即暴力、非国家行为者及政治目的。接受这三点，恐怖主义的定义就是"……由非国家行为者为了政治目的发起的非法威胁或者暴力行为"[②]。

(二) 外国学者的观点

1983 年，荷兰国立莱顿大学社会冲突研究所的著名恐怖主义学者施密德与江曼在其经典著作《政治恐怖主义》一书中，对收集到的 109 个关于恐怖主义的定义进行了分析，从中归纳出了 22 个共同的要素，并计算了这 109 个定义中各种要素的频率，见表 1-2。

然后，在分析上述要素的基础上，施密德归纳出恐怖主义的定义。他认为：恐怖主义是由秘密的个人、群体或者国家基于个性的、刑事的或者政治的原因而重复实施的能够激发起人们不安的暴力行为，在这种暴力行为中，与暗杀不同，其直接目标并不是其主要的行为目标。其暴力行为的直接受害者一般是目标人群中任意碰上的那些人或者从中

---

① 杨隽、梅建明：《恐怖主义概论》，法律出版社 2003 年版，第 13 页。
② 知远：《恐怖主义的定义至少含三个要素》，中国网，2011 年 05 月 12 日 13:58。

选出的那些具有象征性、代表性的人,他们都具有信息传递的作用。在恐怖分子、受害者与主要目标之间的以暴力行为为基础的沟通,在实施了恐吓、强制、宣传手段的情况下,是为了操纵主要目标(即观众),使他们陷入恐惧状态、满足恐怖分子的要求或者对他们给予关注。

表1-2 施密德归纳的恐怖主义要素及其出现的频率①

要素	频率/%
1. 暴力或者武力	83.5
2. 政治性	65
3. 害怕或者恐惧	51
4. 威胁	47
5. 心理效果和反应	41.5
6. 对受害者和目标群体进行区分	37.5
7. 故意的、有计划的、系统的、有组织的行为	32
8. 战斗、战略和战术方法	30.5
9. 违背公认的规则、毫无人性的限制、极端异常性	30
10. 通过强迫与勒索诱使顺从	28
11. 公开曝光	21.5
12. 武断、随机性	21
13. 受害者为平民、非战斗人员、中立者或者局外人	17.5
14. 恐吓	17
15. 强调被害人的无辜	15.5
16. 实施者的有组织性或者群体性	14
17. 展示给其他人看的象征性	13.5
18. 秘密的	9
19. 暴力发生的不可预测性、突然性和难以估计性	7
20. 刑事的	6
21. 对第三方提出要求	4

按照施密德的定义,恐怖主义是一种把直接受害者当作符号性目标的战斗方法。行为者通过在正常行为之外使用暴力来产生一种持久的恐惧状态,从而使直接受害者之外的第三方(即观众)在态度和行为上发表改变。施密德对恐怖主义定义的研究受到了学

---

① 杨隽、梅建明:《恐怖主义概论》,法律出版社2013年版,第12~13页。

者的普遍关注。

(三)基于中国《反恐法》之分析

我国《反恐法》第3条规定,本法所称恐怖主义,是指通过暴力、破坏、恐吓等手段,制造社会恐慌、危害公共安全、侵犯人身财产,或者胁迫国家机关、国际组织,以实现其政治、意识形态等目的的主张和行为。从该条对恐怖主义定义的界定来看,该条规定的"恐怖主义"应当包括以下几个要素:主体要素、目的要素、手段要素,以及主张和行为要素。

1.恐怖主义的主体

依据我国《反恐法》第3条规定,对于个人、组织能否作为恐怖主义的主体,不存在任何疑义。但对于国家能否作为恐怖主义的主体,在本法颁布之前学术界存在两种不同观点:一种观点认为,恐怖主义的主体仅仅包括个人、组织,国家不能成为恐怖主义的主体;另一种观点认为,个人、国家、组织都可以成为恐怖主义的主体,如果缺少国家,就为国家进行恐怖犯罪打开了方便之门,不利于谴责、制裁、打击那些从事恐怖主义活动的国家,有害于世界和平。[1]

笔者认为,恐怖主义的主体应当包括国家在内,理由如下。

(1)就历史事实而言,国家恐怖主义早已有之。国家恐怖主义,即恐怖主义的精神思想、意识形态内涵被上升为国家意志,从而以一个更为庞大、完善的形态与机制去实施自身的恐怖理论。例如,红色高棉在柬埔寨三年八个月的管制期间,利用饥荒、劳役、疾病等形式迫害致死数十万甚至数百万本国民众。在国家实行恐怖主义的背景下,一方面,恐怖主义常常被理论化、系统化、实际化,恐怖主义的恐怖本质不但更难以被揭露,而且更加隐蔽;另一方面,借助于强大的国家强制力,两方面相结合的结果就是给世界带来更为深重的灾难。

(2)联合国实际上也承认国家能够成为恐怖主义的主体。2001年9月29日联合国通过的1373号决议中,明确规定每个国家都有义务不在另一国组织、煽动或者参加恐怖主义行为,或者默许在本国境内犯下这种行为而进行有组织的活动[2]。实际上,这就是对国家能够作为恐怖主义实施主体的一种表达。

(3)就语义分析而言,在目的要素、手段要素、主张和行为要素三个层面上,国家无疑都是可以做出上述行为并符合各个要素的。在目的要素中,基于政治目的的,如法国大革命时期雅各宾派在法国国内的大肆屠杀,基于意识形态目的的,如红色高棉政权在柬埔寨的大肆屠杀;在手段要素中,暴力、破坏、恐吓等手段是各种恐怖组织制造恐怖活动的常用伎俩;在制造社会恐慌、危害公共安全、侵犯人身财产、胁迫国家机关和国际组织的主张和行为要素中,国家组织有计划的种族屠杀,如希特勒的"纳粹党",其在对犹太人进行种族屠杀的同时,对犹太人的财产进行了无条件剥夺,在当时的德国形成了一种犹太人人人自危的社会氛围,在这方面,国家无疑是符合恐怖主义主体条件的。

---

[1] 王逸舟:《恐怖主义溯源》,社会科学文献出版社2002年版,第14页。
[2] 《关于执行联合国安理会第1373号决议的通知》,《中华人民共和国国务院公报》,2001年12月10日。

基于上述三点,我们认为,国家是恐怖主义的主体。对此,国外也有不少学者认同国家可以作为恐怖主义的主体,如美国就有学者专门撰文定义国家恐怖主义,即"违背国际协定、国家法令和国际法院为保护平民权利而确定的管理,针对平民实施的系统的国家暴力行为"①。

2. 恐怖主义的目的

依据我国《反恐法》规定,恐怖主义具有实现政治、意识形态等目的的要求。

(1)政治目的。我国《反恐法》颁布之前,对于恐怖主义是否必须包含政治目的,学界存在两种不同观点:一是认为应当强调政治目的,政治目的是恐怖主义犯罪的特征,所有的恐怖主义都具备政治目的,在恐怖主义概念表述时应当予以突出强调;二是认为应当淡化政治目的,尽管承认恐怖主义一般都具备政治目的,但是在概念表述中应当对此部分进行淡化,而要突出恐怖主义社会危害性的一面。国外学术界多倾向于后一种观点②。我国《反恐法》颁布之后,"恐怖主义"定义将政治目的作为恐怖主义的必备目的因素,这是符合我国国情的,也是适当的。

将政治目的作为恐怖主义的必备目的因素,原因在于:

首先,恐怖主义一般包含政治目的的认识,这在国内外学术界和实务界得到了大多数人的认可;在一些国际条约和一些国家的立法中也得到了确认。例如,1937年11月16日国际联盟通过的《防止和惩治恐怖主义公约》中,就明确地把恐怖主义罪行列入可引渡罪,不作为政治犯罪,如不引渡,则必须起诉。

其次,恐怖主义属于政治范畴,恐怖组织、恐怖分子实施恐怖行为之初,就伴随着一定的政治目的,这也是恐怖主义犯罪行为与普通刑事犯罪行为的根本区别。"在恐怖主义的定义中,列入政治目的这个要素,就可以把许多并非基于政治目的的暴力行为和暴力组织,排除在恐怖主义之外"③。例如,在黑社会组织、邪教组织中,一般说来,它们的行为并非包括直接的政治目的(法轮功等邪教组织属于少数),而是为了财产利益或者其他方面利益,逐利性是其突出的特征,这些组织的暴力行为,并非解决冲突的手段,因而不属于政治范畴之列,也不是恐怖主义。

再次,恐怖主义的政治目的常常以非理性的社会冲突、民族冲突、宗教冲突、国家冲突等形式为依托,在其他多种冲突方式中游弋,以看似正当化诉求掩护恐怖政治诉求之实。要想清楚地认识恐怖主义的本质,就必须剥去掩饰物,从恐怖主义的诉求与目标分析其是否具备政治目的,如果仅从表象来观察,就会有盲人瞎马、一叶障目的困惑。

(2)意识形态目的。恐怖主义的目的要素包含意识形态目的。意识形态属于哲学范畴,本意是指一种观念的集合。对于我国《反恐法》中规定的意识形态,可以从以下方面

---

① [美]马克·塞尔登、埃尔文·Y.索:《战争与国家恐怖主义》,张友云译,社会科学文献出版社2012年版,第6页。

② 例如,法国学者认为,恐怖主义活动是指运用一切犯罪手段引起人民的心理恐惧或者威胁恫吓他人,并由此企图达到犯罪分子预期的目标。在此所谓预期目标的解释空间很大,显然没有具体指向政治目的。

③ 何秉松、廖斌:《恐怖主义概念比较研究》,载《比较法研究》2003年第4期,第48页。

加以理解：

首先，恐怖主义自身的意识形态。恐怖主义常常会建立自身的意识形态体系，这种意识形态色彩使恐怖主义者把袭击平民目标作为表达其诉求的最有效手段，认为自己是在进行一场具有充分合理性的正义、神圣的事业。因此，恐怖主义者袭击无辜平民时，心狠手辣，甚至不惜赌上自己的性命进行"自杀性袭击"。

恐怖主义本身的意识形态内涵在于：为了达到恐怖（恐怖主义者不会这样自称）目的，可以牺牲一切，包括财产、金钱甚至生命，都是可以为主道而随时牺牲的。例如，在2015年11月13日巴黎系列恐怖袭击中，ISIS（位于中东的极端宗教恐怖组织）官方杂志 Dābiq 就这样描述："8名哈里发的士兵在法国十字军的心脏地带发起行动，这次行动运用了自动步枪、自爆等多种手段在巴黎的多个地区展开。这次突袭成功杀伤了数百名法国十字军。这次行动就是要让世界震惊和铭记，IS以告知之名用血与火向罪恶的十字军复仇。"而且，他们在杂志上还声称"他们不会忘记这些哈里发战士作出的自我牺牲"。再如，在中国新疆"7.5"恐怖袭击发生后，"世界维吾尔代表大会"发言人迪里夏提告诉外国记者："今晚的抗议是从乌鲁木齐所有的维吾尔人居住地统一出来的，目的是自治区政府。"热比亚作为"世界维吾尔代表大会"的头目，也曾以"人权"和"自由"作为幌子，鼓吹"要出点大事"。

其次，恐怖主义追求的意识形态。严格地讲，恐怖主义的意识形态不具备终局性，因其政治诉求常常是恐怖主义的最终目的，在此过程中追求或者说意图达到的意识形态就是：一方面，鼓动潜在的恐怖分子不惜生命去进行恐怖活动，发动武力的、暴力式的袭击活动；另一方面，对普通群众进行软硬兼施的欺骗和威胁，以使群众或者受蒙蔽者参与，或者敢怒而不敢言无法反抗。

再次，恐怖主义利用的意识形态。恐怖主义意识形态之目的，是使一些人在某种程度上认为恐怖主义"情有可原"，当受到恐怖袭击的国度与自己的意识形态完全不同或者有利害冲突时，甚至还能博得一些喝彩声。例如，美国"9·11"恐怖袭击发生后，在世界各地尤其是阿拉伯世界就广泛出现过这种不正常的现象。为了塑造意识形态，恐怖分子或者恐怖组织也都是下足了功夫。他们对达到"目的正义"的暴力极力颂扬，导致正规媒体中也出现了"只要达到目的，可以不择任何手段进行'超限战'""衡量一种手段的有效性，主要不是看手段的属性和它是否合乎某种伦理标准，而是要看它是否符合一个原则，即实现目标的最佳途径。只要符合这一原则，即是最佳手段""超手段组合首选要超越的不是别的，恰恰是手段本身所隐含的伦理标准或者原则规范""只有完成了对既有观念的超越，才能使我们摆脱禁忌，进入手段选择的自由超限之境"之类荒谬的言论。①

3. 恐怖主义的手段

在我国《反恐法》中，恐怖主义手段包括暴力、破坏、恐吓等。

（1）暴力手段。暴力是恐怖主义手段中的首要要素，无暴力即无恐怖主义，无暴力因素不属于恐怖主义手段范畴之内。暴力手段大多表现为故意杀人、故意伤害、放火、决

---

① 荀震：《〈反恐怖主义法〉的恐怖主义概念解释》，西北刑事法律网。

水、爆炸、绑架、劫持航空器、投放危险物质等。何谓暴力？依据美国传统辞典之解释，是指以侵犯、破坏或者滥用为目的而使用之体力（Physical force exerted for the purpose of violating, damaging, or abusing）。然而，恐怖主义语境下的暴力并不仅仅限于体力因素，其突出特征[①]在于其扩张性。在科技日益发达的今天，利用现代化技术或者武器实施恐怖主义暴力已十分普遍，将暴力的理解仅仅限于体力范畴之内是对暴力作了限制性解释，也无法解释越来越多的恐怖主义行为方式。例如，"9·11"恐怖袭击之后，美国各地遭受的炭疽生物袭击中，体力因素就无从查找；"ISIS"则利用网络空间宣扬恐怖主义，以斩首、爆炸等手段宣扬、倡导恐怖分子实施相应行为的模式，也并未依赖于体力的作用。当下，先进技术不断被应用于恐怖主义的传播及恐怖行为的实施，很大程度上已经超越了单纯的体力行为。因此，可以认为，凡是足以危及人的生命、财产安全，进而引起恐怖行为者都应当被看作为"暴力"。无论在网络空间还是在现实社会，无论是以刀斧砍杀的传统方式还是生物袭击的新型方式，无论是直接造成伤害的暴力后果还是以暴力相威胁，都属于"暴力"范畴。

但是，并非具备暴力要素的行为都是恐怖主义，即使是危害人的生命、财产安全，进而引起恐怖的行为，也并不能以恐怖主义一概论之。例如，在侵财案件中，以财产为目标所实施的绑架、抢劫、暗杀、敲诈勒索等刑事犯罪行为，其暴力性质、行为方式或者危害结果，与传统定义上的恐怖暴力手段具有相似性，但并不能认定这些刑事犯罪行为就是恐怖主义。

（2）破坏手段。破坏是恐怖主义手段的核心要素。破坏，本意是摧毁、毁坏、割裂使破碎、扰乱、变乱、毁弃、虐袭等。摧毁、毁坏不仅限于对生命、物体客观形态的破坏，也包含了对社会秩序、一般观念、良好道德风尚等抽象性内容的破坏。现代社会中，特定公共服务设施，如能源、金融、交通、通信等对国计民生的作用变得越来越重要。恐怖分子可能采取多种破坏性手段，对特定设施进行破坏或者干扰，使该地区社会生活正常秩序受到影响，甚至陷入瘫痪或者停滞状态。破坏作为一种恐怖主义手段，其实现的具体方式具有多样性。利用科技手段入侵、破坏计算机网络，利用宗教因素煽动宗教仇杀，煽动民族情绪进行民族攻击，都是"破坏"。在恐怖主义语境下，破坏不仅是恐怖主义的实施手段之一，同时也可能成为恐怖主义的目的。例如，在2009年乌鲁木齐"7·5"暴恐袭击活动中，恐怖分子对多部车辆、多家商店实施了砸毁、焚烧的行为，不仅破坏了车辆、商店的实体形态，同时也破坏了正常的社会管理制度与社会运行秩序。再如，在2013年吐鲁番市鄯善县鲁克沁镇"6·26"暴恐袭击活动中，恐怖分子对镇派出所、巡警中队、镇政府、建筑工地、个体商店和美容美发厅分别实施了刀斧砍砸、纵火焚烧等破坏行为，严重破坏和扰乱了该地安定的社会氛围。

（3）恐吓手段。恐吓是恐怖主义手段要素中的重要方式，它直接威胁社会安全的整体指数与社会个体的安全感心理感受，成为恐怖分子常用的行为方式。恐吓是以加害他人权益或者公共利益等事项威胁他人，使他人心理感到畏惧恐慌的行为。例如，2015年

---

① 李富成：《恐怖犯罪中的推定》，载《犯罪研究》2013年第3期，第25页。

9月9日,"ISIS"组织曾声称扣押了中国人质并向我国政府索要赎金,11月18日,人质樊京辉在叙利亚被该恐怖组织杀害;在欧美地区,近年来爆发了多起针对学校的恐吓事件,恐怖分子威胁将以炸弹袭击学校,使这些学校被迫暂时关闭并疏散学生。此外,在某些特定条件下,恐怖分子还会选择单纯的恐吓行为,直接危害社会秩序的安全稳定。大量实践证明,恐怖信息、虚假信息的广泛传播足以导致社会管理的短暂失控,造成财产或者人员的大量伤亡。

恐怖主义手段中的恐吓有自身的特点,正如学者指出的那样:只有针对不特定人群与不特定场所实施恐怖犯罪,才能使普通民众处于普遍的危险之中,形成人人自危的心理效应。相反,如果恐怖分子针对特定的人员或者针对特定场所实施恐怖犯罪,只能使特定人群或者生活在特定场所中的人员产生心理恐惧的效应,不属于特定群体的人或者不生活在特定区域的人,则不会产生恐惧心理①。恐吓行为正是如此,只有伴随着严重暴力性与对象的不确定性,才能最大程度提升全社会的恐怖氛围,造成更为严重的危害后果。

4. 恐怖主义的主张和行为

根据我国《反恐法》规定,恐怖主义是指以制造社会恐慌、危害公共安全、侵犯人身财产,或者胁迫国家机关、国际组织的主张和行为。

我国《反恐法》以概括的形式,将主观目的与行为样态相结合,对行为方式进行了梳理。具体包括以下方面。

(1)制造社会恐慌的行为。恐惧心理产生于个体并寓于个体之中,其作为一种主观感受在社会生活中具有很强的传染性,能够在传播过程中不断扩散并提高恐怖程度,多重弥漫传播之后形成广泛的恐怖气氛。行为人针对不特定社会公众制造极大痛苦、担忧及不安,严重增加了他人在社会生活中的不安全感。在现代社会条件下,随着人们物质生活水平的提高,对于安全的需求日益强烈。我国《反恐法》回应了这种社会需求并在立法上作出相应的明确规定,使此类行为被纳入恐怖行为范畴之中。

(2)危害公共安全的行为。我国《反恐法》草案一审稿中,并未规定本项内容,全国人大立法机关会同相关单位进行研讨过程中,参考了国内外立法成果及国际法规定,正式建议对草案作出相应修改,对恐怖活动目的增加规定了危害公共安全一项。这在加强对公共安全保护的同时,突出了恐怖活动的反社会性与反人类性,强化了对以恐怖主义为目的的危害社会安全行为的法律规制。

(3)侵犯人身财产的行为。侵犯人身财产的行为理解起来并不难,但这里应当注意的是,将恐怖主义语境下的侵犯人身财产与普通刑事案件中的侵犯人身财产进行区分,其核心区别在于对于恐怖主义而言,侵犯人身获取财产是手段行为,其核心目的在于提升社会恐怖氛围;而普通刑事案件中侵犯人身财产大多是目的行为,即目标是剥夺相对人的生命,侵犯其财产。

(4)胁迫国家机关、国际组织的行为。在实践中,尤其在暴恐犯罪高发的中东地区十分常见,如支付赎金、释放在押囚犯、做出政治让步、改变决策等,这种情况在劫持人质事

---

① 李富成:《恐怖犯罪中的推定》,载《犯罪研究》2013年第3期。

件中表现得最为明显。由于世界反恐斗争已经越来越趋于一体化,我国恐怖分子效仿中东地区恐怖分子的犯罪手段实施恐怖活动已屡见不鲜。因此,我国《反恐法》将"胁迫国际组织"这种犯罪类型纳入考量范围,履行了我国对他国使领馆及国际组织的保护义务。此处的"国际组织"是指行使并执行国际权力的机关,或者从事国家管理、驻在国关系协调的组织和个人。

恐怖主义要达到"制造社会恐慌、危害公共安全、侵犯人身财产,或者胁迫国家机关、国际组织"的效果,这四个层次既是手段行为的方式,也是后果要件的要求。当然,在恐怖活动犯罪中,并不要求行为人必须达到制造社会恐慌、危害公共安全或者胁迫国际组织三者之一成功之效果,只要实施了相关行为可能造成危害结果,就达到了恐怖主义定义的后果要求。

三、恐怖主义的类型

与恐怖主义定义一样,学者们对于恐怖主义类型的划分也存在不同的认识,以下介绍几种比较具有代表性的恐怖主义类型的划分。

(一)国内学者对于恐怖主义类型的划分

1. 根据组织形成的原因和活动特点分类

有学者认为,根据组织形成的原因和活动特点,可以将当代恐怖主义分为以下四种类型[1]。

(1)民族主义型恐怖主义。较有代表性的是民族分离主义者的恐怖组织,英国的"爱尔兰共和军"就是一个典型例子。

(2)宗教型恐怖主义。宗教型恐怖主义的典型代表,是宗教激进主义的一些组织,原教旨主义的代表性组织是"穆斯林兄弟会"。

(3)极右翼恐怖主义。极右翼恐怖主义的典型代表是泛滥于欧美的右翼恐怖主义。

(4)极左派恐怖主义。其中,最著名的是成立于1968年的联邦德国"红军派"和成立于1969年的意大利"红色旅",这两个恐怖组织成立后制造了多起针对当局的恐怖事件。

2. 根据对人类危害较大,主体状态表现突出分类

有学者认为,从当前来看,对人类危害较大,主体状态表现突出的恐怖主义主要包括以下几种类型[2]。

(1)民族(种族)主义的恐怖主义。这一恐怖主义的特点是奉行排外政策,或者鼓吹民族分离主义并要求实现自治。在欧洲,"左"翼恐怖主义疯狂地鼓吹法西斯主义,鼓吹种族主义、军国主义,崇尚暴力文化,主张对内实行独裁恐怖统治,对外奉行侵略扩张政策,煽动民族仇恨,是这一类型恐怖主义的典型代表。俄罗斯车臣恐怖势力也具有这一典型特点。

---

[1] 朱素梅:《当代恐怖主义的类型与反恐怖主义》,载《国际关系学院学报》1996年第4期,第2~4页。

[2] 曲岩:《试析当代恐怖主义的类型、特性及其产生根源》,载《通化师范学院学报》2005年第1期,第21页。

(2)宗教恐怖主义,也称宗教极端恐怖主义。主要是指以宗教极端主义为主体的原教旨主义。极端宗教原教旨主义强调原教义的纯洁性,竭力把自己的传统与其他的传统分开,这种方式不顾历史发展的必然,形而上学地维护自己的原教义,是逆历史潮流而动的。目前,全世界有25%的恐怖主义起源于极端宗教原教旨主义,已经成为一种具有国际影响的恐怖势力。典型代表是本·拉登的"基地组织"。这一类恐怖主义分子多是亡命之徒,在时间、地点、对象上毫无规则性地制造恐怖袭击事件,给人类生存与安全带来了极大的危害。

(3)高技术类型的恐怖主义。这一类型的恐怖主义利用先进的技术手段,通过制造和散布恐怖来打击目标,主要包括经济恐怖主义和电脑网络恐怖主义。

高科技的发展大大地推动了人类社会的进步,但同时,高科技被恐怖分子所掌握,用来对人类社会的和平与安全进行攻击,则产生了高科技恐怖主义。调查表明:近10年来,恐怖分子袭击企业的经济恐怖事件年增长率为12%~15%;水上航线、输油管道、雷达站、原子能送电塔,都成了恐怖分子袭击的目标,实业大亨、商界名流不断被恐怖分子绑架,仅在南美洲就有近1000人遭此厄运。网络恐怖主义,即以电脑"黑客"技术实施的恐怖袭击。电脑"黑客"袭击,可以在短时间内使网络系统混乱、瘫痪,进而使基于网络系统运作的社会经济、政治、军事、文化系统混乱、瘫痪,从而引发社会混乱,造成正义危机。

(4)黑社会组织、国际贩毒集团、极"左"革命恐怖组织等其他国际恐怖主义。黑社会恐怖主义,是指以特定的黑社会意识形态作为支撑的恐怖主义。"黑社会不是恐怖主义,黑社会组织不是恐怖主义组织,但这并不排除黑社会组织在一定条件下实施恐怖主义"①,在一定条件下,黑社会组织发动恐怖袭击,黑社会组织进行有目的的政治、社会恐怖活动,则将黑社会组织转变为恐怖主义。目前,意大利的"黑手党",阿联酋拜迪的达伍德·伊布拉希姆的黑帮组织——达伍德·伊布拉希姆,哥伦比亚的"麦德林卜特尔"等,都是黑社会组织。这些黑社会组织只采用汽车爆炸、袭击军人、警察、无辜平民等手段,造成重大社会影响,以达到自己的目的。还有国际贩毒集团、极"左"革命恐怖组织、邪教恐怖主义组织等。这些恐怖主义组织都带有很强的时代特点。

3. 新型恐怖主义

近年来,国际上还出现了以下几种类型的新型恐怖主义。

(1)超级恐怖主义。利用人类最新科技成果来从事恐怖主义活动,被国际社会的有关专家、学者称为超级恐怖主义。超级恐怖主义包括利用生物学、化学、遗传学、免疫学、物理学、电子学、核技术、电磁学、计算机信息技术进行的恐怖主义。1995年发生在日本东京地铁的"沙林"毒气事件,被国际社会的一些专家称为是恐怖主义由使用传统的常规手段向大规模杀伤性武器过渡的标志。"9·11"事件后,美国一些政府机构收到了一些带有"炭疽病毒"的邮件,又开创了将生物武器作为恐怖主义手段的先例。近年来,由于科学技术的迅速发展和普及,得到或者制造生化武器已不像过去那样困难,甚至制造和得到简易的核装置、核材料也极易成为现实。如果恐怖主义组织使用生化武器或者核武

---

① 李希慧:《反恐学》,人民出版社2003年版,第54页。

器进行恐怖主义活动,那么对社会安全造成的后果将是难以想象的。

(2)电脑网络恐怖主义。在国际互联网上从事恐怖主义活动,是近年来恐怖主义活动的新特点。这种恐怖主义主要表现为要害部门的计算机系统和一些普通的网站受到"黑客"的攻击,严重时使计算机系统停止工作,甚至使其发出错误指令。许多国外专家认为,如果核武器发射系统的计算机系统被"黑客"渗透,就有错误发射武器的可能,所造成的后果将是毁灭性的。

(3)电磁武器。这种装置主要用于干扰计算机系统和电子设备的正常工作。这种装置能在不到1秒钟的时间内发射上千次的电脉冲,可以使飞机、电厂、银行、供电系统、通信系统,以及所有应用计算机管理的系统立即陷于瘫痪。电磁武器一旦落入恐怖主义组织或者恐怖分子之手,它的危害程度将远远大于传统的武器系统,后果将是十分严重的。

(4)单一问题恐怖主义。这种恐怖主义组织或者个人为了某种单一的目的而实施恐怖主义行为。单一问题恐怖主义的产生主要是由于环境的恶化、反对杀害动物或者反对堕胎等问题。例如,近年来美国的一些诊所发生炸弹爆炸事件,其原因就是这些诊所为妇女做了堕胎手术,遭到了一些反堕胎组织的报复。再如,在非洲的乌干达和也门两个国家旅游的一些外国游客突然遭到绑架和杀害,就是极端动物保护组织提醒欧洲人不要猎取非洲的野生动物而制造的警告性恐怖主义事件。

(5)国家支持的恐怖主义,也称国家恐怖主义。它是指一国政府操纵国家机器进行恐怖主义活动,把恐怖主义作为实现其对内和对外政策的手段。如美国中央情报局和一些中东国家的情报机构均参与了一些恐怖主义行为。国家恐怖主义最典型的例子就是,以美国为首的北约国家对南联盟的狂轰滥炸;美国突袭利比亚;美国、英国突袭伊拉克;以色列占领巴基斯坦城镇、枪杀巴基斯坦平民等。

4.根据恐怖袭击的规模大小分类

有学者认为,依据恐怖袭击的规模大小,可将恐怖主义袭击分为大规模恐怖袭击和"独狼式"恐怖袭击[①]。大规模恐怖袭击具有"半军事化"性质,ISIS所发动的恐怖袭击是其典型代表。针对大规模的恐怖袭击,各国主要还是依靠军事力量打击为主。"独狼式"恐怖袭击,即袭击者由过去组织性强、财力雄厚的恐怖团体,变为受极端思想影响的个体。相比恐怖组织,个人极端分子难以策划对重点目标的恐怖袭击,能够使用的暴力手段也很有限。但是,"独狼式"恐怖袭击却十分危险,因为他们不按常规行事,凡事自己做主,在任何时候、任何地点,都可以使用一切可以使用的暴力手段发起恐怖袭击,被称为"一个人的军队"。更令人头疼的是,"独狼式"的恐怖袭击者策划行动时不会与外界联系,警方、反恐部门难以防备,事后也难以追缉。

[①] 王林:《对恐怖主义概念和类型的重新界定——从德国之翼航班空难说开来》,载《武汉公安干部学院学报》2015年第2期,第5项。

(二)外国学者对于恐怖主义类型的划分[①]

1. 威金森的分类

英国著名学者威金森把恐怖主义分为四类。

(1)刑事恐怖主义(criminal terrorism),即为了经济或者物质利益而有计划地使用恐怖手段的行为。

(2)精神恐怖主义(psychic terrorism),即由狂热的宗教信仰诱发的,与怪异的理想、神化和迷信相关的暴力行为。

(3)战争恐怖主义(war terrorism),即通过各种可能的手段消灭敌人的行为。

(4)政治恐怖主义(political terrorism),即为了政治目的系统地使用暴力与恐怖的行为。

对于政治恐怖主义,威金森列出了七个特点:①为了实现像革命或者压迫之类的政治目的而系统地使用谋杀、伤害或者恐吓;②存在一种令人恐惧或者使人感到被强迫的气氛;③内在的无差别性,即无差别地攻击非战斗人员(软目标),因此,行为目标并不锁定某个特定的人,但没有人是安全的;④不可预测性,即个人不能避免伤害或者死亡;⑤不遵循任何规则或者战争公约;⑥使用残忍的手段,如汽车炸弹、大规模谋杀等;⑦恐怖组织的政治哲学为恐怖行为提供道德合理化的理由。

在列出了政治恐怖主义的七个特点之后,威金森把政治恐怖主义又进一步细分为三类。

第一类是革命性的。革命性的恐怖主义是指为了实现政治革命,系统地运用暴力的策略。它有四个特点:①它永远是集体行为而不是个人的暴力行为;②革命的意识形态总是从道德上为使用恐怖主义手段提供理由;③在为恐怖主义招聘人员上,恐怖分子的领导层发挥了重要作用;④革命运动必须形成自己的决策层、结构和行为规范。

第二类是半革命性的。半革命性的恐怖主义是指为了政治目的而不是为了革命或者进行政府压迫而使用恐怖手段。具体而言,它是指如下类型的行为,如强迫政府改变有争议事务上的政策、警告政府官员、对国家采取的但恐怖分子认为应该受到谴责的行为实施的报复。这种类型的恐怖主义的典型表现是美国国内反对政府堕胎政策的保守势力炸毁堕胎诊所的行为。

第三类是镇压性的。镇压性的恐怖主义是指系统地运用暴力性的行为镇压、扑灭、限制特定个人和群体或者镇压者不希望发生的行为类型。镇压性的恐怖主义严重依赖于警察这种国家专政工具。纳粹德国时期,希特勒运用冲锋队与盖世太保镇压犹太人的行为,就被认为是典型的镇压性的恐怖主义。

2. 海克的分类

按照行为动机,海克把恐怖主义分为三类。

(1)疯狂型的恐怖主义(crazes)。这种恐怖主义的行动者其行为都是由外人不可理解的、独特的个人原因导致的情绪失衡所引起的。

[①] 杨隽、梅建明:《恐怖主义概论》,法律出版社2013年版,第16页。

(2)刑事型的恐怖主义(criminal)。这种恐怖主义行为的动机就是通过非法犯罪行为获得个人利益。

(3)斗士型的恐怖主义(crusaders)。它是指那种不为个人利益而为了共同的利益,为了集体的政治目标而获得权利(力)与声望的理想主义行为。

同时,海克还认为,每一类都可以再划分为从上至下的恐怖主义和从下至上的恐怖主义。具体而言,疯狂型的恐怖主义可以分为从上至下的疯狂恐怖主义和从下至上的疯狂恐怖主义。前者指政府恐怖,后者指精神病型的恐怖(如疯狂杀手)。同样,刑事恐怖主义也可以分为从上至下的和从下至上的。前者指通过犯罪活动巩固并保持政府权力,后者指黑社会的犯罪行为。当然,对海克来说,真正的恐怖分子是斗士型的恐怖分子。这种恐怖主义也可以分为从上至下的和从下至上的。海克认为,对西方民主政府危害最大的是从下至上的斗士型恐怖主义,因为这种恐怖主义的目的就是引起政府的过分反应,并成为一个专制性的政府,因此,这种恐怖主义对全球安全与个人自由构成了最大的威胁。

3. 施密德的分类

施密德认为,恐怖主义存在三种基本类型:暴乱型恐怖主义,它是指向国家的;国家恐怖主义,它是指向社会上那些没有权力的人们的;义务警察型的恐怖主义,它是既不针对国家也不代表国家实施的行为。

在上述三类恐怖主义中,施密德把暴乱型恐怖主义进一步地分为三小类:①革命型的恐怖主义,它的目标是为了引发世界革命;②民族分裂型的恐怖主义,它主要指分裂分子、民族分子或者种族分子从事的,为了引起社会一部分的巨大变化而不是整个政治结构的全面变化的行为;③单一事务型恐怖主义,它主要关心对某类群体给予权利,例如,反对堕胎政治而从事的暴力行为,或者生态环境主义者从事的某些激进行为。

同时,施密德还认为,国际恐怖主义也存在两种形式,即国家间的恐怖主义或者跨国恐怖主义。对于国家间的恐怖主义或者跨国恐怖主义,他认为如果说恐怖行为的主体为国家,而这种行为针对的也只能是国家,那么,这种恐怖主义就为国家间的恐怖主义。换言之,当恐怖主义的游戏双方都是为国家而不是牵涉其他非国家组织的时候,那么,这种恐怖主义就是国家间的恐怖主义。反之,游戏双方中任何一方为非国家组织的时候,这种恐怖主义就应当称为跨国恐怖主义。

4. 詹姆士·坡兰的分类

美国学者詹姆士·坡兰教授认为,恐怖主义与暴力可分为五类:①政治恐怖主义,包括国家恐怖主义、义务警察型的恐怖主义、种族屠杀、分裂主义、民族主义、单一事务骚乱;②刑事恐怖主义,包括有组织犯罪、团伙等;③精神病态的恐怖主义,如连环杀手、派性暴力;④劳工暴力,如罢工引起的动乱;⑤战争,包括低强度冲突、常规战争、民族解放运动。

5. 乔纳森·怀特的分类

按照行动的暴力水平、行为的性质、对行为的反应类型三个标准,犯罪学家乔纳森·怀特对恐怖主义进行了分类,见表1-3。

表 1-3 怀特对恐怖主义的分类

行为暴力水平	由低向高				
行为的性质	刑事的	政治的			
	1.个人的刑事犯罪行为 心理的 经济的	1.没有外国支持的小集团	2.有外国支持的小集团	3.没有外国支持的大集团	4.有外国支持的大集团
	2.团伙与有组织犯罪				
	3.毒品犯罪				
对行为的反应	警察军队				

从表 1-3 可知,怀特把恐怖主义分为两大类:刑事的与政治的。刑事恐怖主义包括三种类型:个人的、团伙与有组织犯罪、毒品犯罪。其中,团伙与有组织犯罪、毒品犯罪这两类在有些情况下还不是纯粹的刑事的,它们可能还具有政治性。在第二大类中,怀特按照集团的大小和有无外国支持这两个变量,把恐怖主义分成了四种:没有外国支持的小集团、有外国支持的小集团、没有外国支持的大集团和有外国支持的大集团。在这些类型的恐怖主义中,随着行为暴力水平的上升,对这些行为做出反应的机构逐渐地从警察部门转变为军队。

6.美国"刑事司法标准与目标咨询委员会"的分类

1976 年美国"刑事司法标准与目标咨询委员会"在其《民间骚乱与恐怖主义》报告中把恐怖主义分为三类:纯粹恐怖主义(pure terrorism)或者政治恐怖主义;无政治的恐怖主义(nonpolitical terrorism);准恐怖主义(quasi-terrorism)。纯粹恐怖主义或者政治恐怖主义,是指出于政治目的而在社会或者一部分人中造成恐慌的暴力犯罪行为;不包含在其中的是那些纯粹个人性的行为或者恐吓,以及那些心理病态的但没有产生严重社会政治后果的行为。无政治的恐怖主义,是指在对第三者实施强制的过程中获得并保持一定程度的恐慌而有计划实施的行为,其目的是获得个人或者集体的利益而不是实现一个政治目标。准恐怖主义,是指那些偶然发生的在形式和手法上与纯粹恐怖主义相似,但没有政治动机这个根本要素的暴力犯罪行为。

第二节 恐怖分子与恐怖组织

一、恐怖分子

(一)恐怖分子的定义

一般认为,恐怖分子,也称恐怖人员、恐怖组织成员、恐怖活动成员,是对恐怖组织中的成员的普遍称谓。

我国《反恐法》第 3 条第 4 款规定,本法所称恐怖活动人员,是指实施恐怖活动的人和恐怖活动组织的成员。

我们认为,对恐怖分子应作广义的理解,除了本国的恐怖分子以外,还包括"外国恐怖主义战斗人员"(foreign terrorist fighters,FTFs)。根据联合国安理会 2014 年 9 月 24 日通过的第 2178 号决议,外国恐怖主义战斗人员,是指前往其居住国或者国籍国之外的另一国家,以实施、筹划、筹备或者参与恐怖行为或者提供或者接受恐怖主义训练,包括因此参与武装冲突的个人。国外文献经常使用的"外国战斗人员"(foreign fighters)、"西方外国战斗人员"(western foreign fights)[①]、"穆斯林外国战斗人员"(muslim foreign fighters)[②]等概念,都是指离开本国前往国外参加武装冲突的人员,与"国外恐怖主义战斗人员"并无实质差别。外国战斗人员的现象早在 20 世纪上半叶的阿以战争,以及更早的西班牙内战中就已经受到关注,他们在伊拉克与叙利亚境内武装冲突中的突出作用,使国际社会进一步认识到对之采取制裁措施的必要性。因为国际调查与研究文献都集中在参加伊斯兰国、胜利阵线、塔利班等恐怖组织的人员,所以联合国安理会在第 2178 号决议中采用了"外国恐怖主义战斗人员"的表述。

根据联合国安理会决议及国外文献的定义,"外国恐怖主义战斗人员"可分为两类:一类是以直接参加恐怖活动为目的的人员;另一类是以参加恐怖培训为目的的人员。当然,在实践中不排除这两类人员相互转化,以及同一行为人兼具两个目的、两种身份的情况。同时,根据上述定义,构成"外国恐怖主义战斗人员"在主观方面必须存在从事恐怖主义相关活动的目的,在客观方面必须存在"离开来源国"和/或"前往外国"的行为。这两个行为虽然在实践中是连续的,但是,在特殊情况下也可能是分开的、间隔的。例如,具有 X 国国籍的甲离开 X 国,前往 Y 国旅游,在旅游过程中受到恐怖分子的蛊惑改变行程,前往伊拉克参加伊斯兰国的恐怖活动。从 X 国的角度出发,甲在离开之际尚无从事恐怖活动的主观目的,所以不能认为其构成外国恐怖主义战斗人员。但是,从其目的国即伊拉克的角度出发,甲前往该国就是为了从事恐怖活动,无疑构成外国恐怖主义战斗人员。

外国恐怖主义战斗人员的来源地主要是伊斯兰国家。根据联合国的统计,2015 年上半年前往伊拉克与叙利亚参加恐怖组织人员数量最多的国家是突尼斯(3000 人),人数较多的国家包括土耳其(1300 人)、摩洛哥(1200 人)、马尔代夫(200 人)、阿尔及利亚(170 人)、马来西亚(60 人)及印度尼西亚(50 人)。国际激进主义研究中心的报告进一步显示,前往叙利亚与伊拉克的外国恐怖主义战斗人员来自世界 80 多个国家,约有 3850

---

① "西方外国战斗人员",是指离开自己居住的西方国家前往"圣战"地区参加打击非穆斯林冲突团体的暴力极端分子。参见周振杰、赵秉志:《惩治外国恐怖主义战斗人员的国际与国内刑事立法研究》,载《吉林大学社会科学学报》2016 年第 2 期,第 6 页。

② "穆斯林外国战斗人员",主要是指在"9·11"事件后,前往阿富汗、伊拉克、马里、尼日利亚、索马里、叙利亚,以及也门参加"圣战"的穆斯林极端分子。参见周振杰、赵秉志:《惩治外国恐怖主义战斗人员的国际与国内刑事立法研究》,载《吉林大学社会科学学报》2016 年第 2 期,第 6 页。

人(19%)来自于欧盟14个国家,人数比较多的是法国(1200人)、德国(500~600人)、英国(500~600人)、比利时(440人)、荷兰(200~250人)、瑞典(150~180人)、西班牙(50~100人)。在其他来源国中,比较多的是沙特(1500~2500人)、俄罗斯(800~1500人)、约旦(1500人)、黎巴嫩(900人)、利比亚(600人)、埃及(360人)①。

(二)给恐怖分子画像:三种模式

由于恐怖分子定义困难,外国很多学者通过建构模型,给恐怖分子画像。有代表性的观点主要有三种②。

1. 海克的模型

海克认为,存在三种恐怖分子状态:疯狂型的恐怖分子、刑事犯罪型的恐怖分子和斗士型的恐怖分子。这三种画像都是对现实的概括性描述。连环杀手对应的是疯狂型的恐怖主义、团伙犯罪或者有组织犯罪对应的是刑事犯罪型的恐怖主义、极左或者极右的恐怖活动代表着现实中的斗士型的恐怖主义。

由于不同恐怖分子的行为动机不同,反恐怖机构对其行为做出的对策也应该不同。因此,海克给恐怖主义的画像模型虽然比较简单,但却有很强的实践意义,见表1-4。

表1-4 海克模型及其实践意义

恐怖分子模型	目的/动机	谈判的意愿	求生的愿望
刑事犯罪型	个人收益	通常都有谈判的意愿,需要以利益或者安全行为交换	强烈
斗士型	为"崇高的事业"(通常是政治性与宗教性的混合体)	很少有谈判的意愿,但只在谈判者了解罪犯的动机并提供希望和以其他方式满足行为动机的情况下	原则上没有,因为死亡能够带来其他的回报
疯狂型	只有行为者才有非常清楚的目的	可能有谈判的意愿,但只在谈判者了解罪犯的动机并提供希望和以其他方式满足行为动机的情况下	强烈,但往往不是建立在现实基础之上的

2. 爱德加·欧巴兰斯的模型

欧巴兰斯认为,一个成功的恐怖分子(所谓成功只是意味着恐怖分子既活着也没有被逮捕,仍处于逍遥法外状态)基本上具有以下六个特点。

(1)献身精神。恐怖分子不能是临时的或者唯利是图的,不能是那种只在自己方便的时候或者存在物质需要的时候去行动,他必须成为一个组织的正式成员,一个"勇于牺

---

① 周振杰、赵秉志:《惩治外国恐怖主义战斗人员的国际与国内刑事立法研究》,载《吉林大学社会科学学报》2016年第2期,第7页。
② 杨隽、梅建明:《恐怖主义概论》,法律出版社2013年版,第63页。

牲的人"。献身精神也意味着对恐怖组织领导的绝对服从。

(2)勇敢。由于恐怖分子必须面临着死亡、负伤、监禁甚至被俘后遭受酷刑的考验,爱德加·欧巴兰斯认为勇敢是一个重要的素质。

(3)没有怜悯或者同情之心。由于恐怖分子的直接受害者常常包括无辜的男人、女人和孩子,恐怖分子必须具有杀手的直觉,在接到命令后能毫不犹豫地执行行动。当然,爱德加·欧巴兰斯指出,许多恐怖分子在愤怒或者白热化的战斗中能这样做,但很少有人能真正成为毫无情义的杀手。

(4)相当高的智力水平。由于恐怖分子不得不收集、比较和评估信息,设计并运用复杂有效的计划,躲避军警的追捕,一般的智力水平就不足以完成这些任务。因此,相当高的智力水平是恐怖分子的必要条件。

(5)很强的隐蔽性。按照爱德加·欧巴兰斯的说法,很强的隐蔽性就是指恐怖分子在飞机上、宾馆里,以及跨国公司白领的行列里能很自然地融合进去,不容易被发现。

(6)受过良好的教育,具有一般的知识水平。爱德加·欧巴兰斯认为,这一点是指恐怖分子应当能讲英语及其他主要语言。他断言大学学历几乎是必需的。

对于这个恐怖分子的模型,爱德加·欧巴兰斯也承认,并不是所有恐怖分子都具有这么高的标准,但是,恐怖组织的领导者、计划者、联络官、骨干分子都必须是这样的。

3.杰夫里·罗斯的模型

杰夫里·罗斯认为,恐怖分子在恐怖主义发展中一般要经历几个关键性的阶段:加入恐怖组织、学习实施恐怖行为的技术、投身恐怖运动、领导恐怖组织、实施暴力行为。

杰夫里·罗斯把社会结构变量与心理变量结合起来描述恐怖分子的基本性状。在心理变量上,杰夫里·罗斯从五个方面描述恐怖分子。

(1)个性特征。杰夫里·罗斯认为,恐怖分子之所以成为恐怖分子有一部分的原因在于他具有不同的个性特征。这些特征包括容易感到恐惧、愤怒、萎靡、内疚,表现出反社会的行为、强烈的自我、渴望刺激,以及存在一种失落感。杰夫里·罗斯认为,一个人表现出的这些特征越多,那么,这个人成为恐怖分子的可能性就越大。

(2)挫折感或者自恋—侵犯倾向。自恋—侵犯倾向意味着一个人在沉迷于自我的时候,受到打击后行为上表现出敌对的倾向。而挫折感则使人受到打击后向其他人或者事物表现出进攻倾向。杰夫里·罗斯相信,较强程度的挫折感可以导致恐怖行为。

(3)群体驱动力。大多数恐怖分子是在群体中实施暴力行为的。杰夫里·罗斯相信,当恐怖分子在加入恐怖组织之前认为成为一个恐怖组织的成员会带来好处时,他就可能加入进去。而一旦成为其中的一员,个体实施暴力行为的可能性就会增大,因为群体会强化暴力倾向。

(4)学习的机会。处在一个恐怖组织这样的群体之中,可以使新来者接触到实施恐怖行为需要的技术。杰夫里·罗斯认为,当学习的机会增加的时候,恐怖主义行为的数量也会增加。

(5)成本—收益的计算。加入恐怖组织的决定取决于对暴力行为的成本和收益的计算。如果个人认为恐怖行为将使他们收益,那么,他将可能加入恐怖组织。

在社会结构变量上,杰夫里·罗斯认为,以下因素对恐怖分子的产生具有重要作用:

社会构成的方式、政治与经济制度、历史与文化条件、民众抱怨与不满的程度、发泄不满与抱怨的机制、获得武器容易程度、反恐力量的效力。杰夫里·罗斯还认为，现代化、民主化或者社会动荡都会产生诱发恐怖主义的环境。特别是在城市地区，最可能产生动荡。当政府不能减少城市地区的压力的时候，恐怖主义最有可能发生。当反恐行动失败的时候，恐怖分子的数量也会增加。

杰夫里·罗斯认为，综合运用心理变量与社会结构变量，可以解释恐怖主义和恐怖分子。

二、恐怖组织

（一）恐怖组织的定义

1. 学者观点

有代表性的观点主要有以下几种。

有学者认为，恐怖活动组织是指为了一定的政治或者其他目的而组成的，经常地进行暴力恐怖活动的组织，是共同犯罪中危害严重的犯罪组织形式之一，它具有对公共安全构成严重威胁或者危害的特点。[①]

有学者认为，恐怖活动组织是指3人以上，出于政治或者恐吓、要挟社会的目的，为实现恐怖活动而结成的具有一定稳定性的犯罪组织。[②]

有学者认为，恐怖活动组织是指3人以上出于政治或者报复社会的动机，为实施绑架、杀人、爆炸的恐怖性的犯罪活动而结成的具有稳定性的犯罪组织。[③]

有学者认为，恐怖组织是指3人或者3人以上，出于恐吓、要挟社会的目的，为实现恐怖活动而结成的具有一定稳定性的犯罪组织。[④]

有学者认为，恐怖活动组织是指以制造社会恐怖为目的，以渲染恐怖效果的犯罪工具作为犯罪方法，3人以上成员较为固定的，结构紧凑的共同犯罪组织。[⑤]

有学者认为，恐怖组织是指3人以上为了长期地、有计划地实施恐怖活动而组成的

[①] 莫洪宪：《国际社会反恐怖活动犯罪及我国刑事立法》，载《法学评论》1999年第4期，第77页。同种观点的还有：恐怖活动组织，是指3人或3人以上，出于政治目的、社会目的或其他目的的，为实现恐怖活动而结成的具有一定稳定性的犯罪组织（高一飞：《有组织犯罪问题专论》，中国政法大学出版社2000年版，第30页）；恐怖活动组织是指由多人以较为严密的形式组织起来的，意图通过实施恐怖性犯罪活动在社会上制造恐怖气氛，影响或操纵政府的行为，以实现自己的政治或其他目的的一种危害特别严重的犯罪组织（王德育：《"恐怖活动组织"概念初探》，载《现代法学》第22卷第3期）。

[②] 陈家林：《"恐怖活动组织"界定问题初探》，载《法律科学》1998年第2期，第66页。

[③] 高铭暄：《刑法学》，中国法制出版社1999年版，第634页。

[④] 于志刚：《热点犯罪法律疑难问题解析——有组织犯罪证据调查与运用》，中国人民公安大学出版社2001年版，第274页。同种观点还有：所谓恐怖组织是指3人以上，有较高的组织性和相对的稳定性，以要挟、恐吓社会为目的，实施各种恐怖活动犯罪，制造恐怖气氛，危害公共安全，扰乱社会秩序的犯罪组织（郭洁：《恐怖犯罪与我国刑事立法》，载《中国法学会刑法学研究会2002年年会论文汇集》，中国法学会刑法学研究会2002年10月编印，第1096～1097页）。

[⑤] 赵长青：《新编刑法学》，西南师范大学出版社1997年版，第410页。

较为固定的犯罪组织。①

2. 立法规定

1991年1月1日生效的《德国刑法典》第129条a规定:恐怖团体是指其目的或者活动旨在实施谋杀、故意杀人或者谋杀民众、绑架勒索、扣押人质及刑法典中规定的其他一些严重危害公共安全的犯罪的团体。

澳大利亚《1995年刑法典》(Criminal Code Act 1995)第102条-1规定:恐怖组织是指直接或者间接地从事、准备、策划、协助或者促使某一恐怖行为的某一组织(不问恐怖行为是否发生);或者为了本款的目的,由法令所列的某一组织。

加拿大2001年《反恐法》(The Anti-terrorism Act)TX 83-01条第1款规定:恐怖集团系指以实施恐怖活动或者为其提供便利为目的的或者活动之一的实体;或者被列于名单中的实体,并且包括这类实体的联合体。

印度2002年《预防恐怖主义法》第3章18条第1款规定:为本法之执行,如果某一组织出现在本法恐怖主义名单中或者以出现在本法恐怖主义名单中的某一组织的相同名称开展活动,该组织即为恐怖主义组织。第2款规定,中央政府可以在《官方公报》中下令:①在此名单里增加某一组织;②在此名单里清除某一组织;③以某种其他方式修改此名单。英国《2000年反恐怖主义法》(UK Terrorism Act 2000)第3条也有类似的规定。

以色列《预防恐怖主义条例5708—1948第33号》(Prevention of Terrorism Ordinance No. 33 of 5708—1948)第1条规定:恐怖组织是指以其活动诉诸旨在引起死亡或者伤害的暴力行为或者诉诸这种暴力行为之威胁而组成的团体。

南非《共和国反恐怖法案草案》将恐怖组织定义为:"恐怖组织"是一个已经执行或者正在执行或者计划执行恐怖活动的组织。

1998年7月3日由俄罗斯国家杜马通过并于1998年7月9日联邦会议批准的《俄罗斯联邦反恐怖主义斗争法》在第3条基本概念中规定:恐怖组织是指以实施恐怖活动为目的或者在行动中有可能使用恐怖手段的组织。如该组织的分支机构从事了恐怖活动或者经该组织任一领导机关同意进行恐怖活动,则该组织被视为恐怖组织。

1995年7月27日颁布的《澳门刑法典》第289条第2款规定,恐怖团体、组织或者集团,系指所有二人或者二人以上之集合,其在协同下行动,目的系借着实施下列犯罪,以暴力阻止、变更或者颠覆已在澳门确立之政治、经济或者社会制度之运作,或者迫使公共当局作出一行为、放弃作出一行为或者容忍他人作出一行为,又或威吓某些人、某人群或者一般居民者:①侵犯生命、身体完整性或者人身自由之犯罪;②妨害运输安全及通信安全犯罪,包括电报、电话、电台或者电视等之通信;③借助造成火警,释放放射性物质、有毒或者令人窒息之气体,造成水淹,使建筑物崩塌,弄污供食用之食物或者水,又或传播疾病、蔓延性祸患、有害之植物或者动物等而故意产生公共危险之犯罪;④破坏罪;⑤有使用核能、火器、爆炸性物质或者爆炸装置、任何性质之燃烧工具,又或有使用设有陷阱

---

① 刘志伟:《危害公共安全犯罪疑难问题司法对策》,吉林人民出版社2000年版,第141页。

之包裹或者信件而做出之犯罪①。

2002年11月公布的中国台湾地区"法务部"研拟完成的"反恐怖行动法草案"规定：恐怖组织，系指三人以上，有内部管理结构，以从事恐怖行动为宗旨之组织。

我国《反恐法》第3条第3款规定：本法所称恐怖活动组织，是指三人以上为实施恐怖活动而组成的犯罪组织。

3. 美国政府的标准

2001年"9·11"恐怖事件之后，美国开始了一场反恐怖主义战争。根据美国国务院的定义，任何向恐怖活动提供或者打算提供相关物质帮助的机构都被视为恐怖组织。这些物质帮助包括：向恐怖分子提供安全的场所、交通工具、武器、炸药、人员培训或者资金②。从1997年起，美国国务院每两年要公布一次它所认定的"国际恐怖主义组织"名单，并发表关于国际恐怖主义问题的报告。其依据是1996年美国国会通过的一项《反恐怖主义和有效死刑法》。

在美国，确定一个组织是否为"国际恐怖主义组织"有三项标准：它必须是在美国国外的组织；它必须开展了恐怖主义活动，如暗杀、爆炸、绑架、劫机等；它必须对美国的国家安全，包括国防、外交和经济利益造成威胁③。2001年9月24日，布什总统签署命令，宣布冻结与恐怖活动有关的组织和个人的资产，称"这是对全球恐怖主义网络财政基础的打击""反恐怖主义的宣战行动从签署法令的笔下开始"，随即美国财政部公布了资产被冻结的11个"恐怖组织"、12个"恐怖组织"首脑、3个慈善机构和1个公司的名单，其中本·拉登和他的"基地"组织名列榜首④。

2002年9月，联合国安理会和美国正式认定"东突"势力为恐怖组织。"东突"恐怖势力包括很多组织，中国将所有的"东突"势力都认定为恐怖组织，但是被联合国尤其是被美国列上黑名单的仅是"东突"势力中最为激进、势力较大的"东突厥斯坦伊斯兰运动"，简称"东伊运"。美国之所以承认"东伊运"是恐怖组织，一方面是因为我国向全世界出示了大量该组织恐怖活动的罪证；另一方面是美国在打击"基地"组织战争中俘虏了"东伊运"成员，获取了大量的口供和证据，曾计划向美国的海外设施发动攻击，其中就包括美国驻吉尔吉斯大使馆⑤。美国驻华使馆发言人表示，美方手中握有上述说法的相关证据材料，美国相信其应该为发生在中国境内的超过200宗恐怖袭击事件负责⑥。

但需要注意的是，美国在认定恐怖组织问题上实行双重标准，其立场越来越不符合人类文明的基本准则，必将遭到世界各国人民越来越严厉的谴责与背弃。中国政府主张全世界各国人民，不分民族、宗教，不分地域、国别，不分政治和社会制度的差异，应当充分认识恐怖组织的本质及其所造成的严重危害，以公正如一的标准来对待和处理国内外

---

① 中国政法大学澳门研究中心澳门政府法律翻译办公室：《澳门刑法典澳门刑事诉讼法典》，澳门政府法律翻译办公室译，法律出版社1997年版，第109~110页。
② 范旭：《外国商家上了恐怖组织黑名单》，载《中国青年报》2001年11月6日。
③ 苏华：《战后国际关系透视》，航空工业出版社2012年版，第85页。
④ 《个个都非等闲之辈——美国眼中的25个恐怖组织》，澳洲在线中文网2002年10月19日。
⑤ 任柯：《中国反恐报告》，新浪网2002年10月14日。
⑥ 王如君、宋念中：《"东突"要袭美国使馆》，载《环球时报》2002年9月2日第2版。

一切恐怖组织,共同打击恐怖活动。

(二)恐怖组织的类型

对恐怖主义进行类型化研究,是深入探讨恐怖组织本质的重要手段,对于预防和打击恐怖组织犯罪具有积极意义。

有学者认为,国外恐怖主义组织的基本类型大致有三种①。

(1)极端民族、种族、宗教型恐怖主义组织。在这类恐怖主义组织中,比较典型的是英国的"爱尔兰共和军"、西班牙的"埃塔"、美国的"波多黎各民族武装解放力量"、加拿大的"魁北克解放阵线"、斯里兰卡的"泰米尔猛虎组织"、土耳其的"亚美尼亚民族解放军"、印度的"锡克教激进组织"等。这类恐怖主义组织的目的是谋求本民族、种族及本民族、种族所在地区的政治独立,建立民族或者种族自治的国家。

(2)极左、极右型恐怖主义组织。这类恐怖主义组织在西方发达国家和拉美国家中比较活跃,极左类型的恐怖主义组织主要有德国的"红军派"、意大利的"红色旅"、法国的"直接行动"、日本的"赤军"、秘鲁的"光辉道路"等;极右类型的恐怖主义组织主要有美国的"三K党""雅利安民族党""秩序党""亚利桑那爱国者",意大利的"新秩序""黑秩序""墨索里尼行动队""光头党",德国的"霍夫曼军体小组""日耳曼民盟""自由德国工人党""纳粹党小组""光头党""德国东部替代者",英国的"八八纵队""圣乔治同盟""民族阵线""C18""白色闪电""白狐",法国的"欧洲民族行动联合会""欧洲民族主义同盟""维护法兰西运动",俄罗斯的"俄罗斯民族统一运动""民族主义联盟""人民社会党""光头党"等。

在上述的两类恐怖主义组织中,极左类型的恐怖主义组织带有浓厚的政治色彩,一般表现为对资本主义制度怀深厚仇恨意识,从事恐怖主义的目的就是要摧毁资本主义统治,建立新型的国家政权;极右类型的恐怖主义组织主张白人至上,排斥有色人种和外来移民,而且将矛头直指左派政党和社会团体,滥杀无辜,手段残忍,如意大利的黑手党已成为国际性的犯罪组织,并演变为一个渗透到政界,大搞暗杀的政治、经济团体。

(3)邪教型恐怖主义组织。国外一些属于"末日论"教派的邪教组织,也被国际社会认为是恐怖主义组织。如美国的"大卫教",购买了大量的武器弹药,每天组织教徒进行军事训练,将据点建成一个军事堡垒,当美国政府出动军队和直升机前来围剿时,甚至公然武装对抗,打死打伤多名政府人员;日本的"奥姆真理教"不但研制被国际公约早已禁止使用的"沙林"化学毒剂,而且制造了轰动世界的东京地铁"沙林"毒气事件,使几千名平民百姓受害。这一事件成为第二次世界大战以来世界上发生的最大的一起毒气恐怖主义事件。

我们认为,根据恐怖组织产生的原因及其追求目标之不同,可将国外恐怖组织划分为民族主义型恐怖组织、宗教极端型恐怖组织、政治极端型恐怖组织、政策歧见型②恐怖组织。其中,政治极端型恐怖组织又可具体分为极左型恐怖组织和极右型恐怖组织。但

---

① 于俊平:《现代国外恐怖主义及组织的基本类型》,载《辽宁警专学报》2003年第5期,第43页。

② "政策歧见型"这一类型恐怖组织是中国现代国际关系研究所反恐怖研究中心的划分,参见中国现代国际关系研究所反恐怖研究中心:《国际恐怖主义与反恐怖斗争》,时事出版社2001年版,第4页。

需要说明的是,许多恐怖组织的产生原因混合了民族的、宗教的、意识形态的等多种因素,并不能简单地给以定论。

1. 民族主义型恐怖组织

这种类型的恐怖组织以民族主义作为精神支柱,使其发挥煽风点火、推波助澜的作用,因而具有更大的欺骗性和危害性。其表现为:一是强化民族意识,淡化国家意识;二是民族主义常常具有跨国性质,并与领土纠纷相互交织,造成一国民族问题国际化;三是把民族属性与宗教信仰混为一谈,使民族主义与宗教狂热紧密结合、宗教的排他性与民族分裂主义相结合。据统计,目前世界上存在的恐怖组织中有三分之一属于民族主义恐怖组织,比较有代表性的有西班牙巴斯克地区的"埃塔"、斯里兰卡的"泰米尔猛虎组织"等。这一类型的恐怖组织由于是以追求独立为目标的,它们在组织实力、组织结构、活动方式上与其他类型的恐怖组织有很大区别。

2. 宗教极端型恐怖组织

以宗教极端主义为思想内核的恐怖组织是当今世界恐怖组织的又一大类型。目前,世界上宗教极端型恐怖组织的具体数目无法统计,原因在于许多恐怖组织都表现出很强的宗教意识,包括爱尔兰共和军、车臣恐怖组织、基地组织、ISIS 等,都可以看到宗教对立的影子。这一类型的恐怖组织最主要的特点是以宗教作为意识形态,并把宗教作为一种手段和工具用以组织、号召信徒从事恐怖主义活动,以打击异教徒为主要目标,有的甚至要推翻世俗政权,建立政教合一的神权国家。

宗教极端型恐怖主义不仅仅局限于中东地区和伊斯兰教,世界上的几个主要宗教内部都有极端分子和恐怖活动。但是,目前国际上最活跃、规模最大、影响最广泛的宗教极端型恐怖组织,基本上都是宗教激进主义极端组织。美国国务院 2003 年所认定的 35 个"外国恐怖组织",其中有 22 个不同程度地与中东地区和伊斯兰世界相关,而且美国的反恐战争几乎全部指向这 22 个组织及其"支持者"[1],这类恐怖组织的目标是在伊斯兰世界内部建立最"纯洁"的政教合一的神权国家;在国际上进行"圣战",铲除西方异教徒的"邪恶势力"对伊斯兰国家的威胁和渗透。同时,伊斯兰社会政教合一的特点"使宗教分歧几乎自动转化为政治行动"。这使得一些极端的原教旨主义者,常常假借伊斯兰旗帜,打着"政教合一"口号,用恐怖主义手段解决宗教和政治冲突问题[2]。

3. 政治极端型恐怖组织

政治极端型恐怖组织主要指那些针对主流社会的政治制度、道德观念、经济秩序及一些具体的国家、社会政策持反叛和完全否定态度,试图以恐怖手段推翻现行社会制度或者国家政权,或者以恐怖手段发泄不满情绪,以特殊人群作为打击对象的极端组织。这一类型的恐怖组织跟民族主义和宗教一般没有直接的、必然的联系,也不谋求独立,而只是反对现行社会制度或者政策,敌视国家政权,常常具有"革命"、无政府主义、种族主义等色彩。政治极端型恐怖组织可具体分为以下两种类型。

---

[1] United States Department of State, *Patterns of Global Terrorism 2003*, Washington, April(29), 2004.

[2] Frank L. Ford, *Political Murder: From Tyrannicide to Terrorism*, Harvard University Press, 1985, p99.

(1)极左型恐怖组织。主要代表有:联邦德国的"红军派"、意大利的"红色旅"、日本的"赤军"、法国的"直接行动"、秘鲁的"光辉道路"、美国的"共生解放军",以及希腊的"11月17日"革命组织等。

(2)极右型恐怖组织。他们认为,社会的变化对他们的生活方式和价值观构成威胁,反抗这种威胁的手段就是暴力。因此,有时候极右恐怖组织的打击对象不仅仅是犹太人、有色人种和外来移民,还包括支持社会变革的政府机关和领导人。比较有代表性的极右型恐怖组织目前主要活跃在西欧、美国和俄罗斯。例如,在德国,现有各种各样大大小小的新纳粹和极右势力组织70多个,人员达五六万人,其中4100人是新纳粹党光头暴力分子。在意大利,一些极右翼纳粹组织加强了种族主义暴力活动,据统计,目前,意大利有狂热纳粹骨干分子1000多人,分布在全国各个重要城市①。

4. 政策歧见型恐怖组织

政策歧见型恐怖组织大多产生于20世纪80年代中后期。由于科学技术和经济的发展,人和自然的矛盾变得越来越明显,环境的恶化、物种的消失促使许多环保主义者和环保组织纷纷产生,其中一些采取纵火、爆炸等极端暴力手段攻击科研机构、公司和其他一些特殊建筑物,企图影响政府改变现行政策,声称为那些不能为自己利益而战的物种、为地球的利益谋福利;还有一些打着反堕胎、反核武器等口号的小型组织,也常常采用暴力手段以引起社会的注意。于是,这些为了某些特殊利益而使用暴力手段向政府和社会施压的新型恐怖组织便应运而生了。

在这些组织中,最受政府部门关注的是两个美国团体,"动物解放阵线"(Animal Liberation Front,ALF)和"地球解放阵线"(Earth Liberation Front,ELF),英国还有一个名为"停止亨廷顿的动物虐待"(Stop Huntingdon Animal Cruelty,SHAC)的团体。这个组织旨在阻挠亨廷顿生命科学研究中心的动物实验,并在其网站上自称是一个世界性的组织,在美国也有活动开展。"SHAC"宣称,它"并不鼓励、煽动非法行为"。"ALF"则在其网站上称,它的成员会采取"直接行动"阻止动物虐待。与"ALF"联手行动的"ELF",是一个更加秘密的组织,它还没有自己的网站,活动也不公开,仅在有些时候会声称对一些行为负责②。

中国长期以来饱受"东突"恐怖组织的危害,特别是20世纪90年代以来,在海外兴风作浪多年的"东突"恐怖势力为实现其建立所谓"东突厥斯坦"(简称"东突")的分裂中国的政治目标,勾结国际恐怖主义组织,在境外建立基地,培训恐怖分子,并不断派人潜入中国境内,策划、指挥和实施了一系列恐怖袭击活动,在中国新疆地区和中亚等国境内也陆续策划、组织实施了恐怖袭击活动,成为严重危害中国各族人民生命财产安全和社会稳定的一个毒瘤,并对有关国家和地区的安全与稳定也构成了严重威胁。③

"东突"是个笼统的概念,并不是某一个组织的名称,目前在中国境内外的"东突"组

---

① 闫培记:《恐怖组织概念界定研究》,兰州大学2009年硕士学位论文,第34页。
② David Usbome, *Eco-Militants Are Greastest Terrorest Threat*, Warns FBI, Independent, May 20, 2005.
③ 国务院新闻办公室:《"东突"恐怖势力难脱罪责》,《人民日报》2002年1月21日。

织就有50多个①。到了20世纪90年代,受苏联解体、宗教激进主义思潮及国际恐怖主义的多重影响,为了引起国际社会的注意,"东突"势力开始转向以恐怖暴力为主要手段从事分裂破坏活动。据不完全统计,自1990年至2001年,境内外"东突"恐怖势力在中国新疆境内制造了至少200余起恐怖暴力事件,造成各民族群众、基层干部、宗教人士等162人丧生,440多人受伤②。"东突"恐怖组织为了制造恐怖气氛和扩大政治影响以达到恐吓、要挟社会的目的,多次制造爆炸、进行暗杀、袭击警察和政府机关、实施投毒、纵火并策划和组织骚乱、暴乱事件,对社会稳定和人民生命财产安全造成严重危害。这些铁的事实足以揭示"东突"势力是为了达到分裂中国的目的,不惜采取恐怖暴力手段,残害无辜、危害社会的恐怖组织。

三、恐怖组织与人员的认定

(一)外国恐怖组织与人员的认定

各国对恐怖组织的认定模式主要有司法认定模式和行政认定模式两种。

1. 司法认定模式

司法认定模式是指由法院在刑事审判过程中,依据事实和法律标准,通过特定程序来判定某一组织是否为恐怖组织,从而在此基础上对该组织予以制裁。司法认定模式是各国主要采用的认定方式之一。

新《俄罗斯联邦反恐法》第24条第2款规定:……该组织应被认定为恐怖主义组织,并应根据法院在俄罗斯联邦总检察长或者其下属检察长的声明基础上作出的判决予以取缔(禁止其活动)。法院关于取缔该组织(禁止其活动)的判决适用于该组织的地方分支机构和其他组织机构。该条第5款还规定:联邦安全机关负责制定联邦统一恐怖主义组织名单,名单中应包括俄罗斯联邦法院认定的外国和国际恐怖主义组织。名单应在俄罗斯联邦政府指定的官方出版物上公布。因此,俄罗斯的恐怖组织认定程序由检察长发起,由联邦法院认定,并由联邦安全机关负责制定统一名单并公布。俄罗斯是司法认定模式的代表。

此外,还有一些国家的认定也由司法官进行。例如,《德国刑法典》第129条b规定:第129条和第129a条还应适用于在国外的组织。如果犯罪涉及欧洲联盟成员国境外的组织,则只有在犯罪通过在本法地域范围内开展的活动实施的情况下或者在犯罪人或者受害人是德国人或者在德国境内的情况下,才应适用这一规定。在属于第2句规定的情况下,只有经过联邦司法部授权,才能起诉犯罪。授权可以对个别案件发出,也可以为起诉某一具体组织今后的行为的目的一般地发出。在决定是否给予授权时,联邦司法部应当考虑该组织的活动所针对的是尊重人权的国家秩序中的基本价值,还是人民之间的和平共处,以及把整个情况加以权衡之后哪一种行为看起来更应当受到谴责③。该条规定实际上指出,认定恐怖组织和恐怖分子应当由联邦司法部起诉,由法官进行裁决。同样

---

① 《"东突"恐怖组织渊源》,《三联生活周刊》第44期。
② 国务院新闻办公室:《"东突"恐怖势力难脱罪责》,《人民日报》2002年1月21日。
③ 张英美:《德国与欧盟反恐对策及相关法律研究》,中国检察出版社2007年版,第6页。

属于欧洲大陆的法国和意大利采取的也是司法认定模式,它们都只在各自《刑法典》①中规定了相应的犯罪构成和处罚幅度,认定的结果都留待法官在具体的诉讼中裁决。

上述可知,司法认定模式遵循的是一般的"诉讼式"结构,即由"控方"提起申请,由司法官予以裁决,而且这种认定伴随个案的处理,认定是后续诉讼进程的前提,认定的结果将直接启动刑事制裁程序。

司法认定模式的实质就是个案的司法审查,即控方向司法机关提出申请,要求确认某一组织为恐怖组织并对该组织及其成员予以定罪处罚。因此,这种模式是以"诉讼"的方式来处理恐怖组织的"身份"认定。

具体而言,司法认定模式具有以下特点。

(1) 司法认定程序既是"身份"的确认,也是刑事制裁的依据。由于多数国家都将组织、参与恐怖组织作为独立的罪名在刑法中予以规定,因此,司法认定本身即是一个罪与非罪的判断过程,采取"诉讼式"的结构有其合理性。尽管国外立法通常规定这种认定程序可以缺席审判,但两造对抗的诉讼理念仍然在这种认定程序中有所体现。

(2) 司法认定模式有完备的救济程序。由于恐怖组织的认定是以"审判"的方式进行的,因而普通刑事审判程序中的救济程序在这种认定程序中也同样存在。被认定的组织可以通过上诉等方式要求复审。

(3) 司法认定是一种事后确认,具有一定的滞后性。司法的被动性也体现在这种认定模式之中,因此,这种认定尽管具有法律权威性的保障,但常常滞后于恐怖主义犯罪的现状。刑事审判中的附带性认定都是在具体犯罪行为实施之后才展开的,相对于行政认定模式而言,其预防功能不足。

2. 行政认定模式

行政认定是由一国行政机关依据相关法律规定对某一组织是否为恐怖组织进行的确认。在认定基础上,行政机关对该组织予以取缔,并采取综合性的行政手段以防范和惩治恐怖主义犯罪。

美国是行政认定模式的典型代表。"9·11"恐怖袭击之前,美国就明确了认定恐怖组织的程序和实体法规定。《1996年反恐怖主义和有效死刑法》第219条规定:如果国务卿认定某一组织属于外国组织;该组织从事或者实施的恐怖主义活动威胁到美国或者美国公民的安全,她/他有权认定该组织为外国恐怖组织。同时,国务卿还有权增添、更新、废止恐怖组织名单中的内容。

英国反恐法也规定了行政认定模式。英国《2000年反恐怖主义法》第3条规定,如果某组织有下列行为,国务大臣可以通过命令将其列入恐怖组织名单中:①实施或者参与实施恐怖主义行为;②为恐怖主义行为做准备;③促进或者煽动恐怖主义;④以其他方式

---

① 如意大利2001年12月18日法律将原270-2的内容进行了修改:任何人在意大利境内发起、创建、组织、领导或者资助以恐怖主义或者推翻民主制度为目的而实施暴力行为的团体,处7至15年有期徒刑;任何人参加这种团体处5至10年的有期徒刑。《法国刑法典》第421-1规定:"下列犯罪,在其同以严重扰乱公共秩序为目的,采取恐吓手段或者恐怖手段进行的单独个人或者集体性攻击行为相联系时,构成恐怖活动罪……"

参与恐怖主义行为。

印度《2001年防止恐怖主义法》赋予中央政府指认恐怖组织的权力。该法第18条规定：如果中央政府相信某一组织参与了恐怖主义活动，那么就可以在《官方公报》中下令，在恐怖主义名单中增加、清除某一组织或者对名单进行修改。并且规定，如果某一组织：①实施或者参与了恐怖主义活动；②为恐怖主义活动做准备；③推进或者鼓励恐怖主义活动；④以其他方式参与恐怖主义活动，那么该组织应被视为参与了恐怖主义活动。

以色列《1948年预防恐怖主义条例》规定，以色列政府拥有宣布某组织为恐怖组织的权力，如果政府发布公告，正式宣布某一特定团体为恐怖组织，这一公告的发布必须通过法定程序，确实有充分理由证明该团体是恐怖组织。

行政认定模式是由行政部门所实施的认定，各国的具体主体也有所不同。基于行政权力本身的属性，行政认定模式具有以下特点。

（1）认定的单向性和主动性。行政认定是行政机关主动实施的认定，具有单向性和主动性，即行政认定不必等到恐怖主义实施现实的恐怖主义行为后再被动地进行认定。行政认定预设的是立体化的预防策略。这种"先发制人"的方式在防范和打击恐怖组织方面已经显示出独特的效果。

（2）集中式认定。司法认定是一种个案的审查方式，即"一案一认定"，且认定的范围一般不能超过"控方"申请的范围；而行政认定常常是成批次的，即一次可能认定并公布多个恐怖组织。由于刑事判决的"既判效力"，它在增强认定权威性的同时，也容易使认定名单相对滞后；而行政认定在效率方面常常比司法认定要高得多。

（3）行政认定大多需要与司法认定相衔接。单一的行政认定有利于行政机关高效地开展预防和打击恐怖主义，但如果要追究刑事责任则必须要经过司法认定。只是这种司法认定常常是对行政认定的一种确认，即在司法认定程序中只要该被认定的组织与人员没有相反的证据证明，司法机关即可径行做出认定。从证据法的角度看，这是出于反恐怖主义需要在证明责任上的一种调整。

需要说明的是，司法认定模式和行政认定模式在运用中也并非截然对立，事实上，两种模式并行不悖。特别是在以行政认定模式为主的国家，司法机关的再确认或者救济是极为普遍的。当今世界多数国家都实行司法认定和行政认定相结合的双轨制模式。

（二）中国恐怖组织与人员的认定

1. 学者观点

目前，国内学者对恐怖组织的认定模式主要有以下四种观点：①主张采用刑法修正案模式，对恐怖组织含义进行明确规定；②主张采取刑法立法解释的模式，明确恐怖组织的含义，为司法机关审判案件提供法律依据；③主张采取确认程序模式，即在法律上构建确认程序并予以公布；④主张采取立法解释与确认程序并行的模式，即依据国家立法机关对恐怖组织概念与特征的立法解释，由最高人民法院确认符合上述概念与特征的为恐怖组织,但同时认为该设想存在问题①。

2. 立法规定

2015年12月27日第十二届全国人民代表大会常务委员会第十八次会议通过的《反恐法》,对我国的恐怖活动组织与人员的认定机构作出了明确规定,即该法第7条规定:"国家设立反恐怖主义工作领导机构,统一领导和指挥全国反恐怖主义工作。设区的市级以上地方人民政府设立反恐怖主义工作领导机构,县级人民政府根据需要设立反恐怖主义工作领导机构,在上级反恐怖主义工作领导机构的领导和指挥下,负责本地区反恐怖主义工作。"

在恐怖活动组织与人员的认定模式上,我国《反恐法》采取的是双轨制认定模式。该法第12条规定:"国家反恐怖主义工作领导机构根据本法第3条的规定,认定恐怖活动组织和人员,由国家反恐怖主义工作领导机构的办事机构予以公布。"第16条规定:"根据刑事诉讼法的规定,有管辖权的中级以上人民法院在审判刑事案件的过程中,可以依法认定恐怖活动组织和人员。对于在判决生效后需要由国家反恐怖主义工作领导机构的办事机构予以公告的,适用本章的有关规定。"

在认定恐怖活动组织与人员申请与救济方面,我国《反恐法》第13条规定:"国务院公安部门、国家安全部门、外交部门和省级反恐怖主义工作领导机构对于需要认定恐怖活动组织和人员的,应当向国家反恐怖主义工作领导机构提出申请。"第15条规定:"被认定的恐怖活动组织和人员对认定不服的,可以通过国家反恐怖主义工作领导机构的办事机构申请复核。国家反恐怖主义工作领导机构应当及时进行复核,作出维持或者撤销认定的决定。复核决定为最终决定。国家反恐怖主义工作领导机构作出撤销认定的决定的,由国家反恐怖主义工作领导机构的办事机构予以公告;资金、资产已被冻结的,应当解除冻结。"

3. 认定实践

长期以来,尤其是20世纪90年代以来,在中国境内外的"东突"势力为实现破坏国家统一的目的,在中国新疆等地和有关国家策划、组织、实施了一系列爆炸、暗杀、纵火、投毒、袭击等恐怖暴力活动,罪行累累,严重危害了中国各族人民群众的生命财产安全和社会稳定,并对有关国家和地区的安全与稳定构成了威胁。本着严厉打击恐怖主义、分裂主义、极端主义的精神,中国政府依法开展防范和惩处"东突"恐怖势力的工作,有效地保护中国各族人民的根本利益,维护了中国尤其是新疆地区广大人民的生命权、生存权、人身安全权、发展权等基本人权和自由,同时也有力地维护了中国周边地区的安全与稳定。

2003年12月15日,中华人民共和国公安部在北京举行新闻发布会,公布第一批正式认定的"东突"恐怖组织和恐怖分子名单。

该次公布第一批"东突"恐怖组织和恐怖分子的工作是严格依法进行的。认定并对外公布的"东突"恐怖组织、恐怖分子的主要依据是:《刑法》及2001年12月29日九届全

---

① 赵秉志:《刑事法治发展研究报告(2003年卷·下册)》,中国人民公安大学出版社2003年版,第684~685页。

国人大常委会第二十五次会议通过的《刑法修正案（三）》《国家安全法》及其实施细则，中国加入的一系列反恐怖国际公约如联合国通过的《制止恐怖主义爆炸的公约》《制止向恐怖主义提供资助的国际公约》等，以及联合国安理会通过的第1267号、1373号、1333号、1456号等反恐决议。

认定恐怖组织的具体标准：

（1）以暴力恐怖为手段，从事危害国家安全，破坏社会稳定，危害人民群众生命财产安全的恐怖活动的组织（不论其总部在国内还是在国外）。

（2）具有一定的组织领导分工或者分工体系。

（3）符合上述标准，并具有下列情形之一：①曾组织、策划、煽动、实施或者参与实施恐怖活动，或者正在组织、策划、煽动、实施或者参与实施恐怖活动；②资助、支持恐怖活动；③建立恐怖活动基地，或者有组织地招募、训练、培训恐怖分子；④与其他国际恐怖组织相勾结、接受其他国际恐怖组织资助、训练、培训，或者参与其活动。

第一批认定的"东突"恐怖组织名单：①"东突厥斯坦"伊斯兰运动；②"东突厥斯坦"解放组织；③世界维吾尔青年代表大会；④"东突厥斯坦"新闻信息中心。

认定恐怖分子的具体标准：

（1）与恐怖组织发生一定的联系，在国内外从事危害国家安全和人民群众生命财产安全的恐怖活动的人员（不论其是否加入外国国籍）。

（2）符合上述条件，并具有下列情形之一：①组织、领导、参与恐怖组织；②组织、策划、煽动、宣传或者教唆实施恐怖活动；③资助、支持恐怖组织和恐怖分子进行恐怖活动；④接受上述恐怖组织或者其他国际恐怖组织资助、训练、培训或者参与其活动。

第一批认定的"东突"恐怖分子名单及情况：

（1）艾山·买合苏木，男，维吾尔族，1964年出生，原籍中国新疆喀什地区疏勒县，小学文化，恐怖组织"东突厥斯坦伊斯兰运动"头目，在阿富汗、巴基斯坦等国建立训练营地，策划、指挥在新疆制造多起暴力恐怖事件。中国警方已通过国际刑警组织对其发布国际刑警红色通缉令。

（2）买买提明·艾孜来提，男，维吾尔族，1950年出生，大学文化，原籍中国新疆和田地区墨玉县，原在某电影制片厂工作，1989年出逃土耳其，现为恐怖组织"东突解放组织"头目，多次派遣其组织成员在中国境内实施暴力恐怖活动，并在哈萨克斯坦、吉尔吉斯斯坦等中亚国家制造了多起抢劫、杀人案件。中国警方已通过国际刑警组织对其发布国际刑警红色通缉令。

（3）多里坤·艾沙，男，维吾尔族，1967年出生，中国新疆阿克苏市人，高中文化程度。恐怖组织"东突解放组织"主要骨干，多年担任恐怖组织"世界维吾尔青年代表大会"头目，系国际刑警组织红色通缉令对象。

（4）阿不都吉力力·卡拉卡西，男，维吾尔族，1960年出生，新疆和田地区墨玉县人。恐怖组织"东突厥斯坦信息中心"头目，恐怖组织"世界维吾尔青年代表大会"主要骨干，不断通过互联网等方式向境内"东突"分子秘密传授有关毒剂和爆炸物的制作方法，为开展恐怖暴力活动进行准备，并积极与境内暴力恐怖分子联系、策划在中国境内铁路上进行爆炸破坏活动。中国警方已通过国际刑警组织对其发布国际刑警红色通缉令。

（5）阿不都卡德尔·亚甫泉，男，维吾尔族，1958 年出生，原籍中国新疆喀什地区疏附县，初中文化。1997 年，与艾山·买合苏木一起出逃，系恐怖组织"东突厥斯坦伊斯兰运动"主要骨干，在阿富汗等国建立训练营地，并制造了一系列暴力恐怖案件，造成多人伤亡。中国警方已通过国际刑警组织对其发布国际刑警红色通缉令。

（6）阿不都米吉提·买买提克里木，又名孜比布拉，男，维吾尔族，1967 年出生，初中文化，中国新疆喀什地区疏附县人，恐怖组织"东突厥斯坦伊斯兰运动"骨干，组织策划多起持枪杀人、抢劫案及爆炸案。1996 年 7 月持假护照出逃境外，国际刑警组织红色通缉令对象。

（7）阿不都拉·卡日阿吉，男，维吾尔族，1969 年出生，初中文化，中国新疆喀什地区莎车县人，恐怖组织"东突厥斯坦伊斯兰运动"主要骨干，在境外长期从事暴力恐怖活动，组织大批暴力恐怖分子在"东突厥斯坦伊斯兰运动"设于境外的基地内进行军事、体能训练，参与策划、指挥境内多起暴力恐怖活动。中国警方已通过国际刑警组织对其发布国际刑警红色通缉令。

（8）阿不力米提·吐尔逊，男，维吾尔族，1964 年出生，中国新疆乌鲁木齐市人，恐怖组织"东突解放组织"骨干。参与策划、指挥境内多起暴力恐怖活动，并在哈萨克斯坦、吉尔吉斯斯坦制造了抢劫、杀人、袭警案件。中国警方已通过国际刑警组织对其发布国际刑警红色通缉令。

（9）胡达拜尔地·阿西尔白克，男，维吾尔族，1970 年出生，中国新疆伊宁县人，恐怖组织"东突解放组织"骨干，在境内策划、制造多起暴力恐怖活动事件。中国警方已通过国际刑警组织对其发布国际刑警红色通缉令。

（10）亚生·买买提，男，维吾尔族，1964 年出生，初中文化，中国新疆喀什地区泽普县人。自 1996 年起，在境内组织、训练暴力恐怖分子，并自 1998 年起纠合一批负案在逃暴力恐怖分子，大量自制枪支弹药、爆炸装置和刀具，组织策划制造暴力恐怖犯罪活动。中国警方已通过国际刑警组织对其发布国际刑警红色通缉令。

（11）阿塔汗·阿不都艾尼，男，维吾尔族，1964 年出生，小学文化，中国新疆喀什地区叶城县人，向境内偷运武器弹药，并制造多起暴力恐怖案件，国际刑警组织红色通缉令对象。

第二批认定的"东突"恐怖分子名单：
2012 年 4 月 6 日中华人民共和国公安部在亚洲大酒店多功能厅召开新闻发布会，通报公安部《第二批认定的"东突"恐怖分子名单》有关情况。

2007 年以来，以"东突厥斯坦伊斯兰运动"（联合国安理会 2002 年 9 月认定的恐怖组织，简称"东伊运"）为首的"东突"恐怖势力针对北京奥运会，在中国境内外策划、组织、实施了一系列恐怖犯罪活动，严重危害了北京奥运会安全和中国社会稳定，同时，对有关国家和地区的安全与稳定也构成了威胁。

为打击"东突"恐怖势力，公安部在掌握"东伊运"部分成员恐怖活动情况和确凿犯罪证据的基础上，依照《中华人民共和国刑法》《中华人民共和国国家安全法》等有关法律,并根据联合国有关反恐决议,经过严格甄别和审核,认定下列8人为恐怖分子:①买买提明·买买提;②艾买提·亚库甫;③买买提吐尔逊·依明;④买买提吐尔逊·阿布杜哈力克;⑤夏米斯丁艾合麦提·阿布都米吉提;⑥艾可米来·吾买尔江;⑦牙库甫·麦麦提;⑧吐尔孙·托合提。

此次认定的8名恐怖分子均系恐怖组织"东伊运"的骨干成员,均曾参与策划、指挥和组织实施了针对北京奥运会的各种恐怖犯罪活动。其中,有的领导指挥恐怖组织实施各种暴力恐怖活动;有的组织恐怖分子训练,制订恐怖袭击计划并下达行动指令;有的招募恐怖组织成员,筹集恐怖活动经费,积极开展制毒制爆活动;有的积极参加恐怖培训和恐怖行动小组,企图采取爆炸、投毒等方式实施恐怖袭击。

第三节 恐怖主义的产生与发展

一、恐怖主义的渊源与根源

(一)恐怖主义的渊源

恐怖主义由来已久,有人认为它的历史几乎和人类历史一样久远。恐怖主义的形式很多,最初出现的是个人恐怖主义活动。"个人恐怖主义活动是个人为了私利而进行暗杀、下毒、绑架、纵火、爆炸等暴力性破坏活动。这些恐怖活动,可以说是一种刑事犯罪活动。个人恐怖活动往往与有组织的恐怖活动交织在一起,为私利而进行的恐怖主义,逐渐发展成了为政治目的而进行的恐怖主义。"[①]

"恐怖主义"(terrorism)的词根"恐怖"(terror)最早出现在法语之中,用法语表示为"terreur"。1798年法国对其《学术词典》中的"体制"词条进行了补充,增加了"恐怖体制",专指1793年至1794年法国大革命时期由罗伯斯庇尔领导的雅各宾派的专政体制。雅各宾派在法国执政后,法国国民公会于1793年9月5日通过决议,"将恐怖(terreur)统治提上日程"。其恐怖统治的内容主要包括两个方面:经济恐怖和政治恐怖。前者以全面限价法令为标志,严禁囤积居奇,对日用必需品实行最高限价政策,规定不得超过1790年物价的1/3;在政治方面,颁布了《惩治嫌疑犯条例》,处决了一大批嫌疑犯,并建立了集权统治,以加强对敌斗争。政治恐怖是雅各宾派在内忧外患空前严重的情况下被迫采取的一种"战时体制"。在这种体制的指导下,雅各宾派提出用革命的恐怖对抗反革命的恐怖,在全国范围内开始大规模的甄别与屠杀。此举在帮助雅各宾派打击投机奸商、平抑物价涨幅、震慑不法地主、克服经济困难、平定王党叛乱、抵御外敌入侵等方面,都发挥了十分重要的作用。可见,在法国大革命时期,雅各宾派执政之初,"恐怖"基本上是一个褒义词,特指资产阶级革命派在执政期间以红色暴力恐怖阻止反革命复辟的统治手段。

[①] 李世安:《恐怖主义的历史考察》,载《烟台大学学报》(哲学社会科学版)2008年第4期,第107页。

在雅各宾派执政的后期，政治上的恐怖统治在范围上被无节制地扩大。在此期间，违反法制、滥杀无辜的现象十分严重。例如，在处死王后玛丽·安东妮之后，将21名吉伦特派成员全部处死，其中大部分是大革命的功臣；再如，1794年3月，罗伯斯庇尔下令屠杀了以埃贝尔为首的激进派，4月杀害了主张实行宽容政策、标榜"爱惜人类的鲜血"的革命派领袖人物丹东。在罗伯斯庇尔被处死之前的一个月内，被他处死的人多达1376人。雅各宾派的这种滥杀无辜的行为最终引起了极大的公愤，以至于雅各宾派的支持者最终倒戈，指控罗伯斯庇尔为首的雅各宾派的行为为恐怖主义，这是人类第一次使用恐怖主义这一措辞。

恐怖主义作为一种借助暴力手段制造社会恐怖，以实现一定的社会目的的主张或者方法最初为国家统治者所青睐，但随着社会的不断发展，非国家的行为者也开始借助这种方法来实现其社会目的，特别是从19世纪末到20世纪初，法国与俄罗斯的无政府主义者尤其热衷于借助恐怖主义手段，来推行其民族主义目标或者社会目标。进入20世纪之后，非国家的恐怖主义更加盛行，这一时期采取的主要暴力手段是暗杀，如1914年萨拉热窝的斐南迪暗杀事件。1934年7月奥地利总理(Dolfuss)遭到暗杀；同年10月9日，南斯拉夫国王亚历山大一世在法国进行国事访问时，被克罗地亚的民族分离主义分子暗杀，法国外交部长路易斯和两名随从一同遇害①。

"二战"以后，特别是20世纪50、60、70年代，恐怖分子开始采用新技术手段实施恐怖主义，主要表现在恐怖行为方式的变化，即恐怖分子常常采取劫持航空器的方式来实施恐怖主义。50年代，劫机事件断断续续发生在东西欧之间。60年代初美国与古巴断绝外交关系后，在加勒比海区域出现了劫机浪潮。1968年夏天，巴勒斯坦人劫持以色列艾尔澳尔航空公司客机，掀起了劫机浪潮。其中1970年9月6日，巴勒斯坦人民阵线一天之内劫持了4架次从欧洲飞往纽约的大型客机，史称"九·六事件"。据统计，1961年1月到1973年8月间，仅美国以外发生的劫机事件就多达207起。从1960年至1973年上半年止，世界发生的劫机事件多达225起②。由于这一时期正是国际社会非殖民化运动高涨的时期，这些劫机事件背后大多隐含了民族自决运动的背景，因而联合国在这一问题上疑虑重重，各国也在民族解放运动的问题上争议十分激烈。有的国家认为，民族解放运动本身决定了无论采取何种方式，包括恐怖主义方式，都是合法的；有些国家则认为，即使是民族解放运动也不是采取任何行动都是合法的。但是，为了应对以劫机方式出现的恐怖主义威胁，国际社会缔结了《东京公约》《海牙公约》《蒙特利尔公约》，以保障航空安全。

20世纪八九十年代至今，恐怖主义发展进入一个新的阶段。这个时期的恐怖主义表现出以下新特点：①动机不同，20世纪50—70年代的恐怖主义主要出于反殖民统治的动机，而20世纪八九十年代以来的恐怖主义的动机大部分属于宗教、政治意识形态与地缘政治的混合物；②危害性不同，特别是20世纪90年代以来的恐怖主义的破坏性远远大于20世纪50—70年代的恐怖主义破坏性，因为大规模毁灭性武器和计算机网络都放大了恐怖主义的危害；③活动规律不同，与20世纪50—70年代恐怖主义不同，20世纪八九十

---

① 简基松：《恐怖主义犯罪之刑法与国际刑法控制》，国家行政学院出版社2012年版，第4~5页。
② 简基松：《恐怖主义犯罪之刑法与国际刑法控制》，国家行政学院出版社2012年版，第8页。

年代恐怖主义还有一个突出特点,即跨国性十分明显。

国际上一般以1968年作为现代恐怖主义的起点,因为"它有别于原先的单个的杀手、刺客,代之而起的是包装为'政治行为'的跨国化、职业化、组织化、游击化、多样化的暴力活动"①。现代恐怖主义的手段更残忍,范围更大,方式也更隐蔽。美国"9·11"事件,将现代恐怖主义推向一个新的顶峰,使恐怖主义成为国际社会关注的焦点。

(二)恐怖主义产生的根源

研究恐怖主义产生的根源,是预防和处置恐怖主义的关键问题。恐怖主义是十分复杂的社会问题,它的产生和发展与国际政治、经济和文化的发展等都有着复杂的关系。

有学者认为,恐怖主义的产生有其历史与社会根源,它是由不合理的政治、经济和社会秩序所带来的,有历史的原因,有现实的原因②。在近现代,由于帝国主义、殖民主义、霸权主义的侵略扩张,激化了世界各国的矛盾,产生了各种恐怖主义。因此,恐怖主义产生的历史根源,是资本主义、帝国主义、殖民主义和霸权主义。

有学者认为,恐怖主义的产生,大致有以下几个方面的因素:恐怖主义是一国范围内社会经济发展失衡和世界范围内南北发展失衡的结果;民族矛盾和种族冲突是当前国际恐怖主义猖獗的主要原因之一;宗教矛盾和冲突的加剧致使恐怖主义泛滥;主权国家之间竞争和冲突的尖锐化导致政治恐怖主义强化;冷战后经济全球化进程的加速也对恐怖主义产生了很大影响③。

我们认为,恐怖主义产生的根源是多方面的,综合考察主要有以下方面(图1-1)。

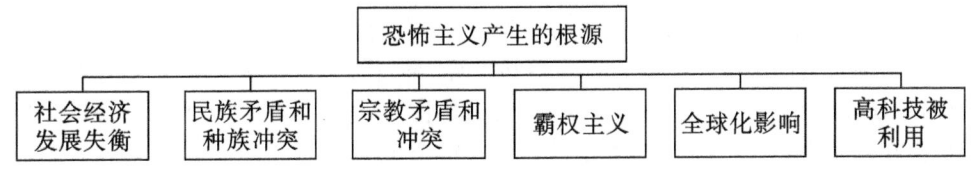

图1-1 恐怖主义产生的根源

1. 社会经济发展失衡

恐怖主义常常与社会问题紧密地联系在一起。美国学者哈克认为,恐怖主义从来不是从真空中产生的,而是一种对社会现实和主观印象的激进反应,恐怖主义的泛滥正是对社会不公正的强烈反感和不满④。近年来恐怖主义泛滥的国家和地区,大都是社会问题比较突出的。贫富悬殊、社会不公、种族歧视,各种社会矛盾日益突出,加上经济的衰退及失业等原因,导致许多青年人希望与现实抗争而不断以制造恐怖事件来宣泄自己的不满。当社会发生严重危机,特别是当某一国家的意识形态或者政权体制出现危机时,

---

① 王艳雯:《现代恐怖主义的历史根源》,载《安阳师范学院学报》2002年第4期,第80页。
② 李世安:《恐怖主义的历史考察》,载《烟台大学学报》(哲学社会科学版)2008年第4期,第111页。
③ 王艳雯:《现代恐怖主义的历史根源》,载《安阳师范学院学报》2002年第1期,第81~82页。
④ 王世雄、胡泳浩:《评冷战后的恐怖主义泛滥》,载《现代国际关系》1998年第9期,第31页。

各种反对派或者团体便会应运而生,它们为了达到自己通过合法渠道难以达到的目的,极有可能不惜采取恐怖暴力行径。"伊斯兰国"的兴起就与叙利亚的政权危机密切相关。

2. 民族矛盾和种族冲突

不同民族共同生活在同一个地球上,这是一个基本的事实。但是,不容否认,民族矛盾和种族冲突也是当前世界动荡不安的一个重要因素,而许多民族矛盾和种族冲突最终都体现为恐怖主义。这在中东地区表现得最为突出。在以色列与巴勒斯坦之间,由于以色列政府推行强硬路线,导致它与巴勒斯坦之间的相互报复事件层出不穷,这使得处于弱势地位的巴勒斯坦少数激进派组织以自杀性恐怖袭击来报复以色列当局的狂轰滥炸。

3. 宗教矛盾和冲突

恐怖主义不是宗教问题,但恐怖主义泛滥的一个重要根源却是宗教冲突加剧。据不完全统计,20世纪90年代大约有25%的恐怖主义起源于宗教目的。最近几年来,影响最大的是"伊斯兰原教旨主义"。随着以互联网为代表的信息产业和高科技技术的发展,西方文化开始渗透到一些伊斯兰国家。而对西方文化的渗透,极端原教旨主义分子无法接受,便极力反对非伊斯兰文化的"异端邪说",号召全面实现政治、经济及社会生活的"伊斯兰化"。20世纪90年代以来,"伊斯兰原教旨主义"在西亚北非等地扩展极其迅速,已成为一种具有国际影响的恐怖宗教力量。"宗教极端主义与国际恐怖主义相联系最严重的后果是使暴力恐怖主义合法化,企图用神圣的宗教来证明暴力恐怖的正义性"[①]。以本·拉登为首的"基地组织"和巴格达迪为首的ISIS就是伊斯兰极端主义组织。

4. 霸权主义

当今世界,和平、发展、合作已经成为时代的主题,但是霸权主义和强权政治依然存在。以美国为首的西方发达国家一直想垄断世界,推行强权政治和霸权主义。美国三番五次打着"民主""人权""人道主义"的幌子,破坏国际关系准则,挑起国家与国家之间、民族与民族之间、当权者与反对派之间的矛盾,霸道地要求不同国家和人民接受美国等西方国家的价值观。美国屡遭恐怖袭击,与它的对外扩张、推行强权政治、极力充当世界警察的外交政策不无关系。此外,美国等国在认定恐怖主义这一问题上一直采取双重标准,公开运用恐怖主义手段来打击对手,这也加剧了恐怖主义的发展。例如,在中东问题上,美国一直坚持偏袒以色列的不公正立场,使得以色列有恃无恐,而巴勒斯坦人民的生存权益长期得不到保障。在这种不公正的情况下,少数激进势力与激进分子感到自己的正当权益长期得不到保障,但是又没有足够的力量与美国进行正面抗衡,于是就以恐怖主义袭击报复美国。本·拉登提出的口号之一是"如果巴勒斯坦人民的安全得不到保障,美国也就不得安宁"。美国《基督教科学箴言报》2001年9月27日发表文章指出,多数阿拉伯人知道答案,他们认为这些攻击的目标是经过精心策划的,而不是攻击"文明"或者"自由",这种袭击是美国的中东和其他地方的不公和傲慢的政策的结果。

5. 全球化影响

经济全球化是一把双刃剑,它在促进全世界的交流与繁荣的同时,也损害了弱势地

[①] 宁金和:《探析恐怖主义的根源》,载《西南民族学院学报》(哲学社会科学版)2002年第12期,第248页。

区原有价值观和生活方式的纯粹性及尊严。在经济全球化过程中,主要发达国家掌握着全球化游戏规则制定的主导权,使其从经济全球化中的获利大大超过发展中国家,从而使贫富差距越来越大。据统计,现世界排名在前三位的最富有的三个人的财富,竟然超过了49个最不发达国家的国内生产总值之和。那些经济发展落后的国家和地区,跟不上先进国家和地区工业化、信息化的步伐,人们生活贫困,由此产生的仇恨心理也可能使这些国家和地区的人选择恐怖主义的报复方式。贫穷并不必然产生恐怖主义,但怨恨情绪会不断积累。国内因素引起的矛盾和国际因素诱发的矛盾相互交织,就给恐怖主义滋生提供了土壤。不少生活在经济相对落后、政局不稳的中亚、中东和北非国家的年轻人,由于没有基本的生活保障,对前途没有希望,自然走上了恐怖主义活动之路。有些恐怖分子虽出身经济发达的西方国家,但他们有的对社会不公现象不满,为发泄怨恨加入了恐怖主义的行列。

6. 高科技被利用

恐怖主义的传统作案手法多为暗杀、绑架等,工具和手段都比较简单,造成的人员伤亡及直接损失有限。现在情况则大大不同于以前。现代科技的发展,高新科技的推广,在为人类带来福音的同时,也为恐怖分子实施恐怖活动提供了便利条件。遵照一般的犯罪学原理,社会的科技和文明程度越高,国际犯罪所使用的手段就越残忍,危害也越大。冷战结束以来,随着科学技术和军事工业的发展及各种武器技术的扩散,恐怖分子开始采用各种高科技手段为其恐怖活动服务,发动恐怖袭击除了原有的手段外,还包括爆炸、自杀性爆炸、生化攻击、网络攻击、等等。移动通信、电视、卫星、互联网及其他传媒技术,已被恐怖组织或者恐怖分子当作搜集情报和发布指令的高效作案工具。在美国"9·11"恐怖袭击中,恐怖分子利用属于高技术设备的大型民航飞机撞毁了高技术工艺设计和建造起来的摩天大厦。

二、恐怖主义的严重危害

(一)恐怖主义对世界的严重危害

目前,恐怖主义已经成为世界各国面临的一大公害(图1-2),包括中国在内的许多国家都面临着恐怖主义的威胁,恐怖主义给世界各国已经造成了巨大损失,对人们心理造成的恐慌更是影响深远,表1-5列举了"9·11"事件后域外发生的主要恐怖袭击事件。

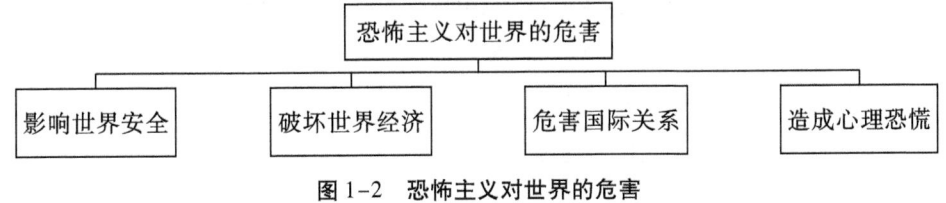

图1-2 恐怖主义对世界的危害

1. 恐怖主义影响着当今世界的安全

恐怖主义袭击,造成大量的人员伤亡,严重影响着世界各地的安全。"对人员伤亡的数据统计表明,20世纪90年代,恐怖活动每年造成的伤亡人数呈升降相间的波浪式增长态势,年均增长率为 19.08%,其中,死亡人数年均增长率为 12.59%;每起平均伤亡人数呈升降相间的波浪式增长态势,年均增长率为 31.96%,其中,每起平均死亡人数年均增长率为 25.15%(以 1991 年为基数)"[1]。同时,具有民族分裂主义色彩的恐怖主义对国家主权造成了极大的危害。例如,"伊斯兰国"不仅占领了伊拉克的大片领土,直逼巴格达,还在叙利亚建立了所谓的"首府",给伊拉克和叙利亚的国家政权造成了极大威胁。从当今恐怖主义的现状来看,遭受恐怖主义活动危害比较严重的国家除伊拉克和叙利亚外,还有以色列、巴勒斯坦、阿富汗、巴基斯坦和索马里等国。

表1-5 "9·11"事件后域外发生的主要恐怖袭击

时间	事件	死亡人数
2002年10月12日	印度尼西亚巴厘岛两家夜总会连环爆炸	202
2002年10月23日	莫斯科剧院劫持人质案	130
2004年3月11日	西班牙马德里火车站爆炸案	192
2004年9月1日	俄罗斯别斯兰市劫持人质案	336
2005年7月7日	英国伦敦地铁和公交车爆炸案	56
2005年7月23日	埃及沙姆沙伊赫连环爆炸案	90
2006年7月11日	印度孟买铁路爆炸案	200
2007年10月19日	巴基斯坦南部城市卡拉奇爆炸案	140
2008年11月26日	印度孟买铁路爆炸案	188
2009年10月25日	伊拉克首都巴格达自杀式爆炸案	160
2010年1月1日	巴基斯坦白沙瓦排球场遭袭案	96
2012年5月21日	也门首都萨那自杀式炸弹袭击案	100
2013年9月21日	肯尼亚首都内罗毕袭击案	67
2014年4月14日	尼日利亚东北部博尔诺州一所女子学校遭武装分子袭击案	276
2014年12月16日	巴基斯坦西北部城市白沙瓦的一所军人子弟学校袭击案	141
2015年4月2日	"青年党"袭击肯尼亚东北部加里萨市莫伊大学案	148
2015年7月26日	索马里首都摩加迪沙半岛皇宫酒店遭遇自杀式汽车炸弹袭击案	15
2015年8月17日	泰国首都曼谷市中心四面佛神庙附近爆炸袭击案	20
2015年10月10日	土耳其首都安卡拉火车站附近自杀式爆炸袭击案	102
2015年11月13日	法国首都巴黎多起袭击案	130
2016年3月22日	比利时布鲁塞尔机场和地铁站袭击案	32
2016年7月14日	法国尼斯卡车碾压事件	84

(资料来源:根据新华网、中国网相关报道整理)

---

[1] 徐公社、翁里:《恐怖主义的危害和防控策略》,载《中国人民公安大学学报》(社会科学版)2008年第4期,第14页。

2.恐怖主义使世界经济遭受新的挑战

经济安全已经成为世界各国核心利益的重要组成部分,恐怖主义活动的频繁发生对世界经济安全造成了严重影响。随着全球经济一体化之加速,国家与国家之间、地区与地区之间的经济联系更为广泛、紧密,对任何一个国家或者地区的恐怖袭击都将导致其他相关国家或者地区的经济受到影响。例如,2001年的"9·11"恐怖袭击事件,对美国经济的影响是致命性的。据联合国发布的报告称,给美国带来的财产损失高达400万美元(不计人身损失),并将使2001年世界经济的增长率降低一个百分点,全球损失约3500万美元。纽约市财政官员估计,考虑到建筑物、死亡人员和经济停顿等损失,恐怖袭击给纽约市造成的经济损失高达1050亿美元[①]。同时,美国"9·11"恐怖袭击事件给其他国家和地区,特别是拉美和亚太国家和地区的经济带来的负面影响也是不容忽视的。由于拉美和亚太与美国经济和国际贸易体系的依存度非常高,这决定了它们受世界经济增长影响将是最大的,这次恐怖袭击事件对这些地区经济也是一个沉重打击。

3.恐怖主义对国家与国家之间的关系造成危害

近几年来,不少国家都在不同程度上受到恐怖主义的袭击,造成了国家间关系的紧张,影响了正常的国际活动。例如,巴勒斯坦与以色列由于领土问题一直产生矛盾,再加上双方都运用恐怖主义手段来使对方屈服,这使得巴勒斯坦和以色列之间的关系一直都处于紧张状态,严重影响了两国间关系的正常发展。同时,由于一些国家在打击恐怖主义问题上发生分歧,使得国家间关系紧张并不断产生摩擦。恐怖主义的威胁如果不断增大,就会使国家间的摩擦升级,最终成为战争的导火索。"9·11"恐怖袭击造成了美国前所未有的损失,极大地挑战了美国的霸主地位。为了报复,美国先通过战争推翻了阿富汗政府,接着又以所谓的伊拉克存在支持恐怖主义的"生化武器"为借口,发动战争推翻了伊拉克合法政府。

美国从阿富汗、伊拉克撤军之后,两国恐怖袭击不断,进一步恶化了相关国家之间的关系。

4.恐怖主义使世界常常处于一种恐慌状态

对恐怖主义袭击造成危害的统计,目前主要限于直接的人员伤亡和物质财产损失。事实上,这只是恐怖主义造成的危害的一个方面,它的危害还表现在对人们心理的冲击。恐怖主义活动的残暴性、突发性、隐蔽性和不可预测性等特点,决定了人们面对恐怖主义时最容易产生恐惧心理,谈"恐"色变。这种恐惧心理产生的负面效应是全方位的,它可以造成社会一定程度的动荡不安,人人自危。例如,1999年1月19日《读卖新闻》通过对"沙林事件"中的受害者的调查发现,受害者在精神方面的重创难以愈合,有的受害者会无缘无故想起遭受沙林毒气时的可怕景象,有的则担心同样的厄运降临,还有的在乘地铁时心有余悸[②]。

[①] 王逸舟等:《恐怖主义溯源》,社会科学文献出版社2002年版,第165页。
[②] 邵峰:《恐怖主义是世界文明的公敌——恐怖主义的发展态势与新特点》,载《瞭望中国》总第236期。

(二)恐怖主义对中国的严重危害

在全球恐怖主义猖獗的情况下,中国也是恐怖主义的受害者。在中国,主要恐怖组织是"三股势力"和"东突"分子。所谓"三股势力",就是宗教极端势力、民族分裂势力、暴力恐怖势力。具有恐怖主义、宗教极端主义、民族分裂主义特征的"东突"势力是中国当前面临的来自恐怖主义的最大威胁。"东突"分子以实现建立所谓"东突厥斯坦国"为目的,试图将新疆从中国分裂出去,长期在中国境内,主要是新疆地区从事爆炸、暗杀、纵火、投毒、袭击等恐怖暴力活动,而且原来局限于新疆的暴力恐怖袭击开始向中国国内其他地区蔓延。表1-6列举了近年来我国发生的恐怖袭击。

表1-6 中国近几年来发生的恐怖袭击

时间	事件	造成的后果
2008年3月14日	西藏拉萨打砸抢烧案	13人被烧死或者砍死
2009年7月5日	新疆乌鲁木齐打砸抢烧严重暴力犯罪案	197人死亡,1700人受伤
2011年7月18日	新疆和田严重暴力案	3人死亡,2人受伤,6人被劫持
2011年7月30日	新疆喀什发生连环袭击	6人死亡,28人受伤
2011年7月31日	新疆喀什暴力袭击案	3人死亡,超过10人受伤
2011年12月28日	新疆皮山严重暴力案	2名人质被劫持;在处置过程中,1名干警遇害,1名干警受伤,人质获救
2012年2月28日	新疆叶城乱砍无辜群众案	16人死亡,18人受伤;处置事件中1名联防队员牺牲,4名民警受伤
2013年4月23日	新疆巴楚严重暴力恐怖案	15人死亡,2人受伤
2013年6月26日	新疆鄯善暴力恐怖袭击案	派出所、特巡警中队、镇政府和民工工地遭袭,多辆警车被烧毁
2013年8月20日	新疆喀什严重暴力恐怖案	1名特警牺牲
2013年10月28日	北京金水桥暴力恐怖袭击案	2人死亡,40人受伤
2013年11月16日	新疆巴楚暴力恐怖袭击案	2名协警牺牲,2名民警受伤
2013年12月15日	新疆疏附暴力恐怖袭击案	2名民警牺牲
2013年12月30日	新疆莎车暴力恐怖袭击案	多辆警车被焚烧
2014年3月1日	云南昆明火车站暴徒砍人案	29人死亡,130多人受伤
2014年4月30日	新疆乌鲁木齐火车站南爆炸案	3人死亡,79人受伤
2014年5月22日	新疆乌鲁木齐爆炸案	31人死亡,94人受伤
2014年7月28日	新疆莎车暴力恐怖袭击案	10多名维汉群众伤亡

续表1-6

时间	事件	造成的后果
2015年9月21日	新疆轮台爆炸案	6名群众死亡,54名群众受伤(维吾尔族32名、汉族22名,其中3名重伤人员均无生命危险);公安机关击毙和自爆身亡暴徒40名,抓获2名;2名公安民警和2名协警牺牲

(资料来源:根据新华网、中国网相关报道整理)

恐怖主义对中国的严重危害主要表现在以下方面(图1-3)。

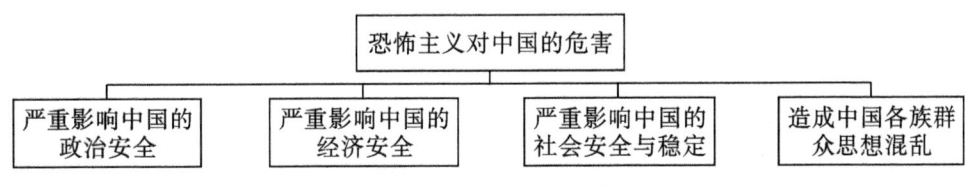

图1-3 恐怖主义对中国的危害

1.恐怖主义严重影响中国的政治安全

中国恐怖组织的一个重要特点是都有一定的政治目的,其骨干分子大多是极端民族主义者,都妄想建立一个他们统治的国家。以"东突"恐怖组织为例,该组织及其成员所实施的诸如爆炸、暗杀、纵火、投毒等行为的最终目的是实现其所宣扬的"民族自决",建立独立的"东突厥斯坦国"。他们一面在境外大肆勾结反华势力,共同商讨分裂祖国的图谋;一面在祖国境内加强分裂国家的宣传力度,以"争取民心"。自西汉以来,新疆就是中国领土神圣不可分割的一部分,历代中央政府均对新疆地区行使有效的管辖;维吾尔族是中华民族大家庭的成员,因此,国际法中民族自决权原则根本就不能适用于新疆问题。

2.恐怖主义严重影响中国的经济安全

"恐怖主义本身的破坏性,决定了它要消耗大量的社会财富。这主要表现在两个方面:一方面是打击恐怖主义,需要社会不断增加反恐的支出。建立反恐机构,就要增加相应的投入;建立反恐部队,就要相应支付一定的军费;为提高反恐能力,就要不断进行科研,而科研是以大量资金投入为前提的。另一方面是恐怖主义活动毁坏社会财富。最近几年,恐怖活动越来越把矛头指向平民,指向经济,企图以破坏经济来达到使社会动乱的目的。"①"东突"恐怖分子的暴恐袭击造成了大量的人员伤亡和财产损失,直接威胁国家的经济利益与安全。"东突"恐怖分子扬言"要将乌鲁木齐变成一片火海,要造成几百万、几千万、几亿元的损失"。"'东突'恐怖组织策划并实施的恐怖主义活动将影响我国西部大开发进程,从而破坏经济建设的正常进行。这些危害主要表现在恐怖活动的后果使

---

① 刘永昌:《恐怖主义势力对我国的威胁》,载《学理论》2011年第7期,第55页。

得政府不能正常运转、人民群众无法安心生产生活、国家重大的投资和建设项目受到严重影响。"①近年来,虽然新疆维吾尔自治区的经济有了很大发展,但如果没有"东突"恐怖势力的破坏,新疆地方经济的发展还会更好。

3. 恐怖主义严重影响中国的社会安全和稳定

恐怖主义滥杀无辜,对社会最直接的危害就是利用各种暴力手段剥夺人的生命。恐怖分子还善于利用各种宣传手段,歪曲事实,夸大社会阴暗面,制造社会混乱。恐怖组织从事分裂宣传、培训武装人员、购买武器弹药及实施恐怖活动,都需要金钱作为支撑。除了收取境内外赞助和其他恐怖势力金钱和物资支持外,恐怖组织和恐怖分子主要通过绑架、抢劫、走私、生产和贩卖毒品等非法形式获得资金。在"东突"恐怖组织的活动经费中,超过20%的部分是通过贩毒所得,包括直接向内地运毒和过境贩毒。恐怖组织和恐怖分子实施的各种暴力手段、各种分裂国家的宣传活动,以及为筹措恐怖活动资金而从事的绑架、抢劫、走私、生产和贩卖毒品活动,具有极大的社会危害性,严重地影响了中国的社会安全和社会秩序的稳定。

4. 恐怖主义造成中国各族人民群众的思想混乱

近年来,"东突"恐怖势力的分裂宣传活动更加猖狂,恐怖组织和恐怖分子竭力宣传"泛突厥主义"和"泛伊斯兰主义"思想,散布"新疆独立论",对维吾尔族民众的国家认同造成了恶劣影响。"东突"恐怖势力常常以民族、人权为借口,在西方敌对势力的怂恿和支持下,长期从事着分裂祖国、破坏民族团结的反动行径。一方面,恐怖组织和恐怖分子通过旅游、留学、朝觐、投亲、投寄书刊信件对中国新疆地区进行渗透;另一方面,恐怖组织和恐怖分子利用网络、视频和其他舆论工具,借助各种途径和形式,散布谣言,歪曲事实真相,蛊惑人心,传播分裂思想,攻击中国的民族、宗教政策,挑拨少数民族与政府的关系。"东突"恐怖势力的这些分裂宣传活动,冲击了党和国家正常的宣传工作,扰乱了中国各民族人民群众的思想意识。

三、当前恐怖主义的新趋势新特点

(一) 当前全球恐怖主义的新趋势新特点

综合来看,当前全球恐怖主义呈现出以下新趋势和新特点(图1-4)。

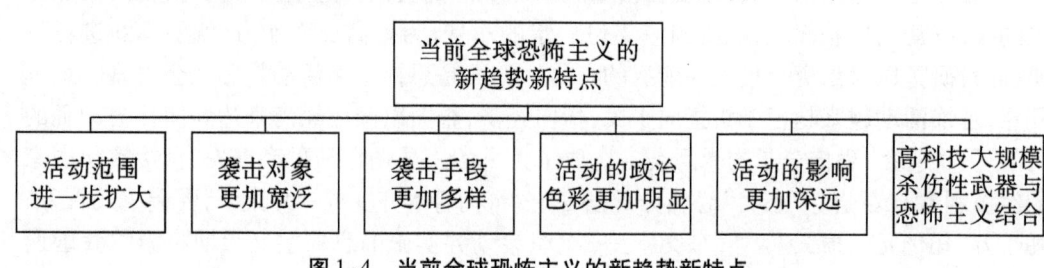

图1-4 当前全球恐怖主义的新趋势新特点

---

① 徐公社、翁里:《恐怖主义的危害和防控策略》,载《中国人民公安大学学报》(社会科学版)2008年第4期,第15页。

1. 恐怖活动范围进一步扩大

美国"9·11"事件之前的半个多世纪里,恐怖主义事件多发生在一些热点地区;"9·11"事件之后,从恐怖主义活动的频率与破坏性来看,从中东到南亚再到东南亚地区已经成为恐怖主义最活跃、受危害最大的地区,形成了一条名副其实的"恐怖地带"。这一区域中的土耳其、巴勒斯坦、以色列、伊拉克、伊朗、沙特阿拉伯、也门、阿富汗、巴基斯坦、印度、斯里兰卡、泰国、印度尼西亚、菲律宾等国家,在最近几年都曾经遭受过多次重大的暴力恐怖袭击。但是,2013年之后,作为中东、北非长期政治动荡的后果,埃及、利比亚、马里、叙利亚、伊拉克及尼日利亚等国家,也成为恐怖主义的肆虐之地。"过去所说的恐怖主义弧形地带变成了一个从整个北部非洲—中东地区—中亚和南亚—东南亚的连成一片的广袤地带。"①

2. 恐怖袭击目标更加广泛

"9·11"恐怖事件之后,恐怖袭击的目标在不断地扩大,呈现出从象征性转向泛化的特点。也就是说,恐怖袭击既选择具有政治象征意义的目标,也选择那些防范措施薄弱的一般民用目标,如普通交通工具、商业居民区、体育场馆、群众聚集地等民用设施,这是一个极为危险的趋势。如果说传统的恐怖袭击是"要更多的人看,而不是让更多的人死"的话,现在的恐怖袭击则是"既要更多的人死,也要更多的人看",无辜群众成为恐怖袭击的目标。这是因为,"9·11"恐怖事件之后,各国政府对恐怖主义活动的警戒程度提高,普遍加强了对重要目标和设施的安保措施,使得恐怖分子难以下手。更为主要的是,当今的恐怖组织和恐怖分子抛弃了传统恐怖主义活动尽量不伤及一般平民的顾忌。在这样的情形下,恐怖组织鼓励其支持者袭击任何他们能够袭击的目标。一些普通交通工具、商业居民区、体育场馆和民众活动场所等目标多,不便防范,一般安保措施难以到位。对这些目标发动的恐怖袭击,也更有利于扩大其袭击的效果和影响。

3. 恐怖袭击的手段更加多样化

从历史上看,恐怖组织和恐怖分子大多采用劫机、暗杀、绑架、爆炸等手段实施恐怖袭击。但是,当代恐怖主义袭击,采取的手段和方式则日趋多样化和残暴化。除了运用暗杀和绑架等传统手段外,还包括使用生化武器等高科技的手段。有些恐怖组织和恐怖分子大量利用金钱,在网络上公开招募生物、化学、电子技术等方面的高素质人才,以帮助其利用现代高科技手段实施恐怖袭击。2013年以来,很多国家和地区相继发生重大恐怖袭击案件,造成重大人员伤亡,对国家安全、社会稳定和国际和平构成严峻挑战。在这些最近发生的恐怖袭击中,高科技含量在不断增加,且手段呈现出多样化。伊拉克、阿富汗、巴基斯坦三国自不必说,被称为"尼日利亚塔利班"的"博科圣地"组织曾几次袭击学校,向熟睡的学生开枪。叙利亚的反对派在与政府军的持续交火中,多次使用化学武器攻击政府军。

4. 恐怖袭击的政治色彩更加明显

一般而言,恐怖袭击大多具有政治意图,发动恐怖袭击的主要目的是通过制造恐惧

---

① 邵峰:《恐怖主义是世界文明的公敌——恐怖主义的发展态势与新特点》,载《瞭望中国》总第236期。

和恐慌以影响公众心理,造成特定的恐怖气氛和政治压力,从而对政府和特定的社会团体形成压力和威慑,迫使政府、社会团体作出让步。例如,2004年1月4日,塔利班残余势力在阿富汗制宪大国民会议召开期间制造了五起恐怖袭击行动,其目的正是阻挠新宪法的通过,俄罗斯莫斯科2月6日地铁爆炸案、西班牙"3·11"爆炸案也都发生在各国大选期间。而"伊斯兰国"不再是以往的任何一种恐怖组织形式,它是夺取了大片土地的实际控制权,宣称自己"建立了一个政权"。

5.恐怖活动的影响更加深远

恐怖活动范围的不断扩大,恐怖主义对全球经济和国际社会的破坏性也随之加大,恐怖活动所造成的负面影响也更加深远。"恐怖主义考验着每一个国家的执政能力,特别是对一些社会问题复杂的国家来说,恐怖主义所带来的政治风险往往威胁到一个国家政权的稳定。"①2002年10月23日,车臣的武装分子冲进莫斯科东南部的一家剧院,绑架了约1000名观众和工作人员,威胁俄罗斯停止车臣战争。这次绑架事件是普京上台以来所经历的最为严重的一次人质危机。在这次人质危机中,普京表现沉着果断,最终化险为夷。"伊斯兰国"恐怖组织不仅改变了伊拉克的政权,还影响了美国的中东战略。恐怖主义活动导致世界经济的发展成本加大,甚至影响到一些国家的经济命脉,航空业和旅游业遭受的冲击最为严重。各国强化了防范和应对恐怖袭击的准备,加大了经济发展的成本。

6.高科技、大规模杀伤性武器与恐怖主义结合

目前,恐怖活动向高智能、高科技方向发展,利用生物化学武器、核武器、计算机网络等进行恐怖活动已开始出现,且有进一步发展之势。美国《2008年度国家反恐报告》指出,恐怖组织获得和使用大规模杀伤性武器的威胁构成对美国和国际社会最严峻的安全挑战。据英国《泰晤士报》消息,2009年10月9日,法国特工秘密逮捕了一名在瑞士日内瓦的欧洲粒子物理研究所工作的科学家,他是阿尔及利亚裔法国人,一同被逮捕的还有其弟弟。他们涉嫌向伊斯兰马格里布基地组织提供了一系列可供恐怖袭击的核设施目标清单。10日晚间,英国《每日邮报》又曝出这名核物理学家曾经在英国顶级研究机构牛津郡鲁涉福德阿普顿实验室工作过一年,这对兄弟可能曾密谋将核原料从一个实验室偷运出去,用于制造并发动脏弹袭击,或者在敏感设施内放置炸弹。这重新引起了人们对"基地"组织可能会对欧洲核设施发动恐怖袭击的担忧。②

(二)中国恐怖主义的新趋势新特点

2008年拉萨"3·14"打砸抢烧严重暴恐事件后,中国也开始进入恐怖主义活动高发期,且表现出以下新趋势新特点。

1.境内外恐怖组织勾结更加紧密,恐怖活动的政治目的更加明显

它们已经不仅仅满足于个体自杀式爆炸、冲击地方党政军部门和小规模伤害无辜民

---

① 王跃进:《"9·11"以来国际恐怖主义活动的主要特点》,载《世界经济与政治论坛》2004年第5期,第67页。
② 邵峰:《当前全球恐怖主义的现状与发展态势》,载《太平洋学报》2010年第9期,第96页。

众等作案方式,开始学会利用特殊的"政治时机",在敏感度较高和人群密度较大的地点,以集体行动的方式,制造出骇人听闻的惨案。案件发生后,它们联合反华媒体,扭曲真相,进而达到抹黑中国,兜售自身政治诉求之目的。①

拉萨"3·14"暴恐事件、乌鲁木齐"7·5"暴恐事件、昆明火车站"3·1"暴恐事件、金水桥"10·28"暴恐事件、乌鲁木齐"4·30"暴恐事件等,都明显表现出这种特征。

2.互联网等技术的应用使恐怖活动技术含量增加

"疆独"势力已经实现了互联网与暴力恐怖活动的深度融合,形成了"网上传播、网下实施,境外煽动、境内实施"的组织模式。随着互联网技术的突飞猛进,"东伊运"等东突恐怖组织也像"基地"组织一样意识到,通过互联网从事暴恐活动的成本低、风险小并且容易得逞。"有数据显示,'东伊运'制作音视频数量近年来明显增长,尤其在2013年呈爆发式增长,而这一年在中国境内发生的暴恐袭击事件数量也激增,恐怖主义邪说的疯狂扩散成为暴恐袭击事件发生的理论源头。"②"疆独"势力通过境外知名网站和分享平台制作并传播大量恐怖主义音视频,使得中国政府难以从源头上予以打击和清除。科学技术的发展本来是提高人类生活质量、增加人类幸福感的途径,如今却被恐怖主义和极端势力所利用,成为其散播极端思想、从事暴力恐怖活动的工具,而这却大大增加了反对恐怖主义活动的难度。

3.恐怖主义开始突破传统意义的特征,带有极端色彩或者倾向的团体或者个人,出于各种各样的动机和目的从事恐怖活动

他们不再完全出于政治目的,有的甚至没有政治动机,只是源于思想片面、极端以至反动而把心里的不满向公众宣泄,以求达到报复社会的目的。随着社会变革不断加深,社会矛盾尖锐化不可避免,这为极端个人恐怖袭击提供了条件。个别普通民众,开始"仿效"恐怖分子进行自杀式袭击,借此来报复社会、报复政府。以公交纵火爆炸系列案件为例,贵阳"2·27"公交纵火案、厦门"6·7"BRT公交纵火案、成都"2·5"公交纵火案、北京"7·28"公交纵火案、昆明"2·5"公交连环爆炸案等,无规律地从东向西、由南到北发生就是如此。这些公交纵火爆炸系列案件,实施者的动机和目的就具有多样性,并非完全出于政治目的。

---

① 雷希颖:《反恐:中国必须正视的四大现实》,南华早报网2014年5月10日。
② 吕培亮、杨美勤:《中国绝不动摇反恐决心》,载《中国社会科学学报》2014年8月29日第A07版。

第二章 恐怖主义活动的行政法问题

第一节 恐怖主义活动及相关概念分析

一、恐怖主义活动

恐怖主义活动由"恐怖主义"和"活动"两个词构成。按照《新华字典》的解释,主义是指对于自然界、社会及学术问题等所持有的系统理论和主张;活动是指为达到某种目的而采取的行动。据此,一般认为,恐怖主义的基本含义是"一种宣扬可以通过使用暴力(包括劫持人质或者交通工具、暗杀、爆炸、纵火、投毒、使用武器等)或者威胁使用暴力等破坏手段,制造社会恐慌来达到某种政治或者社会目的的主张或者理论;恐怖主义活动是指有预谋、有组织地使用或者威胁使用暴力等破坏手段,制造社会恐慌来达到某种政治或者社会目的的犯罪行为"①。

上述分析可知,恐怖主义属于理论范畴,恐怖主义活动属于实践范畴②,两者既互相联系又相互区别。但是,从有关国际组织和各国的法律文件来看,大多数国家将"恐怖主义"等同于"恐怖主义活动",人们在使用这两个概念时也不将它们严格区分开来。"恐怖主义活动"也常简称为"恐怖活动"。

我国《反恐法》以行为列举的方式,对属于"恐怖活动"的行为进行了界定。该法第3条第2款规定,恐怖活动,是指恐怖主义性质的下列行为:①组织、策划、准备实施、实施造成或者意图造成人员伤亡、重大财产损失、公共设施损坏、社会秩序混乱等严重社会危害的活动的;②宣扬恐怖主义,煽动实施恐怖活动,或者非法持有宣扬恐怖主义的物品,强制他人在公共场所穿戴宣扬恐怖主义的服饰、标志的;③组织、领导、参加恐怖活动组织的;④为恐怖活动组织、恐怖活动人员、实施恐怖活动或者恐怖活动培训提供信息、资金、物资、劳务、技术、场所等支持、协助、便利的;⑤其他恐怖活动。

2006年3月6日的《俄罗斯联邦反恐法》也对"恐怖活动"进行了界定。该法第3条第2款规定,恐怖活动包含以下内容:①组织、策划、筹备、资助和实施恐怖活动;②煽动

---

① 王焰:《我国学界对恐怖主义犯罪定义研究的综述》,载《法商研究》2004年第1期,第130页。
② 杨明杰:《恐怖主义根源探析》,载《现代国际关系》2002年第1期,第54页。

实施恐怖活动；③组织非法武装、犯罪团伙（犯罪组织）、有组织实施恐怖活动的团伙，等同于参加这种组织；④招募、武装、培训及使用恐怖分子；⑤提供信息或者其他协助策划、组织或者实施恐怖主义行动的行为；⑥宣传恐怖主义思想、煽动实施恐怖活动，或者为实施恐怖活动提供借口或者抗辩的材料或者信息。

二、恐怖主义行为

有学者认为，以语义法学派的方法来分析，"恐怖主义行为"的定义，首先应该将该词分为两个板块：一块为"恐怖主义"；另一块为"行为"①。那么，何谓"恐怖主义"呢？既然是"主义"自然是指一种"思想、学说或者理论"，如马克思主义、实用主义等，都代表着一种思想、学说或者理论。恐怖主义自然也是一种思想、学说或者理论，那么它是一种什么样的思想、学说或者理论呢？正如有的学者所言："恐怖主义是一种宣扬可以通过使用暴力或者威胁使用暴力等破坏手段的方式，制造社会恐慌来达到某种政治目的或者社会目的的主张或者理论。"所谓"行为"是指"人以自己身体的动静或者动静作用于外界的事物从而引起一定变化的现象"。"行为"一词在法学界本来就十分通俗易懂，可以作为表述定义的基础理念。据此，完全可以认为，"恐怖主义行为"是指"有预谋、有组织地使用或者威胁使用暴力等破坏手段，制造社会恐慌来达到某种政治或者社会目的的行为"。②

恐怖主义行为有广义与狭义之分。广义的恐怖主义行为，不但包括恐怖主义暴力行为，而且包括恐怖主义组织行为和恐怖主义资助行为，其中恐怖主义组织行为又包括建立恐怖主义组织的行为，领导恐怖主义组织的行为，参加恐怖主义组织的行为。而狭义的恐怖主义行为仅指恐怖主义暴力行为，当然也包括策划、组织、发动和实施恐怖主义暴力的行为。

恐怖主义行为与恐怖主义活动是部分与整体的关系。因为活动与行为是整体与部分的关系，习惯上，一项活动常常是由一系列相互协调的行为组成的。一项恐怖主义活动可能是由若干相互协调的恐怖主义行为组成的。例如，恐怖主义策划行为、恐怖主义发动行为、恐怖主义组织行为、恐怖主义实施行为。因此，"活动"更加强调其"整体性"。

恐怖主义行为与恐怖行为之间也应是部分与整体之间的关系。一切引起恐慌的暴力行为都可以称之为恐怖行为，包括恐怖主义行为。不论这种恐怖是暴力行为的目的，还是暴力行为的客观结果，也不论这种行为引起的恐慌是小范围的局部恐慌，还是大范围的社会恐慌。但是，在国际社会的反恐立法中，并没有严格区分恐怖行为与恐怖主义行为，因而国际社会常常将二者混为一谈。例如，《东京公约》《海牙公约》《蒙特利尔公约》，这三个公约分别适用于严重航空器内发生的违法犯罪行为、劫机行为、破坏航空安全的行为。而这三大公约规定的行为，既有可能是恐怖主义行为，也有可能是恐怖行为。

对于"恐怖主义行为"，2006年3月6日的《俄罗斯联邦反恐法》进行了界定。该法第3条第3款规定：恐怖主义行为是指实施爆炸、纵火或者其他威胁居民、造成人员伤亡

---

① 简基松：《恐怖主义犯罪之刑法与国际刑法控制》，国家行政学院出版社2012年版，第9～14页。
② 肖扬：《中国新刑法学》，中国人民公安大学1997年版，第75页。

的危险行为,造成大规模财产损失或者其他严重后果,其目的是扰乱权力机关或者国际组织的活动或者影响其做出决定,以及以同样的目的威胁实施上述行动。

第二节 中国反对恐怖主义的立场与原则

一、中国反对恐怖主义的立场

(一) 中国反对恐怖主义立场的权威表述

中国政府反对一切形式的恐怖主义,且在不同的国际国内场合一再强调。

早在1983年10月第37届联大第六委员会讨论"关于国际恐怖主义问题"时,中国代表就明确指出:我们一贯反对任何扣押人质、劫持飞机、绑架暗杀及爆炸纵火等恐怖行动,也反对采用这种行动来进行政治斗争。

"9·11"事件发生后,中国政府对反恐的认识进一步加深,措施也更为得力。党的十六大、十七大和十八大报告都郑重宣告,中国反对一切形式的恐怖主义。

党的十八大以来,新一届中央领导集体对反恐的认识达到了更高水平。根据对新华社、《人民日报》公开报道的统计发现,2014年"3·1"云南昆明火车站暴力恐怖案件发生后的三个月内,习近平总书记22次在会议、会谈、与外国领导人通话、声明、署名文章中谈及反对恐怖主义问题。

2014年3月2日,云南昆明火车站暴力恐怖袭击发生后,习近平总书记高度重视,立即作出重要批示,指出要深刻认识反恐形势的严峻性、复杂性,强化底线思维,以坚决态度、有力措施,严厉打击各种暴力恐怖犯罪活动,全力维护社会稳定,保障人民群众生命财产安全。

2014年4月9日,习近平总书记为"猎鹰突击队"授旗时强调,武警部队作为国家反恐维稳的重要力量,要认真贯彻党中央决策部署,坚决有力打击各种暴力恐怖犯罪活动,维护国家安全和社会稳定,保障人民安居乐业。

2014年4月25日中共中央政治局第十四次集体学习时,习近平总书记指出:反恐怖斗争事关国家安全,事关人民群众切身利益,事关改革发展稳定全局,是一场维护祖国统一、社会安定、人民幸福的斗争,必须采取坚决果断措施,保持严打高压态势,坚决把暴力恐怖分子嚣张气焰打下去。要建立健全反恐工作格局,完善反恐工作体系,加强反恐力量建设。要坚持专群结合、依靠群众,深入开展各种形式的群防群治活动,筑起铜墙铁壁,使暴力恐怖分子成为"过街老鼠、人人喊打"。

2014年4月27日至30日考察新疆期间,在同新疆维吾尔自治区干部座谈时,习近平总书记更是提出要给予恐怖势力"毁灭性打击"。他着重强调,"对暴力恐怖活动,必须保持严打高压态势,先发制敌,露头就打,打早、打小、打苗头,以迅雷不及掩耳之势,用铁的手腕予以毁灭性打击,坚决把暴力恐怖分子嚣张气焰打下去,以震慑敌人、鼓舞人民"①。

在2014年5月21日的亚信峰会主题发言中,习近平总书记指出:"对恐怖主义、分裂主义、极端主义这'三股势力',必须采取零容忍态度,加强国际和地区合作,加大打击力度,使本地区人民都能够在安宁祥和的土地上幸福生活。"②

新疆乌鲁木齐市"5·22"暴力恐怖案件发生后,习近平总书记立即作出重要批示,对暴恐活动和恐怖分子必须警钟长鸣、重拳出击。

2014年5月28日至29日,在第二次中央新疆工作座谈会上,习近平总书记强调必须把严厉打击暴力恐怖活动作为当前斗争的重点,高举社会主义法治旗帜,大力提高群防群治预警能力,筑起铜墙铁壁、构建天罗地网。要并行推进国内国际两条战线,强化国际反恐合作。

习近平总书记的多次重要讲话中,对于如何反对恐怖主义的论述主要集中在四个方面,即"底线思维""依法惩处和打击""群防群治""跨国合作"。即打击恐怖主义是中国的底线,加大依法惩处和打击力度,发动群众参与。此外,面对国际恐怖主义的非传统安全威胁,要进一步强化跨国合作。

(二)中国反对恐怖主义的立场

2015年12月27日,第十二届全国人民代表大会常务委员会第十八次会议通过了《反恐法》,该法第2条规定:"国家反对一切形式的恐怖主义,依法取缔恐怖活动组织,对任何组织、策划、准备实施、实施恐怖活动,宣扬恐怖主义,煽动实施恐怖活动,组织、领导、参加恐怖活动组织,为恐怖活动提供帮助的,依法追究法律责任。国家不向任何恐怖组织和人员作出妥协,不向任何恐怖人员提供庇护或者给予难民地位。"该条规定从立法层面表明了中国政府反对恐怖主义的坚定立场。结合中国党和政府领导人在不同场合的重要表述,我们认为,中国政府反对恐怖主义的立场大体包括以下六个方面(图2-1)。

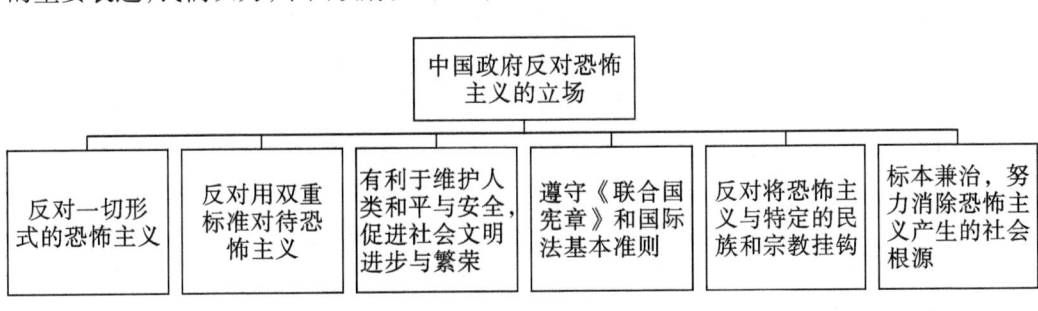

图2-1 中国政府反对恐怖主义的立场

---

① 李斌、霍小光:《把祖国的新疆建设得越来越美好——习近平总书记新疆考察纪实》,载《人民日报》2014年5月4日第1、3版。

② 习近平:《积极树立亚洲安全观 共创安全合作新局面——在亚洲相互协作与信任措施会议第四次峰会上的讲话》,载《人民日报》2014年5月22日第2版。

1. 反对一切形式的恐怖主义

恐怖主义危害无辜民众的生命和安全,从各国人民的共同利益和国际安全出发,无论恐怖主义以何种方式出现在何时、何地、针对何人,国际社会都应当采取一致的反对立场,绝不姑息。因此,在许多重要的国内国际场合,中国政府一再强调反对一切形式的恐怖主义。"我们主张反对一切形式的恐怖主义。要加强国际合作,标本兼治,防范和打击恐怖活动,努力消除产生恐怖主义的根源。"①"中国致力于和平解决国际争端和热点问题,推动国际和地区安全合作,反对一切形式的恐怖主义。"②党的十八大之后,中国党和政府多次明确提出反对一切形式的恐怖主义,这既是中国政府制定各项反恐怖主义政策的基本依据和出发点,也表明了中国政府和人民坚决反对一切形式的恐怖主义的坚强立场。

2. 反对用双重标准对待恐怖主义

2002年1月21日中国国务院新闻办公室发表《"东突"恐怖势力难脱罪责》的文章指出中国政府反对任何形式的恐怖主义,反对在反恐问题上实行双重标准。2005年9月5日,在北京召开的第22届世界法律大会国际恐怖主义专题研讨会上,中国公安部反恐局相关负责人发言时指出:反恐不能持双重标准。恐怖主义没有好坏之分,任何形式的恐怖主义都是国际社会的公害,所以,任何国家或者政党、团体不能基于政治目的或者其他自私的目的,在对待恐怖主义问题上搞双重标准③。2008年5月23日,胡锦涛在与时任俄罗斯总统梅德韦杰夫共同签署的联合声明中再次指出:反恐应摒弃双重标准,不能借反恐之名达到同维护国际稳定与安全任务相悖的目的④。

中国政府反复强调反恐不能搞"双重标准"的原则立场,具有十分重要的现实意义。但近年来,某些西方国家从本国利益出发,在打击威胁其国家利益的恐怖主义活动的同时,却纵容、支持非西方国家阵营(主要是社会主义国家、伊斯兰国家)中反政府的恐怖活动,在反恐问题上搞"双重标准"。一方面,公开或者暗中纵容、支持一些国家内部的民族分裂势力搞恐怖活动;另一方面,对别国打击本国国内民族分裂势力恐怖活动的行动说三道四、指手画脚。例如,当昆明发生恐怖袭击后,美国等一些西方国家及媒体在评论昆明暴力恐怖事件时,竟轻描淡写地称其为"暴力行为",或者避重就轻地评述杀戮"毫无意义",并别有用心地把"恐怖分子"一词加上双引号,再次暴露出以美国为首的西方国家反对恐怖主义的"双重标准"。既然要反对任何形式的恐怖主义,就必须反对双重标准政策。打击恐怖主义是和平与暴力的较量,不是民族、宗教或者文明的冲突,中国党和政府坚决反对个别国家借反恐的名义向其他国家施加压力,主张应当确保在全球、地区及一国等各个层次上同恐怖主义威胁作有效斗争,这种斗争应当不带偏见性,不采取双重标准,更不能借反恐之名推行霸权主义。

---

① 《中国共产党第十六次全国代表大会文件汇编》,人民出版社2002年版,第47页。
② 《中国共产党第十七次全国代表大会文件汇编》,人民出版社2007年版,第46页。
③ 袁祥等:《中国防范和控制恐怖主义坚持六个立场》,载《光明日报》2005年9月24日第4版。
④ 《中华人民共和国和俄罗斯联邦关于重大国际问题的联合声明》,载《人民日报》2008年5月24日第1版。

3. 有利于维护人类和平与安全，促进社会文明进步与繁荣

反恐只是手段，不是目的，中国反恐的目的，是服从和服务于促进和平与发展这一当代世界主题的实现。反恐应当成为不同文明相互交流和借鉴的新契机、对话与融合的新起点、共同进步和繁荣的新动力。国际社会为打击恐怖主义所采取的措施、手段和方法，都应当有利于维护地区及世界和平的长远利益，有助于缓解和解决国际和地区的紧张局势。

正是基于上述认识，2005年9月，在第22届世界法律大会国际恐怖主义专题研讨会上，中国公安部反恐局相关负责人发言时指出：反恐应有利于维护人类的和平与安全，促进社会文明进步与繁荣[1]。2006年1月，胡锦涛在观看代号为"长城2号"的国家反恐怖指挥系统演习时的讲话中指出："当前，国际恐怖活动已成为世界和平与安全的严重危害，我国也面临着恐怖活动的现实威胁。""这次演习，再次表明了我们反对恐怖主义、维护世界和平与安全的坚定立场。""加强反恐怖工作，全力维护社会稳定，对于保障全面建设小康社会进程、构建社会主义和谐社会都具有十分重要的意义。"[2]上述表明，中国反恐的目的，在国内，是服从和服务于维护国内社会稳定，建设中国特色社会主义现代化国家，建设社会主义和谐社会，实现中华民族的伟大复兴；在国际，是服从和服务于维护世界和平与安全，努力推动建设和谐世界，打造世界命运共同体向前健康发展。

4. 遵守《联合国宪章》和国际法基本准则

根据《联合国宪章》和国际法，只有通过联合国才能使世界范围内打击国际恐怖主义的行动具有合法性。20世纪60年代以来，联合国等国际组织先后制定了12个防止国际恐怖主义的国际公约和法规，对遏止恐怖主义活动起到了一定的促进作用。美国"9·11"事件之前，联合国就为反恐怖主义做出了不懈努力，并通过相关反恐公约及消除恐怖主义的措施。美国"9·11"事件之后，联合国更是加强了反恐怖主义的决心。2001年9月12日，第56届联合国大会通过了关于反对恐怖主义的第一号决议，成立了安理会反恐委员会作为监督和协助各国执行这一决议的专门机构。2006年9月8日，联合国大会一致通过了有关在全球范围内打击恐怖主义的《联合国全球反恐战略》（包括一份决议和一个行动计划），以协调和加强联合国各个成员国在打击恐怖主义方面的行动。这是联合国192个成员国第一次就打击恐怖主义的全球战略达成一致意见。

中国政府主张充分发挥联合国和安理会在国际反恐斗争中的主导作用，一切反恐行动应当符合《联合国宪章》的宗旨和原则及国际法准则，应当证据确凿，目标明确，避免伤及无辜，不能任意扩大打击范围；更不能借反恐怖主义为名，推翻某一国家的合法政府。国际反恐斗争的胜利有赖于切实以《联合国宪章》的宗旨和原则，以及公认的国际法准则为指导，有赖于国家间的团结与协作。中国政府愿意与世界各国一道共同防止和打击恐怖主义，特别是在反恐情报信息交流、截获恐怖活动的资金来源、引渡和遣送恐怖分子等方面，在《联合国宪章》和国际法准则的框架内加强合作，以维护世界和平与安全。

---

[1] 袁祥等：《中国防范和控制恐怖主义坚持六个立场》，载《光明日报》2005年9月24日第4版。

[2] 《胡锦涛亲切慰问一线公安民警和武警官兵并观看"长城2号"国家反恐怖指挥系统演习》，载《人民日报》2006年1月24日第1版。

5. 反对将恐怖主义与特定的民族和宗教挂钩

有学者指出:"当代恐怖主义大多与民族极端主义和宗教极端主义有关,这在阿拉伯民族居多数的中东地区或者某些受伊斯兰教影响较深的国家表现得较为突出。但有人由此将恐怖主义与阿拉伯民族和伊斯兰教联系起来,这是我们完全不能赞同并应坚决反对的。因为和世界其他民族和宗教一样,阿拉伯民族一向是崇尚和平的,伊斯兰教的基本教义就是劝人向善的。而这些地区的恐怖主义活动完全背离了阿拉伯民族利益,也违背了伊斯兰教传统,它们无非是打着民族宗教的旗号来为其小集团利益服务,用以达到其极端政治目标而已。"①

恐怖活动只是一些恐怖组织或者恐怖分子实施的行为,它与任何国家、民族、宗教都没有必然联系。"恐怖主义没有具体的民族和宗教特性,不能将反恐混同于反对某种宗教、信仰或某个国家和民族。"②文明的多样性是人类生存和发展的基础,不能通过严厉的反恐手段包括军事打击来解决不同文明之间的冲突与矛盾。个别人将一小撮极端分子的暴力恐怖行径与民族、宗教问题挂钩,甚至以此为借口攻击其他国家的民族宗教政策,这是别有用心的。中国党和政府反对将恐怖主义问题与特定的宗教或者民族相联系。任何将恐怖主义问题与特定的宗教或者民族相联系的企图和做法都是不得人心的。世界各国应当加强不同国家、民族间的相互理解与对话,尊重不同民族、不同文化、不同宗教信仰及其价值取向。

6. 标本兼治,努力消除恐怖主义产生的社会根源

恐怖主义的根源十分复杂,不公正的国际经济秩序依然存在,抑制着发展中国家的全面发展步伐。南北差距在拉大,矛盾与鸿沟在加深,红利分配更加不公。冲突和动荡是恐怖主义滋生的温床,贫穷和落后是恐怖主义产生的土壤,铲除恐怖主义,应当在缓和地区及国际紧张局势、消除贫困和加强反恐合作三个方面同时展开。面对恐怖主义的危害,对于各有关国家的政府而言,首先必须采取毫不妥协的立场加以打击,不打击便不能震慑和抑制其嚣张气焰,维持本国基本的社会秩序,确保本国乃至国际社会的和平与安全。但是,恐怖主义的产生涉及非常复杂的原因,单纯凭借"以暴制暴"的手段,并不能彻底解决恐怖主义问题,世界各国应当充分运用政治、经济、外交、军事、法律等综合手段加以应对,而不是单纯依靠武力来解决恐怖主义问题;应当积极致力于解决发展问题,而不是继续扩大贫富差距,从而造成不平等和社会矛盾。只有建立公正合理的国际政治经济新秩序,真正实现共赢、共享、共存的全球发展战略,才能有助于更好地铲除恐怖主义滋生的根源。在美国等西方国家大搞反恐军事化,动辄以武力相威胁的情况下,中国党和政府的这一坚定立场具有十分重要的现实意义。

二、中国反对恐怖主义的基本原则

反恐怖主义的基本原则,是指从长期反恐实践经验教训中总结出来的,贯穿于反恐

---

① 张明明:《恐怖主义特性和中国政府的反恐立场》,载《理论前沿》2006年第24期,第27页。
② 中国外交部欧亚司:《顺应时代潮流 弘扬"上海精神"——上海合作组织文献选编》,世界知识出版社2002年版,第190页。

工作的各种阶段、各个方面,对整个反恐工作起着指导作用的最一般的规范和准则。在法律中规定反恐怖主义的基本原则,对于宣示我国反恐怖主义的基本立场,指导各有关方面有效开展反恐怖主义工作,具有十分重要的意义。

(一)综合施策、标本兼治

我国《反恐法》第4条规定:"国家将反恐怖主义纳入国家安全战略,综合施策,标本兼治,加强反恐怖主义的能力建设,运用政治、经济、法律、文化、教育、外交、军事等手段,开展反恐怖主义工作。"反恐怖主义工作要取得实效,仅仅靠行政处罚和刑事追诉是不够的,必须坚持综合施策、标本兼治,才能消除恐怖主义的根源。

1. 加强反恐行动体系

早在2002年,公安部就成立反恐怖局,负责研究、规划、指导、协调、推动全国反恐怖工作,地方也相应设立机构。2013年11月12日,国家安全委员会成立,由中共中央总书记习近平任主席,中央政治局常委李克强、张德江任副主席,下设常务委员和委员若干名。

目前,国家反恐工作领导小组由国务委员、公安部部长郭声琨担任组长,工作地点设于公安部。副组长由中央政法委秘书长、国务院副秘书长汪永清,解放军副总参谋长孙建国等人担任。

国家反恐工作领导小组办公室设立在公安部反恐局,承担领导小组的日常工作。而省级公安部门下属的反恐总队(反恐处)承担最基层的反恐任务。国家反恐领导小组由国务委员领导,下设领导小组办公室和反恐作战计划处等部门,以具体执行领导的政策、意见和决议,并在必要的时候直接指挥公安和武警等相关部门的行动。"反恐领导小组的成员单位包括公安、安全、武警、军队、外交机构等职能部门,还有交通、卫生、民政等配合单位。在具体工作方面,领导小组对成员单位进行直接领导,提高各单位在收集情报、应对恐怖威胁、处置善后的工作效率。"[①]

国家反恐怖工作领导小组成立后,各省反恐怖工作领导小组也陆续成立。

此外,根据我国《反恐法》规定,国家反恐怖主义工作领导机构建立了国家反恐怖主义情报中心,实行跨部门、跨地区情报信息工作机制,统筹反恐怖主义情报信息工作。地方反恐怖主义工作领导机构也应当建立跨部门情报信息工作机制,组织开展反恐怖主义情报信息工作。

2. 加强反恐力量建设

目前,我国已拥有由公安、武警和解放军组成的一线反恐怖力量。一般情况下,各类恐怖袭击事件都需要公安、武警和军队参与。

武警是我国目前反恐力量中最成熟、最专业的一支队伍,已经构建起了以"雪豹"突击队等为"撒手锏",以反劫机中队为"拳头",以各总队特勤中队为"主力",以地、县特战力量为基本力量的国家、省、市、县四级反恐力量体系。目前,驻首都和重点省会城市的反恐怖、反劫机分队均配备了先进的反恐装备,已具备向全国实施机动、进行较大规模反

---

① 薛健聪:《中国反恐体系解读:行动与情报并行》,载财新网2014年5月23日。

恐作战任务的能力。在大多数二、三线城市，仍由公安特警部队承担反恐任务。特别是近年来，大城市的公安机关也在强化自己的反恐突击力量。属军方的特种部队是我国反恐的一支重要力量，根据《国防法》《突发事件应对法》等法律的有关规定，在必要时将根据中央政府的统一部署，打击各种暴力恐怖活动。

随着反恐形势的日益复杂，以我国现有的反恐能力来对付日益多样化、严重化、意外性极强的暴力恐怖活动已远远不够。严峻的反恐形势和日趋多元化的暴恐活动手法，都要求我国必须进一步加大专业反恐力度，构建反恐力量体系，突出反恐特种作战部门（分队）建设，尤其是要加强重点城市、地区的反恐特种力量，组建由特战队员、反恐专家组成的反劫持、反爆炸、反核生化袭击、反网络等反恐专业分队，采取铁腕手段打击极少数极端势力，切实保障人民生命财产安全和社会稳定。

3. 提升反恐能力

从目前应对处置暴恐袭击的实际情况看，中国政府在面对大规模的暴恐袭击时经验明显不足，应急反应也不够迅速，处置效果不够明显。如何增强情报收集能力、提前预警能力、快速反应能力、常态巡防能力，将是中国党和政府反恐怖主义工作中亟待提高的"业务能力"。当前和今后一个时期，各地区、各部门要强化反恐怖情报建设，提高预知预警能力，强化反恐怖侦查打击工作，提高主动进攻、精确打击能力，强化防范应急工作，提高应急处突能力，着力形成对暴恐违法犯罪的严打严防高压态势，确保社会大局稳定。在各级党委和政府的统一领导下，综合运用多种手段、整合各方资源，构建统一领导、集中指挥、分工配合、高效协调的反恐怖主义工作格局。借鉴其他国家和地区的有益经验，按照情报先导、应急为重、防范为主、安全至上原则，在反恐指挥体制、反恐应急管理体制、反恐怖情报工作机制、反恐风险管理机制、防范和打击恐怖活动机制上不断创新，依靠科技进步提高反恐能力，强化反恐专业队伍建设，从改变现有工作模式入手，将机关型工作模式转变为作战型，依靠科技进步改变战斗生成模式，把核心作战能力作为战斗力生成模式转变的重点，更好地适应今后反恐怖主义斗争的需要。

4. 强调反恐宣传教育，提高群众反恐意识

开展反恐怖主义宣传教育，有利于提高人民群众对恐怖主义反人类、反社会、反文明本质的辨别能力，引导人民群众自觉抵制恐怖主义和极端主义，提高人民群众应对恐怖活动的自救能力，减轻甚至消除恐怖主义、极端主义的主张和影响，从根源上防范暴恐活动的发生，是反恐怖主义工作的重要内容。为此，需要做好以下方面的工作。

（1）2016年1月1日，我国《反恐法》已生效实施，各地区、各部门应当按照我国《反恐法》的要求，开展反恐宣传教育活动，深刻揭露恐怖主义的本质及思想根源，扩大防范恐怖袭击宣传教育培训工作的覆盖面，真正使反恐防恐宣传教育深入人心，使人民群众对恐怖主义本质的认识、人民群众反恐防恐意识和应对恐怖袭击的能力进一步提高。

（2）强化对涉恐人员的教育转化工作。依据我国《反恐法》规定，各相关单位和人员，应根据涉恐人员的人身危险性，开展不同类型、不同层次的教育转化措施，以促使其回归正常社会生活。

我国《反恐法》明确规定了"综合施策、标本兼治"的反恐基本原则，这就要求我们要认真对照《反恐法》的有关要求，在各方面查找反恐工作的漏洞与存在的薄弱环节，不断

加强和完善反恐工作机制体制,真正做到"综合施策、标本兼治"。

(二)专门工作与群众路线相结合

我国《反恐法》第 5 条规定:"反恐怖主义工作坚持专门工作与群众路线相结合……"实践证明,"全民反恐""坚持专门工作与群众路线相结合",是防范、应对和处置恐怖主义的最有效方式,也是我国反恐怖主义工作的一项基本原则。

1. 确立了反恐怖主义工作领导体制

我国《反恐法》第 7 条规定,国家设立反恐怖主义领导机构,统一领导和指挥全国反恐怖主义工作。设区的市级以上地方人民政府设立反恐怖主义工作领导机构,县级人民政府根据需要设立反恐怖主义工作领导机构,在上级反恐怖主义工作领导机构的领导和指挥下,负责本地区反恐怖主义工作。同时,我国《反恐法》还对反恐怖主义工作领导机构的具体职责作出了明确规定。

2. 明确了公安司法机关反恐怖主义工作职责

我国《反恐法》第 8 条第 1 款规定:"公安机关、国家安全机关和人民检察院、人民法院、司法行政机关以及其他有关机关,应当根据分工,实行工作责任制,依法做好反恐怖主义工作。"该条规定表明,公安机关、人民检察院、人民法院、司法行政机关等有关机关在反恐怖主义工作中的主要职责是依据刑法、刑事诉讼法之规定,履行对恐怖活动和极端主义活动犯罪的侦查、起诉、审判及罪犯刑罚的执行等职责。此外,根据反恐怖主义工作的需要,我国《反恐法》还进一步明确了公安司法机关与反恐怖主义相关的几项特殊职责。

3. 明确了反恐怖主义主要责任部门的各项职责

公安机关作为反恐怖主义工作的重要部门,其职责贯穿于反恐怖主义工作安全防范、情报信息、调查、应对处置,以及国际合作、保障措施等各个环节的诸多方面。国家安全机关、外交、反洗钱、教育、人力资源、网信、电信、审计、财政、税务、海关、出入境管理、检验检疫、飞行管制、民用航空、发展改革、商务、旅游等部门及地方各级人民政府,应当按照我国《反恐法》的要求,在各自的职责范围内做好反恐怖主义宣传教育、网络监管、资金监管、边防管理、情报信息、国际合作等各项工作。

4. 明确了武装力量参与反恐怖主义的工作职责

我国《反恐法》第 8 条第 2 款规定:"中国人民解放军、中国人民武装警察部队和民兵组织依照法律、行政法规、军事法规以及国务院、中央军事委员会的命令,并根据反恐怖主义工作领导机构的部署,防范和处置恐怖活动。"同时,我国《反恐法》还对武装力量参与反恐怖主义的具体工作职责作出了明确规定,例如,恐怖事件发生后,中国人民解放军、中国人民武装警察部队、民兵组织按照反恐怖主义工作领导机构和指挥长的统一领导、指挥,协同开展现场应对处置工作,以及中国人民解放军、中国人民武装警察部队派员出境执行反恐怖主义任务等。

5. 明确了基层组织、单位和个人反恐怖主义的义务

我国《反恐法》第 8 条第 3 款规定:"有关部门应当建立联动配合机制,依靠、动员村民委员会、居民委员会、企业事业单位、社会组织,共同开展反恐怖主义工作。"任何单位和个人都有协助、配合有关部门开展反恐怖主义工作的义务,发现恐怖活动嫌疑,恐怖活

动嫌疑人员,宣传极端主义的物品、资料、信息的,应当及时向公安机关或者有关部门报告;在公安机关调查恐怖活动嫌疑时,如实提供相关信息和材料;不得编造、传播虚假恐怖事件信息等。

群众路线是中国党和政府一切工作的根本路线,也是反恐怖主义工作的根本路线。实践证明,反恐怖主义工作只有认真切实依靠广大人民群众,扎根于群众之中,才能有效地制止和打击恐怖分子的暴力恐怖活动。但需要说明的是,在反恐怖主义工作中遵循相信人民群众、依靠人民群众,实行专门机关与广大人民群众相结合,并非要求人民群众去应对和处置恐怖主义暴力活动,而是要求人民群众积极提供恐怖主义活动的信息、情报、线索与证据材料,支持和配合专门机关的反恐怖主义行动,反恐怖主义的主力军仍然是专门机关。

确立反恐怖主义工作领导体制,明确公安司法机关的反恐怖主义工作职责,明确反恐怖主义主要职能部门的各项职责,明确武装力量与民兵反恐怖主义工作的职责,明确基层组织、单位和个人反恐怖主义的义务,都体现了反恐怖主义工作中的专门工作与群众路线相结合的基本原则,有利于各部门和有关方面各司其职、各负其责、密切配合、通力协作,共同做好反恐怖主义的各项工作。

(三) 防范为主、惩防结合、先发制敌、保持主动

我国《反恐法》第5条规定:"反对恐怖主义工作坚持……,防范为主、惩防结合和先发制敌、保持主动的原则。"反恐怖主义的重点是"防恐",要不断完善各项制度措施,形成全方位立体式的社会防控体系,并采取积极的制敌措施,才能打好反恐怖主义的主动仗。

1. 完善预防恐怖活动的基础防范措施

主要内容包括:①加强网络安全管理,强化电信业务经营者、网络服务提供者防范恐怖主义的义务。②强化有关安全检查和实名制管理制度,在货运、物流领域实行身份查验、安全检查、信息登记等安全查验制度,在电信、互联网、金融、住宿、长途客运、机动车租赁等领域实行实名制管理。③加强危险物品的管理。加强对武器、弹药、管制器具、危险化学品、民用爆炸物品、核与放射物品、传染病病原体等物品、物质的监督管理,防止这些物品、物质被用于制造爆炸威胁、生化威胁、核威胁。④提高恐怖主义融资难度。⑤对城乡规划及技防物防设施符合反恐怖主义工作需要提出要求。

2. 完善防范恐怖袭击重点目标的管理制度

我国《反恐法》总结实践经验,对重点目标的确定程序、管理单位的职责、重要岗位人员的安全背景审查、部分重点目标的安全检查和安全保卫制度等作了全面规定。

3. 完善国(边)境管控措施,防范恐怖主义境外风险

我国《反恐法》对加强边防管理,对恐怖活动人员、恐怖活动嫌疑人员出入境进行管控,以及公安机关、解放军、海关、出入境边防检查机关、检验检疫部门的职责等作了规定,并对建立境外安全风险评估制度,加强境外机构、人员、设施、财产安全防范和应对恐怖袭击的能力建设作出了相应规定。

4. 加强反恐怖主义情报信息工作

我国《反恐法》将"情报信息"以专章予以规定,规定国家反恐怖主义工作领导机构建立国家反恐怖主义情报中心,实行跨部门、跨地区情报信息工作机制,统筹反恐怖主

情报信息工作,并对地方反恐怖主义情报信息工作机制,公安机关、国家安全机关、军事机关等情报部门的职责,情报信息基层基础工作,技术侦查措施,以及情报信息的应用、预警、相应防范处置措施的采取等作出了规定。

5. 规定反恐怖主义调查措施

我国《反恐法》专门规定了反恐怖主义调查措施,对公安机关进行调查核实的条件,可以对人身、财物采取的调查手段,可以对恐怖活动嫌疑人员采取的约束措施,以及与刑事诉讼的衔接等作出了规定。

6. 加强恐怖事件应对处置能力建设

我国《反恐法》在《突发事件应对法》《戒严法》等法律规定的基础上,总结了应对处置大规模恐怖袭击事件的经验教训,针对恐怖袭击事件的特点,对恐怖袭击事件应对处置预案体系建设、恐怖袭击事件应对处置的指挥体系、应对处置措施,以及应对处置结束后的后续工作等作了规定。

完善预防恐怖活动的基础防范措施;完善防范恐怖袭击重点目标的管理制度;完善国(边)境管控措施,防范恐怖主义境外风险;加强反恐怖主义情报信息工作;规定反恐怖主义调查措施;加强恐怖事件应对处置能力建设,都体现了"防范为主、惩防结合、先发制敌、保持主动"的反恐怖主义基本原则。

(四)依法进行、保障人权

反恐怖主义与尊重和保障人权相辅相成。国家尊重和保障人权,是我国宪法规定的一项基本原则,这一原则统领国家的各项工作。因此,反恐怖主义必须依照宪法、相关基本法律和《反恐法》的要求,严格按照法定程序进行。

1. 将反恐怖主义工作全面纳入法制轨道

我国《反恐法》在总则中明确规定,反恐怖主义工作应当依法进行,尊重和保障人权,维护公民和组织的合法权益。将反恐怖主义工作全面纳入法治轨道,在反恐怖主义工作中牢固树立尊重和保障人权的意识,防止发生侵害公民和组织合法权益的情况发生,是反恐怖主义工作的一项基本原则。同时,我国《反恐法》还明确规定,在反恐怖主义工作中,应当尊重公民的宗教信仰自由和民族风俗习惯,禁止任何基于地域、民族、宗教等理由的歧视性做法。

2. 严格规范各项反恐怖主义措施及其采用

我国《反恐法》规定,实施反恐怖主义措施时,要符合执法要求、相关期限,要强化监督制约,防止权力滥用,侵犯公民和组织的合法权益,例如,采取技术侦查措施,应当根据国家有关规定,经过严格的批准手续;反恐怖主义工作领导机构和有关部门应当对履行反恐怖主义工作职责过程中知悉的国家秘密、商业秘密和个人隐私予以保密等。

3. 规定了单位、个人权利受到侵害时的救济途径

我国《反恐法》规定,有关单位和个人对依照本法作出的行政处罚和行政强制措施决定不服的,可以依法申请行政复议或者提起行政诉讼。同时,在有关制度、措施中,还具体规定了相对方的救济权利,例如,被认定的恐怖组织和恐怖人员对认定不服的,可以通过国家反恐怖主义工作领导机构的办事机构申请复核;被决定安置教育的人员对决定不服的,可以向上一级人民法院申请复议,有权申请解除安置教育,因开展反恐怖主义工作

对有关单位和个人的合法权益造成损害的,有关单位和个人有权依法请求赔偿、补偿等。

依法进行反恐,尊重和保障人权,严格规范各项反恐怖主义措施,规定单位、个人权利受到侵害时的救济途径等,都体现了反恐怖主义工作中坚持尊重和保障人权,维护公民合法权益的基本原则。

第三节 中国反对恐怖主义的行政立法

一、立法沿革

从 20 世纪 80 年代起,中国开始在立法领域重视恐怖主义问题。

1994 年,《中华人民共和国国家安全法实施细则》第一次对恐怖行为作出了规定。该细则第 8 条指出,组织、策划或者实施危害国家安全的恐怖活动的行为属于《国家安全法》所规定的危害国家安全的行为。

2006 年 10 月 31 日,全国人大常委会通过的《反洗钱法》,对于预防通过各种方式掩饰、隐瞒包括恐怖活动犯罪所得及其收益的来源和性质的洗钱活动,规定了一系列的措施,如要求金融机构和特定非金融机构建立健全客户身份识别制度、客户身份资料和交易记录保存制度、大额交易和可疑交易报告制度等。

2011 年 10 月 29 日,十一届全国人民代表大会常务委员会第二十三次会议通过的《关于加强反恐怖工作有关问题的决定》①,对恐怖活动、恐怖活动组织、恐怖活动人员作出了界定,明确了反恐怖工作领导机构和组织力量,完善了涉恐资产冻结机制等内容。这是我国第一个专门针对反恐工作的法律文件,标志着中国反恐怖法律体系的初步形成。

2013 年 5 月,国务院法制办公布了《涉及恐怖活动资产冻结管理办法》(征求意见稿),对恐怖活动起到了进一步震慑作用。

2015 年 12 月 27 日,十二届全国人民代表大会常务委员会第十八次会议通过了我国第一部《反恐法》,并于 2016 年 1 月 1 日起施行。该《反恐法》共 10 章 97 条,内容包括总则、恐怖活动组织和人员的认定、安全防范、情报信息、调查、应对处置、国际合作、保障措施、法律责任和附则。该《反恐法》与我国刑法、刑事诉讼法、反洗钱法、人民警察法、人民武装警察法等法律、法规对恐怖活动、极端主义犯罪,以及有关诉讼程序的规定结合在一起,构成了中国较为完备的反恐怖主义法律体系,其中,我国《反恐法》在这一法律体系中居于中心地位。

---

① 《中华人民共和国反恐怖主义法》第 97 条规定:"本法自 2016 年 1 月 1 日起施行。2011 年 10 月 29 日第十一届全国人民代表大会常务委员会第二十三次会议通过的《全国人民代表大会常务委员会关于加强反恐怖工作有关问题的决定》同时废止。"

二、立法内容

本节以我国《反恐法》为依据,结合其他法律、法规中有关规制恐怖主义之规定,对我国反恐怖主义的相关行政立法内容进行阐述。前文已对恐怖主义等相关概念、反对恐怖主义的立场与原则,以及恐怖活动组织与人员的认定等内容进行过阐述,这里不再赘述。

(一)安全防范

恐怖主义具有政治、意识形态等目的,通过大肆宣扬、传播恐怖主义、极端主义思想,煽动仇恨、煽动歧视、鼓吹暴力等活动,培植恐怖主义力量,制造恐怖主义氛围。可以说,恐怖主义问题已经涉及国家治理和社会生活的各个方面。要有效应对处置恐怖主义,必须多管齐下,综合施策。对此,我国《反恐法》专设"安全防范"一章,对预防恐怖主义的路径和措施进行了详细规定。

1. 开展反恐怖主义教育,提高公民反恐意识

对于一个国家或者一个社会来说,反恐怖主义教育开展得如何,公民反恐意识的高低,对于从源头上防范恐怖主义是非常重要的。对此,我国《反恐法》第17条规定:"各级人民政府和有关部门应当组织开展反恐怖主义宣传教育,提高公民的反恐怖主义意识。教育、人力资源行政主管部门和学校、有关职业培训机构应当将恐怖活动预防、应急知识纳入教育、教学、培训的内容。新闻、广播、电视、文化、宗教、互联网等有关单位,应当有针对性地面向社会进行反恐怖主义宣传教育。村民委员会、居民委员会应当协助人民政府以及有关部门,加强反恐怖主义宣传教育。"该条规定,明确了我国各级人民政府和有关部门,教育、人力资源行政主管部门和学校、有关培训机构,新闻、广播、电视、文化、宗教、互联网等有关单位,以及村民委员会、居民委员会在反对恐怖主义教育工作中的地位和作用,并对反恐怖主义教育提出了明确要求。

在对普通公民进行反恐怖主义教育的同时,对被教唆、胁迫、引诱参与恐怖活动、极端主义活动,或者参与恐怖活动、极端主义活动情节轻微,尚不构成犯罪的人员,规定了帮教措施;对刑满释放后确有社会危险性的恐怖主义罪犯,规定了安置教育措施。对于前者,我国《反恐法》第29条第1款规定:"对被教唆、胁迫、引诱参与恐怖活动、极端主义活动,或者参与恐怖活动、极端主义活动情节轻微,尚不构成犯罪的人员,公安机关应当组织有关部门、村民委员会、居民委员会、所在单位、就读学校、家庭和监护人对其进行帮教。"对于后者,我国《反恐法》第30条第2款规定:"……罪犯服刑地的中级人民法院对于确有社会危险性的,应当在罪犯刑满释放前作出责令其在刑满释放后接受安置教育的决定。决定书副本应当抄送同级人民检察院。被决定安置教育的人员对决定不服的,可以向上一级人民法院申请复议。安置教育由省级人民政府组织实施。安置教育机构应当每年对被安置教育人员进行评估,对于确有悔改表现,不致再危害社会的,应当及时提出解除安置教育的意见,报决定安置的中级人民法院作出决定。被安置教育人员有权申请解除安置教育。人民检察院对安置教育的决定和执行实行监督。"

2. 规定了电信、互联网等虚拟空间的安全防范措施,明确了电信业务经营者、互联网服务提供者的责任和义务

近年来,随着电信业务和互联网服务的不断拓展,境内外恐怖组织和恐怖分子利用

电信通信系统和互联网等虚拟空间传播恐怖主义、极端主义等暴力恐怖音视频的情形越来越多。以"东伊运"为例,"该组织从2006年以来,通过互联网等渠道,多层次多角度地将涉及宗教极端思想和暴力恐怖主义的音视频传入我国,妄图培养更多极端分子,建立组织网络。近年来,'东伊运'不断密集发布暴恐音视频,其中2010年8部、2011年13部、2012年32部、2013年109部,2014年截至6月已发布72部,数量和频度逐年攀升,并通过各种渠道流入中国境内,具有极强煽动性"[①]。对此,我国《反恐法》第18条规定:"电信业务经营者、互联网服务提供者应当为公安机关、国家安全机关依法进行防范、调查恐怖活动提供技术接口和解密等技术支持和协助"。该法第19条规定:"电信业务经营者、互联网服务提供者应当依照法律、行政法规规定,落实网络安全、信息内容监督制度和安全技术防范措施,防止含有恐怖主义、极端主义内容的信息传播;发现含有恐怖主义、极端主义内容的信息的,应当立即停止传输,保存相关记录,删除相关信息,并向公安机关或者有关部门报告。网信、电信、公安、国家安全等主管部门对含有恐怖主义内容的信息,应当按照职责分工,及时责令有关单位停止传输、删除相关信息,或者关闭相关网站、关停相关服务。有关单位应当立即执行,并保存相关记录,协助进行调查。对互联网上跨境传输的含有恐怖主义、极端主义内容的信息,电信主管部门应当采取技术措施,阻断传播。"

3. 规定了交通、邮政、快递、住宿等行业的安全查验制度,查验客户身份

在实践中,境内外恐怖组织和恐怖分子不但通过利用现代化手段,通过网络等虚拟空间进行恐怖主义、极端主义的暴恐视频宣传,实施网络恐怖主义,而且在现实空间也选择在不同时间、不同地点,针对不同的目标发动恐怖袭击。恐怖袭击所需要的人员、资金、物质、设备等流动与周转,离不开交通、通信、金融、邮政、快递、旅馆业等行业。从近年来的反恐态势来看,中国所面临的恐怖威胁主要来自"东突"势力,其成员虽接受的是境外极端主义思想的洗脑,但主要成员还是来自国内,而非来自国外。同时,"东突"势力与国际恐怖势力存在着千丝万缕的联系,在宗教极端思想蛊惑下,部分"东突"分子积极前往阿富汗、叙利亚、伊拉克等国参与"圣战"、接受暴恐训练,然后伺机回国传播极端思想和暴恐技术、制造暴恐事件。因此,要将国内的暴恐态势消灭在萌芽状态,必须要加强对国内恐怖分子和嫌犯、支持者、关联者的识别、筛选、监控和打击。同时,中国还须设法切断"东突"势力内外串联的渠道和通道,既要防止境内"东突"恐怖分子出国"训练",又要阻止境外"东突"恐怖分子甚至国际恐怖分子入境。

在与"东突"恐怖势力的斗争中,中国不仅要管好"出口",还要管好"入口"。只有切断境内外暴恐势力的勾连通道,才能为国内反恐斗争创造良好的环境,才能切断境外极端思想对境内的渗透。对此,我国《反恐法》第20条规定:"铁路、公路、水上、航空的货运和邮政、快递等物流运营单位应当实施安全查验制度,对客户身份进行检验,依照规定对运输、寄递物品进行安全检查或者开封验视。对禁止运输、寄递,存在重大安全隐患,或者客户拒绝安全查验的物品,不得运输、寄递。前款规定的物流运营单位,应当实行运

[①] 王彬、吴祥:《暴恐音视频的危害性与防控问题分析》,载《河南警察学院学报》2015年第3期,第36页。

输、寄递客户身份、物品信息登记制度。"第21条规定:"电信、互联网、金融、住宿、长途客运、机动车租赁等业务经营者、服务提供者,应当对客户身份进行查验。对身份不明或者拒绝身份查验的,不得提供服务。"

4. 规定枪支、弹药、管制器具、危化品、民爆品、核放物品等的电子追踪标识和安检示踪标识物制度,并对上述物品实施定位系统监控

恐怖组织和恐怖分子常常使用或者威胁使用暴力手段,这里的暴力即包括暗杀、绑架、炸弹爆炸、劫机、纵火、恐吓等手段,也包括利用现代化的先进技术和武器,如利用炭疽等生化武器、网络等先进技术。因此,加强对枪支、弹药、管制器具、危化品、民爆品、核放物品的严格管理和环节监管,对防范恐怖主义袭击和威胁,具有十分重要的作用。对此,我国《反恐法》第22条规定:"生产和进口单位应当依照规定对枪支等武器、弹药、管制器具、危险化学品、民用爆炸物品、核与放射物品作出电子追踪标识,对民用爆炸物品添加安检示踪标识物。运输单位应当依照规定对运营中的危险化学品、民用爆炸物品、核与放射物品的运输工具通过定位系统实行监控。有关单位应当依照规定对传染病病原体等物质实行严格的监督管理,严密防范传染病病原体等物质扩散或者流入非法渠道。对管制器具、危险化学品、民用爆炸物品,国务院有关主管部门或者省级人民政府根据需要,在特定区域、特定时间,可以决定对生产、进出口、运输、销售、使用、报废实施管制,可以禁止使用现金、实物进行交易或者对交易活动作出其他限制。"

同时,我国《反恐法》还规定了上述物品发生危险情形时的报告制度,以及相关单位的职责和义务。该法第23条规定:"发生枪支等武器、弹药、危险化学物品、民用爆炸物品、核与放射物品、传染病病原体等物质被盗、被抢、丢失或者其他流失的情形,案发单位应当立即采取必要的控制措施,并立即向公安机关报告,同时依照规定向有关主管部门报告。公安机关接到报告后,应当及时开展调查。有关主管部门应当配合公安机关开展工作。任何单位和个人不得非法制作、生产、储存、运输、进出口、销售、提供、购买、使用、持有、报废、销毁前款规定的物品。公安机关发现的,应当予以扣押;其他主管部门发现的,应当予以扣押,并立即通报公安机关;其他单位、个人发现的,应当立即向公安机关报告。"

5. 加强对金融的监督检查,截断恐怖组织和恐怖人员的资金来源

恐怖组织不仅需要资金来源,也需要资金转移。资金贯穿恐怖主义活动的各个环节,不管是极端思想传播、人员招募培训、人员运送和潜伏,还是暴恐装置的购置、暴恐活动的组织与实施等,都离不开资金流。据不完全统计,全世界每年洗钱的金额在5000亿美元到10 000亿美元。恐怖组织一直是世界洗钱的主角,恐怖主义的资金网络遍布全世界。在未来反恐怖斗争中,不仅要利用军事力量,而且要运用经济手段,利用贸易威力、制裁、贷款和援助等综合手段反对恐怖主义①。对此,我国《反恐法》从资金的监管、调查到采取相关的措施都作出了明确规定。我国《反恐法》第24条规定:"国务院反洗钱行政主管部门、国务院有关部门、机构依法对金融机构和特定非金融机构履行反恐怖主义融

---

① 《G20峰会的民生观点》,载《中国青年报》2016年9月4日第4版。

资义务的情况进行监督和管理。国务院反洗钱行政主管部门发现涉嫌恐怖主义融资的,可以依法进行调查,采取临时冻结措施。"该法第25条规定:"审计、财政、税务等部门在依照法律、行政法规的规定对有关单位实施监督检查的过程中,发现资金流入流出涉嫌恐怖主义融资的,应当及时通报公安机关。"该法第26条规定:"海关在对进出境人员携带现金和无记名有价证券实施监管的过程中,发现涉嫌恐怖主义融资的,应当立即通报国务院反洗钱行政主管部门和有管辖权的公安机关。"

6. 其他问题

规定了重点目标,以及重点目标以外的涉及公共安全的其他单位、场所、活动、设施的安全管理制度与安全责任;航空器等公共交通运输工具的恐怖袭击安全防范与责任问题;重点国(边)境地段和口岸的恐怖袭击防范与责任问题;中国在境外的公民及驻外机构、设施、财产的恐怖袭击防范与责任问题。

恐怖组织或者恐怖分子发动恐怖袭击之目的,就是要制造社会恐慌,引起国际社会的关注。一般情况下,一些可能造成重大的人身伤亡、财产损失或者社会影响的单位、场所、活动、设施,以及中国在境外的公民、驻外机构、设施、财产等,都可能是恐怖袭击的针对性目标。因此,建立健全安全管理制度,落实安全责任,对于防范有关单位、场所、活动、设施,以及中国在境外的公民、驻外机构、设施、财产等遭受恐怖袭击,具有十分重要的作用。对此,我国《反恐法》对重点目标,以及重点目标以外的相关目标的确定,目标管理单位责任的落实,防范恐怖袭击的措施等,都做出了明确的规定。

对于防范恐怖袭击的重点目标的确定,我国《反恐法》第31条规定:"公安机关应当会同有关部门,将遭受恐怖袭击的可能性较大以及遭受恐怖可能造成重大的人身伤亡、财产损失或者社会影响的单位、场所、活动、设施等确定为防范恐怖袭击的重点目标,报本级反恐怖主义工作领导机构备案。"

对于重点目标及重点目标以外的相关目标的管理与责任,我国《反恐法》第32条规定:"重点目标的管理单位应当履行下列职责:

"(一)制定防范和应对处置恐怖活动的预案、措施,定期进行培训和演练;

"(二)建立反恐怖主义工作专项经费保障制度,配备、更新防范和处置设备、设施;

"(三)指定相关机构或者落实责任人员,明确岗位职责;

"(四)实行风险评估,实时监测安全威胁,完善内部安全管理;

"(五)定期向公安机关和有关部门报告防范措施落实情况。

"重点目标的管理单位应当根据城乡规划、相关标准和实际需要,对重点目标同步设计、同步建设、同步运行符合本法第27条规定的技防、物防设备、设施。重点目标的管理单位应当建立公共安全视频图像信息系统值班监看、信息保存使用、运行维护等管理制度,保障相关系统正常运行。采信的视频图像信息保存期限不得少于九十日。对重点目标以外的涉及公共安全的其他单位、场所、活动、设施,其主管部门和管理单位应当依照法律、行政法规规定,建立健全安全管理制度,落实安全责任。"

该法第34条规定:"大型活动承办单位以及重点目标的管理单位应当依照规定,对进入大型活动场所、机场、火车站、码头、城市轨道交通站、公路长途客运站、口岸等重点目标的人员、物品和交通工具进行安全检查。发现违禁品和管制物品,应当予以扣留并立即向公安机关报告;发现涉嫌违法犯罪人员,应当立即向公安机关报告。"

对于航空器等公共交通运输工具恐怖袭击的安全防范与责任,我国《反恐法》第35条规定:"对航空器、列车、船舶、城市轨道车辆、公共电车等公共交通运输工具,营运单位应当依照规定配备安保人员和相应设备、设施,加强安全检查和保卫工作。"该法第37条规定:"飞行管制、民用航空、公安等主管部门应当按照职责分工,加强空域、航空器和飞行活动管理,严密防范针对航空器或者利用飞行活动实施的恐怖活动。"

为了协助和加强重点目标单位的恐怖袭击防范,我国《反恐法》第36条规定:"公安机关和有关部门应当掌握重点目标的基础信息和重要动态,指导、监督重点目标的管理单位履行防范恐怖袭击的各项职责。公安机关、中国人民武装警察部队应当依照有关规定对重点目标进行警戒、巡逻、检查。"

对于重点国(边)境地段和口岸恐怖袭击的防范与责任,我国《反恐法》第38条规定:"各级人民政府和军事机关应当在重点国(边)境地段和口岸设置拦阻隔离网、视频图像采集和防越境报警设施。公安机关和中国人民解放军应当严密组织国(边)境巡逻,依照规定对抵离国(边)境前沿、进出国(边)境管理区和国(边)境通道、口岸的人员、交通运输工具、物品,以及沿海沿边地区的船舶进行查验。"该法第39条规定:"出入境证件签发机关、出入境边防检查机关对恐怖活动人员和恐怖活动嫌疑人员,有权决定不准其出境入境、不予签发出境入境证件或者宣布其出境入境证件作废。"该法第40条规定:"海关、出入境边防检查机关发现恐怖活动嫌疑人员或者涉嫌恐怖活动物品的,应当依法扣留,并立即移送公安机关或者国家安全机关。检验检疫机关发现涉嫌恐怖活动物品的,应当依法扣留,并立即移送公安机关或者国家安全机关。"

对于中国在境外的公民及驻外机构、设施、财产恐怖袭击的防范与责任,我国《反恐法》第41条规定:"国务院外交、公安、国家安全、发展改革、工业和信息化、商务、旅游等主管部门应当建立境外投资合作、旅游等安全风险评估制度,对中国在境外的公民以及驻外机构、设施、财产加强安全保护,防范和应对恐怖袭击。"该法第42条规定:"驻外机构应当建立健全安全防范制度和应对处置预案,加强对有关人员、设施、财产的安全保护。"

(二)情报信息

"情报"一词,其字面意思仅仅是情况、报道、报告。1979年出版的《辞海》中将它解释为:"情报是以侦察手段或其他方法获得的有关敌人的军事、政治、经济各方面的情况,以及对这些情况进行分析研究的结果,是军事行动的重要依据之一。"[1]在英文字典中,"intelligence"有"情报、谍报"之意,除此意之外,还有"智力、理解力"的意思。因此,今天我国的多数学者都认为,"intelligence"的对应汉语词汇是"情报"[2]。它是指利用各种手段或者利用高科技进行技术侦察、武装侦察、非武装侦察、派遣、行贿、色情引诱等各种手段获取的一种知识与信息。

---

[1] 舒新城等:《辞海》(缩印本),中华书局1979年版,第870页。
[2] 中南坡:《"信息"与"情报"现代涵义浅析》,载《节能技术》1998年第1期,第23~25页。

"信息"一词,其字面意义是信函、音信和消息,1979年出版的《辞源》中,收入了这个概念,并有信息即消息的初步解释。在拉丁语词汇中,有"information"一词,原意为说明、叙述。英语"information",就是根据这一词源派生出来的,最初只是作为消息的同义语。长期以来,这个概念用得并不多,它没有被赋予严格的科学定义。一般认为,"information"的对应汉语词汇是"信息"①。

恐怖袭击一旦发生,危害大多十分严重。"应对恐怖主义,最理想的状态是'早发现、早预警',最关键的是反恐怖情报信息的搜集、研判,反恐情报信息网络的完善和搭建。"②因此,情报信息的搜集、研判,反恐情报信息机构与平台的完善和搭建,对于防范、应对和处置恐怖主义活动作用巨大。基于情报信息在防范、应对和处置恐怖主义活动中的巨大作用,我国《反恐法》专设"情报信息"一章,从情报信息机构的构建、情报信息的搜集、情报信息的获取手段、情报信息的用途、情报信息的分析研判,以及情报信息的保密及法律责任等方面作出了明确规定。

1. 在情报信息机构的设置、运作机制及管理方面

我国《反恐法》第43条规定:"国家反恐怖主义工作领导机构建立国家反恐怖主义情报中心,实行跨部门、跨地区情报信息工作机制,统筹反恐怖主义情报信息工作。有关部门应当加强反恐怖主义情报信息搜集工作,对搜集的有关线索、人员、行动类情报信息,应当依照规定及时统一归口报送国家反恐怖主义情报中心。地方反恐怖主义工作领导机构应当建立跨部门情报信息工作机制,组织开展反恐怖主义情报信息工作,对重要的情报信息,应当及时向上级反恐怖主义工作领导机构报告,对涉及其他地方的紧急情报信息,应当及时通报相关地方。"

2. 在情报信息的搜集方面

我国《反恐法》第44条规定:"公安机关、国家安全机关和有关部门应当依靠群众,加强基层基础工作,建立基层情报信息工作力量,提高反恐怖主义情报信息工作能力。"

3. 在情报信息搜集的手段与获取材料的用途方面

我国《反恐法》第45条规定:"公安机关、国家安全机关、军事机关在其职责范围内,因反恐怖主义情报信息工作的需要,根据国家有关规定,经过严格的批准手续,可以采取技术侦查措施。依据前款规定获取的材料,只能用于反恐怖主义应对处置和对恐怖活动犯罪、极端主义犯罪的侦查、起诉和审判,不得用于其他用途。"

4. 在情报信息的分析、研判方面

我国《反恐法》第47条规定:"国家反恐怖主义情报中心、地方反恐怖主义工作领导机构以及公安机关等有关部门应当对有关情报信息进行筛选、研判、核查、监控,认为有发生恐怖事件危险,需要采取相应的安全防范、应对处置措施的,应当及时通报有关部门和单位,并可以根据情况发出预警。有关部门和单位应当根据通报做好安全防范、应对处置工作。"

---

① 邱爱琴:《论"信息"与"情报"的区分及使用》,载《甘肃社会科学》1999年第1期,第124~125页。

② 罗沙:《我国拟建立国家反恐怖主义情报中心》,载新华网2014年10月27日。

5. 在情报信息的保密及法律责任方面

我国《反恐法》第 48 条规定:"反恐怖主义工作领导机构、有关部门和单位、个人应当对履行反恐怖主义工作职责、义务过程中知悉的国家秘密、商业秘密和个人隐私予以保密。违反规定泄露国家秘密、商业秘密和个人隐私的,依法追究法律责任。"

(三)调查

一般意义来说,调查是指人们对客观世界的各种实际情况的探求和了解。反恐怖主义中的调查,是指公安机关为了查明恐怖活动线索或者发现恐怖活动嫌疑,依法向知晓案(事)件情况的人员查证案(事)件有关情况所采取的各种方法和措施。我国《反恐法》第 49 条规定:"公安机关接到恐怖活动嫌疑的报告或者发现恐怖活动嫌疑,需要调查核实的,应当迅速进行调查。"

我国《反恐法》专设"调查"一章,对公安机关查明恐怖活动和发现恐怖活动嫌疑的主体、程序、方法、措施及相关问题进行了规定,并与我国《刑事诉讼法》"侦查"一章的相关内容相衔接。这对于有效防范、应对处置恐怖活动和打击恐怖活动犯罪,具有非常重要的意义。

根据我国《反恐法》的规定,"调查"的基本程序与内容如下。

(1)公安机关调查恐怖活动嫌疑,可以依照有关法律规定对嫌疑人员进行盘问、检查、传唤,可以提取或者采集肖像、指纹、虹膜图像等人体生物识别信息和血液、尿液、脱落细胞等生物样本,并留存其签名。公安机关调查恐怖活动嫌疑,可以通知了解有关情况的人员到公安机关或者其他地点接受询问。

(2)公安机关调查恐怖活动嫌疑,有权向有关单位和个人收集、调取相关信息和材料。有关单位和个人应当如实提供。

(3)公安机关调查恐怖活动嫌疑,经县级以上公安机关负责人批准,可以查询嫌疑人员的存款、汇款、债券、股票、基金份额等财产,可以采取查封、扣押、冻结措施。查封、扣押、冻结的期限不得超过二个月,情况复杂的,可以经上一级公安机关负责人批准延长一个月。

(4)公安机关调查恐怖活动嫌疑,经县级以上公安机关负责人批准,可以根据其危险程度,责令恐怖活动嫌疑人员遵守下列一项或者多项约束措施:①未经公安机关批准不得离开所居住的市、县或者指定的处所;②不得参加大型群众性活动或者从事特定的活动;③未经公安机关批准不得乘坐公共交通工具或者进入特定的场所;④不得与特定的人员会见或者通信;⑤定期向公安机关报告活动情况;⑥将护照等出入境证件、身份证件、驾驶证件交公安机关保存。

(5)公安机关可以采取电子监控、不定期检查等方式对其遵守约束措施的情况进行监督。采取前两款规定的约束措施的期限不得超过三个月。对不需要继续采取约束措施的,应当及时解除。

(6)公安机关经调查,发现犯罪事实或者犯罪嫌疑人的,应当依照刑事诉讼法的规定立案侦查。有关期限届满,公安机关未立案侦查的,应当解除有关措施。

(四)应对处置

对于恐怖袭击目标来说,恐怖袭击具有不可预判性,恐怖袭击会在什么时候、什么地点、针对什么人、怎样发生都无法得知,恐怖袭击在时间、地点、方式上具有的突发性、随机性,让人防不胜防。为了合法、有效应对处置各种恐怖主义活动,我国《反恐法》专设"应对处置"一章,对反恐应对处置预案体系、应对处置指挥机构、预案的启动与指挥人员的确定、应对处置恐怖事件的机关和人员调配,以及相关人员的保护与信息发布等内容作出了明确规定。

1. 在恐怖事件应对处置预案体系构建方面

我国《反恐法》第55条规定:"国家建立健全恐怖事件应对处置预案体系。国家反恐怖主义工作领导机构应当针对恐怖事件的规律、特点和可能造成的社会危害,分级、分类制定国家应对处置预案,具体规定恐怖事件应对处置的组织指挥体系和恐怖事件安全防范、应对处置程序以及事后社会秩序恢复等内容。有关部门、地方反恐怖主义工作领导机构应当制定相应的应对处置预案。"

2. 在恐怖事件应对处置指挥机构设置方面

我国《反恐法》第56条规定:"应对处置恐怖事件,各级反恐怖主义工作领导机构应当成立由有关部门参加的指挥机构,实行指挥长负责制。反恐怖主义工作领导机构负责人可以担任指挥长,也可以确定公安机关负责人或者反恐怖主义工作领导机构的其他成员单位负责人担任指挥长。跨省、自治区、直辖市发生的恐怖事件或者特别重大恐怖事件的应对处置,由国家反恐怖主义工作领导机构负责指挥;在省、自治区、直辖市范围内发生的涉及多个行政区域的恐怖事件或者重大恐怖事件的应对处置,由省级反恐怖主义工作领导机构负责指挥。"

3. 在恐怖事件应对处置预案的启动方面

我国《反恐法》第57条规定:"恐怖事件发生后,发生地反恐怖主义工作领导机构应当立即启动恐怖事件应对处置预案,确定指挥长。有关部门和中国人民解放军、中国人民武装警察部队、民兵组织,按照反恐怖主义工作领导机构和指挥长的统一领导、指挥,协同开展打击、控制、救援、救护等现场应对处置工作。上级反恐怖主义工作领导机构可以对应对处置工作进行指导,必要时调动有关反恐怖主义力量进行支援。需要进入紧急状态的,由全国人民代表大会常务委员会或者国务院依照宪法和其他有关法律规定的权限和程序决定。"

4. 在恐怖事件应对处置的人员调配和具体指挥方面

我国《反恐法》第58条规定:"发现恐怖事件或者疑似恐怖事件后,公安机关应当立即进行处置,并向反恐怖主义工作领导机构报告;中国人民解放军、中国人民武装警察部队对正在实施恐怖活动的,应当立即予以控制并将案件及时移交公安机关。反恐怖主义工作领导机构尚未确定指挥长的,由在场处置的公安机关职级最高的人员担任现场指挥员。公安机关未能到达现场的,由在场处置的中国人民解放军或者中国人民武装警察部队职级最高的人员担任现场指挥员。现场应对处置人员无论是否属于同一单位、系统的,均应当服从现场指挥员的指挥。指挥长确定后,现场指挥员应当向其请示、报告工作或者有关情况。"该法第59条规定:"中华人民共和国在境外的机构、人员、重要设施遭受或者可能遭受恐怖袭击的,国务院外交、公安、国家安全、商务、金融、国有资产监督管理、旅游、交通运输等主管部门应当及时启动应对处置预案。国务院外交部门应当协调有关国家采取相应措施。中华人民共和国在境外的机构、人员、重要设施遭受严重恐怖袭击后,经与有关国家协商同意,国家反恐怖主义工作领导机构可以组织外交、公安、国家安全等部门派出工作人员赴境外开展应对处置工作。"

5. 在恐怖事件发生后直接遭受恐怖活动危害、威胁人员的人身保护方面

我国《反恐法》第60条规定:"应对处置恐怖事件,应当优先保护直接受到恐怖活动危害、威胁人员的人身安全。"

6. 在恐怖事件发生后的应对处置措施方面

我国《反恐法》第61条规定:"恐怖事件发生后,负责应对处置的反恐怖主义工作领导机构可以决定由所在部门和单位采取下列一项或者多项应对处置措施:

"(一)组织营救和救治受害人,疏散、撤离并妥善安置受到威胁的人员以及采取其他求助措施;

"(二)封锁现场和周边道路,查验现场人员的身份证件,在有关场所附近设置临时警戒线;

"(三)在特定区域内实施空域、海(水)域管制,对特定区域内的交通运输工具进行检查;

"(四)在特定区域内实施互联网、无线电、通讯管制;

"(五)在特定区域内或者针对特定人员实施出境入境管制;

"(六)禁止或者限制使用有关设备、设施,关闭或者限制使用有关场所,中止人员密集的活动或者可能导致危害扩大的生产经营活动;

"(七)抢修被损坏的交通、电信、互联网、广播电视、供水、排水、供电、供气、供热等公共设施;

"(八)组织志愿人员参加反恐怖主义救援工作,要求具有特定专长的人员提供服务;

"(九)其他必要的应对处置措施。

"采取前款第三项至第五项规定的应对处置措施,由省级以上反恐怖主义工作领导机构决定或者批准;采取前款第六项规定的应对处置措施,由设区的市级以上反恐怖主义工作领导机构决定。应对处置措施应当明确适用的时间和空间范围,并向社会公布。"

该法第62条规定:"人民警察、人民武装警察以及其他依法配备、携带武器的应对处置人员,对在现场持枪支刀具等凶器或者使用其他危险方法,正在或者准备实施暴力行为的人员,经警告无效的,可以使用武器;紧急情况下或者警告后可能导致更为严重危害后果的,可以直接使用武器。"

7. 在恐怖事件的应对处置信息发布方面

我国《反恐法》第63条规定:"恐怖事件发生、发展的应对处置信息,由恐怖事件发生地的省级反恐怖主义工作领导机构统一发布;跨省、自治区、直辖市发生的恐怖事件,由指定的省级反恐怖主义工作领导机构统一发布。任何单位和个人不得编造、传播虚假恐怖事件信息;不得报道、传播可能引起模仿的恐怖活动的实施细节;不得发布恐怖事件中残忍、不人道的场景;在恐怖事件的应对处置过程中,除新闻媒体经负责发布信息的反恐怖主义工作领导机构批准外,不得报道、传播现场应对处置的工作人员、人质身份和应对处置行动情况。"

8. 在恐怖事件处置结束后的其他问题处理方面

主要包括四个层次。

(1)恢复生产、生活,稳定受影响地区的社会秩序和公众情绪。对此,我国《反恐法》第64条规定:"恐怖事件应对处置结束后,各级人民政府应当组织有关部门帮助受影响的单位和个人尽快恢复生活、生产,稳定受影响地区的社会秩序和公众情绪。"

(2)基本生活保障和提供心理、医疗等方面的援助。"众多恐怖袭击案例表明,恐怖活动中公众的心理恐惧以及恐惧带来的社会恐慌的后果往往比恐怖活动本身对社会所造成的危害还要大。"[①]因此,在善后工作中,要特别注重消除受害群众和所有经历者的心理恐惧。要千方百计地安慰开导,开展面对面的谈心活动和深入细致的思想工作,使他们鼓起生活的勇气,消除恐惧心理,积极配合公安机关查明事件真相,妥善解决遗留问题。对此,我国《反恐法》第65条规定:"当地人民政府应当及时给予恐怖事件受害人员及其近亲属适当的救助,并向失去基本生活条件的受害人员及其近亲属及时提供基本生活保障。卫生、民政等主管部门应当为恐怖事件受害人员及其近亲属提供心理、医疗等方面的援助。"

(3)依法严惩恐怖分子。恐怖分子很狡猾,辨认出他们并不是一件容易的事情。"恐怖分子拿起武器是恐怖分子,放下武器就隐身于普通市民中,难以识别;此外,现代社会交通便利,他们很容易在各地流窜。"[②]因此,在现场处置后必须组织力量迅速侦破案件,坚决打击恐怖主义的嚣张气焰,防止发生新的伤害。尤其是要深挖恐怖主义袭击幕后策划者和指挥者、组织者,依法惩处制造事件的恐怖分子,并将结果公之于众。对于恐怖分子,不管他是谁,属于哪个组织,与谁有牵连,暴恐行为发生在何时、何地,中国政府都将依法严惩。对此,我国《反恐法》第66条规定:"公安机关应当及时对恐怖事件立案侦查,查明事件发生的原因、经过和结果,依法追究恐怖活动组织、人员的刑事责任。"

(4)全面分析、总结评估。恐怖事件处置结束后,对整个处置过程的得失与经验教训要及时总结,并及时向上一级反恐领导机构提出报告。对此,我国《反恐法》第67条规定:"反恐怖主义工作领导机构应当对恐怖事件的发生和应对处置工作进行全面分析、总结评估,提出防范和应对处置改进措施,向上一级反恐怖主义工作领导机构报告。"

(五)国际合作

恐怖主义在国际上的蔓延,通常借助于极端民族主义和宗教原教旨主义思想,民族和宗教成了从事恐怖活动的借口与外衣,而民族和宗教是无法用国界来规范的,许多恐怖组织具有跨国性质,国际恐怖主义的治理不是一两个国家所能做到的,打击恐怖主义是国际社会的共同责任,所以倡导以全球整体安全为基础的国际合作反恐机制成为一种必然。[③]

目前,就国际反恐合作而言,形势依然严峻,不容乐观。主要表现在:①反恐合作的

[①] 姚俊岩:《恐怖活动中公众心理恐惧效应对社会稳定的影响及对策》,载《武警学院学报》2008年第5期,第89页。

[②] 《专家解读暴徒为何选择昆明作案:防范相对薄弱》,载腾讯网2014年3月2日。

[③] 于海、沈绍岭:《联合国在打击恐怖主义中的作用》,载《沧桑》2008年第1期,第84页。

认识基础不牢靠,因为各国的历史传统、国家利益、价值观之不同,一方面是在什么是恐怖主义问题上缺少共识,另一方面是对恐怖主义产生的根源、治理的方法也缺乏共识,这是导致国际合作难以有效开展的根本原因;②"现行的反恐条约体系是支离破碎的,不完整的,缺乏一个具备普遍权威的反恐合作的条约机制"①;③美国奉行单边主义的反恐战略,坚持反恐的双重标准,不利于国际合作反恐。

反对和打击恐怖主义作为各国政府的长期重点议程之一,要求各国政府需要在包括立法在内的各个方面付出艰辛的努力,并以真诚、切实的态度加强国际合作。为了切实有效地加强反对恐怖主义的国际合作,我国《反恐法》专设"国际合作"一章,对反对恐怖主义国际合作的法律依据、合作主体、国际合作的类型、出境国际合作,以及国际合作取得资料的使用等问题作出了明确规定。

1. 在反恐国际合作的法律依据方面

我国《反恐法》第68条规定:"中华人民共和国根据缔结和参加的国际条约,或者按照平等互惠原则,与其他国家、地区、国际组织开展反恐怖主义合作。"该条规定表明,我国参与国际反恐合作的法律依据是中国缔结和参加的国际条约,或者按照平等互惠原则。

国际条约是指两个或者两个以上国家就政治、经济、贸易、军事、法律、文化等方面的问题确定其相互权利义务关系的协议。除条约外,国际条约的名称还包括公约、协定、和约、盟约、换文、宣言、声明、公报等。国际条约是国际法的重要渊源,本不属于国内法范畴,但我国签订或者加入的国际公约,具有与国内法一样的约束力,也是我国的法律渊源之一。例如,在地区反恐国际合作中,2001年6月15日,在上海合作组织成立的同时,中国就与俄罗斯、哈萨克斯坦、吉尔吉斯共和国、塔吉克斯坦、乌兹别克斯坦五国缔结了《打击恐怖主义、分裂主义和极端主义上海公约》,成立了"反恐工作小组"。为了确保履约能力,自2002之后中国还在上海合作组织框架内与其他成员国举行了多次联合反恐演习,培养以互信、互利、平等、协商、尊重多样文化和谋求共同发展为主要内容的"上海精神",确立了在大小国间共同倡导以安全先行、互利合作为特征的新型区域合作模式,这在一定程度上深化了反恐领域的区域合作。除此之外,成员国在联合反恐、打击跨国组织犯罪、维护信息安全等方面成果显著,逐步建立健全了危机预警、联合执法和情报交流等相关机制,极大地增强了我国与其他成员国在反恐领域的能力建设。但是,随着中国综合国际影响力的不断增强,与东北亚、东南亚、南亚、欧亚大陆乃至中东等地区合作参与国际反恐显得十分必要。

中国是区域反恐合作机制的积极参与者和建设者。通过参与国际反恐怖合作,中国反恐怖斗争的国际环境得到了很大改善,同时也促进了与有关国家广泛的国际合作。在反恐的国际合作道路上,中国应当认清自己在双边、区域、全球性反恐合作中的角色和地位,不仅要把握好合作的切入点,还应当对合作国家有所防范,避免成为国际恐怖势力的攻击目标。

---

① 本刊编辑部:《近年来中国关于国际政治若干问题研究综述(上)》,载《世界经济与政治》2004年第6期,第73页。

2. 在反恐国际合作的合作主体方面

我国《反恐法》第 69 条规定:"国务院有关部门根据国务院授权,代表中国政府与外国政府和有关国际组织开展反恐怖主义政策对话、情报信息交流、执法合作和国际资金监管合作。在不违背我国法律的前提下,边境地区的县级以上地方人民政府及其主管部门,经国务院或者中央有关部门批准,可以与相邻国家或者地区开展反恐怖主义情报信息交流、执法合作和国际资金监管合作。"同法第 71 条规定:"经与有关国家达成协议,并报国务院批准,国务院公安部门、国家安全部门可以派员出境执行反恐怖主义任务。中国人民解放军、中国人民武装警察部队派员出境执行反恐怖主义任务,由中央军事委员会批准。"

上述规定可知,中国参与反对恐怖主义国际合作的主体有四个层次。

(1)国务院有关部门,根据国务院授权代表中国政府与外国政府和有关国际组织开展相关的国际反恐合作事项。

(2)边境地区的县级以上人民政府及其主管部门,经国务院或者中央有关部门批准,可以与相邻国家或者地区开展相关的国际反恐合作事项。

(3)国务院公安部门、国家安全部门,经与有关国家达成协议,并报国务院批准,可以派员出境执行反恐怖主义任务。

(4)中国人民解放军、中国人民武装警察部队,经中央军事委员会批准,可以派员出境执行反恐怖主义任务。

3. 在反恐国际合作的内容方面

根据我国《反恐法》的规定,主要有以下几方面。

(1)国务院有关部门根据国务院授权,代表中国政府与外国政府和有关国际组织开展反恐怖主义对话、情报信息交流、执法合作和国际资金合作。

(2)涉及恐怖活动犯罪的刑事司法协助、引渡和被判刑人移管,依照有关法律执行。

(3)根据有关机关授权或者批准,派员出境执行反恐怖主义任务。中国政府一贯重视并积极参与国际反恐合作,在地区和双边广泛开展反恐合作。我国"与近 20 个国家建立了定期或者不定期反恐怖磋商与交流制度,积极参与'全球反恐论坛'各项活动,支持反恐融资国际合作,并在力所能及的范围内,向有关发展中国家提供了反恐物质援助和培训"①。

4. 在反恐国际合作取得资料的使用方面

我国《反恐法》第 72 条规定:"通过反恐怖主义国际合作取得的材料可以在行政处罚、刑事诉讼中作为证据使用,但我方承诺不得作为证据使用的除外。"也就是说,在参与反对恐怖主义的国际合作中,中国有关部门及其人员取得的与恐怖活动有关的材料,除我方承诺不得作为证据使用以外,在行政处罚、刑事诉讼中可以作为追究违法行为和犯罪行为人行政责任、刑事责任的依据。

(六)保障措施

恐怖主义的防范、应对处置,需要投入大量的物力、人力与技术力量,且还必须做好

---

① 倪红梅、裴蕾:《中国代表强调反恐国际合作应由联合国主导》,载新华网 2013 年 10 月 8 日。

不同机关、部门在反恐怖主义工作中的协调工作和有关的善后工作。为此,我国《反恐法》专设"保障措施"一章,用6个条文分别对反恐怖主义的经费保障、反恐怖主义的队伍保障、因履行反恐怖主义职责或者协助反恐怖主义工作受损人员的经济保障、特定人员与单位的安全保障、反恐怖主义工作的技术保障,以及反恐怖主义工作的征用制度和因反恐怖主义工作致损的赔偿、补偿制度作出了全面规定。

1. 在反恐怖主义的经费保障方面

我国《反恐法》第73条规定:"国务院和县级以上地方各级人民政府应当按照事权划分,将反恐怖主义工作经费分别列入同级财政预算。国家对反恐怖主义重点地区给予必要的经费支持,对应对处置大规模恐怖事件给予经费保障。"

2. 在反恐怖主义的队伍保障方面

我国《反恐法》第74条规定:"公安机关、国家安全机关和有关部门,以及中国人民解放军、中国人民武装警察部队,应当依照法律规定的职责,建立反恐怖主义专业力量,加强专业训练,配备必要的反恐怖主义专业设备、设施。县级、乡级人民政府根据需要,指导有关单位、村民委员会、居民委员会建立反恐怖主义工作力量、志愿者队伍,协助、配合有关部门开展反恐怖主义工作。"

3. 在履职或者协助反恐怖主义工作受损人员的经济保障方面

我国《反恐法》第75条规定:"对因履行反恐怖主义工作职责或者协助、配合有关部门开展反恐怖主义工作导致伤残或者死亡的人员,按照国家有关规定给予相应的待遇。"

4. 在特定人员与单位的安全保障方面

我国《反恐法》第76条规定:"因报告或者制止恐怖活动,在恐怖活动犯罪案件中作证,或者从事反恐怖主义工作,本人或者其近亲属的人身安全面临危险的,经本人或者其近亲属提出申请,公安机关、有关部门应当采取下列一项或者多项保护措施:

(一)不公开真实姓名、住址和工作单位等个人信息;

(二)禁止特定的人接触被保护人员;

(三)对人身和住宅采取专门性保护措施;

(四)变更被保护人员的姓名,重新安排住所和工作单位;

(五)其他必要的保护措施。

公安机关、有关部门应当依照前款规定,采取不公开被保护单位的真实名称、地址,禁止特定的人接近被保护单位,对被保护单位办公、经营场所采取专门性保护措施,以及其他必要的保护措施。"

5. 在反恐怖主义工作的技术保障方面

我国《反恐法》第77条规定:"国家鼓励、支持反恐怖主义科学研究和技术创新,开发和推广使用先进的反恐怖主义技术、设备。"

6. 在反恐怖主义工作的征用制度和因反恐怖主义工作致损的赔偿、补偿方面

我国《反恐法》第78条规定:"公安机关、国家安全机关、中国人民解放军、中国人民武装警察部队因履行反恐怖主义职责的紧急需要,根据国家有关规定,可以征用单位和个人的财产。任务完成后应当及时归还或者恢复原状,并依照规定支付相应费用;造成损失的,应当补偿。因开展反恐怖主义工作对有关单位和个人的合法权益造成损害的,

应当依法给予赔偿、补偿。有关单位和个人有权依法请求赔偿、补偿。"

(七)法律责任

一般认为,法律责任是指行为人由于违法行为、违约行为或者由于法律规定而应当承担的某种不利法律后果。法律责任是社会责任的一种,它与其他社会责任的区别在于:承担法律责任的最终依据是法律,法律责任具有国家强制性。法律责任包括刑事责任、民事责任、行政责任、违宪责任。我国《反恐法》专设"法律责任"一章,用18个条文规定了法律责任问题。

1. 刑事责任

刑事责任是指行为人因其犯罪行为所必须承受的,由公安司法机关代表国家所确定的否定性法律后果。刑事责任是犯罪行为人向国家所负的一种法律责任,刑事法律是追究刑事责任的唯一法律依据。刑事责任是一种惩罚性的责任,是所有法律责任中最严厉的一种。刑事责任通常由个人承担,也有一些刑事责任由法人或者组织承担。

我国《反恐法》第79条规定:"组织、策划、准备实施、实施恐怖活动,宣扬恐怖主义,煽动实施恐怖活动,非法持有宣扬恐怖主义的物品,强制他人在公共场所穿戴宣扬恐怖主义的服饰、标志,组织、领导、参加恐怖活动组织,为恐怖活动组织、恐怖活动人员、实施恐怖活动或者恐怖活动培训提供帮助的,依法追究刑事责任。"从该条规定来看,我国《反恐法》为了与《刑法》及其修正案的相关规定进行衔接,对恐怖主义犯罪的刑事责任问题只进行了"依法追究刑事责任"的原则性规定,至于如何追究刑事责任,追究什么种类的刑事责任,由公安司法机关根据犯罪分子的犯罪事实、犯罪证据,依据刑事诉讼法、刑法进行侦查、起诉、审判和定罪量刑。

2. 行政责任

行政责任是指因违反行政法规定或者因行政法规定而应承担的法律责任。承担行政责任的主体是行政主体和行政相对人。产生行政责任的原因是行为人的行政违法行为或者法律法规的规定。与刑事责任相比,行政责任的承担方式较为多样化,可以是行为责任、精神责任、财产责任,甚至还可以是人身责任。这些责任方式共同发挥着行政责任惩罚、救济和预防的功能。

对于恐怖主义违法的行政责任问题,我国《反恐法》第80条至第94条作了具体规定。

(1)参与下列活动之一,情节轻微,尚不构成犯罪的,由公安机关处十日以上十五日以下拘留,可以并处一万元以下罚款:①宣扬恐怖主义、极端主义或者煽动实施恐怖活动、极端主义活动的;②制作、传播、非法持有宣扬恐怖主义的物品的;③强制他人在公共场所穿戴宣扬恐怖主义、极端主义的服饰、标志的;④为宣扬恐怖主义、极端主义或者实施恐怖主义、极端主义活动提供信息、资金、物资、劳务、技术、场所等支持、协助、便利的。

(2)利用极端主义,实施下列行为之一,情节轻微,尚不构成犯罪的,由公安机关处五日以上十五日以下拘留,可以并处一万元以下罚款:①强迫他人参加宗教活动,或者强迫他人向宗教活动场所、宗教教职人员提供财物或者劳务的;②以恐吓、骚扰等方式驱赶其他民族或者有其他信仰的人员离开居住地的;③以恐吓、骚扰等方式干涉他人与其他民族或者有其他信仰的人员交往、共同生活的;④以恐吓、骚扰等方式干涉他人生活习俗、方式和生产经营的;⑤阻碍国家机关工作人员依法执行职务的;⑥歪曲、诋毁国家政策、法律、行政法规,煽动、教唆抑制人民政府依法管理的;⑦煽动、胁迫群众损毁或者故意损毁居民身份证、户口簿等国家法定证件以及人民币的;⑧煽动、胁迫他人以宗教仪式取代结婚、离婚登记的;⑨煽动、胁迫未成年人不接受义务教育的;⑩其他利用极端主义破坏国家法律制度实施的。

(3)明知他人有恐怖活动犯罪、极端主义犯罪行为,窝藏、包庇,情节轻微,尚不构成犯罪的,或者在司法机关向其调查有关情况、收集有关证据时,拒绝提供的,由公安机关处十日以上十五日以下拘留,可以并处一万元以下罚款。

(4)金融机构和特定非金融机构对国家反恐怖主义工作领导机构的办事机构公告的恐怖活动组织及恐怖活动人员的资金或者其他资产,未立即予以冻结的,由公安机关处二十万元以上五十万元以下罚款,并对直接负责的董事、高级管理人员和其他直接责任人员处十万元以下罚款,情节严重的,处五十万元以上罚款,并对其直接负责的董事、高级管理人员和其他直接责任人员,处十万元以上五十万元以下罚款,可以并处五日以上十五日以下拘留。

(5)电信业务经营者、互联网服务提供者有下列情形之一的,由主管部门处二十万元以上五十万元以下罚款,并对其直接负责的主管人员和其他直接责任人员处十万元以上罚款;情节严重的,处五十万元以上罚款,并对其直接负责的主管人员和其他直接责任人员,处十万元以上五十万元以下罚款,可以由公安机关对其直接负责的主管人员和其他直接责任人员,处五日以上十五日以下拘留:①未依照规定为公安机关、国家安全机关依法进行防范、调查恐怖活动提供技术接口和解密等技术支持和协助的;②未按照主管部门的要求,停止传输、删除含有恐怖主义、极端主义内容的信息,保存相关记录,关闭相关网站或者关停相关服务的;③未落实网络安全、信息内容监督制度和安全技术防范措施,造成含有恐怖主义、极端主义内容的信息传播,情节严重的。

(6)铁路、公路、水上、航空的货运和邮政、快递等物流运营单位有下列情形之一的,由主管部门处十万元以上五十万元以下罚款,并对其直接负责的主管人员和其他直接责任人员处十万元以下罚款:①未实行安全检验制度,对客户身份进行查验,或者未依照规定对运输、寄递物品进行安全检查或者开封验视的;②对禁止运输、寄递,存在重大安全隐患,或者客户拒绝安全查验的物品予以运输、寄递的;③未实行运输、寄递客户身份、物品信息登记制度的。

(7)电信、互联网、金融业务经营者、服务提供者未按规定对客户身份进行查验,或者对身份不明、拒绝身份查验的客户提供服务的,主管部门应当责令改正;拒不改正的,处二十万元以上五十万元以下罚款,并对其直接负责的主管人员和其他直接责任人员处十万元以下罚款;情节严重的,处五十万元以上罚款,并对其直接负责的主管人员和其他直接责任人员,处十万元以上五十万元以下罚款。

住宿、长途客运、机动车租赁等业务经营者、服务提供者有前款规定情形的,由主管部门处十万元以上五十万元以下罚款,并对其直接负责的主管人员和其他直接责任人员处十万元以下罚款。

(8)违反本法规定,有下列情形之一的,由主管部门给予警告,并责令改正;拒不改正的,处十万元以下罚款,并对其直接负责的主管人员和其他直接责任人员处一万元以下罚款:①未依照规定对枪支等武器、弹药、管制器具、危险化学品、民用爆炸物品、核与放射物品做出电子追踪标识,对民用爆炸物品添加安检示踪标识物的;②未依照规定对运营中的危险化学品、民用爆炸物品、核与放射物品的运输工具通过定位系统实行监控的;③未依照规定对传染病病原体等物质实行严格的监督管理,情节严重的;④违反国务院有关主管部门或者省级人民政府对管制器具、危险化学品、民用爆炸物品决定的管制或者限制交易措施的。

(9)防范恐怖袭击重点目标的管理、营运单位违反本法规定,有下列情形之一的,由公安机关给予警告,并责令改正;拒不改正的,处十万元以下罚款,并对其直接负责的主管人员和其他直接责任人员处一万元以下罚款:①未制定防范和应对处置恐怖活动的预案、措施的;②未建立反恐怖主义工作专项经费保障制度,或者未配备防范和处置设备、设施的;③未落实工作机构或者责任人员的;④未对重要岗位人员进行安全背景审查,或者未将有不适合情形的人员调整工作岗位的;⑤对公共交通运输工具未依照规定配备安保人员和相应设备、设施的;⑥未建立公共安全视频图像信息系统值班监看、信息保存使用、运行维护等管理制度的。

大型活动承办单位以及重点目标的管理单位未依照规定对进入大型活动场所、机场、火车站、码头、城市轨道交通站、公路长途客运站、口岸等重点目标的人员、物品和交通工具进行安全检查的,公安机关应当责令改正;拒不改正的,处十万元以下罚款,并对其直接负责的主管人员和其他直接责任人员处一万元以下罚款。

(10)恐怖活动嫌疑人员违反公安机关责令其遵守的约束措施的,由公安机关给予警告,并责令改正;拒不改正的,处五日以上十五日以下拘留。

(11)新闻媒体等单位编造、传播虚假恐怖事件信息,报道、传播可能引起模仿的恐怖活动的实施细节,发布恐怖事件中残忍、不人道的场景,或者未经批准,报道、传播现场应对处置的工作人员、人质身份信息和应对处置行动情况的,由公安机关处二十万元以下罚款,并对其直接负责的主管人员和其他直接责任人员,处五日以上十五日以下拘留,可以并处五万元以下罚款。

个人有前款规定行为的,由公安机关处五日以上十五日以下拘留,可以并处一万元以下罚款。

(12)拒不配合有关部门开展反恐怖主义安全防范、情报信息、调查、应对处置工作的,由主管部门处二千元以下罚款;造成严重后果的,处五日以上十五日以下拘留,可以并处一万元以下罚款。

单位有前款规定行为的,由主管部门处五万元以下罚款;造成严重后果的,处十万元以下罚款;并对其直接负责的主管人员和其他直接责任人员依照前款规定处罚。

(13)阻碍有关部门开展反恐怖主义工作的,由公安机关处五日以上十五日以下拘留,可以并处五万元以下罚款。

单位有前款规定行为的,由公安机关处二十万元以下罚款,并对其直接负责的主管人员和其他直接责任人员依照前款规定处罚。

阻碍人民警察、人民解放军、人民武装警察依法执行职务的,从重处罚。

（14）单位违反本法规定，情节严重的，由主管部门责令停止从事相关业务、提供相关服务或者责令停产停业；造成严重后果的，吊销有关证照或者撤销登记。

（15）对于反恐怖主义工作领导机构、有关部门的工作人员在反恐怖主义工作中违法犯罪监督与相关责任问题，有关物品、资金的处理问题，以及行政相对人对行政处罚和行政强制措施不服的救济途径问题，我国《反恐法》都进行了明确规定。

反恐怖主义工作领导机构、有关部门及其工作人员在反恐怖主义工作中滥用职权、玩忽职守、徇私舞弊或者有其他违法违纪行为的，任何单位和个人有权向有关部门检举、控告。有关部门接到检举、控告后，应当及时处理并回复检举、控告人。

反恐怖主义工作领导机构、有关部门的工作人员在反恐怖主义工作中滥用职权、玩忽职守、徇私舞弊，或者有违反规定泄露国家秘密、商业秘密和个人隐私等行为，构成犯罪的，依法追究刑事责任；尚不构成犯罪的，依法给予处分。

对依照《反恐法》规定查封、扣押、冻结、扣留、收缴的物品、资金等，经审查发现与恐怖主义无关的，应当及时解除有关措施，予以退还。

有关单位和个人对依照《反恐法》作出的行政处罚和行政强制措施决定不服的，可以依法申请行政复议或者提起行政诉讼。

第四节　域外主要国家和地区反对恐怖主义的行政立法

相对于事后的惩罚与打击，防患于未然仍然是各国政府反恐策略的首要任务。依法预防恐怖主义的重心之一就是控制住"人"，对于可能制造恐怖危险的人，国家必须采取一定的措施阻止或者限制其参与恐怖主义有关的活动。但是，如何采取限制手段，限制的程度、范围应当如何划定，都是需要进行深入研究的。既然是预防措施，就意味着违法或者犯罪行为人在可能并未着手实施相关的恐怖行为，其行为的内容表面上仍然属于不应受到干预的正常公民的活动，但任由其发展，就可能很快成为恐怖主义袭击的预备或者实行行为。等到预备行为或者实行行为发生时再采取行为，可能为时已晚，或者成本巨大。为了防范、应对与处置可能发生的恐怖活动的威胁，域外国家大都通过行政立法，也可能包含行政立法的综合性立法，建立了针对恐怖活动的预防性控制体系。

一、英美法系国家

（一）英国

英国是较早面临恐怖主义威胁的国家，其反恐立法经历了比较漫长时期，在整个20世纪，为了防范与应对处置恐怖活动，英国就制定和颁布了许多反恐怖主义法律、法规，构建了比较完善的反恐怖主义行政法体系。进入21世纪后，为了适应恐怖活动的新特点、新动向，英国相继通过了一系列新的反恐怖主义法，极大地改善了本国反恐怖主义斗争的法律环境。

1. 立法进程

进入21世纪后，英国先后颁布了6部反恐怖主义法，从而形成了较为完备的反恐怖主义行政立法体系。这6部反恐怖主义法分别是：

（1）《2000年反恐怖主义法》（Terrorism Act 2000）。该法于2000年7月20日通过，属于永久性立法，取代了临时性的《北爱尔兰（紧急规定）法》和《预防恐怖主义（暂行规定）法》。该法强化了原有的反恐权限，界定了"恐怖主义"的概念，包括认定和禁止恐怖组织、确立有关恐怖主义资产的犯罪及警察的调查权力等内容。

（2）《2001年反恐怖主义、犯罪和安全法》（Anti-Terrorism, Crime and Security Act 2001）。该法于2001年12月19日通过，确立了预防和打击恐怖主义的基本法律框架。该法旨在改善英国当局对直接参与或者支持恐怖主义活动者的打击效率，主要包括以下条款：①金融监管和制裁，警方有权在英国及其国民面临威胁时，冻结恐怖主义团体或者个人的资产，增加金融机构披露信息的义务，加强对外币兑换的监督；②信息保存和搜集，允许向安全和情报机构、英国税务与海关总署管辖下的执法部门披露信息，改善获得承运商信息（乘客和货物数据）的容易程度和各机构之间的信息交流，确立保留通信数据的操作准则；③航空、化学、生物和核安全，有关部门可能基于安全理由扣留航班、拦路搜查乘客，设立与危险物质相关的新罪名，加强对存在危险物质的实验室的监管，保障民用核工业安全；④警察权力，授权警察为确定嫌疑人身份而拍照、搜查与检查，明确交通警察和国防部警察的司法权等。

（3）《2005年预防恐怖主义法》（Prevention of Terrorism Act 2005）。该法于2005年3月11日通过，赋予了内政大臣核发"控制令"的权力，制约包括英国或者外国公民在内的恐怖嫌疑人。"控制令"包括一系列限制措施，如禁止使用电话或者互联网，限制行动和出行，限制与指定人员的交流，使用电子佩带器监视禁止外出的执行情况等。

（4）《2006年反恐怖主义法》（Anti-Terrorism Act 2006）。该法于2006年3月30日通过。该法把鼓励、纵容恐怖主义定义为刑事犯罪，其范围包括颂扬恐怖主义，传发恐怖主义刊物，准备、计划或者协助他人的恐怖主义活动，指导或者接受恐怖主义培训和参加恐怖主义训练营等。同时，该法进一步延长了审判前拘留恐怖嫌疑人的期限。

（5）《2008年反恐怖主义法》（Counter-Terrorism Act 2008）。该法于2008年11月26日通过。该法主要是对原有数部反恐怖主义法的补充完善，秉持了严厉打击恐怖主义的立法精神。该法涉及情报收集和共享、讯问恐怖嫌疑人、警察的告知义务及限制涉恐资产的程序等内容。同时，该法实际上禁止对警察或者军事人员拍照，以防止恐怖分子窥探重点目标。

（6）《2011年恐怖主义预防和侦查措施法》（Terrorism Prevention and Investigation Measures Act 2011）。该法于2011年12月15日通过，全文由11章和8个附件组成。该法的核心内容是恐怖主义犯罪嫌疑人的预防性人身控制体系，以及"恐怖主义预防与调查令"的具体实施。整部法律围绕限制令的适用，分别阐明了限制令的适用对象和条件，限制措施的类型，适用前的司法审查、适用中的变更和适用后的权利救济程序等内容。

2. 立法内容

上述6部反恐怖主义法中，行政立法内容占了相当比例。概括起来，英国反恐怖主义行政立法的内容主要包括以下方面。

（1）界定基础性概念，明确反恐斗争方向。英国反恐法界定了"恐怖主义（terrorism）"

"恐怖组织（proscribed organization）""恐怖分子（terrorist）""恐怖主义犯罪（terrorist crime）"和"与恐怖主义相关的活动（terrorism-related activity）"等概念。

《2000年反恐怖主义法》规定："恐怖主义"是指实施或者威胁实施对他人的严重暴力行为、严重损坏他人财产的行为、危及他人生命的行为、严重威胁公众健康或者安全的行为、严重干扰或者破坏电子系统的行为，为了影响政府、威胁公众，或者提升其政治、宗教或者意识形态之信仰。即使行为人的目的不是影响政府、威胁公众，只要其使用火器、爆炸物实施或者威胁实施上述行为的，均属于恐怖主义。英国《2006年反恐怖主义法》对"恐怖主义"概念进行了修订，增加了行为人"影响政府间国际组织"的目的。此外，《2011年恐怖主义预防和侦查措施法》中新增了一个"与恐怖主义相关的活动"概念。法律将其范围界定为四类：①实施、筹备、煽动实施恐怖主义行为；②为实施、筹备、煽动恐怖主义的行为提供便利或者鼓励；③明知他人参与恐怖主义活动而为其提供支持和帮助；④其他恐怖主义行为①。

（2）采取新的反恐措施，降低恐怖袭击的风险。英国反恐法采取了多样化的措施，涵盖资金监控、移民资格审查、危险物质管理、航空和核工业安全等诸多领域。需要指出的是，英国创设了具有本国特色的反恐措施——"控制令"（control orders）。根据《2005年预防恐怖主义法》规定，"控制令"是指为保护公民免受恐怖主义的威胁而做出的使个人承担一定义务的命令，其目的是预防和干扰恐怖嫌疑人策划恐怖袭击或者资助恐怖主义活动。国务大臣只要有"合理理由"怀疑某人涉及恐怖主义活动，即使找不到足以起诉的证据，也可以签发"控制令"，经法院批准后执行。"控制令"包括电子窃听、限制上网、限制使用电子通信手段、禁止与他人见面、禁止夜间外出乃至完全禁止离开住处等措施。被控制者对该命令不服的，享有向国务大臣提出申请和向法院上诉的权利。

《2011年恐怖主义预防和侦查措施法》的附件列举了12项限制性措施，政府不得采取这12种方式以外的措施。在满足"手段必要性要件"的前提下，政府可以根据当事人的具体情况选择其中一种或者多种措施适用。这些限制性措施包括：指定居所居住；旅行限制；不得进入特定区域、街道、场所；金融服务限制；财产权限制；电子通信设备使用限制；人际交往限制；工作或者学习限制；主动报告义务；接受照相义务；受监视义务。这12项限制性措施中，以指定居住为核心，其他措施是在此基础上进行的延伸。同时，该法律对每一项限制性措施如何使用都进行了非常具体的说明，以保证限制性措施的正确实施。

（3）规定恐怖组织认定，建立长效工作机制。根据《2000年反恐怖主义法》规定，当国务大臣相信某组织与恐怖主义活动有关联时，即可在恐怖组织清单中列入、移除该组织或者对清单进行修改，被列入清单的组织即行禁止，组织成员或者支持者可能构成犯罪。同时，英国还规定了被认定组织的上诉程序，如果某组织对认定结果不服，即可依次向国务大臣、上诉委员会、法院提出申请，请求将其从恐怖组织清单中移除。正如有学者指出的："由于恐怖主义活动或者恐怖组织之法律定义或者构成要件均系以不确定法律

---

① 王清新、李响：《英国〈恐怖主义预防和侦查措施法（2011）〉对构建我国预防性控制制度的启示》，载《云南师范大学学报》（哲学社会科学版）2014年第5期，第98页。

概念组成,在实务运作上,须俟个案发生,再由主管机关或者法院视个案情节具体认定,为避免认定标准宽严不一,造成执行困扰,或者损及相关人员权益,宜设有指定或者认定之机制,以使相关行政预防措施之发动有一明确依循。"①

(4)扩大警察权限,全力打击恐怖主义。根据英国反恐法之规定,警察享有没收与恐怖主义相关资金、划定反恐警戒区域、调查恐怖主义案件的广泛权力。但在当前日益复杂和严峻的反恐形势下,英国在反恐法中进行了一系列调整,扩大了警察的原有权力,强化了对国家安全和社会秩序的保护。例如,警察为了调查恐怖主义案件的需要,可以对交通工具、行人和附带物品进行搜查;如果警察有理由怀疑某人是恐怖分子的,还可以实施无证逮捕。《2006年反恐怖主义法》将警察的截留、搜查和无证逮捕权扩大到内水,同时授予警察搜查、扣押与没收恐怖主义出版物的权力。《2008年反恐怖主义法》还规定,警察在执行搜查任务时,可以拿走某项可疑文件进行检查,以确定是否对其进行没收。

(二)美国

美国也是较早遭到恐怖主义威胁的国家,为了保障本国的国家安全,美国在"9·11"事件之前,已进行了大量的反恐立法。"9·11"事件后,面对严峻的反恐形势,美国更是加快了反恐立法的步伐,通过一系列与反恐有关的战争法案和预防恐怖主义的行政立法。

1. 立法进程

"9·11"事件之前,为了防范和应对日渐增多的恐怖袭击事件,美国就进行了大量的反恐怖主义立法。

1984年4月3日,里根总统签署了《国家安全保障指令第138号文件》(*National Security Decision Directive 138*),宣称为确保美国国家安全,将会对恐怖主义采取"任何可能的合法手段"。以该文为基础,里根总统提请国会颁布了多项反恐怖主义法案,包括《1984年反国际恐怖主义法案》《预防和惩治人质劫持犯罪法案》《1985年国际安全与合作发展法案》《1986年外交安全保障法案》《1989年生化武器反恐法案》等。其中,《1986年外交安全保障法案》是里根总统任内最重要的反恐法案,该法案的最大特点是创设了美国境外发生的恐怖主义活动可依美国国内法加以惩罚的规定。

克林顿政府时期,面对苏联解体、冷战结束的国际政治格局,美国面临着一系列新的安全问题,如能源危机、环境破坏、难民问题、地域纷争等,同时,国际恐怖主义已经取代苏联成为美国国家安全的最大威胁。1993年纽约世贸中心爆炸案和1995年俄克拉荷马州联邦政府大楼爆炸案接连发生,促使克林顿总统于1996年发布了《美国反恐政策第39号总统命令》,将恐怖主义视为犯罪行为,规定政府可以采取"任何适当的手段"对付恐怖主义,其中包括军事手段。同年,国会通过了《1996年反恐与有效死刑法案》等诸多反恐法令,以防止恐怖主义袭击再度发生。《1996年反恐与有效死刑法案》规定恐怖主义行为不再属于犯罪行为,而是属于军事管辖之下的战争行为,总统可以保障国家安全为名

---

① 洪文玲:《国际反恐法制之研究》,载我国台湾地区《中央警察大学学报》2007年第44期,第92页。

发动针对恐怖主义的"先制先攻"。该法成为 2001 年 10 月布什总统对阿富汗发动武力攻击的依据。

"9·11"事件之后,美国国会进一步通过一系列战争法和刑法之外的反恐法规,仅 6 个月的时间内国会立法数量就多达 91 部,内容涉及对外发动武力攻击及对内加强治安管制等诸多措施,被学者称为"9·11"事件后美国反恐法制的"枪"与"盾"。①

2001 年 9 月 18 日,美国国会参众两院通过《授权使用武力决议》,授权总统"使用一切必要和适当的手段打击任何参与计划、批准、实施、协助制造'9·11'事件的个人、组织和国家,以及窝藏这些组织及其成员的个人、组织和国家,以预防、阻止他们今后对美国实施类似的恐怖主义袭击"。2006 年 10 月 17 日,美国国会通过《军事委员会法》,正式授权总统设立"军事委员会"审判恐怖嫌疑分子,以立法形式赋予"军事委员会"以合法性。

2001 年 10 月 16 日,经过国会的激烈辩论,布什总统签署《爱国者法案》。自此,美国历史上第一部专门针对恐怖主义的法律诞生。《爱国者法案》全称为《通过提供适当手段拦截和阻止恐怖主义犯罪来团结和巩固美利坚合众国法案》(Uniting and Strengthening America by Providing Appropriate Tools Required to Intercept and Obstruct Terrorism Act of 2001),其主要立法宗旨在于赋予美国执法机构更大的权力来预防和打击恐怖主义活动。

2001 年 10 月 8 日,布什总统签署第 13228 号"设立国土安全部和国土安全委员会"行政命令,宣布成立"国土安全部"。2002 年 4 月 30 日,为强化美国本土的军事防卫工作,布什总统签署"国防部联合指挥计划",决定成立"美国北方军事指挥部",主要负责联邦政府和州政府等政府机关受到大规模杀伤性武器攻击时的救灾派遣任务。

2002 年 7 月 16 日,美国政府第一次发布"国土安全战略"报告,对保卫美国国土安全的政策、方针、主要措施和机构作出了详细阐述。2002 年 11 月 25 日,国会通过《国土安全法》,授权美国政府正式成立"国土安全部",并于 2003 年 1 月 25 日正式开始运作。

2002 年 6 月 25 日,为配合联合国《抑制恐怖爆炸袭击公约》及《抑制支援恐怖主义公约》的执行,美国国会通过《抑制恐怖爆炸袭击公约执行法》和《抑制支持恐怖主义公约施行法》,对公约规定的相关恐怖主义行为科以刑事制裁。

2002 年 6 月 12 日,国会通过《公共健康安全防范和应对法案》,以防御恐怖分子之生化武器袭击。2004 年 4 月 28 日,布什总统发布第 10 号国家安全总统令《21 世纪的生物防卫》。同年 7 月 21 日,国会通过《生物防御计划法》,以便促进制药行业及其研发中心积极研制反恐生化药剂。

2. 立法内容

从美国一系列反恐怖主义的行政立法来看,内容涉及军事、国内恐怖活动预防、国土安全防御、情报机构改革、移民与出入境管理等诸多方面。

(1)军事打击。2001 年 9 月 28 日国会通过《授权使用武力决议》,将军事行动的目标界定为与"9·11"恐怖袭击有关的个人、组织或者国家,其范围是不确定的。由于《授权使用武力决议》以抽象原则拘束行政权,某些规定相当模糊,导致总统拥有广泛的行政

---

① 李麒:《国家安全与人权保障——以美国反恐法制为中心》,载我国台湾地区《东吴法律学报》2011 年第 3 期,第 1~49 页。

解释权。布什总统正是依据该决议于2001年10月对阿富汗发动"反恐战争",出兵攻打塔利班及基地组织成员,随后又同样以反恐为名于2003年出兵伊拉克,发动伊拉克战争。

2006年10月17日通过《军事委员会法》,共分十章,内容包括:"法案简称及目录""确立总统设立军事委员会的权限""军事委员会""对《统一军法典》的修正""条约义务不得作为主张特定权利的依据""条约义务的履行""人身保护令事宜""对2005年《被拘禁者待遇法》中有关保护美国政府人员条款的修正""对军事委员会判决的复审""对战斗人员身份审查庭判决的适当性进行复审后实施拘禁"。2006年通过的《军事委员会法》在内容上有以下三个特别引人注目之处:第一,该法令剥夺了"非法敌方交战人员"申请人身保护令的权利(该权利是保障犯罪嫌疑人不受国家非法扣押的传统权利)。第二,该法令授权总统有权关押所有为反对美国的敌对行为提供实际支持的人员。第三,该法令免予追究美国公职人员对2005年以前被俘获的恐怖分子所实施的拷打行为。①

(2)国内恐怖活动预防。2001年10月16日通过《爱国者法案》,共十章,1016条,内容包括:"增强国内安全对抗恐怖主义""完善监控程序""2001年禁止洗钱和反恐筹资法案""边境保护""扫除侦查恐怖主义活动之障碍""为恐怖活动受害者、公共安全官员,以及他们的家人提供受害补偿""增大情报共享力度以保护关键基础设施""强化反恐刑事法律""发送情报工作""其他规定"。《爱国者法案》规定的内容广泛,对1978年《外国情报监察法》《电子通信隐私法》《国家安全法》等诸多法律作出了大幅度的扩充和修正。

2003年2月,美国司法部向国会呈交了一份长达86页的秘密草案,即《国内安全强化法案》,被称为《第二爱国者法案》。草案要求对《爱国者法案》进行100项以上的修改,立法目的在于赋予行政机关更多的权力,进一步限制司法权对行政权的干预和限制,以加大对恐怖主义的打击力度。草案公布后备受指责,未获得国家通过,但政府采取化整为零的方式,将其中大部分内容在随后颁布的《2004会计年度情报授权法》《情报机构改革与预防恐怖主义法》《真实身份法》中予以实现。

《爱国者法案》第224条订有"日落条款",规定该法案第二章中的某些反恐措施将于2005年12月31日到期,国会如不决议延长,这些滚动条款将自动失效。2005年7月,美国国会对《爱国者法案》进行了第一次修正,颁布《爱国者法案与恐怖主义预防再授权法》,使16项将于年底到期的关键条款有效期延长至2006年3月10日;2006年2月,美国国会对《爱国者法案》进行了第二次修正,颁布《爱国者法案附加再授权修正案》,将《爱国者法案》中即将到期的14项关键条款永久化,由于另外两项关键条款即206条移动式监听和215条搜查公民资料的争议最大,故而只将其有效期延长4年。

(3)国土安全防御。2002年11月25日通过《国土安全法》,授权美国政府成立的国土安全部重新整编军事、治安、情报等22个机构,成员约17万人,年度总预算达300多亿美元并呈逐年递增趋势,成为仅次于国防部的第二大行政部门。美国成立国土安全部的主要目的在于整合与协调分别管理国土安全事务的各行政机构,利用现行资源联合各州

---

① 赵秉志、赵书鸿:《国家安全的强势保护与人权保障的极度旁落——〈2006年美国军事审判委员会法令〉解读与评释》",载《法学》2007年第2期,第14页。

政府、民间机构共同预防、对抗美国境内的恐怖主义活动,以期完善反恐机制、增强反恐能力,确保美国本土免受恐怖主义的威胁与攻击。国土安全部下设四个重要的反恐机构,分别为:①国境与交通运输安全分部,主要负责加强边防与运输安全,增强领海巡防与执法能力,严防恐怖分子携带各类危险物品进入美国境内;②应急准备与反应分部,主要负责国内紧急事件的迅速反应和处理,统筹美国联邦层面的紧急救援工作;③禁止大规模杀伤性武器分部,主要负责调查核武器和生化武器技术的研制与开发,防范恐怖分子对于大规模杀伤性武器的运用;④情报分析与基础设施保护分部,主要负责整理和分析来自其他机构涉及国土安全威胁的情报和信息,全面评估重要基础设施应对恐怖主义的能力,预防一切潜在的恐怖主义活动。

2004年2月24日,美国政府发布"保卫我们的国家:美国国土安全部战略计划",对国土安全部的主要任务作出进一步明确:首先,预防美国国内发生恐怖袭击事件。其次,减少恐怖主义对美国的不利影响。再次,为达到发生恐怖袭击后损害最小化的目的,可以采取下列措施:一是适度公开特定威胁情报资讯;二是侦查与预防国土安全威胁;三是保护遭受恐怖主义威胁的国家重要基础设施和财产;四是对恐怖袭击等全国性紧急事件做出应变;五是提升政府组织效率。

为防止恐怖分子再次将劫持民用航空器作为恐怖袭击手段,2001年9月22日,美国国会通过《航空运输安全及系统稳定法案》,规定由运输部设立的运输安全局负责培训机场安检人员,同时授权在所有航空器上设置航空警察以确保国内及国际的航空安全。2002年11月25日,国会通过的《国土安全法》第Ⅳ篇规定,将运输部运输安全局和运输安全监督委员会移编至国土安全部,于国土安全部新设边境与运输安全总局,负责统一指挥和管理。

此外,为防止海上港湾设施、船舶等遭受恐怖分子的破坏,政府制订了"国家海上运输安全计划";同年,国会颁布《2002年海上运输安全法》。

(4)情报机构改革。情报的收集和利用是防范恐怖分子、避免恐怖主义袭击的第一道防线。2002年5月29日,布什总统发布"第26号国家安全总统令",明确美国联邦调查局最重要的两项任务为保护美国免受恐怖主义袭击和强化情报收集工作、掌握美国境内的间谍活动。2002年11月12日,国会通过《21世纪司法部拨款授权法》,规定联邦调查局必须定期将其监听情报向国会参众两院汇报。

2003年12月13日,国会通过《2004会计年度情报授权法》,授权联邦调查局等情报机构在执行反恐任务时可以要求银行、保险公司、信用卡公司等金融机构及美国邮政管理局、网络服务公司、不动产公司、旅行社、车行、赌场、当铺等容易使用现金交易进行犯罪的行业提供客户金融资讯的交易记录;同时规定,由反恐金融情报处下属的情报与分析办公室负责调查、处理、分析外国情报资讯。

2004年9月23日,国会通过《国家安全情报改革法》,该法案修正了1947年《国家安全法》的相关内容,规定设立国家反恐中心负责开展情报分析、对反恐行动进行战略规划及指挥反恐作战工作;同时规定设立"国家反扩散中心"以防止大规模杀伤性武器的扩散。同年12月17日,国会通过《情报机构改革与预防恐怖主义法》,增设"国家情报局长"一职,由总统提名,参议院批准,统管全美情报机构,直接对总统负责。

(5)移民与出入境管理。移民与出入境管理是防止恐怖分子进入美国境内的最后一道防线。2002年5月4日,国会通过《加强边境安全与签证入境改革法案》,该法案规定:①入境美国的人员须使用生物特征(如指纹、虹膜等)辨识的护照;②限制特定国家(如古巴、伊朗、伊拉克、利比亚、叙利亚、苏丹等国)人民获得入境美国的签证,规定除非以移民身份,否则禁止这些国家的人员持短期工作、旅游等非移民签证进入美国;③他国飞机或者船只抵达美国之前,必须首先提交乘客与机组人员或者船员名单,以避免"9·11"袭击中恐怖分子匿名登机事件再度发生。

2003年1月25日,国土安全部正式成立后,原本由司法部移民归化局统一管辖的移民事务,分别交由边境安全局、美国公民身份和移民管理局、移民审查执行办公室共同处理。

2005年5月11日,国会通过《真实身份法》,该法第Ⅰ编对"恐怖组织"及"从事恐怖活动"的定义进行了扩充,同时对难民庇护的审查要件作出更为严格的规定;第Ⅱ编规定州政府在核发驾照时必须遵循联邦政府的统一规定,除录入申请者的姓名、性别、出生日期、住所等常规事项外,还必须记载其合法身份(如美国市民、美国公民、永久居住者、合法的暂居住者、受庇护者、非移民签证者等)和社会福利号码等,要求各州将上述资料录入州机动车数据库,并且保证相关数据信息能够在各州之间流通共享。

二、大陆法系国家

(一)法国

法国的恐怖主义活动一直十分猖獗,法国的反恐立法采取了刑法典和专门立法相结合的方式。除刑法典外,法国在1986年相关法律基础上逐步完善,颁布了专门的反恐怖主义法。

2006年1月23日,法国《反恐怖主义、安全与边境管制法》颁布,共十章。其主要内容有:"第一章 关于录像监控的规定""第二章 对可能参加恐怖主义活动人员电话和电子交换有关的技术资料转移和传输的管制""第三章 关于自动处理具有个人性质资料的规定""第四章 关于镇压恐怖主义和执行刑罚的规定""第五章 关于恐怖主义活动受害者的规定""第六章 关于法国国籍丧失的规定""第七章 关于视听设备的规定""第八章 关于资助恐怖主义活动的规定""第九章 关于被剥夺安全的私人活动和空港安全的规定""第十章 关于海外领土的规定""第十一章 最后规定"。

除"关于镇压恐怖主义和执行刑罚的规定"一章外,其余各章大多是关于防范与应对处罚恐怖主义活动的行政立法。内容主要涉及以下方面。

(1)预防恐怖主义活动录像设备安装的地点、条件、授权,录像资料的记录、传送、获取与保存期限。

(2)对可能参加恐怖主义活动人员电话和电子交换有关的技术资料转移和传输的管制。例如,该法第6条第1款规定:为了预防恐怖主义活动(为宪法法院2006年1月19日2005-532号裁决宣布违宪的规定),被个别任命或者被正式授权从事警察和国家宪兵服务的、专门从事反恐任务的警员,可以命令操作人员或者第34-1条第Ⅰ所指的人员传输其实施所指条款时而保存和处理的资料。能成为该命令内容的资料仅限于与确定预定或者连接电子通信服务的号码有关的技术资料、对特定某个人进行预定或者连接的所有号码的汇总资料、与定位所使用的终端设备有关的资料,以及与显示在被打或者在打号码清单上的预约者的通信内容、通信的时段和通信日期有关的技术资料。

(3)对有关个人性质资料的处理,恐怖主义活动受害者的求助,以及反资助恐怖主义活动中,有关机关、部门、人员和公民的义务,资助恐怖主义活动资金的监控与处理。例如,关于"资助恐怖主义活动资金的监控与处理",该法第23条第4款规定:"……为了实施本章,应通过资金、金融票据和经济资源了解各种性质的财产:有形的或者无形的,可移动的或者不可移动的,通过某种方式获得的,或者通过某种形式的法律文件获得的,包括以电子或者数字形式存在的,可以证明存在所有权或者在该财产上存在利益的,特别包括银行信用卡、旅行支票、银行支票、汇票、股票、证券、债券、票据以及信用证。"

2014年9月18日,法国国民议会表决通过了新《反恐法》。该法与英国、德国、荷兰等国近年修改的相关法律相似,规定可通过没收身份证和护照等禁止涉嫌前往参加"圣战"的法国人出境,并强化对从国外归来的涉恐分子的监视。专家认为,此举在保护公民自由和限制涉恐行动之间找到了平衡点。

该法第5款设立了新的"个人恐怖行为罪",可根据嫌疑犯私藏武器或者爆炸物定罪,而不再需要等到其采取行动才定罪,填补了一项法律空白,有利于对潜在的恐怖袭击威胁提前防范。

该法第9款规定,对利用互联网散布恐怖主义宣传、招募极端恐怖分子的信息传播可进行查禁并判处7年监禁。2013年至2014年,法国已查封160个涉恐网站。该法规定,有关网站必须在涉恐信息上网24小时内删除该信息,否则将依法受到查封和严惩。此法规被一些人视为侵犯人权,但法国专家表示,这与各国反恐怖主义的通行做法一致,得到法国议会各政党一致拥护并获得全体通过。该法律正式生效前还须在10月底11月初提交参议院表决。①

(二)德国

德国作为大陆法系的重要国家,欧盟重要的成员国,一直重视反恐怖主义立法工作。特别是"9·11"事件之后,根据欧盟理事会有关反恐怖主义的文件精神,德国对已有相关涉及反恐怖主义的法律、法规进行的修改与完善,形成了具有德国特色的反恐怖主义法律体系。

1. 立法进程

"9·11"事件后,德国更加关注国际恐怖主义活动预防与惩治的立法问题,作为联合国和欧盟的成员国,德国响应联合国和欧盟的各项反恐政策,并结合国内的恐怖主义形势,积极开展预防和打击恐怖主义的立法活动。

2002年1月制定《德国反国际恐怖主义法》。该法共分为22目,规定了对21部德国法律的修改,包括对《联邦宪法保护法》《军事反间谍局法》《联邦情报局法》《第十条款法》《安全审查法》《联邦边防法》《护照法》《身份证法》《团体法》《联邦刑事局法》《外国

---

① 梁晓华:《法国出台〈反恐怖主义法〉》,载《光明日报》2014年9月27日。

人管理法》《避难程序法》《外国人登记中心法》《外国人管理法实施规定》《外国人资料档案规定》《外国人登记中心法实施规定》《联邦中央登记处法》《第10部社会法典》《航空交通法》《航空可靠性审查规定》《1975年的能源安全法——电力负载与天然气分配规定》的修订。作为该法的延续,2007年1月5日德国联邦议会通过了《德国反恐怖主义补充法》。近年来,又通过了《共同反恐数据法》和《空中安全法》等法律、法规。

经过补充和修改,《德国反国际恐怖主义法》及其相关判例和司法解释已成为德国反恐怖主义方面的主要国内行政立法,与《德国刑法典》一起,构成了德国的反恐怖主义法律体系。本文以《德国反国际恐怖主义法》为例进行探讨。

2. 立法内容

梳理《德国反国际恐怖主义法》,并根据各法之关联性可将其内容分为以下几个方面。

(1)赋予情报部门和司法部门更大的权限。修改后的《联邦宪法保卫法》规定,在特殊情况下,联邦宪法保卫局可以从信贷机构、金融服务机构、金融公司无偿获取有关账户、购户持有人、其他债权及参与支付往来的人员、资金流向和投资的信息;可以从提供邮政业务服务的个人或者企业及提供邮政服务的其他人员处无偿获取有关姓名、通信地址、邮政专用信箱及其他邮政往来的信息;可以从航空公司处无偿获取有关人员的姓名、住址、运输服务要求及其他航空运输交通的信息;可以从电信、电讯服务的部门或者参与者处无偿获知电信联系数据,以及电讯服务使用数据的信息,也可以要求获得未来电信及未来电信服务使用相关的信息。电信联系数据和电讯服务数据包括:身份识别、卡号、方位识别,以及来电号码或者识别呼叫和被呼叫的总机或者分机;按日期和钟点列出通信联系的开始和结束时间;有关顾客使用电信及电讯服务的方式;按时期和钟点列出连接终端的开始和结束时间。修改后的《军事间谍局法》《联邦情报局法》也都有类似的规定。上述规定扩大了情报部门获取信息和资料的权力。

修改后的《联邦宪法保卫法》规定,联邦宪法保卫局为完成规定的任务,在不调查或者不实施监听无法或者难以达到监视目的时,依据规定可使用技术手段调查移动通信的无线电信号发射器、调查仪器号码和卡号。此处的"技术手段"主要包括窃听装置、手写笔(将某种装置安置在一个电话线上,它将记录通过该电话线打出去的所有电话号码)和捕捉器(安置在电话线上的一种装置,它将记录通过电话线打进来的所有电话号码)装置。这种技术手段也可用于保护在住宅中活动的人员的安全,只要这对保护其生命安全、健康或者自由免受危害是绝对必要的。

(2)加强情报部门和司法部门之间的协作。目前,德国有三类情报部门,即联邦情报局、军事反间谍局和联邦宪法保卫局。它们各自的职权由法律作出规定,相互独立。同时,情报部门和司法部门之间也是相互独立的,不得越权。

但是,修改后的《联邦刑事局法》规定,联邦刑警局为了履行其职责,如有必要,可以询问或者咨询的方式在公共或者非公共机构处获取资料;可以在其他国家部门或者办事机构,以及在从事刑事追诉与预防的国际组织处获取数据;对于尚未审理的刑事诉讼程序,联邦刑事局的权限的使用必须与主管刑事追诉部门意见一致。修改后的《联邦宪法保卫法》《军事反间谍局法》《联邦情报局法》规定,三者之间所掌握的信息可以通过一定的程序、按照一定的规定,在这些部门之间相互传送。显然,这种情报部门之间或者是情报部门与司法部门之间更有效的信息交换,是符合德国、欧盟及联合国预防和打击恐怖主义犯罪的要求的。

(3)扩大披露德国公民的生物特征信息。针对恐怖分子日益增强的身份伪装能力,反恐工作转向救助于现代科学技术。越来越多的国家采用电子生物特征身份识别技术对出入境旅客进行身份识别,以查截记录在案的恐怖分子。在生物特征身份识别方面,德国反恐法主要体现在对《护照法》《身份证法》的修订上。修改后的《护照法》规定,护照除了持有者的照片和签字之外,还包括其他有关指纹、手或者面部的生物特征。照片、署名及其他生物特征可以通过用密码书写的安全程序输入护照。修改后的《身份证法》规定,在身份证里除了身份证持有人的照片和签字之外还应当包括指纹、手或者面部的生物特征。照片、签名和其他的生物特征也可以通过密码书写的安全程序输入身份证。有关护照持有人的资料也可用密码书写的安全程序输入身份证。

(4)在德国,《外国人管理法》《外国人登记中心法》《外国人管理法实施规定》《外国人资料档案规定》《外国人登记中心法实施规定》《避难程序法》中都有要求扩大披露外国人信息的规定。

修改后的《外国人管理法》作出了以下三个方面的规定。

1)居留许可证按照统一的表格样式签发,该表格包含一组序列号和一个自动阅读区,表格内容包含以下内容:持有人的姓名、有效期、签发地和日期、准许拘留的类型、签发机关、附属护照或者护照备用件的序列号和附注;如果居留许可证作为独立文件签发,则需要包含以下内容:出生日期和出生地、国籍、性别、附注、持有人的住址。除照片和亲笔签名之外,准许拘留还可包含持有人的其他有关指纹、手和面部生物的特征描述。照片、签名和其他生物特征可用密码书写的安全程序存储居留证里。自动阅读区域包含以下说明内容:姓名、出生日期、性别、国籍、居留许可证类型、表格的序列号、签发国家、有效期、审查符号。

2)替代证件需要包括一个序号和一个自动阅读区域。在表格的样式中,除签发机构、签发地点和日期、有效期、持有人姓名、居留状况及附加规定之外,还应当对持有人的个人情况作出如下说明:出生日期和出生地点、国籍、性别、身材、眼睛颜色、持有人住址、照片、本人的签名、手指、手部或者脸部的其他生物特征、指出涉及个人的资料是基于外国人本人陈述,照片、签名和其他生物特征也可通过安全程序编成密码,以密码形式储存来替代证件。

3)年满14岁的、被抓住来自第三国的非法入境、未被遣返的外国人,或者年满14岁的、没有获得居留许可证而在德国居留且不被收容的、有据可查其已在欧共体某一成员国提交了避难申请的外国人,须通过提取全部十个手指的指纹来保证其身份的真实性。

修改后的《外国人登记中心法》规定,以下数据将得到储存:登记机关的业务标识(签证文件号码)、驻外机构或者申请签发特殊签证时,负责对过境交通实施警方控制的机构、基本履历及其他履历、照片、数据传送的日期、对申请做出的裁决、裁决日期及传达裁决的日期、签证的类型、号码及有效期、在发给签证时根据外国人管理法规定发表承担法律责任声明的日期和地点、在签证审理过程中出示伪造或者虚假文件时对伪造或者虚假文明所作的特别说明(文件的类型和号码、文件的签发机构、签发日期、有效期限)。

修改后的《外国人资料档案规定》新增规定:自愿所做的宗教信仰说明、照片和签证资料档案号。

修改后的《避难程序法》规定:为确定外国人的来源或者来源地区,除了正式审问外可将外国人所讲的话录音或者用数字化的载体将其所说的话语进行储存。只有在外国人被告知的情况下,才可以进行录音工作。该语音记录应由联邦局保管。

(5)加强航空安全的应对策略。主要内容包含以下几个方面。

1)加强对有关人员身份的审查。修改后的《航空交通法》第29条d款规定,为了保卫航空飞行安全免遭袭击,航空机关必须对下列人员进行可行性审查:为了工作准许经常出入特殊工作区域的人员;机场和航空公司及对空中交通安全有影响的航空交通管制公司的人员,因工作关系,只要机场、航空企业或者航空交通管制公司,为了完成其任务使用了其他企业的人员,该工作人员与本公司工作人员处于相同的地位;对辅助机构的人员与被委托承担所规定任务的人员进行审查须得到本人的同意,如果当事人在国内近12个月内至少接受过同样的审查,并且证据表明不存在其他的不可靠性时,或者根据《安全审查法》第9条规定应对其进行进一步的安全审查,或者根据《安全审查法》第10条规定应以安全调查方法对其作出更深入的安全审查时,应当取消对其的审查。

2)为了确保审查的可行性,航空机关可以采取的措施具体包括:审查当事人的身份;向州的警察和宪法保卫部门,个别情况需要的也可向联邦刑事警察局、联邦宪法保卫局、联邦情报局、军事反间谍局和负责管理前民主德国国家安全部资料的联邦代表,询问和获取现在的和对评判可行性重要的资料;不受限制地向联邦中央登记处询问有关情况;在个别情况下,只要需要,也可向机场、航空公司和空中交通管制公司,以及当事人现在的雇主询问和获取对评判可行性具有重要意义的资料。①

3)身份资料的传送。修改后的《航空可行性审查规定》第4条规定:航空机关可以出于可行性审查目的向州警察机关及宪法保护机关请求传送现有的重要资料,请求书应向依据州法律规定的主管警察机关指出。查询的内容应当包括个人侦缉资料、刑事记录证据、警方国家保护数据。警察机关应告知所有已掌握的资料。情报信息系统的提问在航空机关所在地的州宪法保护主管部门进行。航空机关可以不受限制地从联邦中央注册机构询问有关情况,如果在依据所规定传送的资料中对有关人员可靠性的证据存在怀疑,主管部门为了排除怀疑并在得到有关人员同意后,可以在刑事追诉机关获取有关资料。主管部门可以在有关人员本人处获取进一步的信息,或者依据情况要求其出示更详细的信息资料。航空机关也可要求向有关人员提供足以表明其可靠性的居留国证明。

4)保障当事人的权利。当对有关人员可靠性产生怀疑时,为了排除怀疑,航空机关可向刑事追诉机关进行必要的咨询,只要该询问说明对有关人员怀疑的理由,且不违反保密义务,航空机关可在作出决定之前给予有关人员对调查情况发表意见的机会。当事人有义务如实地作出说明,且及时报告事后获悉的、对可靠性审查重要的事实情况。如

---

① 赵秉志:《国际恐怖主义犯罪及其防治对策专论》,中国人民公安大学出版社2005年版,第144页。

果说明对其本人,对依据《刑事诉讼法》第52条第1款列举的人员或者其生活伴侣具有可能引起实施刑事追究、惩戒或者劳动法措施的危险理由时,有关人员可以拒绝作出说明。航空机关获取的数据资料只有用于对可靠性审查的数据处理,并且应当将审查结果通知有关人员及有关人员现雇主、机场、航空企业或者航空调度站。如果可靠性审查进入法律程序,应告知有关人员的现雇主、机场、航空企业或者航空调度站。

此外,修改后的《联邦边防法》规定,联邦边防保护致力于德国飞机上安全和秩序的维护和重建。其所采取的措施必须永远保证飞机和乘客的安全的要求。原则上,这些措施的实行必须与飞行人员协调一致。

(6)控制敏感部门的工作人员

修改后的《安全审查法》规定,从事重要的安全工作人员,是指已在或者可能将要在生命攸关的设施或者重要的国防机构的安全敏感岗位,或者在联邦国防部的安全特别敏感部门工作的人员。安全敏感部门是对生命和国防攸关重要的机构中最小的独立行动组织单位,不得非法进入,其受到的危害将会引起这些机构运作能力短时间的无可替代性,尤其是会对联邦国防军的装备、领导和支持及对联盟的武装部队和民事国防产生危险,或者机构在经营中所带来的自身危险会严重地威胁大部分民众的健康和生命安全。根据有关规定,联邦部门是主管重要安全敏感工作的机构,对非公共机构也具有主管权;且主管的联邦部门可将其权限转移到另一由其确定的其他联邦公共机构。

(7)严格管理外国人团体

修改后的《团体法》规定,其成员或者负责人全部或者主要是外国人的团体(外国人团体),其成员或者负责人全部或者主要是其他欧盟成员国公民的团体,将不被视为外国人社团。外国人社团可以被取缔,只要其行动或者目的:损害或者威胁到德意志联邦共和国的政治意愿、联邦境内德国人与外国人或者不同外国人团体间的和平共处、德意志联邦共和国的公共安全和秩序或者其他重要利益;与德意志联邦共和国所承担的国际法义务相对立;支持德国境外的企图,其目标或者手段与德国尊重人尊严的社会基本价值观相违背;支持、赞同或者煽动使用暴力手段实现政治、宗教或者其他利益;支持联邦境内外发起、赞成或者威胁对人或者财产进行袭击的团体。

(8)实施网络搜寻。修改后的《第十部社会法典》(社会管理程序和社会数据保护)规定,依照联邦或者州的法律如有必要,实施网络搜寻是可行的,可以传送社会数据资料。该数据资料包括:国籍和宗教信仰的说明、涉及人员早期的住址、早期雇主的姓名和住址及当事人已经获得或者不久之后即将获得的钱款给付说明。

三、俄罗斯及中亚国家

当前,俄罗斯与中亚各国的恐怖主义主要包括民族分裂型恐怖主义、宗教极端与民族分裂相融型恐怖主义。面对恐怖主义带来的严重危害,俄罗斯及中亚各国纷纷制定了专门的反恐怖主义法,以期在制度层面为反恐怖主义斗争建构法律框架。

(一)立法进程

俄罗斯反恐怖主义的基础性法律文件是2006年3月6日的《俄罗斯联邦反恐法》(相对于1998年《俄罗斯联邦反恐法》,称新《俄罗斯联邦反恐法》)、《反恐措施》总统令与2009年发布的《俄联邦反恐构想》。以《俄罗斯联邦反恐法》为依据,俄罗斯修订了大量法律文件,构建了预防恐怖主义、防止恐怖活动发生、削减恐怖力量的法律体系。

2006年2月15日普京签署了第116号《反恐措施》总统令,该法令确定了国家反恐委员会与作战指挥部的编制、职责、人员组成。同年3月《俄罗斯联邦反恐法》公布。《俄罗斯联邦反恐法》是俄罗斯反恐法律体系的核心法律文件。新《俄罗斯联邦反恐法》总结了1998年《俄罗斯联邦反恐法》的成功与不足之处,重新确定了反恐的基本问题,确立了反恐的基本原则、基本概念,为预防和打击恐怖主义、反恐救援及在反恐中使用武装力量明确了法律依据,规定了反恐主体体系建立和运作的法律基础。它还详细规定了对参与反恐人员与恐怖活动受害人的康复和补偿措施,明确了实施、参与实施恐怖犯罪的法律责任。自颁布至2014年6月,新《俄罗斯联邦反恐法》共进行了16次修改,累计修订条款35条次,涉及恐怖主义行为的概念、反恐主体的权限、反恐行动的组织、恐怖犯罪范围、赔偿和社会保护、社会福利的优惠计算等。新《俄罗斯联邦反恐法》既宏观规划了反恐的全面工作,又具体到操作细节,有很强的实践性。

在新《俄罗斯联邦反恐法》的基础上,俄通过对《联邦主体立法与行政机关的组织总原则法》(1999年10月6日)、《联邦地方自治组织的总原则法》(2003年10月6日)的修订,确定了联邦主体、国家权力机关与地方自治机关在预防恐怖主义、减轻与(或)消除其后果方面的职责,严格区分了联邦主体反恐委员会、行动指挥部与联邦行政机关领导人的职权。预防恐怖主义是联邦主体领导人的职责,而打击恐怖主义则是联邦安全局地方分局领导人的职责,它们确定了联邦主体在拟定与实施反恐措施、组建反恐机制方面的法律基础。在以上法律文件出台之后,俄各联邦主体相继出台地方法规规定本区域反恐主体权限,建立了本地区反恐组织机构,并规定反恐各项工作开展的程序、方法,建立了自中央至地方的各层级反恐组织体系。

2006年7月27日,俄罗斯发布第153号法律《鉴于批准〈预防恐怖主义欧洲理事会公约〉及〈反恐法〉对部分俄联邦法律文件进行修改》,对15部联邦法进行了修改与补充,增补了一些原则性内容,如"在制止恐怖活动时被迫剥夺恐怖分子的生命"不是犯罪,对恐怖分子可以缺席审判,没收资助恐怖主义或者极端主义的资产,采用各种方法阻止恐怖事件发生的涉恐人员予以免于刑事处罚等。这些法律的修订使反恐行动有了具体的指南,厘清了反恐权限,是提高反恐效率的有效保障。

为了弥补新《俄罗斯联邦反恐法》在预防恐怖主义的机制、方法、措施等方面之不足,2009年10月5日俄罗斯出台了《俄联邦反恐构想》。它分析了俄罗斯恐怖主义产生的原因,定义了国家反恐体系,阐明了反恐法律体系的功能与反恐主体范围,指出了俄罗斯反恐的目标、任务与方向,阐述了从法律、情报、科研、装备、财政和人才方面保障反恐的措施,划定了国际反恐合作开展的领域。《俄联邦反恐构想》重点补充了预防恐怖主义方面的内容,提出从三个方面预防恐怖主义:一是建立反恐怖主义思想系统;二是确保重要目标的反恐防护;三是加强反恐执行监督。以上三个方面为俄罗斯反恐体系的建设与完善指明了方向。《俄联邦反恐构想》作为战略性文件详细规划了反恐事务的整体框架,它虽然不能作为执法的直接依据,但为《俄罗斯联邦反恐法》等法律的进一步修改提供了指南。之后,新《俄罗斯联邦反恐法》增补了反恐预警机制、重要目标反恐防护机制、扩大反恐主体至所有自然人和法人、在国家反恐委员会设立预防恐怖主义协商机构等条款,俄罗斯反恐体系得到进一步完善。

俄罗斯反恐基础性法律文件确定了俄反恐领域的重要概念,确定了反恐组织体系,但是要实现反恐目标,还需要有一系列配套性法律文件。目前,俄罗斯反恐法律框架下的配套性法律文件,除了属于刑事立法的《刑法》《刑事诉讼法》之外,大都属于行政立法,如《反非法收入合法化(洗钱)与恐怖主义融资法》《大众媒体法》《信息、信息技术、信息防护法》《国家秘密法》《关于对参加反恐的人员遭受的财产与物资损失进行赔偿》《公民维护社会秩序法》等。上述法律是俄罗斯反恐法的具体细化。通过这些具体细化的法律,俄罗斯的反恐目标才真正得以落到实处。

(二)立法内容

俄罗斯与中亚各国的反恐怖主义法存在着差异,但这些国家的反恐怖主义法大体可分为基础性内容、预防性内容、处置性内容、制裁性内容和恢复性内容等。

1. 基础性内容

基础性内容包括基础性概念、基本原则和反恐主体及职责等内容。

(1)界定"恐怖主义"等基础性概念。从俄罗斯及中亚各国的反恐怖主义法之规定来看,主要对下列三类基础性概念进行了界定。

1)"恐怖主义",该概念是整个反恐怖主义法之基石。在"恐怖主义"概念界定上,俄罗斯与中亚各国达成了较大的共识。俄罗斯反恐怖主义法规定,恐怖主义是指以恐吓居民和(或)实施其他暴力违法行为,影响国家权力机关、地方自治机关或者国际组织作出决定的暴力思想和行为。吉尔吉斯斯坦反恐怖主义法规定,恐怖主义是进行危害人类甚至造成人员伤亡,后果十分严重,社会危害性巨大的爆炸、纵火或者其他类似活动;企图破坏社会稳定、削弱或者推翻现政权,进而恐吓或者逼迫居民、国家机关、国际组织和其他组织为或者不为某种行为,或者为实现上述目的而采取的各种威胁手段。

2)恐怖主义的衍生概念,各国反恐怖主义法对此类概念的理解有所差异。这些衍生概念包括国际恐怖主义、恐怖主义活动、恐怖性犯罪、恐怖行为、恐怖分子、恐怖组织等,它们同样是反恐怖主义斗争的对象。俄罗斯反恐怖主义法规定,恐怖主义活动包括:①组织、策划、准备、资助、实施恐怖主义;②煽动恐怖行为;③以实施恐怖行为为目的组织非法武装、犯罪集团、有组织团伙,并参加上述组织;④招募、武装、培训、使用恐怖分子;⑤以提供情报或者其他方式参与策划、准备或者实施恐怖行为;⑥宣传恐怖主义思想,散布煽动恐怖活动或者为恐怖活动必要性进行论证或者辩护的材料或者信息。

塔吉克斯坦共和国反恐怖主义法规定,恐怖主义活动是指直接实施的恐怖主义性质的犯罪:①爆炸、纵火、使用或者威胁使用核爆炸装置、放射性物质,以及化学的、生物的、易爆的、有毒的、剧毒的、有害的物质;②消灭或者毁坏或者夺取交通工具或者其他设施;③危害国务活动或者社会活动家、民族代表、部落、宗教和其他社会团体代表的生命;④扣押人质或者抢劫人口;⑤通过为制造车祸和技术性灾难创造条件或者是造成这种危险的现实威胁,以损害非特定人群的生命、健康或者财产;⑥以任何形式和手段扩散威胁;⑦通过其他行为制造人员死亡的危险;⑧导致重大财产损失或者导致其他社会危险后果。

3)反恐怖工作、反恐怖行动等相关概念,这类概念是对国家特定行为的界定,以便在法律中规定相应的特殊措施。俄罗斯反恐怖主义法规定,反恐怖行动是"为制止恐怖主义行为,降服恐怖分子,保障自然人、组织和机构的安全,最大程度减轻恐怖主义行为的后果,而采取的使用战斗装备、武器和特种器材的战斗、军事、特种等综合措施"。乌兹别克斯坦反恐怖主义法规定,反恐怖行动是指为避免恐怖活动的发生和消除恐怖活动造成的后果及保障人身安全、使恐怖分子不能为害而采取的专门的配套协调行动和措施;反恐怖行动区是指实施反恐怖行动的地面、水域的单独区域,空间、交通工具、楼房、建筑物、设施、场地及所属地域。

在俄罗斯反恐怖主义立法中,还有"反恐""与恐怖主义斗争""抵制恐怖主义"等概念。从《俄罗斯联邦反恐法》的发展来看,俄罗斯"反恐"概念经历了从"与恐怖主义斗争"到"抵制恐怖主义"的演变,第一部《俄罗斯联邦反恐法》使用的是"与恐怖主义斗争"这一词语,第二部《俄罗斯联邦反恐法》使用了"抵制恐怖主义"这一词语。

1995年4月3日的《联邦安全局法》定义"与恐怖主义斗争"为"由联邦安全局机关和(或)它的部队,及其工作人员通过作战、侦查或者其他措施进行的一种发现情报线索,防范、制止、揭露及调查恐怖活动的行为"。1998年《俄罗斯联邦反恐法》将反恐视为"防范、揭露、制止恐怖活动,最大程度减轻和(或)消除恐怖活动后果的行为"[①]。由上可知,俄罗斯认为,与"恐怖主义斗争"的概念不仅包括直接动用强力手段打击,还包括发现情报线索,防范恐怖主义和最大程度减轻与(或)消除恐怖活动危害。

2006年3月《俄罗斯联邦反恐法》采用"抵制恐怖主义"来定义反恐,突出了全方位反恐的策略。据该法第3条第4款,"反恐"的概念是,反恐是国家权力机关、地方自治机关、法人与自然人的以下行为:①防范恐怖主义,包括发现和进一步消除有助于实施恐怖活动的原因和条件的行为(预防恐怖主义);②发现情报线索,防范、制止、揭露和调查恐怖主义(打击恐怖主义);③最大程度减轻和(或)消除恐怖活动的危害。这一定义进一步扩大了反恐的外延,除打击恐怖主义,反恐还包括预防恐怖主义,以及发生恐怖活动后的救援,减轻与(或)消除其危害。这一反恐概念较第一部《俄罗斯联邦反恐法》的概念更为清晰。

(2)确立反恐怖主义法的基本原则。反恐怖主义法的基本原则是指对反恐斗争任何环节都具有指导作用的思想与准则。从本质上讲,反恐怖主义斗争同样是行使国家权力,它既具有行使国家权力的一般属性,又具有自身的特殊性。因此,反恐怖主义法的基本原则既包括合法性、保障人权等具有普遍意义的法律原则,又包括注重预防、公开与秘密相结合的特殊原则。

新《俄罗斯联邦反恐法》第2条规定,俄联邦反恐怖基于以下基本原则:①维护和保障公民的基本权利和自由;②合法性;③优先保护受到恐怖威胁的人的权利和合法权利;④恐怖主义犯罪违法必究;⑤系统使用政治、信息宣传、社会经济、法律、特种等综合反恐措施;⑥国家与社会、宗教团体、国际组织和其他组织,以及公民开展反恐合作;⑦重在预

---

① 戴艳梅:《俄罗斯反恐体系研究》,时事出版社2015年版,第18页。

防;⑧对参与反恐行动的人和物力实行一长制领导;⑨公开和秘密手段相结合;⑩对反恐特种器材、技术手段、行动策略和人员组成情况严格保密;⑪禁止向恐怖分子作出政治让步;⑫最大程度减轻和(或)消除恐怖活动后果;⑬反恐措施应与恐怖威胁级别相适应。

乌兹别克斯坦反恐怖主义法规定了下列基本原则:①法制;②人身权利、自由及合法权利的优先性;③预防恐怖主义措施的优先性,惩罚的不可避免性;④打击恐怖主义公开和非公开方法的结合;⑤反恐怖行动使用力量和手段的统一领导等。

哈萨克斯坦《反对极端主义活动法(草案)》也规定了下列基本原则:①法律至上,人人平等;②反对任何形式的恐怖活动;③防止为实施恐怖主义活动创造条件;④保障社会和谐;⑤在民主原则的基本上,培养公民的政治和法律素质;⑥优先保障国家安全;⑦国家与社会团体、其他组织和公民个人在反恐怖方面的合作。

(3)明确反恐怖主义斗争的主体及其职责。恐怖主义对社会政治、经济、文化等领域都具有极端的危害性,因此,没有任何一个国家机关能够单独肩负反恐怖主义斗争的重担。在长期的反恐怖主义实践中,俄罗斯与中亚各国汲取了各部门职责不清、缺乏合作的弊端,认识到各强力部门分工负责、互相配合是决定反恐怖主义斗争成败的关键。因此,各国在反恐怖主义法中也明确了反恐怖主义斗争的主体及其职责,力求建立自上而下的、各强力部门协调一致的组织体系。

《俄罗斯联邦反恐法》第5条"反恐怖主义的组织基础"规定:

俄联邦总统:①决定反恐领域国家政策的主要方向;②决定总统领导的联邦行政机关的反恐职权范围;③按规定程序决定在俄联邦境外使用俄联邦武装力量和特种部队打击针对俄联邦或其公民或长期居住在俄联邦的无国籍人士的恐怖活动。

俄联邦政府:①确定政府领导的联邦行政机关的反恐职权范围;②制定和实施防范恐怖主义,最大程度减轻和(或)消除恐怖活动后果的措施;③保障联邦行政机关、联邦主体行政机关、地方自治机关反恐所需的力量、资金和资源;④确定有必要进行反恐防护的目标、它们的分类、开展反恐防护及监督防护完成的程序(交通基础设施、交通工具与燃料能源综合体除外),以及此类目标(地区)安全证件的制定与形式。

联邦行政机关、联邦主体行政机关和地方自治机关在职权范围内进行反恐活动。

从事经商的自然人,或者利用自有资产从事非营利性的社会、慈善、文化、教育或者其他社会公益性活动的人,须对从事上述活动的场所及其所属场所落实反恐防护要求,法人要保证其所属场所符合反恐防护要求。

根据总统的决定,在联邦层次组建委员会来协调和组织联邦行政机关、联邦主体行政机关、地方自治机关的反恐活动。上述机构依据总统批准的条例行使权力。国家权力机关、地方自治机关、组织、负责人和公民必须执行委员会在权限范围内作出的决定。为了协调联邦国家权力机关地方分局、联邦主体行政机关和地方自治机关预防恐怖主义、最大程度减轻和(或)消除恐怖活动后果的工作,根据总统的决定可以组建由联邦行政机关地方分局代表、联邦主体国家权力机关代表等组成的合议机构。为了实施上述机构的决定可颁发上述机构的法规(联合规定)。

为了及时向居民通报恐怖活动和根据联邦行政机关、联邦主体行政机关、地方自治机关所组织的反恐活动信息,可以确定恐怖威胁等级,规定采取不限制个人和公民权利与自由的补充措施来保障个人、社会和国家的安全。由俄联邦总统批准确定恐怖威胁等级的程序与保障个人、社会和国家安全的补充措施的内容。

新《俄罗斯联邦反恐法》第5条第1款"俄联邦主体行政机关在反恐领域的权限"规定：

俄联邦主体最高领导人（俄联邦主体最高行政机关的领导）：①在俄联邦主体境内组织实施反恐方面的国家政策；②协调俄联邦主体行政机关预防恐怖主义、最大程度减轻和（或）消除恐怖活动后果的活动；③组织据本法第5条第4款按俄联邦总统决定成立的由联邦执法机构地区分局代表、联邦主体行政机关代表和其他人组成的合议机构的活动。

俄联邦主体最高行政机关：①组织制定和实施预防恐怖主义，最大程度减轻和（或）消除其后果方面的措施及联邦主体国家纲要；②根据联邦主体对社会政治、社会经济和其他进程的监测结果，采取措施消除恐怖发生和形成恐怖主义社会温床的冲突诱因；③在联邦主体内采取措施揭露并消除促成恐怖主义思想产生和扩散的因素；④参与对在本联邦主体实施的恐怖活动的受害人、参加反恐人员的社会康复活动，对恐怖活动造成的自然人和法人的损失进行赔偿；⑤对居住在联邦主体境内的公民进行培训，传授预防恐怖活动威胁和最大程度减轻和（或）消除恐怖活动后果的方法；⑥组织联邦主体行政机关和地方自治机关参加演习，以加强上述部门在实施反恐措施时的协调性；⑦组织自然人和法人落实对联邦主体所属，以及联邦主体行政机关专管的设施（区域）反恐防护的要求；⑧保障联邦主体行政机关用于减轻和（或）消除恐怖活动后果的人员和装备时刻处于有效使用状态；⑨对本联邦主体境内发生的恐怖活动的受害人，对参加反恐活动和参与抢险救灾人员进行医疗等救助，对本联邦主体因恐怖活动受损的设施的正常功能和环境安全进行恢复；⑩为解决预防恐怖主义、最大程度减轻和（或）消除恐怖活动后果的问题进行跨地区合作。

乌兹别克斯坦反恐怖主义法也明确规定了打击恐怖主义的国家机关，其中包括乌兹别克斯坦国家安全总局、内务部、国家边界保卫委员会、国家海关委员会、国防部、紧急情况部。该反恐怖主义法还分别划定了各国家机关在反恐怖主义斗争中承揽的职责。塔吉克斯坦反恐怖主义法规定，塔吉克斯坦政府负责领导反恐怖主义斗争，反恐怖主体可分为直接主体和参与主体。直接主体包括安全总局、内务部、国防部、紧急情况部、边防委员会、总统卫队，直接主体的名单只能通过法律加以改变或者补充。参与主体则包括司法部、外交部、海关和其他行政机构，其名单由政府确定。塔吉克斯坦共和国的检察机构和法院依照宪法、法律和刑事诉讼法规定的有关条件和程序参加反恐怖主义斗争。

2. 预防性内容

"预谋性"是恐怖主义活动的鲜明特点，在实施恐怖活动之前，恐怖组织或者恐怖分子大都会通过建立组织、招募人员、获得杀伤性武器等步骤，从而对社会公众或者政府造成更大的震慑。为了实现其政治与社会目的，恐怖组织或者恐怖分子还要考虑各方面的可行或者不可行因素，从筹措活动经费到日常的组织管理和生活，从制订行动计划到实施行动计划的程序和步骤等。① 因此，如果能够对人员、资金、物品进行有效管理，加强对

---

① 胡联合：《当代世界恐怖主义与对策》，东方出版社2001年版，第401页。

重点目标的防护,及时搜集信息、准确研判,就能够最大限度地降低恐怖主义活动发生的可能性与危害性。可见,预防是反恐怖主义斗争的首要环节,俄罗斯与中亚各国更是将"注重预防"作为反恐怖主义的基本原则和重要内容之一。

俄罗斯与中亚各国反恐怖主义法中的预防性规定可分为两种不同模式。

第一种模式是抽象式,该模式以俄罗斯为代表,俄罗斯反恐怖主义法并未具体规定对恐怖主义活动的预防,而是较为抽象地规定了"注意预防"的反恐怖主义原则,其预防措施包含于国家机关的职责之中,由各有权机关另行具体规定。

第二种模式是具体式,即通过禁止性规范和命令性规范,具体设置对人员、信息、资金、物品、国边境的各项管制措施。吉尔吉斯斯坦、乌兹别克斯坦、塔吉克斯坦等中亚国家采取了该种模式。塔吉克斯坦反恐怖主义法规定:为了预防恐怖活动,禁止建立、登记及运作以实施恐怖活动为目的的组织;禁止宣传与恐怖主义相关的活动;禁止允许参与恐怖活动的人出入境或者过境;禁止为参与恐怖活动的人提供居留证;禁止允许参与恐怖活动的人取得国籍;禁止公共汽车站、铁路、航空工作人员代为旅客保存行李及随身行李(特别授权的除外)。为了防止恐怖活动,在境内许可下列行为:在举行政治性活动时,运用直接主体;对重点目标加强警卫和保密措施;根据国际法准则,要求外国主管机关对在这些国家领土上参与恐怖活动的人员进行查问;收集分析和综合有关正在参与恐怖活动的组织和个人的资料,并报告资料库;在直接实施反恐怖主义斗争的主体建立特别反恐怖分队;对恐怖活动的预防也包括依据法律和国际条约采取的其他措施等。

3. 处置性内容

处置工作包括制止恐怖主义活动、制服恐怖分子、维持社会秩序、解救人质等;在核恐怖主义、生化恐怖主义泛滥的情况下,处置工作还包括避免发生次生性灾害。此外,处置工作也是刑事诉讼的基础阶段,对揭露犯罪、证实犯罪起着举足轻重的作用。[①] 基于处置工作在反恐怖主义斗争中的巨大作用,俄罗斯、乌兹别克斯坦、塔吉克斯坦等国的反恐怖主义法中都专门规定了处置性内容,授予国家机关在反恐怖行动中的特殊权力,进行新闻管制,并将同恐怖分子谈判一并纳入法制轨道,以彰显政府决不向恐怖主义妥协的决心。

(1)对有关部门进行特殊授权。反恐怖主义特殊授权以管制措施和临时限制措施为主要内容,并且需要满足以下条件:①权力行使的主体必须是依照反恐怖法规定承揽反恐怖职责的机关及其人员;②权力的行使必须在反恐怖行动区域(实施反恐怖行动法律管制区域)内进行,该区域的确定和撤销由官员根据行动地点和条件、恐怖活动的规模及对公共安全的威胁程度确定;③该权力的行使必须在反恐怖行动中行使,换言之,反恐怖行动结束后,特殊授权即随之消失。总的来看,有关部门的特殊授权主要有以下几种情形:

1)羁押权。羁押权是对有恐怖活动嫌疑的人员或者妨害反恐怖活动的人员的人身自由予以限制的特殊措施。乌兹别克斯坦反恐怖主义法规定:对有违法行为或者阻碍反

---

① 杨正鸣:《恐怖行为处置问题的研究(下)》,载《犯罪研究》2000年第1期,第19页。

恐怖行动人员合法要求和未经批准潜入反恐怖行动区域的人员予以扣押并移交有关机关。

2）管控权。为了方便反恐怖行动的开展，降低社会大众的损害风险，对特定区域内的人员、物品、交通、电信进行控制是非常必要的。新《俄罗斯联邦反恐法》第11条"反恐行动的法律管制"第3款规定，依照俄罗斯联邦法律的规定，在实施反恐行动期间，可在实施反恐行动法律管制的区域（目标）内采取下列管制措施和临时限制措施：①检查自然人身份证件，如无法提供相关证件，将其送至俄罗斯联邦内务机关（其他主管机关）确认身份；②将自然人带离特定区域和目标，拖走交通工具；③强化社会治安，对国家级保卫目标、居民生活保障设施、交通设施，以及具有特殊的物质、历史、科学、艺术或文化价值的目标加强保卫；④为发现有关实施恐怖主义行为的情节，及其准备和实施人员的情报，为预防其他恐怖主义行为，可对电话和其他通过电信系统传递的信息进行监控，对电子通信和邮件进行检查；⑤为向医疗机构运送需急救的人员，或追捕实施恐怖主义行为的嫌疑人，如行动延迟会对人员生命和健康构成现实威胁，可使用属于任何所有制形式组织（外交、领事和其他外国机构及国际组织除外）的交通工具；紧急情况下，可使用属于自然人的交通工具。使用交通工具的费用补偿方式由俄联邦政府确定；⑥暂停使用爆炸、放射性、化学和生态等危险物品的危险行业和组织的活动；⑦暂停向法人和自然人提供通信或限制使用通信网络和通信工具；⑧将生活在实施反恐怖行动法律管制区域内的自然人临时转移到安全地带，且必须向其提供固定或临时住所；⑨采取检疫、卫生防疫、兽医检查等检疫措施；⑩限制交通工具和行人在街道、公路和特定区域内通行；⑪为落实反恐措施，执行反恐行动的人员可自由出入属自然人所有的生活住宅和其他场所及其所属地段，可自由出入任何所有制形式组织的所属区域和场所；⑫出入实施反恐行动法律管制区域时，应对自然人及其随身携带物品、交通工具及运载物品进行包括使用技术手段在内的检查；⑬限制或禁止出售武器、弹药、爆炸物品、特种器材、有毒物质，对含有麻醉药品、精神药物或烈性物质的药品和制剂，以及酒精及含酒精商品的流通实行特别管制；⑭限制或中止私人侦探与保安的活动。

3）检查权。新《俄罗斯反恐法》规定：有关部门有权检查自然人的身份证件，如无法提供相关证件，有权将其送至俄联邦内务机关或者其他主管机关确认身份；采取检疫、卫生防疫、兽医检查等检疫措施；对出入反恐怖行动法律管制区域的自然人，应对其随身携带的物品、交通工具及运载物品进行包括使用技术手段在内的检查。此外，乌兹别克斯坦、塔吉克斯坦等国的反恐怖主义法也规定了对进出反恐怖行动区域人员和交通工具的检查措施。

4）征用权。新《俄罗斯联邦反恐法》规定，为向医疗机构运送需急救的人员，或者追捕实施恐怖主义行为的嫌疑人，如行动延迟会对人员生命健康构成现实威胁，可使用属于任何所有制形式组织（外交、领事和其他外国机构及国际组织除外）的交通工具；紧急情况下，可使用属于自然人的交通工具。使用交通工具的费用补偿方式由俄联邦政府确定。塔吉克斯坦反恐怖主义法规定，出于公务需要，可以使用属于公民、企业、机关和组织（不论其所有制形式）所有的通信器材；出于公务需要，可以使用属于企业、机关和组织（不论其所有制形式）所有的交通工具（外国使领馆及其他代表机构的除外），紧急情况下可使用属于公民个人所有的交通工具,以预防恐怖活动或者追捕实施恐怖活动的人员,或者将需要紧急救治的人员送往医疗机构及前往事发地点。

5)进入权。新《俄罗斯联邦反恐法》规定,为落实反恐措施,执行反恐行动的人员可以自由出入属于自然人所有的生活住宅和其他场所及其所属地段,可以自由出入任何所有制形式组织的所属区域和场所。乌兹别克斯坦反恐怖主义法规定,为制止恐怖活动和侦查嫌疑人员,如果迟延可能对公民的人身健康和生命安全、社会和国家安全造成威胁,可随时无阻碍地进入企业、机关和组织、居民楼及其他建筑物、地段和交通工具。

(2)对新闻媒体进行管制。现代新闻媒体对国际恐怖主义起到了一定的刺激作用,新闻媒介无意中成为传播恐怖主义的环节和工具,扮演了恐怖主义主张代言人的角色。因此,媒体必须避免被恐怖主义利用或者通过新闻报道反助恐怖主义一臂之力。另一方面,尽管社会公众对恐怖活动享有知情权,但媒体的客观性报道可能存在泄露国家机密之虞,在某些情况下,媒体对信息的不当披露甚至影响到反恐怖行动的成败。

为此,俄罗斯、塔吉克斯坦、乌兹别克斯坦等国的反恐怖法均对新闻媒体在反恐怖行动中的报道权利作出了一定限制。俄罗斯反恐怖主义法经修订后删去了对新闻媒体管制的特殊规定,有关措施被带入了反恐怖行动区域内的法律管制中,即"为发现有关实施恐怖主义行为的情节,及其准备和实施人员的情报,为预防其他恐怖主义行为,可对电话和其他通过电信系统传递的信息进行监控,对电子通信和邮件进行检查"①。塔吉克斯坦反恐怖主义法规定,在反恐怖实施区域,司令部首长为个人安全有权限制传媒工作人员进入该区域,有权限制其向社会报道反恐怖行动实施情况,可以拒绝提供以下相关信息:①泄露实施行动的战术和方法的;②助长恐怖主义宣传、为其辩解的;③泄露参与行动者情况及构成国家机密的;④泄露有辱人质尊严和人格的。

乌兹别克斯坦反恐怖主义法规定,新闻媒体的活动需要与反恐怖行动负责人在反恐怖行动区域相互协作,禁止传播下列信息:①暴露反恐怖行动的专用技术方法和策略的;②加大反恐怖行动难度、对公民的人身健康和生命安全构成威胁的;③有助于恐怖主义宣传或者为恐怖主义开拓的;④关于参加反恐怖行动工作人员及为反恐怖行动提供协助人员的。

(3)规定反恐怖谈判的限度。针对不同类型的恐怖主义活动,反恐怖主义斗争必须坚持原则性与灵活性相结合,而谈判正是灵活性策略的一种体现。恐怖分子劫持人质、交通工具,或者发出暴力威胁只是手段,其目的是引起世人瞩目,或者迫使政府满足其不法要求。通过科学的谈判,能够对恐怖分子予以分化瓦解,降低恐怖活动的危害,并为随后的处置工作赢得先机。

为此,俄罗斯、乌兹别克斯坦等国的反恐主义法规定了与恐怖分子的谈判,一方面,将谈判的主体、目的纳入法制的轨道,从法律上肯定了这一措施的必要性;另一方面,通过反恐怖法明确了政府的谈判底线,断绝恐怖分子的非分设想。《俄罗斯联邦反恐法》第16条"反恐行动中的谈判"规定:为了保护民众的生命与健康,可由反恐行动领导人特别

---

① 戴艳梅:《俄罗斯反恐体系研究》,时事出版社2015年版,第224页。

授权人员与恐怖分子谈判。与恐怖分子谈判时不得考虑其提出的政治要求。乌兹别克斯坦反恐怖主义法规定：根据恐怖事件的特点，为保护人身健康和生命安全、物质财产，释放人质及尽可能不使用武力。

制止恐怖活动的可能性，可以与恐怖分子进行谈判。与恐怖分子谈判由负责反恐怖行动的领导委派人员进行。但是，同恐怖分子谈判不能作为其免予恐怖责任的理由或条件。在与恐怖分子的谈判过程中，由于其不同意停止恐怖活动，在人身健康和生命安全仍有现实危险的情况下，可以采取必要措施打击和消灭恐怖分子。

4. 制裁性内容

基于恐怖主义活动的巨大危害，俄罗斯与中亚各国反恐怖法中都规定了严厉的制裁性内容。具体来讲，主要有以下方面。

（1）恐怖组织的认定与制裁。俄罗斯与中亚各国对恐怖组织采取司法认定的模式，即由法院住所法律规定，判决某组织是否属于恐怖组织，法院还应同时作出制裁性的判决。新《俄罗斯联邦反恐法》第24条"组织参与恐怖活动的责任"第2款、第5款详细规定了恐怖组织认定的主体及程序、标准、名单公布及制裁措施等。

在恐怖组织认定的主体及程序上，"恐怖组织的确认和取缔（禁止其活动），由俄联邦总检察长或者下属检察长提起公诉，法院作出判决"。

在恐怖组织认定的标准上，"以该组织名义或者为了组织利益而组织、筹划、实行俄联邦刑法典第205—206条、第208条、第211条、第220条、第221条、第277—280条、第282.1条、第282.3条和第360条所规定的恐怖主义犯罪活动，以及该组织的权利义务人操纵上述恐怖主义犯罪活动的，均可认定为恐怖主义组织"。

在对恐怖组织的制裁措施上，"法院作出取缔恐怖主义组织（禁止其活动）的判决效力适用于恐怖组织的各个地区、分支机构。恐怖团伙，如果某人因建立俄联邦刑法第205.4条规定的团伙，其为该团伙的领导人或参与人，刑事判决生效后，该团伙也被认定为其活动被禁止的恐怖组织（如有组织法律形式，则被取缔），被取缔的恐怖组织偿还债务之后的剩余资产，按照俄联邦政府的规定，依照本条收归国家所有。法院作出没收财产，上缴国库的判决时，一并作出取缔恐怖组织的判决；本条的规定适用于外国恐怖主义和国际恐怖组织，以及俄联邦境内恐怖组织的分支机构、分部和代表处"。

在恐怖组织名单的制定与公布上，"保障安全的联邦行政机关应开列恐怖组织名单，包括国外恐怖组织和国际恐怖组织、俄联邦法院判决的恐怖组织。认定恐怖组织案件已经生效的司法判决及取缔（禁止其活动）的副本或者已生效的俄联邦刑法第205.4条规定的刑事犯罪案件判决书副本应在相应判决生效后或将案件发回上诉法院五日内由第一审法院发往保障安全的联邦行政机关。该名单应在司法判决副本发往上述联邦行政机关的十日内，在俄联邦政府指定的出版物上正式定期刊登"。

哈萨克斯坦《反极端主义活动法（草案）》也规定了极端组织的认定、其活动的中止和禁止须依司法程序办理，并规定由哈萨克斯坦共和国检察机关、内务机关或公民向法院提交认定某组织为极端组织的意见。乌兹别克斯坦、塔吉克斯坦等国的反恐怖主义法中也有类似的规定。

（2）反恐怖行动的合法性。鉴于反恐怖行动需要运用最强大的国家权力，为避免相关人员的后顾之忧,俄罗斯与中亚各国反恐怖主义法大多规定依法令的行为阻却刑事违法性。新《俄罗斯联邦反恐法》第22条"合法的损害"规定:"因反恐行动而导致恐怖主义行为实施者死亡、受伤、财产损失,或者造成法律保护的个人、社会、国家利益受损,根据俄联邦法律的规定或者授权,一律认定是合法的损害。"乌兹别克斯坦反恐怖主义法规定:参与反恐怖行动的军人、专家和其他人员对该行动中被迫造成的损害免责。此外,塔吉克斯坦等国的反恐怖主义法也存在类似的规定。

(3)恐怖主义犯罪行为人的特殊责任。为了彰显恐怖主义的特殊危害,反恐怖主义法也加重了对恐怖主义活动者的制裁。哈萨克斯坦《反极端主义活动法(草案)》规定:已被认定的极端组织的成员或者从事极端主义活动的人,将限制其进入国家机关、军队和执法部门任职,限制其从事保安工作和在教育系统任职。值得注意的是,出于分化瓦解之需要和刑事政策的考虑,反恐怖主义法大多规定了恐怖主义活动参与者责任减免的特殊事由。吉尔吉斯斯坦反恐怖主义法规定:如果恐怖主义活动参与者在计划进行恐怖活动时,及时向政权机关预先报告恐怖活动计划,或者采用其他方法制止恐怖活动的发生,并且未参与其他犯罪活动,则可以免除刑事责任。塔吉克斯坦反恐怖主义法也规定:对实施反恐斗争的各主体提供过协助的人员,如果其在恐怖组织存在期间未故意犯罪,免除其刑事责任。该反恐怖主义法还规定了恐怖性犯罪的特殊诉讼程序,对有关恐怖性犯罪的刑事案件,以及有关赔偿由恐怖活动造成的民事赔偿案,按照法院决定可以秘密庭审。

5.恢复性内容

恐怖事件发生之后,国家不仅应当注重对恐怖分子的制裁,还应当积极地发挥在政治、经济、文化等领域的管理职能,动员全社会力量积极参与,尽快恢复正常生产、生活和法律秩序,以达到标本兼治之目的。

俄罗斯与中亚各国的反恐怖主义法也注意到恢复性内容的重要性,以法律的形式建构恐怖袭击后的社会恢复机制。新《俄罗斯联邦反恐法》规定了"对恐怖主义行为造成损失的赔偿"(第18条)、"恐怖活动受害者及参加反恐人员的社会康复"(第19条)、"对反恐人员所受损失的赔偿作社会保护措施"(第21条)、"参加反恐人员的工作年限、保障、补偿的优惠计算"(第23条)等恢复性内容。

该法第18条规定:国家按照俄政府的规定,向因恐怖主义行为遭受损失的自然人和法人给付赔偿金。

损害包括恐怖主义行为造成的物质损害,对其赔偿的实施应根据俄联邦关于民事诉讼程序的法律规定,由恐怖主义行为的实施者、其近亲属、亲戚和亲近的人支付赔偿金,如果有充足的理由认为上述人等从恐怖活动结果中获得金钱、贵重物品和其他财物,并且(或)获得这些财物的收入,对恐怖主义行为造成的对公民生命和健康损害的赔偿要求,起诉时效不在此例。对恐怖主义行为造成的财产损失赔偿要求的起诉时效,按实施上述犯罪而追究刑事责任的期限范围确定。

在自己职权范围内实施反恐和被授权进行侦查活动的联邦行政机关,有权向实施恐怖主义行为者的近亲属、亲戚和亲近的人追查钱财、贵重物品、其他财产和收入来源合法的信息,如果有足够的证据证明该财物为恐怖活动结果所得,(或者)是此类财产的收入,还要对这些情报的可信度进行调查。上述人员必须提供所追查的信息。追查上述信息的权力仅针对恐怖活动者实施了恐怖主义行为,在确定其开始参与恐怖活动之后获得的金钱、贵重物品、其他财产和收入。如果没有确切的信息证明金钱、贵重物品、其他财产及因此产生的收入具有合法性,相关财产移交俄联邦检察机构。俄联邦总检察长或其下属的检察员在收到上述物品后应按照俄联邦法律关于民事诉讼程序的规定向法院申请因个人无法证明其金钱、贵重物品、其他财产收入的合法性而收归国有。

因合法制止恐怖主义行为引起的损害赔偿,根据俄联邦法律,按俄联邦政府的规定程序由联邦财政拨款支付赔偿金。

因合法打击恐怖主义行为造成恐怖活动参加者健康和财产的损害,甚至死亡,均不予赔偿。

该法第19条规定:为使恐怖主义行为的受害者重新融入社会,应为恐怖主义行为的受害者及该法第20条①所指人员提供心理、医疗、职业援助,法律帮助,安排就业,提供住所。所需资金来源于联邦政府划拨的联邦预算经费,发生恐怖主义行为的联邦主体预算经费,以及联邦法律规定的其他资金来源。

对于该法第20条所指人员,联邦法律和其他联邦规范性法律文件还规定了其他性质的康复内容。

该法第21条规定:根据该法第20条的规定,由于参加反恐而造成生命、健康、财产的损失,依照俄联邦法律,按照俄联邦政府规定的程序予以赔偿。

因参加反恐牺牲的人员,应向其家属和被抚养人一次性发放60万卢布补助金,同时,向享有获得赔偿权利的人按顺序提供保障性住房,支付住房、公用设施服务的补助费。向殉职反恐人员的无劳动能力家属和受殉职人员抚养的人发放抚恤金。

因参加反恐重伤致残的人员,由联邦财政一次性补偿30万卢布,并按照俄联邦法律发放退休金。

因参加反恐致伤但未残疾的人员,一次性补偿10万卢布。

因参加反恐财物丢失或者损坏的人员,有权按照俄联邦政府的规定索赔。

根据俄联邦法律的规定,同时出现上述一次性支付补偿金的几种情况,由补偿金获得者选择其中的一种。

该法第23条规定:军人和在部队服役(曾经服役)的联邦行政机关和其他国家机关的工作人员,直接参加(曾经参加)反恐的,服役期满(工龄)计算退休金时,其工作时间服役一天计算为1天半;直接参加反恐行动的,服役1天计算为3天。

---

① 2006年3月6日的《俄罗斯联邦反恐法》第20条[享受法律和社会保护的参加反恐人员范围]规定:"1.下列参与反恐怖工作的人员受国家保护,并应享受法律和社会保护:(1)直接参与反恐的联邦行政机关军人、工作人员和专家;(2)向负责发现、预防、制止、侦查和破获恐怖主义活动及最大限度地减轻其后果的国家行政机关给予经常或临时性协助的人员;(2.1)在反恐行动地区现场勘查恐怖活动犯罪并制作犯罪追踪记录的俄联邦侦查委员会的工作人员;(3)本款第(1)(2)点和第(2.1)点所列人员的家属,由于上列人员参加反恐,其家庭成员有必要受到保护。2.向反恐人员提供的社会保护,应考虑俄罗斯联邦法律和其他规范性法律文件规定的此类人员的法律地位,并依照俄联邦政府的规定进行。"

直接参加反恐行动的军人、联邦行政机关工作人员及其他国家机关的工作人员,服役期满(工龄)计算退休金时,按照俄联邦政府的规定计算。

直接参加反恐行动的人、联邦行政机关工作人员及其他国家机关的工作人员,其军职工资(职务工资)应由俄联邦总统和俄联邦政府予以提高,也可以设立额外的保障和补贴。

同时,中亚其他各国的反恐怖主义法也规定了社会恢复的具体措施,如保证国家财政的必要支出,以及为恐怖活动受害者和反恐行动人员提供各种形式的社会援助,如心理、医疗、法律、职业、就业和住房等方面的援助等。

四、中国港澳台地区

中国香港、澳门和台湾地区虽然未面临严峻的恐怖主义威胁,但鉴于世界面临的严重恐怖主义威胁,港澳台地区均已制定出了专门的反恐怖主义法。

(一)立法进程

1. 香港特别行政区

在联合国安理会1373号决议出台后,中央人民政府于2001年10月指示香港特别行政区实施该项决议。为贯彻一系列国际公约、决议的要求,香港特别行政区开始制定专门的反恐怖主义法。

香港行政区的反恐立法可分为两个阶段。

第一阶段,香港特别行政区于2002年7月制定了《联合国(反恐怖主义措施)条例》,其大部分条文在同年8月开始实施。该条例全面实施联合国安理会第1373号决议的强制执行部分,以及"打击清洗黑钱财务行动特别组织(FATF)"所提出的最具迫切性的建议。

第二阶段,香港特别行政区政府于2003年5月21日向立法会提交了《2003年联合国(反恐怖主义措施)(修订)条例草案》,意图对原有的反恐怖法进行修改。2004年7月,香港特别行政区立法会通过了《联合国(反恐怖主义措施)条例草案》,从而对2002年实施的《联合国(反恐怖主义措施)条例》进行修正,使得联合国安理会第1373号决议和FATF的特别建议得以全面实施。同时,该条例还使联合国《制止恐怖主义爆炸事件的国际公约》《制止危及海上航行安全非法行为公约》和《制止危及大陆架固定平台安全非法行为议定书》等得到贯彻。由于《2004年联合国(反恐怖主义措施)(修订)条例》的内容是对原有反恐怖法的修正和补充,故香港的恐怖法由《联合国(反恐怖主义措施)条例》和《2004年联合国(反恐怖主义措施)(修订)条例》共同组成。

2. 澳门特别行政区

在联合国安理会第1373号决议作出后,中央人民政府于2001年10月24日命令澳门特别行政区实施该项决议。为配合反恐的国际公约和协议,并针对现行刑法典对恐怖组织及活动的刑罚明显不足,澳门特别行政区政府拟定"预防及遏止恐怖主义犯罪"法律草案,力求"使澳门的法律体系配合上述国际文书,使之更有效地打击威胁国内及国际和平(安宁及安全)的恐怖主义犯罪"①。2006年3月30日,澳门立法会完成制定澳门首部

---

① (澳门)《预防及遏止恐怖主义犯罪法案》第三案常设委员会:第1/Ⅲ/2006号意见书,第3页。

《预防及遏止恐怖主义犯罪法案》的工作,全数16条条文均获议员一致赞成,该法于2006年4月10日公布生效。

《预防及遏止恐怖主义犯罪法案》囊括了所有与打击恐怖主义活动有关的刑法规定,同时废止刑法典中关于恐怖主义犯罪的规定,修改了关于刑法在空间适用上的规定,从而构建一部针对恐怖主义的整体、统一的法律。从整体上看,《预防及遏止恐怖主义犯罪法案》是一部反恐怖主义的刑事立法,但其内容也不乏反恐怖主义的行政立法内容。《预防及遏止恐怖主义犯罪法案》不仅保护澳门内部的公共安宁,而且保护国际的公共安宁,并通过保护所有人及国家或者国际组织免受在澳门特别行政区内外实施的恐怖袭击,以预防和遏止"国际恐怖主义"。

3. 台湾地区

当下,中国台湾地区尚未正式颁布专门的反恐怖主义文件,而是由"洗钱防治法""组织犯罪防治条例"等构成其反恐怖主义行政文件体系。但是,"9·11"事件后,台湾地区已经加快了反恐怖主义专门"立法"的进程,并由"法务主管部门"负责拟订草案并呈送"行政主管部门",2002年11月12日,"行政主管部门"(法务主管部门)公布其所拟订的"反恐怖行动法(草案)",该草案共计20条。

(二)立法内容

1. 概念界定

港澳台地区的反恐怖主义法均开宗明义地界定涉恐概念,不仅使社会公众对反恐怖实施有深入的了解,更为专门机关的反恐怖主义工作指明了方向。

澳门反恐怖主义法虽然充斥着犯罪、刑罚及刑事责任条款,但在一些犯罪的罪状表述中,仍然对"恐怖组织""恐怖主义"等行政化概念进行了界定。澳门反恐怖主义法第4条界定了"恐怖团体、组织或集团"的概念,并从侧面界定了"恐怖主义(terrorist)""恐怖分子财产(terrorist property)""恐怖主义行为(terrorist act)"和"恐怖分子有联系者(terrorist associate)"①等概念。台湾"反恐怖法"在第2条中亦界定了"恐怖行动""恐怖分子"和"恐怖组织"的概念。

在港澳台地区的反恐怖主义法中,"恐怖主义行为"是作为核心法律概念出现的,并在此基础上衍生出恐怖组织、恐怖分子等概念。港澳台地区的反恐怖主义法都认为,恐怖主义行为的构成要素包括主观意图和客观表现两个方面,但具体内容也存在不少分歧。

在主观意图上,澳门对恐怖主义行为的主观意图进行了区分,将其分为"内部"恐怖主义行为及针对其他国家或地区的"国际"恐怖主义行为。澳门《预防及遏止恐怖主义犯罪法案》第4条第1款规定:恐怖主义须意图暴力阻止、变更或者颠覆已在澳门特别行政区确立的政治、经济或者社会制度的运作,或者迫使公共当局作出一行为、放弃作出一行为或者容忍他人作出一行为,又或威吓某些人、某人群或一般居民。同时,意图侵犯一

---

① 根据《联合国(反恐怖主义措施)条例》第2条规定,"与恐怖分子有联系者(terrorist associate)"指由恐怖分子直接或间接控制或拥有的实体。由此可见,"与恐怖分子有联系者"类似于澳门、台湾地区反恐怖法中的"恐怖组织"。

个国家的完整性或者独立,或者以暴力阻止、变更或者颠覆一个国家、地区或者国际组织机构的运作,或者迫使有关当局作出一行为、放弃作出一行为或者容忍他人作出一行为,又或威吓某些人、某人群或者一般居民的,同样属于恐怖主义的范畴。香港《联合国(反恐怖主义措施)条例》界定了恐怖主义行为的主观意图,但《2004年联合国(反恐怖主义措施)(修订)条例》又对该意图予以修正。根据规定,恐怖主义行为须意图强迫特区政府或者拟威吓公众人士或者部分公众人士;以及推展政治、宗教或者思想上的主张而进行。在台湾地区制定的"反恐怖行动法(草案)"中,恐怖行动须基于政治、宗教、种族、思想或者其他特定之信念,意图使公众心生畏惧。

在客观表现上,港澳台地区反恐怖主义法大都认可恐怖主义行为包括:对个人生命、健康或者人身自由的侵害;对社会公众安全的侵害;对交通工具、通信系统、基础设施的侵害等。但是,港澳台地区在恐怖主义行为的客观表现上各有侧重与特色。香港《联合国(反恐怖主义措施)条例》则规定恐怖主义行为除直接危害行为外,还包括恐吓行为;澳门《预防及遏止恐怖主义犯罪法案》突出了对核能、生物、化学武器的使用;台湾地区"反恐怖行动法(草案)"则强调恐怖行动须具备计划性与组织性。

此外,港澳台地区的反恐怖主义法对恐怖组织的界定也存在差异。例如,澳门《预防及遏止恐怖主义犯罪法案》规定:恐怖组织是指2人或2人以上,在协同下旨在实施恐怖主义活动的集合。台湾地区"反恐怖行动法(草案)"则规定:恐怖组织是指3人以上,有内部管理结构,以从事恐怖行动为宗旨之组织。而香港《联合国(反恐怖主义措施)条例》中并未限定"与恐怖分子有联系者"的构成人数。

2. 预防措施

香港是世界金融中心之一,故其反恐怖主义法中的预防措施主要集中在资金、财产监控方面,以防止恐怖分子利用金融制度中的漏洞,大肆进行洗钱活动或者恐怖融资。《联合国(反恐怖主义措施)条例》第6条规定,凡局长(保安局局长)有合理理由怀疑任何人所持有的任何资金是恐怖分子财产,可发布书面通知,指示除根据局长批准的特许授权外,该资金不得直接或者间接提供给任何人。为适应实践之需要,《2004年联合国(反恐怖主义措施)(修订)条例》中还增设了一系列预防措施,如将保安局局长冻结恐怖分子资金的权力扩大至恐怖分子的非资金财产;并授权局长及其指定的代表可没收被冻结的财产,以防止财产被移离香港。同时,为有效地调查恐怖主义犯罪,该条例授权执法机关可要求有关人士提供资料或者提交物件、搜查处所和没收有关物件,并与海外对口机关交换相关材料。

澳门反恐怖法属于单行刑法,仅规定罪名和刑罚,并未规定相关的特殊预防措施。但是,在反恐怖立法过程中,立法委员会曾提出设立对涉恐资金冻结程序的主张。澳门特别行政区政府认为,鉴于拟纳入法律中的事宜属于新事务,需要对此作出更深入的思考,因而选择不在法案中纳入新的规定,而是利用现在的机制,尤其是司法范畴内的制度。①

---

① (澳门)《预防及遏止恐怖主义犯罪法案》第三案常设委员会:第1/Ⅲ/2006号意见书,第3页。

台湾地区"反恐怖行动法(草案)"属于全面性的反恐怖主义文件,故其规定了比较完备的反恐怖预防体系,形成了对人员、物品和财产的立体防御体系。其预防措施主要包括以下几个方面:

(1)截听、阻断或者限制通信。该草案第6条规定:为了避免恐怖行动的危害,而有监察国际已认定恐怖组织、恐怖分子之必要者,得由"国家安全局局长"核发通信监察书。为处理重大恐怖攻击事件之需要,避免人民遭受紧急危难,"国家安全局局长"得命阻断或者限制相关通信。

(2)保存与提供电信资料。该草案第7条规定:有事实疑为恐怖分子利用网路从事恐怖行动时,电信事业应依"治安机关"之要求,就特定范围之网际网路位址,保存及提供网际网路跨境连线通信记录。

(3)授予"治安机关"特殊权力。这些特殊权力包括:①强制查证权,该草案第8条规定,有事实疑为恐怖分子者,"治安机关"为查证其身份,于必要时得将其带往勤务处所查证,如遭抗拒时,得使用强制力;②搜查权,该草案第9条规定,有事实疑为恐怖分子置放供从事恐怖行动器物之处所,或供恐怖分子搭乘、使用之车、船、航空器或者其他交通工具,"治安机关"于必要时得检查之;③进入权,该草案第9条规定,为防止恐怖行动之发生,有事实疑为恐怖分子所在之住宅、建筑物或者其他处所,"治安机关"于人民之生命、身体、财产受有迫切危害之虞,非进入不能救护或者防阻者,得进入检查。

(4)扣留与冻结涉恐财物。该草案第10条规定:有事实疑为恐怖分子所使用作为从事恐怖行动之动产、不动产或者其他财产,有关部门为防止恐怖行动之发生认为有必要时,得为扣留或者禁止处分之命令。

(5)冻结涉恐资金。该草案第11条规定:有事实疑为恐怖分子利用账户、汇款、通货或其他支付工具从事恐怖行动者,有关部门得申请法院指定6个月之期间,对该笔从事恐怖行动交易之财产为禁止提款、转账、付款、交付或其他相关处分命令。

3. 恐怖组织、恐怖分子的认定

恐怖组织、恐怖分子的认定模式主要包括司法认定与行政认定两种。在中国港澳台地区的反恐怖主义立法中,对恐怖组织、恐怖分子的认定均属于司法认定模式,即由法院对恐怖分子、恐怖组织进行认定。具体而言,澳门特别行政区、台湾地区皆由法院在刑事审判过程中予以认定,属于纯粹的司法认定模式;香港特别行政区的反恐怖主义法表面上规定了行政长官的介入,实际上行政长官只是提起认定程序或者对认定结果进行公告,并无权决定实体性问题,因此,本质上仍属于司法认定模式。

香港《联合国(反恐怖主义措施)条例》第2条界定了恐怖分子和恐怖分子财产的概念,从而成为认定恐怖分子和恐怖分子财产的实体依据。就认定程序而言,香港反恐怖主义法规定了强制转化和自由裁量两种类型:

(1)强制转化型。香港《联合国(反恐怖主义措施)条例》第4条规定:凡某人被联合国委员会指定为恐怖分子,与恐怖分子有联系者或者恐怖分子财产,行政长官可在宪报刊登公告指明该人的姓名或名称或该财产。该模式属于绝对性、强制性的认定,即行政长官依照联合国委员会指定的结果即可,并不用再经由任何法律程序予以证明,也不存在自由裁量权的问题。但是,行政长官可以选择是否对认定结果予以公告,这也体现了避免激化与国际恐怖势力矛盾的灵活策略。

(2)自由裁量型。香港《联合国(反恐怖主义措施)条例》第5条规定:行政长官可向法院提出申请,请求法院作出命令说明某人、某财产是否恐怖分子、与恐怖分子有联系者或恐怖分子财产。法院即依照香港《联合国(反恐怖主义措施)条例》第2条恐怖分子和恐怖分子财产的概念进行认定,在此过程中具有相当的自由裁量权。当法院作出决定后,还将带来一系列的法律后果:①行政长官必须在宪报刊登法庭的命令;②如法庭未作出撤销命令,则认定结果在其于宪报刊登之日的第二个周年日失效。上述可知,香港特别行政区一方面考虑了对国际共同利益的尊重,另一方面还考虑到本地区反恐怖实践的特殊性,从而构建了极富特色的认定程序。

澳门《预防及遏止恐怖主义犯罪法案》未单独界定恐怖组织、恐怖分子的概念和认定程序,而是将相关内容蕴含于犯罪与刑罚的规定之中。该法第4条"恐怖组织"中设置了关于恐怖团体、组织或集团的一系列罪名,法院在适用上述罪名时,势必需要依照反恐怖主义法对某团体、组织或集团的性质进行认定。台湾地区"反恐怖行动法(草案)"第2条首先界定了恐怖组织和恐怖分子的概念,该草案第12条、第13条又规定了恐怖行动罪、参加恐怖组织罪和资助恐怖组织罪,因此,台湾地区"反恐怖行动法(草案)"对于恐怖组织和恐怖分子的认定与澳门相仿,同样是由法院依据相关刑事规范作出,不涉及行政机关的职权。

第三章 恐怖主义犯罪的实体法问题

当下世界局势正处于恐怖主义犯罪的多事之秋,为了有效应对恐怖主义犯罪的威胁,世界各国均加快了反恐法治建设的步伐,加强对恐怖主义犯罪的法律规制。此部分主要对恐怖主义犯罪的成因和趋势、恐怖主义犯罪的概念、域外主要国家和地区恐怖主义犯罪刑事立法演进、我国恐怖主义犯罪刑事立法以及恐怖主义犯罪与相关犯罪的比较展开论述。

第一节 恐怖主义犯罪的成因与趋势

一、恐怖主义犯罪的成因

恐怖主义犯罪发展为当前国际社会治理中一个棘手的难题,必然是集结了国内国际各种矛盾和冲突,其成因十分复杂。就像恐怖主义的产生和发展一样,混杂着深刻的历史、政治、经济、社会等因素,这些因素在动态发展中共同作用、相互刺激,美国学者哈克认为:"恐怖主义从来不是在真空中产生的,而是一种对社会现实(或者主观印象)的激进反应,恐怖主义的泛滥正是对社会不公正的强烈反感和不满。"

首先,恐怖主义犯罪形成的首要原因是民族矛盾和宗教矛盾。纵观许多国家和地区的恐怖主义活动,形式反映为政治矛盾和社会矛盾等,但考察其背后,往往都有民族和宗教的因素存在。冷战时期,在东西方对立这一世界主要矛盾的大背景下,民族矛盾和宗教矛盾并不突出。冷战结束后,民族矛盾和宗教矛盾开始逐渐出来。民族分裂恐怖主义犯罪、宗教极端主义犯罪层出不穷。尤其是近年来社会发展和世界局势的剧烈变化的情况下,人类的价值观正在重建过程中,精神寄托缺位,也给各种类型恐怖主义犯罪提供了土壤。根据资料显示,2013 年,欧盟成员国共逮捕了 535 名与恐怖活动有关的嫌疑人,其中多数都证明与宗教极端主义有关。欧洲刑警组织《2016 年欧盟反恐形势与趋势》报告也认为由于民族主义、极端排外、种族主义和反犹太主义情绪在欧盟各国日益高涨,使得欧洲极右翼活动愈演愈烈,这很大程度上强化了欧盟恐怖威胁。

其次,全球化加速激化了矛盾。冷战结束,全球化登台,全球化使国家之间的联系前所未有的紧密,但全球化下的夹裹其中的各个国家发展并不均衡。在全球化浪潮下,世界并非越来越和平,贫富不均和南北差距等问题一直没有得到很好的解决。另外,美国在全球化时代"单边主义"的外交政策和军事措施也是许多国家和地区恐怖主义犯罪的导火索。全球化造成的世界范围内的贫富不均、南北差距等问题,使全球化成为了许多恐怖主义犯罪活动的目标。恐怖主义分子试图通过恐怖主义犯罪活动,阻止全球化进程。总之,全球化对发展中国家的社会经济与政治的种种冲击,以及这种冲击对人们所造成的迷惘、失落、恐惧、动荡,也会成为恐怖主义犯罪产生的一个诱因。

最后,科技进步为恐怖主义犯罪提供了客观的便利条件。科技的进步、现代通讯和交通运输技术的不断发展、媒体种类和数量的膨胀、人口流动的增多,使世界变得越来越小,人与人之间的联系日益密切。物品流转和行动速度更加快,恐怖主义分子的活动能力和范围随之扩大。信息技术和互联网的发展使恐怖主义分子搜集情报和传递信息更为便利,不仅直接扩展了恐怖主义犯罪活动的空间,也使恐怖主义的传导更为畅通。如2015年11月13日法国恐怖袭击事件中,有证据显示恐怖分子可能使用了索尼的流行游戏机 PlayStation 4(简称 PS4)进行通信,这种 PS4 比传统加密电话、短信和邮件更为安全,故很难被监控。除此之外,智能手机、全球定位系统、3D 打印技术、网络加密技术等均被恐怖分子所利用。

另外,恐怖主义犯罪分子自身的性格、情感、成长环境与经历等个人因素和心理状态对具体情况下的犯罪案件也会产生重要的影响,同时,当前发达的大众传媒相关报道的负面作用也在一定程度上起到了推波助澜的作用。

二、当前恐怖主义犯罪的新趋势

(一)国际、国内一体化

冷战时期,恐怖主义犯罪活动相对集中,多发生在中东、南亚、拉美及西欧的一些国家。冷战后,伴随着全球化的不断深入,恐怖主义犯罪已经不局限于国家内部,成为国际话题与现象,国际化甚至已经成为当前恐怖主义犯罪最为突出的一个特点。由于许多恐怖主义组织开始跨国发展,在本国以外组织武装团伙实施恐怖主义犯罪活动,恐怖主义组织之间也开始建立联系,形成一定的网络,相互勾结。它们不仅相互提供资金、情报,而且还相互训练人员等。不同国家的恐怖主义组织共同实施、协作完成使恐怖主义犯罪活动更具有效性和灵活性,行动更加隐蔽,同时,恐怖主义犯罪的袭击对象也涵盖了本国政府和人员、外国人和外国政府,以及国际组织和跨国公司,使国际反恐怖主义犯罪面临更为严峻的挑战。据德国《世界报》报道,根据欧洲议会的一份报告显示,从2015年10月份以来,极端组织"伊斯兰国"在安卡拉、西奈半岛、贝鲁特、巴黎和突尼斯制造的恐怖袭击已造成约500人丧生。2006年1月以来,"伊斯兰国"一周之内就在利比亚、伊拉克首都巴格达、土耳其的伊斯坦布尔、阿富汗的贾拉拉巴德等多地进行恐怖袭击。

(二)犯罪动机趋于复杂

通常认为,犯罪目的和犯罪动机只存在于直接故意犯罪之中,而恐怖主义犯罪基本都是直接故意犯罪。以往恐怖主义犯罪的犯罪动机相对单一,但当前恐怖主义分子的追求目标已经发生了微妙的变化,犯罪动机呈现了复杂化的趋势。传统的恐怖主义行为的行为人是为了实现其政治目的,而现有的恐怖主义犯罪中,有的恐怖主义组织实施恐怖主义犯罪是为了谋取非法的经济利益,有的是为了支持某一项特殊的事业,有一些只是恐怖主义组织为了证明其自身的存在,或是为了发泄其受挫的情感,有的则是出于思想意识、宗教、复仇等原因。动机并不仅限于上述,从效果来看,单纯政治动机的恐怖主义犯罪因为担心其行为所带来的无辜伤害会影响其政治诉求的达成,因此会对自身行为进行适当限制,但抱有其他动机的恐怖主义犯罪分子多元化的考量直接降低了行动的门槛,也削弱了行为人的制约,对经济社会的破坏性更强。

(三)犯罪手段更加多样

传统恐怖主义犯罪的常见犯罪手段是暗杀、绑架、爆炸和劫机等形式,而当前的恐怖主义犯罪活动在手段上均已有了重大变化。恐怖主义犯罪已经不是一个具体的犯罪,而是一类犯罪的统称。这类犯罪至少包括劫持人质罪、劫持航空器罪、危害国际民用航空安全罪、妨害国际航空罪、危害海上航行安全罪、破坏海底电缆及管道罪以及非法使用邮件罪等。发生上述变化的原因在于科技的发展在促进社会进步的同时,也为恐怖主义分子所利用。他们可以充分利用快捷的交通运输、现代化的通信手段和先进的尖端武器,从事恐怖主义犯罪活动。据德国媒体报道,"伊斯兰国"已招募一些拥有化学、物理学和信息学文凭的专家,并可能正在计划对西方展开大规模杀伤性武器战。美国情报机构也称"伊斯兰国"极端势力的袭击已从"独狼"战略转向大规模杀伤性武器。

(四)社会危害性更为严重

20世纪90年代以来,恐怖主义犯罪所造成的社会危害远较过去严重。根据2015年6月19日,美国发布的《2014年度全球恐怖主义报告》显示,2014年全球一共发生了13 463次恐怖袭击,造成32 700多人丧生,34 700多人受伤。2014年,造成至少100人丧生的恐怖袭击发生了20次,而2013年类似的恐怖袭击只发生了两次。与2013年相比,2014年全球恐怖袭击次数增加了35%,死亡人数增加了81%。

而更为严重后果在于摧毁社会公众对社会的安全感和信心。恐怖主义分子实施暴力行为的目的在将其主张或者意图传达给政府和社会公众,注重行为所产生的社会影响。为达到效果,其比一般刑事犯罪更加暴力,结果往往造成大规模的破坏和大面积的杀伤,这就决定了恐怖主义犯罪极为严重的社会危害性。

(五)侵犯对象无差别

过去的恐怖主义犯罪侵犯的对象主要是自然人,而且那些被写在恐怖主义黑名单上的人有一个共同特点,即它们都是具有象征性的知名人士,如总统、总理、议员、政治家、企业家等。自20世纪90年代以来,恐怖主义犯罪出现了一种趋势,即侵犯目标的不加选择。表现之一是以无辜群众为目标而进行恐怖主义犯罪的情况日益增多。在袭击目标选择上,扩大化趋势非常明显,甚至包括小学生。同时,恐怖主义犯罪涉及的领域不断扩大,由传统的政治领域扩大至经济领域和信息领域。

第二节 恐怖主义犯罪概念的界定

在理论上把诸多事物做最简练、最本质的区别是概念所承担的任务。"法律概念是法律制度中用来对社会生活中多种现象和实践进行分类的专门观念。在法律制度领域，法律概念以一种简略的方式对那些具有相同或共同要素的典型情形进行辨识。"科学统一的概念无论是对立法，还是司法实践活动都具有正面的引导作用，概念的缺失容易产生司法适用中理解上的混乱，因此，在恐怖主义犯罪研究过程中，对恐怖主义犯罪概念进行准确界定具有首要的意义。

一、恐怖主义犯罪的概念之争

什么是恐怖主义犯罪？由于此问题涉及历史传统、政治需求等因素，使得世界各国基于不同的视角对其界定也会有所不同，目前尚不存在一个确定的、得到普遍接受的基本内涵。所以，科学界定恐怖主义犯罪的概念，是确立对恐怖主义犯罪立场的基础。正如学者所言："确切的定义关系到如何作出反应的问题，关系到由什么机构作出反恐战略决定的问题。如果没有一个普遍接受的定义，作出这样的决定实在是太困难了"。

（一）国际公约和区域公约中关于恐怖主义犯罪的界定

随着恐怖主义的蔓延，国际组织也致力于恐怖主义犯罪概念的界定，1937年11月6日在日内瓦签署通过的《防止和惩治恐怖主义的国际公约》，将恐怖主义规定为"直接反对一个国家，而其目的和性质是在个别人士、个别团体或公众中制造恐怖的行为"。《公约》所列举的行为包括：故意危害国家元首、执行国家元首特权的人士、其法定继承人或指定继承人以及他们的配偶；故意危害担任公职或负有公众任务的人士；故意毁灭或损害属于或在另一缔约国管辖下的公共财产或供公用的财产；故意造成或者共同实施足以危及生命的行为；制造、获得、扣留或供给武器、军火、爆炸品或毒物，以及在任何国家实施上述行为的公约。

但上述定义显然无法满足迅速泛滥的恐怖主义。20世纪中后期，恐怖主义犯罪无论是从规模上、还是从形式上看均发生了巨大变化，故联合国在第38届大会第130号决议第92条，对恐怖主义犯罪进行重新界定，即"防止危及或剥夺无辜者的生命或者危害基本自由的国际恐怖主义方法，以及对那些恐怖主义形式和对处于痛苦、挫折、愤怒和绝望之中并导致包括他本人生命在内的某些人的生命的丧失的暴力行为正处于努力之中。"它认为国际恐怖主义犯罪是危及或剥夺无辜者生命或危害基本自由的行为。

1977年1月27日，在斯特拉斯堡订立了惩治恐怖主义的欧洲公约。该公约第1条以列举的形式对恐怖主义犯罪给予界定，即包括以下情形：①规定在1970年12月16日订于海牙的《关于制止非法劫持航空器的公约》范围内的犯罪；②规定在1971年9月23日订于蒙特利尔的《关于制止危害民用航空安区的非法行为的公约》；③涉及危害应受国际保护人员包括外交代表的生命、身体完整性或自由的严重犯罪；④涉及绑架、扣押人质或严重非法拘禁的犯罪；⑤涉及使用炮弹、手榴弹、火箭、自动枪或书信炸弹或邮包炸弹的犯罪，如果使用危及人的生命；⑥上述任何罪行的未遂罪或任何此种罪行的既遂犯或未遂犯的从犯。

1998年4月22日，阿拉伯国家联盟反恐怖协定订立，该协议规定，恐怖主义犯罪是指任何在缔约国国内发生的、针对缔约国国民、财产、利益实施的、以制造恐怖主义为目的的、受其国内法惩罚的犯罪或犯罪企图。但是根据国际法原则，下列情况不属于犯罪行为:为争取民族解放和自决、反对外国占领与侵略的各种形式的武装斗争,以及任何保卫阿拉伯国家领土完整的行为均不包括其中。

1999年7月13日,非洲统一组织在阿尔及尔举行的第35届首脑会议上通过了《预防和打击恐怖主义公约》(又称《阿尔及尔公约》),该公约认为有必要促进建立在相互包容和放弃各种形式的恐怖主义基础上的人权观和道德观,相信恐怖主义对人权构成严重侵犯,特别是对诸如肢体完整、生命、自由和安全等权利构成严重侵犯,并且它通过破坏国家稳定阻碍了社会经济发展,认为在任何情况下的恐怖主义都不是正当的,因此应当打击各种形式的恐怖主义,包括某些国家直接或间接卷入的恐怖主义,而不应考虑其根源、原因和目的。同时又进一步规定恐怖行动的范畴,该公约认为恐怖行动包括五种情况:①违反一个成员国的刑法,并且对任何个人、群体可能造成危及生命,影响肢体完整或自由,或引起严重伤害或死亡的所有行为,或者对公共或私人财产、自然资源、环节或文化遗产造成或可能造成损害的行为,并且这些行为是有计划的或故意的;②对任何政府、团体、公共机构、公众等采取胁迫、制造恐怖、强制等手段使之采取或放弃采取某种行动,或采纳或放弃某个特殊的观点,或按照某些原则行事;③破坏某种公共服务,使对公众的某种基本服务无法进行或任何公共场所制造紧急情况;④在一个国家制造大动乱;⑤任何有意图地推动、发起、参与、指挥、资助、鼓励、恐吓、策划、组织人员实施上述①至③所述的相关行为。该公约还强调,尽管有以上规定,在符合国际法原则的前提下,人们为争取自由和民族自决所进行的斗争不被认为是恐怖行动,这些斗争包括反对殖民主义、反对外国占领、入侵和统治的武装斗争;政治的、哲学的、意识形态的、种族的、宗教的或其他的动机都不应成为恐怖主义行动辩护的正当理由。

为了进一步加快国际社会反恐合作的步伐,2001年10月,联合国第六委员会在《关于国际恐怖主义的全面公约草案》第2条中规定:"本公约所称的犯罪,是指任何人以任何手段非法和故意致使:(A)任何人死亡或重伤;或(B)公共或私人财产,包括公共场所、国家或政府设施、公共运输系统、基础设施或环境严重受损,而此种损害造成或可能造成重大经济损失,而且根据行为的性质和背景,其目的是恐吓或迫使某国政府或某一国际组织从事或不从事某种行为。"

此外,还有一些区域性国际组织也对恐怖主义犯罪的概念进行界定。2001年6月上海合作组织通过的《打击恐怖主义、分裂主义和极端主义上海公约》中规定:"(1)公约附件所列条约之一所认定并经其定义为犯罪的任何行为;(2)致使平民或武装冲突情况下未积极参与军事行为的任何成员死亡或对其造成重大人身伤害、对物质目标造成重大损失的任何其他行为,以及组织、策划、共谋、教唆上述活动的行为,而此类行为因其性质或背景可认定为恐吓居民、破坏公共安全或强制政权机关或国际组织以实施和不实施某种行为,并且是以各方国内法应追究刑事责任的任何行为。"

回顾上述有关惩治恐怖主义犯罪的公约和文件,我们会发现,对恐怖主义犯罪进行准确界定一直是国际社会长期以来力推的一项事务,但是由于各方面原因很难达成共识。国际公约以及一些区域性组织文件中所提及的恐怖主义犯罪的概念,都是以列举的方式规定其行为表现形式,而对其本质特征或内涵并未涉及,即对恐怖主义犯罪概念缺乏抽象性、概括性的界定。

(二)世界主要国家关于恐怖主义犯罪的界定

1. 美国

美国是发生恐怖主义犯罪最为集中的国家,处理相关问题的实务经验相对丰富,相应地,美国对恐怖主义犯罪相关问题的理论研究较为广泛和深入,对恐怖主义犯罪的内涵有更为深刻和细致的认识。《美国传统大学英语辞典》认为,恐怖主义犯罪是"对武力或暴力的非法使用或威胁使用,一个人或一个有组织的集团以威胁或胁迫社会或政府为目的而危害人类或财产,常带有意识形态或政治原因。"而美国《韦氏大词典》则认为,"恐怖主义一是系统地使用恐怖行为作为强迫手段;二是一种威胁或者暴力的气氛。这一定义强调了恐怖主义是一种系统的恐怖行为或者暴力、威胁的气氛。"2000年4月,美国国务院在《全球恐怖主义模式——1999年》报告中,对恐怖主义犯罪分别从主体、目标、政治动机、目的和暴力这五个方面对恐怖主义犯罪进行界定,即"恐怖主义犯罪是指亚国家集团或者秘密代理人对非战斗人员实施的预谋的、基于政治动机的、通常意图是影响公众的暴力行为"。

2. 加拿大

加拿大《2001年反恐法》规定,恐怖主义犯罪是指:刑法典第82.02条至83.04条或83.18条至83,23条规定的犯罪;为了恐怖组织的利益,在恐怖组织的指导下或与恐怖主义有联系,实施该法或者议会制定的任何其他法律规定的可起诉之罪;依该法或者议会制定的任何其他法律之规定,构成犯罪的作为或不作为亦构成恐怖主义行为的可起诉之罪;预谋或企图实施或帮助实施或教唆(a)项、(b)项或(c)项规定之罪。

3. 法国

法国在《刑法典》第421-1条规定:故意与"旨在通过威吓或恐怖的手段,严重扰乱公共秩序的个人或集体的行为"有关的如下行为,可构成恐怖主义行为:①《刑法典》第2篇规定的故意杀人、故意伤害、绑架、非法监禁和劫持航空器、船舶或其他运输工具;②《刑法典》第3篇规定的偷盗、敲诈、破坏、损坏以及信息犯罪;③《刑法典》规定第431-13至第431-17条规定的有关战斗团体和已解散运动团体的犯罪,由本法典第434-6条以及第441-2至第441-5条规定的犯罪行为。而法国学者安德鲁则认为:恐怖主义活动,是指运用一切犯罪手段引起人民的心理恐惧或者威胁恫吓他人,并由此企图达到犯罪分子预期的目标。

4. 俄罗斯

在理论上,俄罗斯对恐怖主义犯罪概念的认识也是众说纷纭,但多数学者是从广义上对恐怖主义犯罪进行界定,认为恐怖主义犯罪是一种犯罪现象,对恐怖主义犯罪的界定应从一个较为宽泛的角度,而非仅仅是规范意义的界定,这种观点以米赫夫为代表。在立法上,《俄罗斯联邦刑法典》第205条规定的恐怖主义犯罪则是指实施爆炸、纵火或者其他具有造成他人伤亡、巨额财产损失危险或者造成其他社会危害结果;危及公共安全,侵犯他人或者影响政权机关通过决定以及为达此目的以实施上述行为相威胁的行为。2006年3月6日正式签署生效的《俄罗斯联邦反恐怖主义法》第3条第2款进一步规定了"恐怖活动"范围,恐怖主义活动包括:①组织、策划、准备、资助、实施恐怖行为;②煽动恐怖行为;③以实施恐怖行为为目的组织非法武装、犯罪集团、有组织团伙,并参加上述组织;④招募、武装、培训、使用恐怖分子;⑤以提供情报或其他方式参与策划、准备或实施恐怖行为;⑥宣传恐怖主义思想,散布煽动恐怖活动或为恐怖活动必要性进行论证或辩护的材料或信息。可见,俄罗斯对恐怖主义犯罪概念的界定是不以政治目的为必要条件。

5. 西班牙

西班牙刑法典从第571条到第580条都是有关恐怖罪的规定,认为恐怖主义犯罪是以颠覆宪法秩序、严重破坏公共秩序为目的,参加、帮助武装派别、组织或者集团,或者与其合作,从事爆炸或者防火的一种有组织的、有计划的、以暴力为特点的行为。恐怖主义犯罪的行为方式包括:纵火;危害人民的罪行;危害武装部队、国家安全部队和机构以及自治体和地方实体警察部队成员的罪行;储存武器或弹药,持有爆炸物、易燃物、纵火性或窒息性物品或器械,持有以上物品或器械的配件,以任何方式生产、买卖、运输或供应以上物品或器械或配件,配置或使用以上物品或器械或与其相关的工具;危害世袭财物的罪行;协同;杀人;损害国家高级机构的罪行;非法拘禁;绑架;强迫;以及挑衅、阴谋或建议实施以上罪行的行为。

总体来说,域外主要国家和地区根据各自情况对恐怖主义犯罪从不同的层面、以不同的目的进行了界定,可谓"因地制宜"。但相同之处在于它们均对恐怖主义犯罪均采取了内涵描述主义的界定方法,并将带有恐怖袭击意味的暴力现象纳入恐怖主义的范畴。

(三)大陆学者关于恐怖主义犯罪的研究

我国大陆学者对恐怖主义犯罪的定义也不尽一致。具有代表性的表述主要有以下几种。

(1)恐怖主义犯罪是指直接反对一个国家而其目的和性质是在个别人士、个人团体或公众中制造恐怖的犯罪行为。

(2)恐怖主义犯罪是指对特定目标的不确定公众及财物使用爆炸、杀人或者其他危险行为,或威胁使用上述手段制造社会恐怖气氛,以实现政治的、宗教或者其他社会目的的行为。但是,个人实施的恐怖主义活动不是恐怖主义犯罪。

(3)恐怖主义犯罪是指组织、策划、领导、资助、实施以对人身和财产造成重大损害或制造社会恐惧气氛的暴力、威胁或危险方法,危害公共安全的行为。其中,"暴力、威胁方法"包括使用武器、弹药等具有暴力性质的工具,采取暗杀、劫持、绑架等暴力行为以及威胁的行为;"危险方法"包括使用毒害性、放射性、传染病病原体等危险物质;"公共安全"包括国际社会和平与安宁,国家安全与发展,以及人(不特定的多数人或者针对特定的个人)的生命、健康和重大财产安全。

(4)恐怖主义犯罪是指恐怖组织和个人使用暴力或其他毁灭性手段,残害无辜,制造恐怖,以达到某种政治目的的行为。

5. 还有学者将"恐怖主义"和"恐怖主义活动"进行了区分,认为恐怖主义是一种宣扬可以通过使用暴力(包括劫持人质或交通工具、暗杀、爆炸、纵火、投毒、使用武器等)或威胁使用暴力等破坏手段的方式,制造社会恐慌来达到某种政治目的或社会目的的主张或理论;恐怖主义活动则是有预谋、有组织地使用或威胁使用暴力等破坏手段,制造社会恐慌来达到某种政治或社会目的的犯罪行为。前者属于理论范畴,后者属于实践范畴。

综上所述,我国大陆学者关于恐怖主义犯罪概念的界定具有一定的相似性,但其分歧也是明显的,如恐怖主义犯罪的主体或恐怖主义犯罪的动机等均有所不同。

二、恐怖主义犯罪的实质

(一)客观效果的恐怖性

在爆炸、绑架、暗杀、劫机等传统恐怖主义犯罪中,常采用的是一种暴力手段,其实质是一种"暴力表演",追求轰动效应。这种暴力性手段往往给人们留下极为深刻的印象,追求的结果是使整个社会笼罩在恐怖的阴影中,使公众丧失对社会的安全感和信心。同时,随着科技日新月异的发展,恐怖主义早已突破暴力的传统套路,各类非暴力性的恐怖主义犯罪逐渐凸显,如1995年发生在日本东京地铁"沙林"毒气事件和2001年1月美国的"炭疽杆菌信件"等。这种非暴力性恐怖主义犯罪往往比暴力性恐怖主义犯罪具有更为深刻的恐怖印象,比大规模的破坏和大面积的杀伤更为凶残,也往往更能给社会造成深刻的恐慌。以造成人员、财产损失,社会秩序混乱和公众恐慌为手段达到客观效果的恐怖性是所有恐怖主义犯罪的实质特征之一,无论恐怖主义犯罪行为是暴力性的还是非暴力性的。

(二)主观目的的特定性

任何人实施一定的行为,均具有某种特定意图。"虽然从行为到不法意图的实现借助了一定的中介,但无论如何都不能改变实施犯罪行为的实质"。

恐怖主义犯罪的特殊之处在于它是以"制造社会恐怖"为目的的。它不仅意图实质侵害和威胁人身或重大公私财产安全,更重要的是它追求使社会时刻处于侵害发生的社会恐怖效果。另外,恐怖主义犯罪的实施往往不是为了实现个人目的,而是"有计划有组织系统的行为模式,并且带有强烈的政治理念和主张。其对于平民的伤害不是一种意外更不是无意识的结果,而是一种故意的有蓄意为之的伤害行为。"换言之,对恐怖主义犯罪的实施者而言,其并不关心何为具体的侵害对象、是否造成危害结果无辜者伤亡人数、财产损坏的程度,其所关心的是恐怖主义犯罪行为能否使公众因恐怖主义犯罪行为而感到恐惧并由此产生不安全感。

(三)侵害对象的有选择性

20世纪90年代以后,恐怖主义犯罪的对象由知名人士转向大众。特别是近年来,恐怖主义的目标偏向于缺乏抵抗能力的普通无辜平民,如天安门1028暴力恐怖袭击案,恐怖分子驾驶吉普车闯入长安街,沿途快速行驶故意冲撞游人群众,造成5人死亡,40人受伤;2014年3月1日,十余名统一着装的暴徒蒙面持刀在云南昆明火车站广场、售票厅等处砍杀无辜群众,造成29人死亡、130余人受伤。侵犯对象的转变使部分学者认为恐怖主义犯罪的对象产生了根本的变化,由特定化转为不特定化。其实不然,表面的转变背后其犯罪对象始终直指被侵害客体背后所代表的真正目标。如2011年7月18日,新疆和田市一派出所遭暴徒袭击,其针对的是袭击目标背后的政权。再如,"9·11"恐怖袭击事件中,世贸大厦之所以成为恐怖主义犯罪的袭击目标,是因为世贸大厦代表了美国的金融中心,其所打击的不仅是世贸大厦本身更是其所象征的美国的经济金融体制。

近年来，恐怖主义犯罪常以众多无辜民众作为袭击的对象（而实际上恐怖分子也从未放弃对单个人物和重要地标的侵害），但这并不能表明恐怖分子对恐怖主义犯罪的侵害对象的不加选择性。首先，恐怖分子将众多无辜民众作为袭击的目标，其可以给政府造成更大的压力，有甚者能达到社会动荡、政权瓦解的效果。其次，"恐怖主义是不分青红皂白的行为，它并不旨在打击那些被视为敌手的人，而是谋略制造动乱和恐怖，至于受害者是谁，它漠不关心"。因此，恐怖主义犯罪的犯罪对象具有两面性，即有意识的选择和受害范围的不确定。正如有学者所言："袭击目标的有选择性与实际受害对象的不确定性之间并不矛盾，相反，两者密切联系、相辅相成，使得恐怖主义犯罪在对象特征上显著区别于其他犯罪。"考察诸如上述的各类恐怖主义犯罪活动，发现其挑战的是经济社会现有的秩序，打破或扰乱现有秩序其本质是冲击现有政权的权威，向社会公众传达现有政权无力维持现有秩序的信号。削弱当前秩序的稳定性，降低民众人身、财产的安全感和对未来的确定性和预期，从而形成社会的不安定和恐慌。而秩序是由当前的政权所建立和维护的，因此其最终目的仍旧是颠覆现有政权，为此目的，不惜以牺牲社会和民众的利益为代价。

三、界定恐怖主义犯罪应遵循的原则

（一）抽象性原则

抽象性原则，是指恐怖主义犯罪作为一种类罪的概念，它不是对有关恐怖主义犯罪的各种具体行为的简单罗列，而是对每一种具体的恐怖主义犯罪行为进行分析的基础上，然后根据其共同的本质做出高度概括。在犯罪构成要件中，能够对各种犯罪的行为做出高度概括并且进行综合评价的要件，当然是犯罪的客体。因此，为了准确界定恐怖主义犯罪的概念，最好使用其客体所涵盖的内容对之进行抽象界定，从而消除因为各种具体行为的罗列使其概念的界定显得烦琐累赘的现象。

关于恐怖主义犯罪的客体，各国对其界定差别很大。有的国家立法从对人身、财产所造成伤害的视角出发，将其界定在危害民族、国家及公共安全的犯罪之中，如法国；有的国家的立法除了注重对公共社会秩序的危害之外，还关注恐怖主义犯罪对其他社会法益的侵害，如德国将恐怖主义犯罪部分规定在妨害公共秩序的犯罪之中，部分规定在其他章节之中；也有一些国家将恐怖主义犯罪涉及的具体犯罪行为分散于刑法典的各个章节之中；而我国对恐怖主义犯罪的规定则是采用的分散立法模式，现行刑法并没有专章、专节对恐怖主义犯罪加以规定。在讨论恐怖主义犯罪客体时，我们必须结合现行刑法的立法规定进行探讨。我国现行刑法将组织、领导、参加恐怖主义活动组织罪等多数恐怖主义犯罪规定在分则"危害公共安全罪"这一章中，将其他一些恐怖主义犯罪行为规定在其他章节中。故根据现有的立法规定，恐怖主义犯罪的犯罪客体是复杂客体，它不但制造社会恐怖气氛，还危害不特定多数人的人身、财产安全，但其主要客体则是公共安全。基于此，对恐怖主义犯罪概念进行界定时，应当注意揭示社会公共安全在恐怖主义犯罪侵害的法益中所起的本质作用。如果离开了对恐怖主义犯罪这一本质特征的抽象，哪怕罗列得再详细，都不能从根本上反映恐怖主义犯罪的实质。因此，在对恐怖主义犯罪的概念进行界定时，使用高度抽象的同类客体来表述，既可以鲜明地揭示恐怖主义犯罪的本质特征,同时也可以使恐怖主义犯罪的表述显得简明扼要,从而受到更为良好的表达效果。换言之,概念应将所有可能的情形都包括在内,而不能把某些特定情形遗漏。

(二)"行为"规制原则

"行为"规制原则,是由现代刑法教义学本身的特性所致。它是指在对恐怖主义犯罪概念进行界定时,不能惩罚思想,只能对行为进行惩罚。从2015年12月27日通过的《中华人民共和国反恐怖主义法》可以看出,"恐怖主义犯罪是指通过暴力、破坏、恐吓等手段,制造社会恐慌、危害公共安全、侵犯人身财产,或者胁迫国家机关、国际组织,以实现其政治、意识形态等目的的主张和行为"。但值得注意的是,在这个定义中出现了"主张"一词。正如有学者所言:"'主张'是一个模糊的概念,既可解释为思想,也可解释为'言论'。根据'行为刑法'和'思想不可罚'的刑法原则,《反恐法》中所指的只能是行为,如果某人没有实施任何行为,那么他或她怎么能够仅因其'思想'或'言论'而被处罚呢?也许立法者的本意是想禁止恐怖主义思想或言论的传播,但却使用了错误的表达方式。实际上,即使将'主张'从恐怖主义定义中删除,也不会影响《反恐法》对于恐怖主义宣传的打击,因为恐怖主义思想或言论的传播应被归入在'恐怖活动'定义中已经做出规定的'宣扬、煽动、教唆恐怖主义的行为'"。换言之,"主张的传播"已不再是"主张"本身,而是属于"行为"了。我们刑法中对恐怖主义犯罪进行界定时,可参考2011年《关于加强反恐怖工作有关问题的决定》中恐怖主义犯罪的概念,该决定指出,恐怖活动是指以制造社会恐慌、危害公共安全或者胁迫国家机关、国际组织为目的,采取暴力、破坏、恐吓等手段,造成或者意图造成人员伤亡、重大财产损失、公共设施损坏、社会秩序混乱等严重社会危害的行为,以及煽动、资助或者以其他方式协助实施上述活动的行为。从上述概念,我们可以看出,它的落脚点是在"行为"一词,相对于《反恐法》中"主张"而言,是比较科学的,也符合现代刑法教义学的要求。

(三)可罚性原则

可罚性原则,是指某种危害公共安全行为的应受刑罚处罚性。也即是说,某种危害公共安全的行为只有在刑法上达到了应受刑罚处罚的程度,才能视为恐怖主义犯罪。如果某种危害公共安全的行为虽有一定的社会危害性,但尚未达到应受刑罚处罚的程度,则不能作为恐怖主义犯罪加以惩治,而只能依照有关的规定,对其按一般违法行为进行处罚。因此,恐怖主义犯罪的可罚性原则不仅是区分罪与非罪的界限,也是区分此罪与彼罪的界限。

因此,恐怖主义犯罪的产生、发展和演变有着深刻的现实基础。通过对上述特征的有机组合以及适当修正,恐怖主义犯罪可界定为:基于某种特定目的,任何个人、组织,使用暴力或暴力性、破坏性手段,制造社会恐慌,危害社会公共安全、侵犯人身财产的行为。

第三节 域外主要国家和地区恐怖主义犯罪的刑事立法

恐怖主义在全球的肆虐使世界各国认识到有必要对恐怖主义加以更为严格的规制,

甚至施以刑事制裁,一些国家和地区较早做出了反恐刑事立法的尝试。考察域外国家和地区的恐怖主义犯罪的刑事立法,有助于深化我们对反恐的认识,并为我国反恐刑事法制建设提供可资借鉴的域外资源和立法思路。

一、英美法系国家

尽管同属一个法系,但从各国立法来看,由于受其政治、语言习惯等因素的影响,对恐怖主义行为的规制仍存在一定的差别。

(一)美国

自20世纪以来,美国成为受恐怖主义威胁最多的国家之一,关于反恐的研究也走在了前列。美国对恐怖主义犯罪的规定主要是在《美国法典》和其他相关的专门立法中。早期制定的关于反恐方面的法律主要有《1984年禁止支持恐怖主义活动法》《1984年提供恐怖主义活动情报奖励法》《1986年外交安全与反恐怖主义法》等,由于当时立法技术等各方面原因,使得早期的法律呈现出既不够系统也不够全面。俄克拉荷马爆炸案后,美国通过了《反恐怖斗争与运用死刑法》,在这部法律中,对发动、资助恐怖主义活动罪的法定刑、生物制剂的管制等恐怖主义犯罪相关的问题均给及详细的规定。

"9·11"事件的发生,使得暂时寂静的美国再度掀起恐怖主义犯罪的高潮。2001年10月26日,由布什总统签署了《美国反恐怖法》,也即《爱国者法》(其全名为《使用适当手段拦截和阻止恐怖主义以助美国团结和强大法案》,Uniting and Strengthening America by Providing Appropriate Tools Required to Intercept and Obstruct Terrorism Act)。这部法案赋予执法官员和安全部门更大、更多的资源来防范和打击国内外的恐怖主义。法案延伸了恐怖主义的定义,首次正式提出"国内恐怖主义行为"的概念,即"任何人只要'在美国境内旨在以威胁或强制方式影响政府……实施违反刑法危害他人生命'的行为,均构成国内恐怖主义行为罪"。该法案扩充了1996年《反恐怖主义与有效死刑法案》中对恐怖主义犯罪资助的方式,即将对恐怖主义犯罪的"实质性支持",从"金钱资助"延伸至"金钱资助"和"提供专家咨询或帮助"两种形式均可使用。正如学者所指出,"有对'资助'一词的立法理解在切入点的差异,因而导致世界各国和有关国际组织在打击资助犯罪行为的立法价值取向上颇有差异,进而导致各自的立法或相关规则存在诸多差异,这些立法差异在体现各自特色和优越性的同时,也对其他立法主体起着不可忽视的立法示范作用。"另外,该法案还对与恐怖主义有关的十大制度进行相应的修改与补充,这十大制度分别是"打击恐怖主义""加强本土安全的总体要求""加强对恐怖活动的监督程序""国际反洗钱及相关措施""银行保密法修正案及相关变化""货币犯罪与预防措施""移民管理""维护恐怖主义受害者的移民权益""对公共安全官员家属的援助""1984年犯罪活动受害者法的修正条款"等,自此,美国在反恐方面形成了一个跨法律部门、多种措施、各种手段相结合的多元的反恐防控措施法律体系。此外,在其制定的《2002年公共卫生安全和生物恐怖防范应对法》中,也涉及一些与恐怖主义有关的罪名与刑罚。

在2001年《爱国者法》的基础上,美国政府又通过了两部重要的反恐法案:《2005年爱国者法修改与再授权法》(USA Patriot Improvement and Reauthorization Act of 2005)和《2006年爱国者法额外再授权修改法》(USA Patriot Act Additional Reauthorization

Amendment Act of 2006)。在《2005年爱国者法修改与再授权法》中,加强了恐怖主义犯罪的打击力度,具体如下。

(1)通过增强政府反恐执法权进而打击恐怖主义犯罪。①将秘密侦查措施令状的有效期限从120天延长到1年;②将出于故意或过失危害人类安全的目的而干涉或妨碍航空器操作员或导航设置操作员的行为增加规定为破坏航空器的恐怖主义犯罪行为;③恐怖主义以及相应的犯罪被列入可以进行窃听的联邦犯罪的名单之中。

(2)加强了判处恐怖分子的死刑力度。该法在第二部分对发生在1974到1994年期间劫机案件增加了一些死刑程序的解释性修改,并加强对定罪的恐怖主义分子的监控。详言之:①对于发生在1974—1994年期间劫机案件的死刑程序问题做出了明确的规定,适用国会在1994年通过的目前仍普遍有效的死刑程序;②在该法实施以前,相关法律要求被定罪的恐怖主义分子如何可能再次严重危害社会,法官在量刑时可以对其处以释放后的任何年限或终身期限的监视。在此基础上,该法授权法官对恐怖主义犯罪案件中被定罪的罪犯处以终身或任何年限的释放后监控,不再要求考虑该罪犯是否可能会造成严重的损害。

(3)增设了一些新的有关恐怖主义的联邦犯罪。如:①将运输危险物质材料和运输恐怖主义分子增加规定为与恐怖主义相关的联邦犯罪;②将禁止用盗窃所得的船舶进行州际或海外运输,禁止收购或者销售盗窃所得的船舶,禁止在任何受保护或受管制的港口区域内,为实施恐怖主义犯罪活动而进行贿赂的行为均为联邦犯罪。

(4)加强对恐怖融资的刑事制裁。主要内容是:①扩展了洗钱犯罪上游犯罪的名单,将非法转移资金犯罪、金融恐怖主义犯罪以及接受外国恐怖主义组织军事训练犯罪增加为洗钱犯罪的上游犯罪;②扩大了没收与恐怖主义犯罪活动相关财产的权限。如果某些个人或实体计划实施或正在实施对某国政府或国际组织进行恐怖主义活动的话,授权联邦政府可依据民事罚没程序没收任何个人或实体所有的位于美国境内的全部财产。在《2006年爱国者法附加授权修正案》中,主要规定个人受到国家安全令后的保密义务以及对图书馆优先通信或电子通信服务的限制,基本不涉及刑法内容。

(二)英国

英国由于没有成文刑法典,故关于惩治恐怖主义犯罪的规定是散见于专门的反恐立法中。

20世纪英国针对北爱尔兰和大不列颠等发生的暴力恐怖活动,分别制定了1922年的《北爱特别权力法》、1939年的《预防暴力活动(暂行规定)法》和1973年的《北爱尔兰(紧急规定)法》。前两部法案中由于未出现专门性反恐的内容,加之当时法律中并未对"恐怖主义"以明确的界定,故很难成为专门性的反恐立法。而1973年的《北爱尔兰(紧急规定)法》则被称为英国第一部针对北爱尔兰恐怖主义的反恐法。1998年,英国政府又制定了《刑事审判(恐怖分子及共犯)法》,该法保留了《预防恐怖主义活动(暂行规定)法》中的大部分条款,只是不再有既定的有限期限。

进入21世纪之后,随着国内外局势的变化,英国政府把反恐提到了新的战略高度,相继颁布了6部反恐法。

1.《2000年反恐怖主义法》

2000年7月20日,英国通过了《2000年反恐怖主义法》(Terrorism Act 2000)。在这部法律中,首先,对"恐怖主义"这一基本概念给予明确的界定。即"恐怖主义"是指实施或威胁实施对他人的严重暴力行为、严重损坏他人财产的行为、危及他人生命的行为、严重威胁公众健康或安全的行为、严重干扰或破坏电子系统的行为,其目的是为了影响政府、威胁公众,或提升其政治、宗教或意识之信仰。即使行为人的目的不是影响政府、威胁公众,只要其使用火器、爆炸物实施或威胁实施上述行为,均属恐怖主义。其次,加大预防和惩治恐怖主义行为的力度,将预备行为"实行行为"化、规定持有型犯罪。具体如下:

(1)将一些预备犯、帮助犯从实行行为中分离出来,以参加恐怖组织、资助恐怖组织等罪名单独定罪处罚。同时,该法还规定了行为人煽动恐怖主义行为即属于恐怖分子,并需承担相应的刑事责任,如果行为人煽动他人在英国境外实施恐怖主义行为的,应承担与其煽动行为一致的处罚。

(2)行为人如拥有引起合理怀疑的物品,且该物品是为了实施、准备或煽动实施恐怖主义行为的,即构成犯罪。在时间上,控方只需对行为人的"持有"现状予以证明,而不必证明所持有物品或财产的来源和去向。因为恐怖分子持有武器等往往是发动恐怖袭击的前行或后续阶段,若要查清事实相对比较困难,为此,将非法持有与恐怖主义行为相关物品的行为犯罪化,实现了严密刑事法网的功能。

(3)规定恐怖组织的认定机制。该法规定,当国务大臣相信某组织与恐怖主义活动有关联时,即可在恐怖组织清单中列入、移除该组织或对清单进行修改,被列入清单的组织即行禁止,组织成员或支持者可能构成犯罪。同时英国还规定了被认定组织的上诉程序,如果某组织对认定结果不服,即可依次向国务大臣、上诉委员会、法院提出申请,请求将其从恐怖组织清单中移除。正如学者指出:"由于恐怖主义活动或恐怖组织之法律定义或构成要件均系不确定法律概念组成,在实务运作中,须依个案发生,再由主管机关或法院视个案情节具体认定,为避免认定标准宽严不一,造成执行困扰,或损及相关人民权益,宜设有制定或认定之机制,以使相关行政预防措施之发动有一明确依循。"此外,还有一些确立有关恐怖主义资产的犯罪,公民、社会组织未履行报告义务以及警方的调查权力等内容。

2.《2001年反恐怖主义、犯罪和安全法》

"9·11"事件发生以后,英国也迅速采取了应对措施,于2001年制定了《2001年反恐怖主义、犯罪和安全法》(Anti-Terrorism, Crime And Security Act 2001),这部被称为英国议会"一个世纪以来通过的最苛刻的法律",确立了预防和打击恐怖主义的基本法律框架。这部法案由十四部分构成,其中前四部分涉及恐怖主义犯罪的内容,主要有以下条款:

(1)规定了恐怖主义财产的没收、恐怖主义现金的缴纳等内容,增设了金融机构对恐怖主义财政知情不报或明知有嫌疑不报罪。

(2)扩张了冻结海外资产的权力。在国家及国民面临恐怖主义威胁时,警方有权冻结恐怖主义团体或个人的资产,增加披露信息的义务,加强对外币兑换的监督。

（3）规定了与恐怖主义有关的移民及庇护事宜。"只要国务大臣有理由相信某一非英国侨民的出现会给本国安全带来威胁，并且怀疑此人为国际恐怖分子，那么国务大臣就可以拘留此人，即使不能将其驱逐出境"。

（4）规定了一些信息保存方面的内容。主要是允许向安全和情报机构、英国税务与海关总署管辖的执法部门披露信息，改善获得承运商信息的容易程度和各机构之间的信息交流等。

3.《2005年预防恐怖主义法》

随着全球政治局势的骤然紧张，英国也成为"基地"等国际恐怖组织攻击的对象之一。经历了伦敦两轮连环爆炸后，英国政府也开始根据形势的变化而对反恐刑法进行相应的修订，《2005年预防恐怖主义法》（Prevention of Terrorism Act 2005）就是在这样的背景下产生的。

在这部法律中，值得注意的是，为了严惩恐怖主义犯罪，英国政府也将策划、资助恐怖主义列为规制的对象，并进而设置了富有本国特色的反恐措施——"控制令"（control orders）。根据其规定，"控制令"是为保护公众面对恐怖主义的威胁作出的使个人承担一定义务的命令。国务大臣只要有"合理理由"怀疑某人涉及恐怖主义活动，即使找不到足以起诉的证据，也可签发"控制令"，经法院批准后执行。控制令包括一系列限制措施，如电子窃听、限制上网、限制使用电子通信手段、禁止与他人见面、禁止夜间外出乃至彻底禁止离开住处等。

4.《2006年反恐怖主义法》

2006年3月30日，英国又制定了《2006年反恐怖主义法》（Anti-Terrorism Act 2006）。主要有以下内容。

（1）修订"恐怖主义"概念。随着国际反恐局势的蔓延，英国逐渐认识到国际组织也可能会成为恐怖袭击的对象，故在基本概念中，增加了"影响政府间国际组织"这一目的。

（2）将鼓励、纵容恐怖主义行为规制为犯罪，增设"鼓励恐怖主义行为罪"。其范围包括颂扬恐怖主义，进而直接或间接地鼓励或者诱导公众实施、预备实施或煽动教唆实施恐怖主义行为或公约犯罪；准备、计划或协助他人的恐怖主义活动，指导或接受恐怖主义培训和参加恐怖主义训练营等，即构成犯罪。此外，还将非法侵入核基地也列为恐怖主义行为罪。

5.《2008年反恐怖主义法》

2008年11月26日，英国通过了《2008年反恐怖主义法》（Counter-Terrorism Act 2008）。英国以"特殊环境需要特殊法律"为由，对恐怖主义采取了更为严厉的措施。主要有以下内容。

（1）扩充反恐制裁的范围。恐怖主义犯罪不仅包括一些实行行为，还包括各类预备、帮助行为；二是扩大警察权限。"警察在执行搜查任务时，可以拿走某项可疑文件进行检查，以确定是否对其进行没收"；"警察在未予起诉的情况下，拘留恐怖分子嫌疑人的时间不得超过48小时，如需延长须经法院许可，时间不得超过7天。"此外，还涉及情报收集和共享，讯问恐怖分子嫌疑人、警察的告知义务以及限制涉恐资产的程序等内容。

6.《恐怖主义预防与侦查措施法(2011)》

《恐怖主义预防与侦查措施法(2011)》(Terrorism Prevention and Investigation Measures Act 2011,简称 TPIM)的核心内容是通过预防与调查令的具体实施,进而实现预防性的人身控制。该法由11章和8个附件组成,它更多的是对限制措施的类型、事前审查、事中变更、事后救济等程序性内容进行规定,故涉及实体法问题较少。在该法第3条第1款中对"与恐怖主义相关活动"进行明确界定。即"与恐怖主义相关活动"的范围主要是以下四类:①实施、筹备、煽动实施恐怖主义行为;②为实施、筹备、煽动恐怖主义的行为提供便利或鼓励;③明知他人参与恐怖主义活动而为其提供支持和帮助;④其他恐怖主义行为。

二、大陆法系国家

"9·11"事件以后,恐怖主义犯罪对人类社会的危害愈演愈烈,各国通过刑事立法对此作出及时、有效的回应。这部分主要撷取法国、德国和韩国这三个国家的立法情况予以介绍。

(一)法国

恐怖主义肆虐全球,浪漫国度法国也未能幸免,法国政府的反恐力度根据形势的变化也随之加大。现行法国的反恐刑法体系是在1986年立法的基础上形成的,早在1986年就已经规定"恐怖主义行为罪"这一罪名,当时关于恐怖主义行为的表述为"以开列在一份限制性清单上的一种普通刑法犯罪为基础,加上单独或集体进行,目的是以恐吓或恐怖手段对公共秩序造成严重干扰"。"9·11"事件以后,法国针对特殊的国内外局势,于2001年11月5日在刑法典中增设了第421-1-6条与恐怖主义活动有关的洗钱罪;第421-2-2条"资助恐怖组织行为罪;第422-6条和第422-7条允许没收恐怖主义罪犯的全部资产等附加刑;在货币和金融法典第465-1条增设了与恐怖主义活动有关的内幕交易罪"。主要内容如下。

(1)立法模式方面。法国目前对恐怖主义的刑事规制主要是通过刑法典模式来进行,即通过总则和分则相结合的方式来共同预防和打击恐怖主义犯罪。详言之,在总则中,规定了恐怖主义犯罪的特殊管辖权、追诉时效或刑事责任年龄等内容;在分则中,以专章的形式规定恐怖主义犯罪和相关犯罪的概念、构成要件、刑事责任和刑罚等。

(2)罪名设置方面。首先,法国刑法典将恐怖主义犯罪专门列为一节,它隶属于危害民族国家罪中,并具体设置在危害国家基本利益罪和危害国家权威罪之间。刑法典第421条规定:"下列犯罪,在其同以严重扰乱公共秩序为目的,采取恐吓手段或恐怖主义手段进行的单独个人或集体性攻击行为相联系时,构成恐怖主义罪。""下列犯罪",是指故意杀人、故意伤害、绑架、非法拘禁、劫持航空器和船只等交通工具犯罪;盗窃、破坏、勒索财产以及计算机信息方面的犯罪,为以上所指的犯罪。在空气中、地面、地下或水里,其中包括在领海水域,施放足以危及人、畜健康或自然环境之物质的行为,如果它们与以严重扰乱公共秩序为目的采取恐吓或恐怖手段进行的单独个人或集体性侵犯行为相关联,亦构成恐怖主义犯罪。可见,法国刑法典中的恐怖主义犯罪包含了单纯的恐怖主义罪和为恐怖特点的犯罪(只要与严重扰乱公共秩序为目的采用恐吓或恐怖手段进行的行为相关联的其他犯罪,也有可能是恐怖主义犯罪)两层含义。其次,立法者对恐怖主义犯罪在刑法相关规定中已经作出特别规定的,便无须再进行特殊类型化的规定。如《法国刑法典》第434条规定:"向重罪之正犯或共犯本人提供住所、隐蔽场所、生活费、生活手段或其他逃避侦查、逮捕之手段的,处3年监禁并科30万法郎罚金。经常实行此种犯罪的,所受之刑罚加重至5年监禁并科50万法郎罚金。"因为根据刑法规定,重罪中已包含恐怖主义活动罪,故无须设置包庇恐怖活动罪这一独立罪名。最后,《法国刑法典》对恐怖主义犯罪的主观方面规定的相对比较简单和笼统。如第421-1条规定:"故意与'旨在通过威吓或恐怖的手段,严重扰乱公共秩序的个人或集体的行为'有关的如下行为,可构成恐怖主义行为……"

3. 刑罚配置方面

(1)《法国刑法典》对恐怖活动罪配置了有期徒刑和无期徒刑两种刑罚。该法典第421-3条规定:"第421-1条第1、2、3项所指犯罪,在其构成恐怖活动罪时,应判自由刑,依下列规定加重刑罚:1.……当处20年徒刑之犯罪,加重为30年徒刑……当处30年徒刑之犯罪,加重为无期徒刑……"可见,法国立法者是通过提高法定刑期限的方式来惩治严重的恐怖主义犯罪罪行的。

(2)法国刑法典对恐怖活动犯罪处以罚金刑时,是以与其他刑罚(这里主要是指自由刑)并科的方式适用配置的。如《法国刑法典》第421-4条规定:"第421-2条所指恐怖活动罪,处15年徒刑并科150万法郎罚金。"

(3)该法典还对恐怖主义犯罪规定了禁止公权、禁止从事某些职业活动等类型的资格刑。如第422-3条规定:"自然人犯第421-1条及第421-2条所指之一罪的,亦可处下列附加刑:①依第131-26条之限制规定,禁止公权、民事权及亲权;但在重罪场合,受禁止最长期间加至15年,在轻罪场合,受禁止最长期间加至10年;②依第131-27条之限制规定,禁止从事在活动之中或活动之时实行了犯罪的那种职业性或社会性活动,但是暂时性受禁止最长时间加至10年;③依第131-31条之限制规定,禁止居留,但是,在重罪场合,禁止居留最长期间加至15年,在轻罪场合,加至10年。"此外,该法还规定了法人禁止从事某些活动的规定。

4. 罪刑"修正性"规定

《法国刑法典》在恐怖活动罪第二章特别规定中设置了两个特殊的条文。其中,第422-1条规定:"所有试图进行恐怖主义犯罪的人如有下列表现将免于处罚:报告行政或司法机关,避免了违法犯罪的发生,或在有必要情况下指认出其他犯罪分子";第422-2条规定:"恐怖活动罪之正犯或共犯,如其告知行政或司法机关,从而得以制止犯罪行为,或者得以避免犯罪造成人员死亡或永久性残疾,且在相应场合,得以侦破其他犯罪的,其所受之自由刑减半;在当处之刑罚为无期徒刑时,所受之刑罚减为20年徒刑"。法国政府之所以对此规定的如此具体、确切且减刑幅度之大,主要是因为恐怖主义极强的隐蔽性,尤其是具有严密的内部控制管理系统,外人不易侦测得知其真实情况,"堡垒最容易从内部攻破",因此策动"窝里反"则成为摧毁恐怖主义组织或制止恐怖主义犯罪的利器。

(二)德国

德国主要是通过刑法典以及刑法修订法等方式对恐怖主义犯罪进行规制。主要内容如下。

1. 立法模式方面

德国采取的是分则型刑法典模式,它通常会在刑法分则中对反恐内容设置专门的章或节,而总则只给予一般性规定,并未体现反恐的特色,这也是由于德国比较注重刑法典体系的稳定性和统一性的法律文化传统决定的。《德国刑法典》将恐怖主义犯罪的罪行设置在破坏社会公共秩序犯罪这一章节之中。

2. 罪名设置方面

(1)法典明确地以组织行为的方式设置有关恐怖主义犯罪的罪名,而其实行行为则是以普通罪行的方式"散落"在刑法分则的有关章节之中。如《德国刑法典》第129a条所规定的建立恐怖组织罪,"建立旨在实施下列犯罪的组织,或作为成员参加该组织的……1. 预谋杀人、故意杀人或灭绝种族犯罪(第211条,第212条,第220a条);2. 第239a条(掳人勒索罪)或第239b条(绑架人质罪)规定的妨害人身自由地犯罪;或3. 第305a条规定的犯罪,或第306c条或第307条第1款至第3款,第308条第1款至第4款,………第316c条第1款至第3款规定的危害公共安全的犯罪。"

(2)刑罚的预防性体现的甚为明显。为了打击日益猖獗的恐怖主义(尤其是ISIS),2015年6月20日生效的《对预备严重危害国家的暴力犯罪的追诉的修正法》中第1条涉及对《刑法典》的修正——扩张了第89a条"对预备严重危害国家的暴力犯罪"的犯罪构成。据此,在德国,如"接受实施恐怖活动训练"等行为可被"预备实施严重危害国家的暴力犯罪"和"为实施严重威胁国家的暴力犯罪而取得联系"这两个罪名所涵盖;新增了第89c条"资助恐怖主义罪",并对与恐怖主义有密切联系的第261条"洗钱罪"进行轻微的修订;而后德国政府针对NSU恐怖组织的所作所为,于2015年8月1日生效了《德国联邦议员NSU调查委员会建议贯彻法》,在其第2条涉及对《刑法典》第46条"量刑原则"的修正,种族歧视、仇外及其他非人道的动机或目的被强调为量刑的重要考量因素。

(3)扩大成立恐怖组织的刑事犯罪范围。2002年8月30日,在刑法典中增设了129b条,将参加、资助恐怖组织等行为视为成立恐怖组织的刑事犯罪范围,使得恐怖主义犯罪包括建立恐怖团体罪和参加或资助外国恐怖组织罪两种形式。

3. 刑罚配置方面

《德国刑法典》除了对恐怖主义犯罪配置自由刑之外,还配置了剥夺担任公职或参加公开选举资格的资格刑。如第129a条规定,对于建立恐怖组织或作为成员参加该组织或者对该组织予以支持或为宣传的,"除判处行为人1年以上自由刑以外,法院还可剥夺其担任公职或参加选举的资格。"此外,法典还规定相应的保安处分措施,即"建立恐怖组织,或作为成员参加该组织的人,或者其行为人是主犯或幕后策划者,法院可命令行为监督"。而根据德国刑法第68条规定,对于被监督人,法院在其监督期间内可以作出如下指示:"①未经行为监督人许可,不得擅自离开住所或居所或指定地区;②不得逗留于有犯罪忌讳或足以诱发犯罪的特定地区;③对于可能提供犯罪忌讳或诱发其继续犯罪的特定人或特定集团成员,不得雇用、指导和留宿;④不得从事可能被其滥用于实施犯罪的特定工作;⑤不得持有、携带或保管可能向其提供再次犯罪忌讳或诱发继续犯罪的特定物品;⑥对可能被滥用于实施犯罪的机动或特定种类的机动车辆或其他运输工具,不得占有和驾驶;⑦定期向行为监督人或特定机关报告自己的情况;⑧住所或工作场所变更的,应立即向行为监督人报告;⑨失业时应向主管劳务机关或其他职业介绍机关报告。"

(三)韩国

美国"9·11"事件发生以后,韩国也不再是免受恐怖袭击的安全地带,它们不仅有 2010 年"天安号沉没"等传统的恐怖袭击事件(表 3-1),亦有 2103 年"625 网络袭击事件"(表 3-2)。

表 3-1 恐怖袭击事件

年 度	事件内容
1996	江陵武装匪徒渗透
1999	侵犯 NLL(延坪海战)杀害归顺者 Lee Hanyeong 和驻俄韩国领事恐怖袭击
2002	第二次西海交战
2009	第三次西海交战(大青岛海战)
2010	天安号沉没事件

表 3-2 网络恐怖袭击事件

年度	事件内容
2009	7 月 5 日-10 日,针对美国政府机关、公共机关、媒体、门户网站等 20 多个网站(第一次攻击),青瓦台、国防部、白宫等韩美 26 个网站(第二次攻击),国家情报局、安哲秀研究所等 14 个网站(第三次攻击),电子政府 G4C、KB 国民银行、拍卖网站等 7 个网站(第 4 次攻击)进行 DDoS 攻击
2009	11 月 16 日,高丽大学信息保护研究生院毕业生的电子邮件遭遇到黑客袭击。这次是利用一台已被恶意代码感染的服务器,向该院毕业生们发送了带有恶性代码的邮件
2011	3 月 4 日,国会、国家情报院、国防部等国家机构,国民银行等金融机构和 Naver 等门户网站,共 40 个网站遭受到了分布式拒绝服务(DDoS)的攻击
2011	4 月 12 日,韩国农协银行计算机网络遭到黑客攻击,造成网络瘫痪,大量数据和客户资料外泄
2012	6 月 9 日,《中央日报》遭遇黑客袭击,新闻报道严重受阻
2013	3 月 20 日,KBS、MBC、YTN 等三家主流电视台和六家金融机构的计算机网络遭遇黑客攻击而全面瘫痪。据统计,所受攻击的电脑、服务器及自动取款机数量达到 4.8 万台
2013	6 月 25 日,青瓦台、国务调整室、国情院的主页被伪造,《朝鲜日报》《eToday》《日刊最佳储存库》等一些媒体主页陷入瘫痪或不能登录状态,共计 16 个机关被黑客侵入或受到 DDoS 攻击
2014	核电站网络恐怖袭击:12 月 9 日-12 日,给韩国水利核电站 3571 名职员发送带有有害代码(破坏性)的电子邮件 5986 件,试图破坏 PC 磁盘

在韩国,由于特别刑法以及行政刑法中犯罪种类的数量远远大于韩国刑法典中犯罪种类的数量,故在适用时一般又遵循特别法优先的原则,使得韩国大量犯罪是通过特别刑法规定中的刑罚来制裁的,恐怖主义犯罪行为也不例外。通过梳理,韩国恐怖主义犯罪刑法体系主要内容如下。

1. 罪名设置方面

(1)韩国刑法典并未对恐怖主义团伙、加入恐怖组织等行为进行专门规定,而是通过刑法第114条(组织犯罪团伙罪)、暴力行为处罚等相关法律第4条(犯罪团伙的组织和活动罪)或者第5条(利用或支援犯罪团伙罪)、国家保安法第3条(反国家团伙构成罪)以及第4条(执行目的)来进行规制。

(2)作为国际恐怖主义活动主要形式的人质强迫和人质强盗行为,是通过刑法第324条2(人质强迫罪)、第324条3(人质伤害、致伤罪)、第324条4(人质杀害、致死罪)、第324条5(未遂犯)、第336条(人质强盗罪)等规定来应对人质恐怖主义。最后,《禁止有关威胁公众以及扩散大量杀伤性武器为目的的资金调拨行为的法律》第6条(处罚规定)又对恐怖主义相关的各种资金调拨行为进行刑事处罚。可以看出,在韩国刑事法律中并未对恐怖主义设置专门条款,因此,对恐怖主义犯罪的惩处也十分有限。

2. 刑罚配置方面

韩国采取了相对确定的法定刑,即反恐刑法中只规定法定刑的最低限度,而最高限度则根据其他条款来确定。如韩国《反恐法(草案)》第18条规定,对使用可致人畜死伤的病原体实施恐怖主义行为者,处以死刑、无期徒刑或5年以上有期徒刑。

三、俄罗斯及中亚国家

(一) 俄罗斯

苏联解体后,社会形态的巨大变化,加之地缘上的原因,俄罗斯恐怖主义滋生蔓延,恐怖主义犯罪高发,对恐怖主义进行刑事实体法规制的需求被相应催生。

1994年,"恐怖主义"一词第一次出现在俄罗斯刑法典中,但未成体系。1997年俄罗斯新刑法典正式生效,对恐怖主义犯罪也给予专门的规制,相关内容在1994年刑法典的基础上进行了补充完善。主要内容如下。

1. 从刑法典的体例来看

俄罗斯采取的是分则型刑法典模式恐怖主义犯罪主要设置于刑法分则危害公共安全犯罪这一章节之中,当然,其他章节也有关于恐怖主义犯罪的规定。

2. 从罪名的设置上来看

俄罗斯立法者将很多符合恐怖主义犯罪类罪前提下的个罪,都认为是可能构成恐怖主义犯罪,这使得刑法典中涉及恐怖主义犯罪的法条比较多。

(1)在刑法典第24章第205条中规定了恐怖行为罪(有学者译为恐怖活动罪、恐怖主义罪)。刑法典第206、207、208、209、211、277、281、295、317、360条等对恐怖行为罪进行相应补充,这些条款包括劫持人质(第206条,第24章危害公共安全犯罪);故意虚假举报恐怖行为(第207条,第24章危害公共安全犯罪);组建或参加非法武装队伍(第208条,第24章危害公共安全犯罪);武装匪帮(第209条,第24章危害公共安全犯罪);劫持航空器、船舶或铁路机车(第211条,第24章危害公共安全犯罪);侵害国务活动家和社会活动家的生命(第277条,第29章侵害宪法制度基本原则和国家安全犯罪);破坏活动(第281条,第29章侵害宪法制度基本原则和国家安全犯罪);侵害审判人员或侦查人员的生命(第295条,第31章违反公正审判犯罪);侵害法律保护机关工作人员的生命(第317条,第32章妨害管理秩序犯罪);袭击被国际法保护的人员或机构(第360条,第34章破坏人类的和平与安全犯罪)等。还有学者将恐怖主义犯罪的罪名分为三个部分:①单纯地恐怖主义犯罪(仅指俄罗斯联邦刑法典第205条的恐怖行为罪);②恐怖活动犯罪(如第207条规定的故意虚假举报恐怖信息罪);③恐怖特点的犯罪(如第209条的武装匪帮罪)。第205条的恐怖行为罪可以看作是普通恐怖主义犯罪,其他就是特殊的恐怖主义犯罪。

(2)立法者对恐怖主义犯罪在刑法相关规定中已经作出特别规定的,便无须再进行特殊类型化的规定。如《俄罗斯联邦刑法典》第208条、第209条、第210条分别设置了组建或参加非法武装队伍罪,武装匪帮罪和组建犯罪团体罪,而在刑法典中就没有特别单独设置组织恐怖组织罪,因为该行为可以根据不同的实际情况以上述犯罪进行规制。

(3)在罪名的表述上采取直接概括式地规定比较多,如第205条恐怖行为罪规定:"恐怖行为,即实施爆炸、纵火或其他造成人员死亡、造成重大财产损失、带来其他危害社会后果的危险行为,如果实施这些行为是为了破坏公共安全,恐吓居民或对权力机关作出决定施加影响,以及为了同样目的以实施上述行为相威胁的……"鉴于恐怖主义犯罪活动的日益增多,2002年6月28日,俄罗斯国家杜马通过了"关于对俄罗斯联邦刑法典进行修正和增补"第97528-3号联邦法,该法增加了刑法典第205-1条刑法典增设了"参与恐怖主义性质罪行或以其他方式协助此类犯罪的刑事责任;以建立、领导恐怖组织,为恐怖组织招募成员、供应武器和培训人员进行恐怖主义性质的犯罪,资助恐怖组织等行为规定为犯罪。"

3. 从刑罚的配置上看,对恐怖主义犯罪的刑罚配置较为严厉

根据《俄罗斯联邦刑法典》第205条规定,该罪设定了三个量刑档次:普通的恐怖行为罪,处5年以上10年以下的剥夺自由(第1款);有预谋的团伙实施的、多次实施的、使用火器实施的恐怖行为罪,处8年以上15年以下的剥夺自由(第2款);第1、2款规定的恐怖行为,如是有组织的集团实施的,或者过失致人死亡或造成其他严重后果的,处10年以上20年以下的剥夺自由。在故意虚假举报恐怖信息罪中(第207条),立法机关规定了比一般诬告更为苛刻的举报形式,即无论是书面形式举报,还是口头形式举报,对定性均不会产生实质性影响。此外,在量刑上也更为严重,即对于实施上述行为的,处数额为最低劳动报酬200倍至500倍或者被判刑人2个月至5个月的工资或者其他收入的罚金,或处1年以上2年以下的劳动改造,或者处3个月以上6个月以下的拘役,或者处3年以下的剥夺自由。

4. 从罪刑的"修正性"规定上来看

对恐怖主义犯罪规定了特殊的加重、从重处罚情节或特殊的从轻、减轻、免除处罚情节。如对于恐怖行为,"使用发火武器实施的、有预谋的团伙实施的,将处8年以上15年以下的剥夺自由,"而根据该法的规定,在通常情形下,只处以"5年以上10年以下的剥夺

自由"。刑法典第205条恐怖行为罪附注中规定,"参与准备实施恐怖行为的人员,如果及时提前报告权力机关或采取其他措施预防恐怖行为的发生,如果其行为没有别的犯罪构成,则免除刑事责任"。再如,俄罗斯刑法典第206条劫持人质罪规定,"事先通谋的团伙实施的;多次实施的;危及生命与健康的暴力手段;用武器或者它物作为工具的;故意对未成年人实施的;故意对孕妇实施的;2人以上实施的;出于贪利或者雇佣他人实施的,判处6年以上15年以下的剥夺自由,属于加重处罚的情形"。"犯罪集团实施的;过失致人死亡或者造成其他严重后果的,判处8年以上20年以下的有期徒刑,属于特别加重处罚的情形"。而后,还以补充条款的形式规定了从宽处罚的情形,即如果自动释放了人质,或者按照权力机关要求主动释放了人质,行为人没有其他犯罪行为的,免除刑事处罚。

(二) 中亚

近年来,中亚地区由于独特的地理位置,使得该地区成为恐怖主义活动的中心,尤其是"9·11"恐怖袭击事件以后,随着阿富汗和中亚国家的一些极端势力参与国际恐怖活动,中亚已成为国际反恐的前沿基地,并引起国际社会的广泛关注。严厉打击恐怖主义,已成为其共识,各国也均采取了有力措施践行这一共识,将恐怖主义纳入刑法规制就是其中重要一项。

需要说明的是,此处中亚的范围仅指20世纪90年代独立的中亚五国——哈萨克斯坦、乌兹别克斯坦、吉尔吉斯斯坦、塔吉克斯坦、土库曼斯坦等。

当前中亚诸国的恐怖主义主要包括民族分裂型恐怖主义、宗教极端型恐怖主义和宗教极端与民族分裂相融型恐怖主义。对于这些行为,中亚诸国通过刑法典的形式予以惩治,主要内容如下。

(1) 立法模式方面。中亚诸国均将恐怖主义犯罪设置在刑法分则相关章节之中。如哈萨克斯坦规定在刑法典第9章危害公共安全和公共秩序罪中;乌兹别克斯坦规定在刑法典第2部分危害和平和安全犯罪第8章危害和平和人道的犯罪中;而塔吉克斯坦则规定在刑法典第8部第21章危害公共安全罪中。可见,不同的国家基于不同的文化、法制传统以及对恐怖主义犯罪刑事政策的不同,其具体设置章节也存在差异。有的国家并未区分公共秩序与公共安全,而有的国家将两者作了区分。前者是基于承认危害公共安全犯罪与危害公共秩序犯罪之间具有某种内在的关联性,因为危害公共安全的犯罪在不同程度上也妨害或者破坏了社会公共秩序。后者则是基于对危害公共安全犯罪与危害公共秩序犯罪的性质认识不同。即危害公共安全罪强调的是对公共安全等法益的保护,一个行为只有产生公共危险的时候才可能危害公共安全,换言之,危害公共安全意味着行为本身具有公共危险。那么,如何理解公共危险?人们对此有不同的认识,一种观点认为,公共危险是指对不特定人的生命、身体或财产的危险;一种观点认为,不管是特定还是不特定,只要是对多数人的生命、身体或者财产的危险,就是公共危险;一种观点认为,公共危险是对不特定并且多数人的生命、身体或者财产的危险;还有一种观点认为,公共危险是指对不特定或者多数人的生命、身体或者财产的危险。不难看出,这些观点的共性是强调对人的生命、身体或财产的现实危害性,这一点则不同于破坏公共秩序罪中对公共场所秩序以及社会公众生活秩序等法益的保护。

（2）罪名设置方面。首先，中亚各国为了避免因定义不清而对恐怖主义的界定产生不必要的歧义和冲突，故在刑法典中以叙明罪状的形式明确阐述了恐怖主义犯罪的行为方式。如《塔吉克斯坦共和国刑法典》第8部第21章危害公共安全罪第179条规定，"恐怖主义是通过爆炸、放火或扫射，对他人造成破坏，财产损失或者其他严重后果的行为……"；《哈萨克斯坦刑法典》第9章危害公共安全和公共秩序罪第233条规定，"实施爆炸、放火，或者其他造成他人死亡，巨大财产损失，或者对公众造成其他损失的行为，行为人实施这些行为的目的是破坏公共安全、威胁公众，或者强迫哈萨克斯坦政府、外国政府、国际组织接受他们的决定的……"；而《乌兹别克斯坦刑法典》则在第2部分危害和平和安全的犯罪第8章危害和平和人道的犯罪第155条里对恐怖主义进行了界定。根据该条的规定，恐怖主义是指"使用暴力和其他方式威胁个人或者其财产，或者为了破坏国际关系、侵犯国家主权和统一、国家的安全、发动战争和武装冲突使用暴力威胁政府、国际组织、官员或者法人做某事或不做某事，破坏社会政治环境，威胁群众，或者为了帮助和资助恐怖组织的活动、恐怖行为的实行直接或间接地给恐怖组织提供资源或服务的……"。其次，法益侵犯的类型化规制。恐怖主义犯罪的行为方式多种多样，有的通过组成恐怖组织实施犯罪，有的则通过利用民族之间的隔阂、仇恨来煽动人们参与恐怖犯罪，为此，中亚各国刑法典根据侵犯法益的不同，划分为不同的类型进行规制。如《塔吉克斯坦共和国刑法典》第182条、185条、187条、310条和402条分别规定了与恐怖主义性质有关的"组织犯罪集团罪"、"煽动种族仇恨罪、袒护犯罪亲属和宗教仇恨罪"和"使用暴力夺取和维持权力罪"等罪名，并对其配置不同级别的刑罚，实现"罪有其罚"。该刑法典还规定具有恐怖主义目的而实施的其他犯罪形式的行为，也属于恐怖主义犯罪。《吉尔吉斯斯坦刑法典》在第229条第1款规定了煽动民族、种族、宗教仇恨罪之外，在第147条还规定了在履行宗教仪式的幌子下，蓄意侵害人身和公民权利罪的规定。最后，帮助等行为独立成罪。恐怖主义犯罪的社会危害性不言而喻，各国均加大了对恐怖主义犯罪打击的力度，把过去一些发行恐怖主义资料等帮助行为也规制为犯罪，这体现了风险社会刑法的干预前置的理念。如2002年2月27日，哈萨克斯坦通过了"订正和补充哈萨克斯坦有关反恐问题立法"的法案，将宣扬恐怖主义、公开煽动实施恐怖主义行为（第233-1条）以及成立或领导恐怖组织和参加其活动者（第233-2条）等行为入罪。

（3）刑罚配置方面。首先，中亚诸国通过有期徒刑和没收财产的形式对恐怖主义犯罪予以惩处。如《哈萨克斯坦刑法典》第233-2条规定，"参加或者组织恐怖主义集团的，判处8-15年的有期徒刑，附加没收财产"。《乌兹别克斯坦刑法典》第155条规定，"使用暴力和其他方式威胁个人或者其财产，或者为了破坏国际关系、侵犯国家主权和统一、国家的安全、发动战争和武装冲突使用暴力威胁政府、国际组织、官员或者法人做某事或不做某事，破坏社会政治环境，威胁群众，或者为了帮助和资助恐怖组织的活动、恐怖行为的实行直接或间接地给恐怖组织提供资源或服务，或者参加的人提供资源的将被判处8~10年的有期徒刑等等"。其次，立法者对犯罪手段还作了特殊规定。如《塔吉克斯坦共和国刑法典》第179条规定，"通过爆炸、放火或扫射，对他人造成破坏，财产损失或者其他严重后果，如果实施这些行为的目的是为了破坏社会安全、震撼群众或者影响国家权力机构的决定，将被判处5~10年的有期徒刑"；"如果上述犯罪行为被犯罪团伙预谋多次进行,并导致死亡或其他人身伤害,将被判处于10-18年的有期徒刑,并处没收财产"。《哈萨克斯坦刑法典》第233条规定,"如果行为人实施爆炸、放火,或者其他造成他人死亡、巨大财产损失,或者对公众造成其他损失的行为,又或者行为人实施这些行为的目的是破坏公共安全、威胁公众,强迫哈萨克斯坦政府、外国政府、国际组织接受他们的决定的行为,将被判处4年到7年的有期徒刑;如果反复实行,并且使用武器,被判处7年到12年的有期徒刑"。可见,将行为人多次、重复实施恐怖主义与相关犯罪的行为处以较重的刑罚,既体现了恐怖主义犯罪具有更强的社会危险性,也体现了立法者打击恐怖犯罪的决心。

四、中国港澳台地区

(一)香港特别行政区

根据我国政府要求实施联合国安理会第1373号决议,采取措施预防与打击恐怖主义的指示,香港特别行政区于2002年7月制定《联合国(反恐怖主义措施)条例》,主要内容如下。

1. 立法模式方面

我国香港地区对恐怖主义采取的是附属刑法模式,即根据刑法的基本原则等相关规定,在非刑事法律中对刑法尚无规定的严重危害社会应当予以刑罚处罚的行为,亦即在行政法律中附属规定恐怖主义犯罪及其刑事责任和刑罚条款的立法方式。

2. 罪名设置方面

(1)引入了专门性的反恐条款,设置了较为庞杂的恐怖主义犯罪的罪种,规定了向恐怖分子及与恐怖分子有联系者提供资金罪,向恐怖分子及与恐怖分子有联系者提供资金、服务罪,向恐怖分子及与恐怖分子有联系者提供武器罪,为恐怖分子及与恐怖分子有联系者招募罪,虚假实施恐怖主义行为的恐吓罪等。如2012年《联合国(反恐怖主义措施)条例》第5条规定:"任何人不得在下述情况以任何方法直接或间接提供或筹集财产(a)怀有将该财产的全部或部分用于作出一项或多于一项恐怖主义行为的意图(不论该财产实际上是否被如此使用);(b)知道该财产的全部或部分将会用于作出一项或多于一项恐怖主义行为(不论该财产实际上是否被如此使用)"。第6条规定,"任何人(a)除根据局长批予的特许的授权外,不得在知道某人是或罔顾某人是否恐怖分子或与恐怖分子有联系者的情况下,以任何方法向该人直接或间接提供任何财产或金融(或有关的)服务,亦不得为该人的利益而以任何方法直接或间接提供任何财产或金融(或有关的)服务;及(b)不得在知道某人是或罔顾某人是否恐怖分子或与恐怖分子有联系者的情况下,为该人的利益而以任何方法直接或间接筹集财产,亦不得为该人的利益以任何方法直接或间接寻求金融(或有关的)服务"。

(2)在主观方面,立法者对恐怖主义犯罪设置了强迫、恐吓等选择性要素以及特定目的等必备要素的内容。从逻辑关系上看,多项主观要素之间是一种递进的关系,即只有行为人意图恐吓社会公众或者强迫政府、国际组织,以达到政治、宗教或意识形态目的的,才能认定为恐怖主义行为。

3. 刑罚配置方面

受世界刑罚轻缓化趋势的影响,我国香港地区在惩处恐怖主义犯罪方面也进行限制,如"即使行为人以暗杀、爆炸的等暴力手段发动恐怖袭击,也不能为相应的犯罪配置死刑"。

(二)澳门特别行政区

1996年,《澳门刑法典》对恐怖主义犯罪给予规制。随着恐怖主义犯罪在各地区的泛滥,反恐形势日益严峻,出于既保护澳门内部的公共安宁,也保护国际的公共安宁,并通过保护所有人及国家或国际组织免受在澳门特别行政区内外实施恐怖袭击的需要,澳门特别行政区于2006年通过了《预防及遏制恐怖主义犯罪》的单行刑法,可以说,这部法案包含了几乎所有打击恐怖主义活动有关的刑法规定。我国澳门地区关于恐怖主义犯罪的刑事立法主要内容如下。

1. 立法模式方面

我国澳门地区采取了分散式多元化立法模式。分散式多元化立法模式,是指对恐怖主义犯罪的规制是分散在不同性质的法律之中,而非集中在某一部法律之中。当然,这并不意味着其立法是杂乱的,这种模式的主要表现是"形"散。事实上,采用这种立法模式的国家和地区在整体上分散的同时也在部分上有着集中专门的规定。如《澳门刑法典》将恐怖主义犯罪放在第四编妨害社会生活罪第五章妨害公共秩序及公共安宁罪之中。采取分散式多元化立法模式,其立法技术的要求相对比较简单。因为这种模式的立法可以根据本国的实际需要,对分散在不同法律之中的恐怖主义犯罪有关规定进行修订即可,而不需对各种不同性质的法律进行系统化编撰。

2. 罪名设置方面

(1)专门概念的界定。澳门特别行政区的诸多立法基本是移植葡萄牙的法律规定,故关于恐怖主义犯罪的规定亦如此。在刑法典中并没有直接界定"恐怖主义",而是对"恐怖组织"作出了详细的界定。如第289条第2款规定:"恐怖团体、组织或集团,系指所有2人或2人以上之集合,其在协同下行动,目的系借着实施下列犯罪,以暴力阻止、变更或颠覆已在澳门确立之政治、经济或社会制度之运作,或迫使公共当局作出一行为、放弃作出一行为或容忍他人作出一行为,又或威吓某些人、某人群或一般居民者……"又如2006年通过的第3/2006号法律《预防及遏制恐怖主义犯罪》法案,在第2章第4条规定:"恐怖团体、组织或集团,是指二人或二人以上的集合,其在协同下行动,目的系藉着作出下列任一事实,以暴力阻止、变更或颠覆已在澳门特别行政区确立的政治、经济或社会制度的运作,或迫使公共当局作出一行为、放弃作出一行为或容忍他人作出一行为,又或威吓某些人、某人群或一般居民,只要按有关事实的性质或作出时的背景,该等事实可严重损害澳门特别行政区或所威吓的居民……"可见,对其相关概念的界定基本是葡萄牙有关恐怖主义定义的翻版,它以《欧盟理事会框架决议》为基础,同时遵循了欧洲大陆在刑法语境下对"恐怖组织"定义的方式。

(2)立法者除了在刑法典中以第289条恐怖组织罪和第290条恐怖主义罪规制恐怖主义犯罪之外,还在《预防及遏制恐怖主义犯罪》法案中,将资助、煽动等一些预备帮助行为规定为独立的犯罪。如第4条第2款发起、创立、加入、支持恐怖主义罪,第7条资助恐怖主义罪和第 8 条煽动恐怖主义罪。再次,刑法典规定了多项主观方面的内容,而各项主观要素之间是一种平等、并列的关系。如《澳门刑法典》第 290 条规定恐怖主义罪,是指"存有上条第二款所指之意图"即"目的系借着实施下列犯罪,以暴力阻止、变更或颠覆已在澳门确立之政治、经济或社会制度之运作,或迫使公共当局做出一行为、放弃作出一行为或容忍他人作出一行为,又或威吓某些人、某人群或一般居民者……"这个主观性内容,是在恐怖主义罪的设置中作出规定的。对恐怖主义罪的主观方面的规定详细、具体。

(3)在客观行为方面,立法者既没有以直接概括的方式规定,也没有仅仅援引相关法律的方式具体规定,而是采用一种折中的方式加以规定。如《澳门刑法典》第 290 条规定,"……实施该款 a 至 d 项所指之任一犯罪,即 a)侵犯生命、身体完整性或人身自由之犯罪;b)妨害运输安全及通信安全之犯罪,包括电报、电话、电台或电视等通信方式;c)借着造成火警,释放放射性物质、有毒或令人窒息之气体,造成水淹,使建筑物崩塌,污染供人食用之食物或水,又或散布疾病、蔓延性祸患、有害之植物或动物等而故意产生公共危险之犯罪;d)破坏罪或实施有使用该款 e 项(即使用核能、火器、爆炸性物质或爆炸性装置、任何性质之燃烧工具,又或使用设有陷阱之包裹或信件而作出之犯罪)所指工具之任何犯罪者"。

3.刑罚配置方面

澳门特别行政区在立法上对刑罚的种类、加重、减轻情节,法人承担刑事责任等问题均给予详细规定。

(1)《澳门刑法典》中刑罚的种类是主刑和附加刑,其中主刑中包括徒刑和罚金刑两种,而该法典对恐怖主义犯罪则是除配置自由刑之外,还规定了资格刑这一刑种。如《澳门刑法典》第 41 条规定:"一、徒刑之刑期一般最低为 1 个月,最高为 25 年;二、在例外情况下,法律规定徒刑之最高限度达 30 年;三、在任何情况下,均不得超逾上款所指之最高限度。"可见,该法典在徒刑设置上只设置了有期自由刑。而在《预防及遏制恐怖主义犯罪》法案中,对恐怖主义犯罪的规定亦如此。如法案第 4 条第 2 款发起、创立、加入、支持恐怖主义罪,"发起、创立、加入恐怖团体、组织或集团者,或对其给予支持,尤其是透过提供情报或物资者,处 10 年至 20 年徒刑";第 7 条资助恐怖主义罪,"意图全部或部分资助作出恐怖主义行为,而提供或收集资金者,如按以上各条的规定不科处更重刑罚,则处 1 年至 8 年徒刑";第 8 条煽动恐怖主义罪,"公然及直接煽动他人作出恐怖主义行为或组成恐怖团体、组织或集团者,处 1 年至 8 年徒刑"。《预防及遏制恐怖主义犯罪法》第 9 条则是规定了相应的资格刑,即"对于因犯第 4 条至第 8 条所指犯罪而被判刑者,经考虑该事实的严重性以及该事实在行为人公民品德方面所反映出的情况后,可科处被驱逐出境或禁止进入澳门特别行政区,为期 5 年至 9 年,但仅以非本地居民的情况为限"。

(2)立法者还配置了一些加重、减轻处罚的情形。如第 289 条恐怖组织罪第 4 款规定:"如恐怖团体、组织或集团,又或第 1 款(发起、创立、加入或支持恐怖团体、组织或集团者),或第 3 款(领导或指挥恐怖团体、组织或集团者)所指之人,占有第 2 款 e 项(有使用核能、火器、爆炸性物质或爆炸性装置、任何性质之燃烧工具,又或使用设有陷阱之包裹或信件而作出之犯罪)所指之任一工具,则刑罚之最低及最高限度,均加重三分之一。"第 290 条恐怖主义罪第 2 款规定:"如行为人已意放弃其活动、排除或相当程度减轻该活动引起之危险、又或阻止法律拟避免之结果发生，须特别减轻刑罚，或须不处罚该事实。"而该法第3款则规定："如果行为人在收集证据方面提供具体帮助，而该等证据系对识别其他应负责任之人之身份或将之逮捕起决定性作用者，须特别减轻刑罚。"又如《预防及遏制恐怖主义犯罪》第6条第4、5款规定了减轻处罚的情形，"行为人因已意放弃其活动、排除或相当程度减轻该活动所引起的危险，或阻止法律拟避免的结果发生，可特别减轻刑罚，或可不处罚有关事实；行为人在收集证据方面提供具体帮助，而该等证据系对识别其他应负责任的人的身份或将之逮捕有决定性作用，可特别减轻刑罚"。第10条规定法人、不合规范设立者，以及无法律人格的社团均需对恐怖主义犯罪负责，且实体的责任并不排除有关行为人的个人责任。对法人可处以罚金、法院命令解散的主刑以及禁止业务、剥夺补贴、封闭场所等六种附加刑。

(三) 中国台湾地区

我国台湾地区并未在刑法典中专门规定恐怖主义犯罪，更多的是通过洗钱防制法、组织犯罪防制条例等发挥着具体的反恐怖职能。随着国际反恐局势的日趋严峻，台湾地区也逐渐加强了反恐法制建设，并于2007年通过了《反恐怖行动法(草案)》。该法案主要内容如下。

(1) 明确规定了恐怖行动罪、参加恐怖组织罪和资助恐怖组织罪等相关罪名。同时对恐怖组织、恐怖分子等概念也给予清晰界定，如恐怖组织是指"3人以上，有内部管理机构，以从事恐怖行动宗旨的组织"；恐怖分子是指"实行恐怖行动或参加、资助恐怖组织的人员。"

(2) 主观方面将政治、宗教、民族、意识形态作为目的。《反恐怖行动法(草案)》规定："基于政治、宗教、种族、思想或其他特定之信念……"

(3) 法案对刑罚的种类，坦白、从宽情节予以详细规定。该法案规定，"从事恐怖行动者，处死刑、无期徒刑或10年以上有期徒刑；参加恐怖组织者，处5年以上有期徒刑，得并科1亿元新台币以下罚金；资助恐怖组织者，处1年以上7年以下有期徒刑，得并科1000万新台币以下罚金。"此外，为了避免实践中各部门相互推诿的问题，该法案还对各主管机关的权责进行详细规定。如涉及刑事犯罪的情况下，则由"最高检察署"检察总长统一指挥。又如第16条规定，行为人犯本法之罪于侦查或审判中自白，并因其自白而查获其他恐怖组织、恐怖分子或因而防止恐怖行动之发生者，减轻其刑。

五、对世界主要国家和地区反恐刑事立法的评析

(一) 突破经验主义的一般立法模式

法律被制定之日就已经落后于社会现实，尤其是成文法国家，法律需要保持自身的权威性及普遍适用性，且其制定需要经过法定的程序，不能朝令夕改以主动适应动态发展变化的复杂社会现实。这与经验主义的立法模式相对应，立法基于自身经验的总结，目的侧重于事后补救和应急处置。但通过对上述国家和地区反恐怖主义犯罪立法的考察，我们发现立法模式突破了经验主义的立法模式，更多转为相对超前的规制模式。

这一转变的起点是"9·11"事件。"9·11"事件之后，恐怖主义成为全球性问题，联

合国和区域性组织相继制定一系列公约、决议,各国和地区也掀起了新一轮的刑法立法浪潮。在恐怖主义犯罪残酷的现实面前,长期以来的经验立法的滞后性最大化暴露,无法有效应对恐怖主义犯罪的现实威胁。在公约、决议的指导下,世界主要国家和地区开始调整国内刑法的策略,由被动防御型转向积极的主动型策略,在自身尚未遭受恐怖袭击之前未雨绸缪,更加注重立法的前瞻性。

(二)从偏重客观主义向偏重主观主义的转变

自近代以来,刑法客观主义和主观主义是最有影响力的两大西方刑法学派,两者在理论原点、刑法评价、责任论等刑法观上对立明显,它们的论争极大地推动了刑法立法的发展。刑法客观主义反对古代刑法的任意性、宗教性、身份性和残酷性,主张罪刑法定,迈出了刑法人权史上具有划时代意义的一步。然而,面对日趋严峻的恐怖主义犯罪态势,绝对的客观主义与惩治激增的新型犯罪的需要之间的矛盾越来越突出。立法者逐渐认识到,如果仅仅注重犯罪的客观危害性,通常会忽视恐怖主义犯罪的特殊性,将其混同于普通刑事犯罪。因此有必要将刑法评价的介入环节适当前移,首先聚焦于犯罪行为人的人身危险性。因此,各个国家和地区普遍出现了客观主义吸取主观主义的有益主张并有限主观化的趋势。

(三)从人权保障向社会保护的转变

近代以来,随着启蒙思想的传播和平等人权观念的深入人心,刑法的立法价值取向呈现为对公民权利的保障。第二次世界大战以后,以刑法谦抑精神为基础,以保障人权为目的的非犯罪化和轻刑化,更是成为世界刑法发展的趋势和潮流之一。

但是,面对日益泛滥和严重的恐怖主义威胁,刑法对其规制呈重刑化的趋势,具体表现有以下几点:①刑事制裁范围的扩大,由具有直接破坏性的行为逐渐扩大至恐怖主义预备、帮助行为;②严格责任的引入,改变了传统刑法中无罪过即无犯罪的原则,只要行为人实施了法律禁止的某种行为或造成了法律所禁止的某种结果,即使其主观上没有过错,也应对此承担刑事责任;③相关犯罪惩治力度的加大,长期监禁刑、终身监禁刑乃至死刑,成为反恐刑法的普遍选择;④在刑事司法中一系列的突破,如广泛使用电话窃听和化装侦查等技术侦查手段、允许从嫌疑人的沉默做出不利推断、废除或限制恐怖犯罪嫌疑人对于涉嫌参与恐怖组织及其活动事项的沉默权等。由此可见,在反恐刑法的发展过程中,人权保护的立法价值被一定程度上遏制,社会保护的立法价值占据了优势地位。

第四节 中国恐怖主义犯罪的刑事立法

一、中国恐怖主义犯罪立法发展

在20世纪90年代之前,恐怖主义犯罪在我国表现并不突出,和其他西方国家相比,我国对恐怖主义犯罪的刑法规制总体上起步较晚。但自此之后,我国面临的与恐怖主义有关问题危险与日俱增,局面日趋复杂。伴随着恐怖主义犯罪的蔓延,立法者结合国内反恐形势、参照国际公约标准,逐步将反恐立法不断向前推进,我国反恐立法也从无到有、从单薄到丰富。直至2015年12月27日由第十二届全国人民代表大会常务委员会第十八次会议通过了《中华人民共和国反恐怖主义法》,此法的出台意味着"以反恐法为核心、以刑法为强力后盾、其他部门法密切配合"的新反恐法律体系的最终成型。

反恐法律体系最终的威慑力仍旧来自作为保障法和后盾法的刑事法律,恐怖主义犯罪刑事立法最终决定着反恐工作的实际效果,不断完善反恐刑事法律体系对整个反恐法律体系的运转和反恐工作的顺利进行起着至关重要的作用。

我国恐怖主义犯罪刑事立法同样是伴随着恐怖主义威胁的不断上升和反恐局势的日趋复杂而不断完善的。截至目前,从整体来看可划分为三个阶段。

(一)萌芽阶段(1949年至1997年)

1. 1950年《中华人民共和国刑法大纲草案》

1950年的《中华人民共和国刑法大纲草案》第四章"反革命罪"第41条规定恐怖行为罪,"行为人以反革命为目的,袭击机关、部队、团体,或对于国家工作人员、民主爱国人士或各种民主事业中的英雄模范、积极分子及其家属实施杀害,或为其他强暴恐怖行为者,处死刑、终身监禁或7年以上15年以下监禁,并没收其财产之全部或一部。情节轻微者,处5年以下监禁"。由于该草案起草于建国前后,立法上带有强烈的阶级斗争色彩,与现代刑法中的"恐怖主义目的"并非同一表述,但这是"恐怖行为"字眼首次出现在刑事立法之中,尽管最终未颁布实施,但在整个的恐怖主义立法演进中仍具有一定的开创意义。

2. 1979年《中华人民共和国刑法》

1979年《中华人民共和国刑法》由总则和分则两编组成,共13章192条。在刑法典中,虽然没有明确规定恐怖主义犯罪,但部分条款已经出现了恐怖主义犯罪的内容,主要有:第100条"以反革命为目的,劫持船舰、飞机、火车、电车、汽车的";第107条"破坏火车、汽车、电车、船只、飞机,足以使火车、汽车、电车、船只、飞机发生颠覆、毁坏危险,尚未造成严重后果的";第108条"破坏轨道、桥梁、隧道、公路、机场、航道、灯塔、标志或者进行其他破坏活动,足以使火车、汽车、电车、船只、飞机发生倾覆、毁坏危险,尚未再次严重后果的";第110条"破坏交通工具、交通设备、电力煤气设备、易燃易爆设备造成严重后果的";第159条"聚众扰乱车站、码头、民用航空站、商场、公园、影剧院、展览会、运动场或者其他公共场所秩序"等。该部刑法典的历史定位为"我国第一部统一的社会主义刑法典",因此依旧会带有相对较强的政治性和阶级性痕迹。

3. 1988年《中国人民共和国刑法(修改稿)》

在《七届全国人大常委会工作要点》的指导下,于1988年形成了《中国人民共和国刑法(修改稿)》。它将刑法分则第一章"反革命罪"改为"危害国家安全罪",删除了反革命罪的定义和各条中关于"以反革命为目的"的相关表述。在危害国家安全罪中规定了"恐怖活动罪",明确"以危害国家安全或者引起国际纠纷、制造政治事端为目的,进行绑架、杀害或者其他恐怖活动的,处10年以上有期徒刑或者无期徒刑,可以并处没收财产;情节特别严重的,处死刑,并处没收财产;情节较轻的,处3年以上10年以下有期徒刑。"自此,恐怖主义相关立法活动摆脱了阶级斗争的桎梏,在犯罪构成方面更加科学明晰,更具可操作性。可以看出,刑法典对某一问题的粗疏与严密不仅是一个立法技术问题,更是与社会发展阶段所相对应的立法指导思想相适应。由于"恐怖活动罪"属于专门反恐条款,1988年《刑法修改稿》就成为我国第一部具有专门反恐内容的刑法草案。

(二)初始阶段(1997年至2001年)

我国1997年《刑法》适应我国反恐形势的客观需求,以多种形式体现我国应对恐怖主义犯罪的立法对策,不仅以专条形式规定恐怖主义犯罪,如组织、领导、参加恐怖主义活动组织罪;还针对恐怖主义犯罪的行为特征,相应规定了可适用于这些罪行的部分条款,如危害航空安全、航海安全、核材料方面的犯罪以及绑架罪等。

另外,1997年刑法典将"反革命罪"改为"危害国家安全罪",删除了反革命破坏罪、反革命杀人罪等罪名,同时增设了组织、领导、参加恐怖组织罪。根据1997年刑法典第120条第1款的规定,犯组织、领导、参加恐怖组织罪的,处3年以上10年以下有期徒刑,其他参加的,处3年以下有期徒刑、拘役或者管制;第2款规定犯组织、领导、参加恐怖组织罪并且实施了杀人、爆炸、绑架等犯罪的,应当实行数罪并罚。

但是,1997年《刑法》仍未将恐怖主义犯罪规定在独立的章节之中,而是根据行为目的和性质将各种恐怖主义犯罪分别规定在危害国家安全罪或危害公共安全罪中。具体包括:刑法分则第二章"危害公共安全罪"第114、115条规定防火、决水、爆炸、投放危险物质及以危险方法危害公共安全罪,第116至第119条规定破坏交通工具罪、破坏交通设施罪、破坏电力设备罪、破坏易燃易爆设备罪,第120条规定组织、领导和参加恐怖主义活动组织罪,第121条规定暴力危及飞行安全罪,第124条规定破坏通讯设施罪,第125条规定非法买卖、运输核材料罪。第四章"侵犯公民人身权利、民主权利罪"中第232条规定故意杀人罪,第234条规定故意伤害罪,第239条规定绑架罪等。

(三)发展阶段(2001年至今)

以2001年美国"9·11"恐怖袭击事件为标志,前后一段时间世界范围内面临的恐怖主义威胁也不断升级,我国也未能独善其身。据不完全统计,仅1990年至2001年间,境内外"东突"恐怖势力在我国新疆制造了至少200余起恐怖暴力事件,造成各民族群众、基层干部、宗教人士等162人丧生,440多人受伤。党和国家高度重视这种形势的变化并迅速出判断,立法机关也决定对1997年刑法典进行修改补充,加大预防和打击恐怖主义的力度。

1. 2001年:《中华人民共和国刑法修正案(三)》

2001年12月29日,第九届全国人民代表大会常务委员会第二十五次会议通过了《中华人民共和国刑法修正案(三)》。该修正案的宗旨是响应联合国《安理会第1373(2001)号决议》的倡导,根据《联合国宪章》的规定,以一切手段打击恐怖主义行为,从立法上建立严密的法网,加大惩治恐怖主义犯罪的力度。《关于<中华人民共和国刑法修正案(三)>(草案)的说明》指出,"当前,恐怖主义对和平与安全的威胁受到各国的普遍重视。我国刑法对惩治恐怖活动犯罪已有一些规定,针对最近出现的恐怖活动的一些新情况,如何使用刑法需要进一步明确,刑法的有关条款也需要进一步完善"。该修正案直截了当地指出立法意图是"为了惩治恐怖活动犯罪",表述中包含了"恐怖活动组织""恐怖活动""恐怖活动犯罪"等专门概念,体现出鲜明的反恐特色。

《刑法修正案(三)》共9条,主要涉及以下内容。

(1)增设新的罪名。《刑法修正案(三)》增加刑法典第120条之一资助恐怖活动罪,将资助恐怖活动组织或者实施恐怖活动的个人行为规定为犯罪;增加刑法典第291条之一投放虚假危险物质罪和编造、故意传播虚假恐怖信息罪,将"投放虚假的爆炸性、毒害性、放射性、传染病病原体等物质,或者编造爆炸威胁、生化威胁、放射威胁等恐怖信息,或者明知是编造的恐怖信息而故意传播"等行为规定为犯罪。

(2)修改原有罪名及其罪状。《刑法修正案(三)》将刑法典第114条、第115条所规定的投毒罪修改为"投放毒害性、放射性、传染病病原体等物质"的投放危险物质罪,同时删除了刑法典第114条原列举的"工厂、矿场、油田、港口、河流等";修改刑法典第125条第2款,将原有罪名非法买卖、运输核材料罪拓展为非法制造、买卖、运输、储存危险物质罪;将刑法典第127条第1款规定的盗窃、抢夺枪支、弹药、爆炸物罪扩展为盗窃、抢夺枪支、弹药、爆炸物、危险物质罪,将刑法典第127条第2款抢劫枪支、弹药、爆炸物罪扩展为抢劫枪支、弹药、爆炸物、危险物质罪,使之能够涵盖"盗窃、抢夺、抢劫毒害性、放射性、传染性病病原体"的行为;修改刑法典第191条洗钱罪的规定,将恐怖活动犯罪与原有的毒品犯罪、黑社会性质的组织犯罪、走私犯罪一并列为洗钱罪的上游犯罪。

(3)完善刑罚。《刑法修正案(三)》修改了刑法典第120条组织、领导、参与恐怖组织罪的法定刑,将原来适用于同一罪刑单位的组织、领导恐怖活动组织与积极参与恐怖活动组织行为加以区分,将前者的法定刑由"3年以上10年以下有期徒刑"加重至"10年以上有期徒刑或者无期徒刑",同时对一般参加恐怖活动组织者配置了剥夺政治权利的附加刑;修改刑法典第191条洗钱罪的法定刑,对单位犯该罪的直接责任人员"情节严重的,处5年以上10年以下有期徒刑"。我国立法机关以《刑法修正案(三)》对恐怖主义犯罪做出以上重要修改完善,是为适应新形势下打击恐怖活动犯罪的需要而对刑法做出的,不仅使我国的反恐刑法更为完备,更向国际社会表明了我国反对恐怖主义之立场坚定。

2. 2011年:《中华人民共和国刑法修正案(八)》

2011年全国人大常委会通过了《刑法修正案(八)》,该修正案主要是为了落实中央《关于深化司法体制和工作机制改革的意见》中提出的进一步落实宽严相济刑事政策的相关要求。其中,关于恐怖主义犯罪方面,主要是加大了对其惩罚力度,涉及以下内容。

(1)修改特殊累犯的规定。将"恐怖活动犯罪"与"危害国家安全犯罪""黑社会性质组织犯罪"相并列,均作为特殊累犯成立的前提条件。

(2)提高了缓刑的适用门槛。规定犯罪集团的首要分子和累犯都不适用缓刑。鉴于恐怖活动犯罪大多以犯罪集团的形式作案,这种修正实际上加大了对恐怖活动犯罪的惩罚力度。

(3)修改死缓和假释的相关规定。对有组织犯罪的暴力犯罪等被判处死刑的犯罪分子,规定人民法院根据犯罪情节等情况可以同时决定对其限制减刑;对有组织的暴力犯罪等被判处10年以上有期徒刑、无期徒刑的犯罪分子,规定不得假释。由于恐怖活动犯罪大都与"有组织的暴力犯罪"有关,因此,上述条款应也适用于符合条件的恐怖主义犯罪,从而间接地加重了对恐怖主义犯罪的处罚。

3. 2015年:《中华人民共和国刑法修正案(九)》

针对近年来恐怖主义犯罪呈现的新特点,从国家安全观出发,统筹考虑刑法与《反恐怖主义法》的配套、衔接,《中华人民共和国刑法修正案(九)》,大量增设了有关反对恐怖主义、极端主义的犯罪,进一步严密了反恐法网、加大了反恐力度。

主要体现如下。

(1)"恐怖主义、极端主义"概念的引入。《刑法修正案(九)》在现行刑法和《刑法修正案(三)》中"恐怖活动"、"恐怖活动组织"、"恐怖活动犯罪"等概念的基础上,引入了包括"恐怖主义","极端主义","宣扬恐怖主义、极端主义的图书、音频视频资料或者其他物品","宣扬恐怖主义、极端主义服饰、标志","恐怖主义、极端主义犯罪行为"等在内的一系列概念,拓宽和延伸了反恐犯罪的范围和领域。

(2)增设了5种新的涉恐犯罪。分别是:"准备实施恐怖活动罪"(《刑法》第120条之二);"宣扬恐怖主义、极端主义、煽动实施恐怖活动罪"(《刑法》第120条之三);"利用极端主义破坏法律实施罪"(《刑法》第120条之四);"强制穿戴恐怖主义、极端主义服饰、标志罪"(《刑法》第120条之五);"非法持有宣扬恐怖主义、极端主义物品罪"(《刑法》第120条之六)。同时,还对两种罪名的罪状予以完善:①对"资助恐怖活动罪"(《刑法》第120条之一)的罪状进行修改,将资助恐怖活动培训的行为规定为犯罪,并明确规定对于为恐怖活动组织、实施恐怖活动或者恐怖活动培训招募、运送人员的,要追究刑事责任;②对"拒绝提供间谍犯罪证据罪"(《刑法》第311条)的罪状进行修改,将拒绝向司法机关提供恐怖主义、极端主义犯罪证据且情节严重的行为纳入该条犯罪。

(3)进一步完善刑罚配置。具体表现为:①对《刑法》第120条组织、领导、参加恐怖组织罪增加了财产刑,并且根据行为人在恐怖组织中的地位和作用,分别配置了并处没收财产、并处罚金和选处罚金的刑罚;②将不法分子偷渡出境参加恐怖活动培训或"圣战"的行为纳入《刑法》第322条偷越国(边)境罪作为加重情节,规定行为人为参加恐怖活动组织、接受恐怖活动培训或者实施恐怖活动,偷越国(边)境的,处1年以上3年以下有期徒刑,并处罚金。

二、中国恐怖主义犯罪的立法内容

(一)罪名设置

恐怖主义犯罪行为包括实行行为、预备行为、帮助行为等,我国刑法对恐怖主义行为设置的罪名均集中在预备行为和帮助行为上。

1. 预备行为

与西方法治国家刑法原则上不处罚预备行为不同,我国《刑法》第22条明确肯定了处罚犯罪预备是刑法的一般原则。但在司法实践中,因为证据认定上的难题和《刑法》第13条但书对犯罪范围的节制性规定,犯罪的预备行为并非是一概处罚的。由于恐怖主义犯罪具有特殊性,其准备行为虽尚未直接造成人身或财产性损失,但是对法益威胁的严重程度远超其他类型犯罪。

从我国刑事立法上看,首先是将组织、领导、参加恐怖活动组织的行为规定为独立的罪名。组织、领导、参加恐怖活动组织的行为本身属于恐怖主义犯罪的预备行为,不应单独入罪,但考虑到其巨大的社会危害性和损害结果的不可逆性,按照"打早、打小、露头就打"的指导方针和将恐怖主义遏制在萌芽中的指导思想,而将其设置为独立的罪名。2015年《刑法修正案(九)》大幅度推进恐怖活动中的预备行为实行行为化,《刑法》第120条之二针对"为实施恐怖活动准备凶器、危险物品或者其他工具的","组织恐怖活动培训或者积极参加恐怖活动培训的","为实施恐怖活动与境外恐怖活动组织或者人员联络的"以及"为实施恐怖活动进行策划或者其他准备的"等性质上属于预备性行为进行了专门规定。另外,《刑法》第120条之三规定了"宣扬恐怖主义、极端主义罪、煽动实施恐怖活动罪",第120条之五规定了"强制穿戴宣扬恐怖主义、极端主义服饰、标识罪",第120条之六规定了"非法持有宣扬恐怖主义、极端主义的物品罪",这些条款和罪名不仅超越了刑法对预备行为的干预,甚至实质改变了刑法调整的范围。同时,这种针对恐怖主义犯罪介入时点的空前扩张,也表现出了与《反恐怖主义法》确立的"先发制敌,保持主动"战略遥相呼应的立法立场。

2. 帮助行为

为最大限度地降低恐怖袭击发生的可能性,基于上述同样的考虑,把帮助行为也进入了我国立法视野,如资助恐怖活动罪。对于明知是恐怖活动组织而自愿、主动成为其成员,进而实施相关资助行为的,在《刑法修正案(三)》之前是按照参加恐怖活动组织罪来论处。后来为了贯彻相关国际公约、联合国安理会决议等,2001年《刑法修正案(三)》将这种刑法理论上的帮助犯规定为一个独立的罪名——资助恐怖活动罪。2015年《刑法修正案(九)》对120条之一资助恐怖活动罪作出进一步修改,分别在第一款罪状部分增加了"资助恐怖活动培训"的行为;增加了第二款招募、运送的行为,扩大了犯罪圈。即"资助恐怖活动组织、实施恐怖活动的个人,或者资助恐怖活动培训的,处5年以下有期徒刑、拘役、管制或者剥夺政治权利,并处罚金;情节严重的,处5年以上有期徒刑,并处罚金或者没收财产;为恐怖活动组织、实施恐怖活动或者恐怖活动培训招募、运送人员的,依照前款的规定处罚"。同时,在我国现行刑法中,还有一些与恐怖主义帮助行为相关的罪名,如第191条洗钱罪,第305条伪证罪,第321条偷越国(边)境罪偷越国(边)境罪等。

(二)刑罚配置

一般来说,刑罚的配置既包括刑罚种类的配置,同时也包括刑度的配置。前者是指刑罚配置中质的问题,后者则是指刑罚配置中量的问题。具体犯罪的刑罚配置是以该罪的社会危害性所能达到的最高程度和最低程度为依据。由于法定刑是立法者对具体犯罪的社会危害性及其程度科学认识的结果,所以它又是我们衡量罪行轻重的根据。

1. 刑罚种类的配置

我国刑罚由主刑与附加刑构成一个完整的体系。其中主刑包括管制、拘役、有期徒刑、无期徒刑和死刑(包括死刑缓期两年执行)五种;附加刑包括罚金、剥夺政治权利、没收财产和驱逐出境四种。

对恐怖主义行为的规制仅涉及预备、帮助、教唆等行为,根据罪责刑相适应原则的要求,并没有直接配置死刑。但在2001年《刑法修正案(三)》和《刑法修正案(九)》中120条第2款有"数罪并罚"的规定,即行为人组织、领导恐怖组织而又同时实施了杀人、爆炸、绑架等犯罪的,应按照刑法分则规定的相应犯罪定罪,并与组织、领导恐怖组织罪实行数罪并罚,故对于恐怖组织的组织、领导者可能在数罪并罚时适用死刑。

我国现行刑法典对恐怖主义行为规制时涉及的刑种主要有以下几种。

(1)无期徒刑。无期徒刑是我国现行刑法典对恐怖主义行为规制最为严厉的刑罚种类。在1997年刑法典中,组织、领导恐怖组织罪的法定最高刑为3年以上10年以下有期徒刑。2001年《刑法修正案(三)》将法定最高刑升格为"10年以上有期徒刑或无期徒刑",加重了处罚力度,也使得我国对恐怖主义犯罪的立法规制中多了无期徒刑这一刑种方式。

(2)有期徒刑。有期徒刑可谓是最为常见的主刑种类。在组织、领导、参加恐怖活动组织罪中,对于组织、领导恐怖活动组织的,处10年以上有期徒刑;对于积极参加恐怖活动组织的,处3年以上10年以下有期徒刑;对于其他参加恐怖活动组织的,处3年以下有期徒刑。在资助恐怖活动罪中,对于资助恐怖活动组织、实施恐怖活动的个人的,或者资助恐怖活动培训的,处5年以下有期徒刑;对于情节严重的,处5年以上有期徒刑;对于为恐怖活动组织、实施恐怖活动或者恐怖活动培训招募、运送人员的,处5年以下有期徒刑;对于情节严重的,处5年以上有期徒刑。在预备实施恐怖活动罪和宣扬恐怖主义、极端主义罪、煽动实施恐怖活动罪中,对于一般性犯罪的犯罪人,处5年以下有期徒刑;对于情节严重的犯罪人,处5年以上有期徒刑。在利用极端主义破坏法律实施罪中,对于一般性犯罪的行为人,处3年以下有期徒刑;对于情节特别严重的行为人,处7年以上有期徒刑。在强制穿戴恐怖主义、极端主义服饰、标志罪中,对于以暴力、胁迫等方式强制他人在公共场所穿着、佩戴宣扬恐怖主义、极端主义服饰、标志的,处3年以下有期徒刑。在非法持有恐怖主义、极端主义宣传物品罪中,对于明知是宣扬恐怖主义、极端主义的图书、音频视频资料或者其他物品而非法持有,情节严重的行为,处3年以下有期徒刑。

(3)拘役和管制。这两类是我国现行刑法典中对恐怖主义行为规制较为轻微的自由刑。在组织、领导、参加恐怖活动组织罪中,对于组织者、领导者和积极参加者以外的其他参加者,可以适用拘役或管制。在资助恐怖活动罪,预备实施恐怖活动罪,宣扬恐怖主义、极端主义罪、煽动实施恐怖活动罪和利用极端主义破坏法律实施罪中,对于非情节严重的犯罪人,可以适用拘役或管制。在强制穿戴恐怖主义、极端主义服饰、标志罪中,对于以暴力、胁迫等方式强制他人在公共场所穿着、佩戴宣扬恐怖主义、极端主义服饰、标志的犯罪人,可以适用拘役或管制。在非法持有恐怖主义、极端主义宣传物品罪中,对于明知是宣扬恐怖主义、极端主义的图书、音频视频资料或者其他物品而非法持有,情节严重的犯罪人,可以适用拘役或管制。

(4)没收财产。在《刑法修正案(九)》之前,对于组织、领导、参加恐怖活动组织罪并没有规定没收财产刑,而此次修订则在法定刑部分增加没收财产刑,反映立法强化对该罪的经济制裁。而在资助恐怖活动罪,预备实施恐怖活动罪,宣扬恐怖主义、极端主义罪、煽动实施恐怖活动罪和利用极端主义破坏法律实施罪中,对于情节严重的犯罪人,除了适用自由刑之外,没收财产刑是应当并处的附加刑之一。

(5)罚金。在《刑法修正案(九)》之前,对组织、领导、参加恐怖活动组织罪没有规定罚金,罚金刑是资助恐怖活动罪中普遍配置的附加刑。但在《刑法修正案(九)》中则对组织、领导、参加恐怖组织罪增加规定了罚金刑。即在组织、领导、参加恐怖活动组织罪中,对于积极参加者,除了适用自由刑之外,还需并处罚金;对于其他参加的人员,则是可以并处罚金。在资助恐怖活动罪,预备实施恐怖活动罪中,对于一般性的犯罪人,应当并处罚金刑;对于情节严重的犯罪人,罚金刑也是应当并处的附加刑之一。此外,对于资助恐怖活动的单位,还应当对单位判处罚金。在宣扬恐怖主义、极端主义罪、煽动实施恐怖活动罪和利用极端主义破坏法律实施罪中,对于一般性的、情节严重的犯罪人,应当并处罚金刑;对于情节特别严重的犯罪人,罚金刑也是应当并处的附加刑之一。在强制穿戴恐怖主义、极端主义服饰、标志罪中,对于一般性的犯罪人,应当并处罚金刑。在非法持有恐怖主义、极端主义宣传物品罪中,对于情节严重的犯罪人,应给予并处或者单处罚金。

(6)剥夺政治权利。剥夺政治权利可以说是最为轻微的刑罚种类。1997年刑法典中的反恐条款并未设置该刑种,2001年《刑罚修正案(三)》则初次引入这一刑罚种类。在组织、领导、参加恐怖组织罪中,对于组织者、领导者和积极参加者以外的其他参加者,可以选处剥夺政治权利。在资助恐怖活动罪和预备实施恐怖活动罪中,对于一般性犯罪人,可以选处剥夺政治权利。

(7)驱逐出境。刑法典第35条对外国人犯罪的刑罚配置作出了专项规定,在此种情况下,驱逐出境有独立和附加两种使用方式。这种刑罚配置方式兼顾了我国从严打击恐怖犯罪的理念和世界刑罚发展趋势。

2.刑罚幅度的配置

依据罪责刑相适应原则,刑罚的幅度必须与犯罪人的主观恶性和犯罪行为的社会危害性相适应。同时,由于犯罪行为复杂程度的不同,不同刑种的刑罚幅度也存在较大的差别。为了落实刑法基本原则,建立更为科学的刑罚体系,有必要根据情节轻重将复杂犯罪的量刑幅度和量刑档次作更为精细的划分。

(1)组织、领导、参加恐怖组织罪。在1997年刑法典中,组织、领导、参加恐怖组织罪仅规定了两个量刑档次:组织、领导、参加恐怖活动组织的,处3年以上10年以下有期徒刑;其他参加的,处3年以下有期徒刑、拘役或者管制。2001年《刑法修正案(三)》对其作了较大程度的修改,将本罪的量刑档次由两档增加为三档。2015年《刑法修正案(九)》对其再进行修改:

第一,组织、领导恐怖活动组织的,处10年以上有期徒刑或者无期徒刑,并处没收财产。组织恐怖组织,是指招募、纠合人员成一个恐怖活动团体的行为;领导恐怖组织,是指在恐怖组织中处于领导地位,对该恐怖组织的活动起策划、决策、协调作用的人。在实践中,组织行为和领导行为往往存在交叉,组织者在恐怖组织建立以后往往成为领导者,领导者往往又必须实施相应的组织行为,可谓在组织过程中有领导,在领导过程中有组织。

第二,积极参加恐怖组织的,处3年以上10年以下有期徒刑,并处罚金。行为人积极参加恐怖组织,这不仅是一种主动的心理状态,更重要的是,既然积极参加,就意味着赞同其理念、纲领等,相应地,就会在客观行为中积极反映出来。

第三,其他参加恐怖组织的,处3年以下有期徒刑、拘役、管制或者剥夺政治权利,可以并处罚金。相对于前两者来说,其他参加者的社会危害性明显较低。一般情况下,所反映的主观心理状态是不积极的,更有甚者为强迫所为。

(2)资助恐怖活动罪。根据《刑法修正案(九)》的规定,资助恐怖活动罪的刑罚可分为两个档次,即两个具体的法定刑幅度:

第一,资助恐怖活动(一般性),处5年以下有期徒刑、拘役、管制或者剥夺政治权利,并处罚金。《刑法修正案(九)》对其罪状进行相应修改,即在第一款罪状部分增加了"资助恐怖活动培训"的行为;增加了第2款,在罪状中增加了招募、运送的行为,扩大了犯罪圈。我国刑法之所以将资助行为单独规定为犯罪,主要考虑到资助行为可以壮大恐怖组织或恐怖分子的实力,进而加大恐怖主义活动发生的可能性。资助恐怖活动(一般性)主要是指资助金额或次数较少,由于在恐怖活动实施过程中的作用不太明显,故社会危害性也相对较轻。

第二,资助恐怖活动(情节严重),处5年以上有期徒刑,并处罚金或者没收财产。在现行刑法典中的情节加重犯,是指行为人的行为已经构成基本犯罪,且其犯罪情节的严重程度符合了作加重构成的定罪情节的要求,而由刑法规定了加重的法定刑的犯罪形态。对于"情节严重"的资助恐怖活动行为,就应当超出基准程度罪刑单位,适用加重程度的罪刑单位。关于"情节严重"的认定,可以综合目的、动机等各方面因素综合考虑。当然,具体的认定还有待于相关司法解释的出台。

(3)其他与恐怖主义、极端主义行为有关的罪名。根据《刑法修正案(九)》的规定,在第120条之一后增加了5条,作为第120条之二(预备实施恐怖活动罪)、第120条之三(宣扬恐怖主义、极端主义罪;煽动实施恐怖活动罪)、第120条之四(利用极端主义破坏法律实施罪)、第120条之五(强制穿戴恐怖主义、极端主义服饰、标志罪)、第120条之六(非法持有恐怖主义、极端主义宣传物品罪)。在这五个条文中,其中预备实施恐怖活动罪;宣扬恐怖主义、极端主义罪,煽动实施恐怖活动罪的刑罚分为两个档次,即两个具体的法定刑幅度:

第一,在预备实施恐怖活动罪中(一般性),有为实施恐怖活动准备凶器、危险物品或者其他工具;组织恐怖活动培训或者积极参加恐怖活动培训;为实施恐怖活动与境外恐怖活动组织或者人员联络;为实施恐怖活动进行策划或者其他准备行为之一的,处5年以下有期徒刑、拘役、管制或者剥夺政治权利,并处罚金。在宣扬恐怖主义、极端主义罪,煽动实施恐怖活动罪中,若行为人以制作、散发宣扬恐怖主义、极端主义的图书、音频视频资料或者其他物品,或者通过讲授、发布信息等方式宣扬恐怖主义、极端主义的,或者煽动实施恐怖活动的,处5年以下有期徒刑、拘役、管制或者剥夺政治权利,并处罚金。

第二,在预备实施恐怖活动罪,宣扬恐怖主义、极端主义罪,煽动实施恐怖活动罪中(情节严重),对于行为人的行为具有严重情节的,处5年以上有期徒刑,并处罚金或者没收财产。

在利用极端主义破坏法律实施罪中,其刑罚分为三个档次,即三个具体的法定刑幅度。如对于利用极端主义煽动、胁迫群众破坏国家法律确立的婚姻、司法、教育、社会管理等制度实施的行为人,处3年以下有期徒刑、拘役或者管制,并处罚金;对于情节严重的行为人,处3年以上7年以下有期徒刑,并处罚金;对于情节特别严重的行为人,处7年以上有期徒刑,并处罚金或者没收财产。在强制穿戴恐怖主义、极端主义服饰、标志罪;非法持有恐怖主义、极端主义宣传物品罪中,则是一个档次,即一个法定刑幅度。如对于以暴力、胁迫等方式强制他人在公共场所穿着、佩戴宣扬恐怖主义、极端主义服饰、标志的,处 3 年以下有期徒刑、拘役或者管制,并处罚金。对于明知是宣扬恐怖主义、极端主义的图书、音频视频资料或者其他物品而非法持有,情节严重的,处 3 年以下有期徒刑、拘役或者管制,并处或者单处罚金。

三、对中国反恐刑事立法的评析

(一) 从立法模式来看,以刑法修正案模式应对恐怖主义犯罪是符合我国实际情况的合理选择

恐怖活动作为具有严重社会危害性的行为,必然要求对其的规制对应为刑事处罚,也就是说要把其行为具体为各种类型的刑事犯罪,而不同的立法模式选择了不同的部门法来实现对此类行为的规制。当前关于恐怖主义犯罪立法主要有两种观点:一是专项立法模式,即在专门的反恐法中增设新的罪名并匹配相应的刑罚;二是刑法典模式,即通过刑法修正案、修订刑法等方式,不断修订、完善与恐怖主义相关的刑法内容。从我国当前的立法实践,尤其是《刑法修正案(九)》可以看出,我国立法机关选择了后者。通过修改刑法典使恐怖主义犯罪相关条款统一、集中于刑法典之中;《反恐怖主义法》则主要规定行政处罚措施,并辅以"构成犯罪的,依法醉追究刑事责任"这种附属刑事条款。这种模式下形成的"以刑为主,诸法配合"的格局,有利于保持恐怖主义犯罪活动体系的完整性和体系化,有利于保持对恐怖主义犯罪活动的高位打压和震慑,更有利于在具体案件中对相关事实准确适用法律。

(二) 从法律渊源来看,反映了国际反恐立法的新趋势

随着恐怖主义活动的泛滥,跨国性的特征日益鲜明,加强在共同打击恐怖主义方面的合作成为各国共同的选择。在此背景下,我国的刑法也更加注重对国际反恐立法的国内法贯彻落实,履行国际义务。同时,加强合作,积极吸收借鉴国外反恐立法的最新经验。如设立资助恐怖活动罪和宣扬恐怖主义、极端主义、煽动实施恐怖活动罪等罪名、增设关于恐怖主义、极端主义的持有型犯罪等。

(三) 从立法技术的选择来看,强化了法益保护前置的理念

由于恐怖主义活动具有较强的社会危害性,一旦实施会造成公民生命财产不可逆的重大损失,刑法有必要将对行为的处罚时机提前,将一些预备犯、帮助犯分离出来单独定罪。最典型的就是将为实施恐怖活动进行策划或准备的行为规定为犯罪,其中包括准备凶器、组织培训、联系他人等传统意义上的预备行为,这表明我国在反恐刑法运用了"法益前置"理念,以更加周延地保护重要法益。

(四) 从立法体系上看,建立了相对严密的犯罪刑罚体系

一是初步形成了专用概念体系。通过 1997 年刑法典出台、刑法修正案三、《刑法修正案(九)》等几次立法活动引入了一系列专用概念,极大丰富了概念体系,并进一步凸显了恐怖主义、极端主义在反恐刑法专用概念体系中的核心地位。二是增设了恐怖活动犯罪专门罪名。考虑到恐怖活动从设计到实施的各个环节威胁覆盖人员、信息、物资等各个领域,规定了准备实施恐怖活动罪、宣扬恐怖主义、极端主义、煽动实施恐怖活动罪、利用极端主义破坏法律实施罪、强制穿戴宣扬恐怖主义、极端主义服饰、标志罪、非法持有宣扬恐怖主义、极端主义物品罪等五项恐怖活动犯罪。这五项罪名结合之前的规定,基本上覆盖了恐怖活动犯罪的整个行为链条和各种表现形式。

当然,现有反恐怖法律体系仍有较大的改善空间。比如从罪名设置来看,缺乏恐怖主义实施行为的相关罪名,影响了对恐怖主义犯罪的打击力度。我国现行刑法典实际上只是将实施恐怖活动的帮助行为、教唆行为、预备行为等犯罪化,而真正意义的实行行为却在恐怖主义犯罪的罪名体系中缺席。这种情况的直接后果是相关恐怖主义犯罪行为只能按照故意杀人罪、故意伤害罪、绑架罪、爆炸罪等普通罪名定罪量刑,难以体现恐怖主义犯罪的特殊性,也不利于惩治和防范恐怖主义犯罪。

第五节 恐怖主义犯罪与相关犯罪之比较

一、恐怖主义犯罪与邪教犯罪的关系

邪教在我国早已有之,它起源于道教、佛教等宗教的异端教派,以巫术、邪术的形态呈现出来。《大明律》中就明文规定巫师邪术罪,包括"巫师假降邪神、书符咒水,自号端公、太保、师婆",还明确了白莲社、白云宗等邪教组织。随着社会的发展、具体历史条件的变化,晚清民国时期,邪教的发展轨道也由秘密宗教转变为会道门等,并与各种政治势力发生关系。在西方并未有专指"邪教"的词,而是自从当代出现邪教后,个别英语文献将其翻译为"cult"。故关于其概念等基本问题,尚处于研究阶段,未达成共识。

邪教犯罪是一类犯罪的总称,而非一个具体犯罪。在很长一段时期,我国立法并未对邪教犯罪设置一个独立的罪名,而是以"会道门"犯罪统称为各类邪教犯罪活动。1985年最高人民检察院、公安部等四部门联合发布的《关于处理反动会道门工作中的有关问题的通知》中即如此。20世纪80年代以后,"门徒会""灵灵教""法轮功"等各类邪教活动猖獗,为此,1997年新颁布的《中华人民共和国刑法》规定了专门的邪教罪名。1999年10月30日,第九届全国人大常委会通过的《关于取缔邪教组织,防范和惩治邪教活动的决定》中明确指出,对邪教组织要坚决依法取缔。最高人民法院、最高人民检察院也先后出台了相关司法解释,为取缔和打击邪教组织提供了有力的法律武器。在最高人民法院、最高人民检察院出台的《关于办理组织和利用邪教组织犯罪案件具体应用法律若干问题的解释》中对邪教组织作出一个明确的界定,"邪教组织是指冒用宗教、气功或者其他名义建立,神化首要分子,利用制造、散布迷信邪说等手段蛊惑、蒙骗他人,发展、控制成员,危害社会的非法组织"。根据该解释,我们可以看出邪教犯罪具有以下特征。

(1)在犯罪客体上,其直接客体应根据邪教组织具体实施的犯罪而定。如邪教组织制造迷信指使、胁迫成员或其他人自杀、自伤的,可依照故意杀人罪、故意伤害罪定罪处罚。

（2）在客观方面上，其行为方式则各种各样。

（3）在犯罪主体上，邪教犯罪的主体多数为一般主体，即任何达到刑事责任年龄、具有刑事责任能力的自然人均可构成。当然，也允许有特殊主体的出现。单位一般不可能构成邪教犯罪。邪教组织或者其分支机构不能视为单位犯罪意义上的单位，如其实施某些可由单位作为犯罪主体的犯罪如洗钱，也只能追究相关人员的刑事责任。

（4）在犯罪主观方面上，邪教犯罪的主观方面一般表现为故意，也有少数犯罪可以由过失构成。

（一）恐怖主义犯罪与邪教犯罪的共性

恐怖主义犯罪与邪教犯罪都是现实存在的，两者有很多相似之处。

1. 组织结构的相对严密性

在邪教犯罪中，往往存在一个意志凌驾于众人之上、至高无上的"神"——教主。这个具备神功异能的教主通过精神引诱、心理暗示等方式，控制信徒的心理和意识，让其心甘情愿地接受"教主"的为所欲为。教主进行精神控制后，方可对其组织结构进行坚强有力的指挥和控制，并形成严明的组织纪律，进而有步骤、有预谋、有计划地进行犯罪活动等。例如，"全能神教"，又称"东方闪电"，其组织架构是严密的七等级，自上而下设有"女基督""大祭司""圣灵所使用的人""省级领导""区级领导""城乡领导""小排领导""细胞小组领导"等。在"全能神"的各层机构中，都设有一线、二线、三线、四线人员。一线人员的职责是主持工作；二线人员的职责是见证工作；三线人员的职责是摸底、铺路，即开展新的工作；四线人员的职责是接待服侍。他们在各地设有"联络站"或"接待点"及特殊的"训练基地"（专供软禁人、"审判"人、为人洗脑所用）。

在恐怖主义犯罪中，也有一套严密的组织结构，既有核心筹划层，又有外围执行层，为了保护成员身份的秘密性和组织系统的秘密性，通常情况下，成员之间尽量避免不必要的横向联系。在实践中，即使一些恐怖活动是由一个人去完成，那也是由多个人共同策划、从旁协助才得以实现的。一个大的恐怖组织往往是由数个甚至数十个基层组织构成的，他们分布于多个地区，而且恐怖行动也常常是以基层组织为单位开展实施的。例如，1988年本·拉登组织成立的"基地组织"，有三层核心，第一层核心是由拉登本人以及那些自20世纪80年代以来一直随拉登鞍前马后跑的人组成，人数在数十人左右，这属于是"基地硬骨头"。第二层核心是数十个分散在世界各地的"基地"组织分支的领袖人物。第三层核心是拉登最铁杆的秘密信徒。再如，ISIS恐怖组织也有一个高度集权、层层向下、分工明确细致的管理体系。在这个组织中，以巴格达迪为核心，其下有一个由多名副手组成的"内阁"，在"内阁"以下，还设有"省长"。此外，巴格达迪还任命一名化名为阿布·萨拉赫的组织成员为ISIS"财政部长"。

因此，作为犯罪集团的两种形式，邪教犯罪与恐怖主义犯罪的组织结构具有一定的相似之处。

2. 本质的相似性

邪教犯罪与恐怖主义犯罪的反人类、反社会、反政府的本性如出一辙。

宗教在文化体系中居于上层建筑的地位，是深层次的文化系统，成熟的宗教可以维持民族特征，形成民族性格，强化民族凝聚力、影响民族思维方式。特别是一个民族分别存在于多个国家,宗教成了凝聚各国分散的民族,保持民族性格的关键力量。宪法和法律保障宗教信仰自由,邪教组织对公民进行精神控制与该原则明显冲突,其实质是对公民的法定权利的侵害。俗话说得好,人无完人,金无足赤。例如,"全能神教",入教后的第一关,是立誓。在誓言中称"不管怎样修理对付都保证接受,绝不反抗。无论遇到什么灾难、祸福,或死或活,绝不埋怨神、埋怨神家"。更有甚者是"凡是有心志的神选民都应该为国度福音的扩展献上自己宝贵的生命,或死或活都由神做主,自己别无选择"。不仅如此,邪教犯罪组织者往往会利用信徒那些愚昧、极端的行为,作为政治资本以对抗社会制衡政府,甚至依附于国外政权,以颠覆现有政权为最终目的。2014年3月,加拿大"法轮功"组织与10个"民运"、"藏独"组织一起召开记者会,污蔑攻击中国政府,要求加拿大在人权会上参加美国反华提案的联署。联合国人权大会期间,"法轮功"邪教组织李洪志一伙伙同魏京生等纠集"台独""藏独""民运"分子等,在会内会外大肆活动,造谣惑众,不遗余力地为美国反华提案鼓噪造势。他们还共同捏造谎言,阻挠中国加入世贸组织,反对美国给予中国永久性正常贸易地位。据不完全统计,全国因练"法轮功"死亡的人数超过1500人;还有600多人经医生确诊为因练"法轮功"导致精神障碍。李洪志唯恐天下不乱,频频挑起事端,煽动"法轮功"练习者围攻新闻单位和党政机关,1996年以来,李洪志及其"法轮功"邪教组织策划、指挥的非法聚集事件就达78起。

恐怖主义组织还会通过实施杀戮等行为意在向政府或国际组织传递着某种讯号,这种讯号就是这种暴力或破坏性事件会造成社会恐怖气氛,并最终到影响社会安定。恐怖主义组织实施的犯罪一般以更为凶残的暴力手段针对手无寸铁毫无防备的平民大众。例如肯尼亚首都内罗毕豪华商场上演对普通顾客的大屠杀;尼日利亚的"博科圣地"竟然对睡梦中的学生大开杀戒;叙利亚在反对派与政府军的持续争斗中,不时发生对平民的恐怖袭击事件,最可怕的是多次上演化学武器攻击事件,最多一次毒杀一千多人。2013年10月28日,"东突"分子制造的北京天安门金水桥恐怖袭击事件,造成5人死亡,38人受伤。2014年3月1日,"东突"分子制造的昆明火车站"301"暴力恐怖袭击,造成29人死亡、143人受伤的重大损失。恐怖主义犯罪就像一只硕大无比的章鱼,把触角伸向了除南极以外的各个大洲,伸向各个领域,成为和平和发展的大敌,是与这个现代世界格格不入的反现代者。

(二)恐怖主义犯罪与邪教犯罪的差别

在西方国家的立法中,除了法国将邪教犯罪以特别立法的形式予以规制外,其他国家均是将其规定在具体的个罪之中。

根据我国最高人民法院、最高人民检察院《关于办理组织和利用邪教组织犯罪案件具体应用法律若干问题的解释》,邪教犯罪包括组织利用、邪教组织利用迷信破坏法律实施罪,组织、利用邪教组织利用迷信致人死亡罪,以及其他一些具体的个罪。而法国则是以"精神欺骗和控制罪"这一罪名对邪教行为进行规制。关于邪教犯罪与恐怖主义犯罪的比较,我们主要从其客体、客观要件、实施对象和社会效果以及对内部成员控制的方式等方面进行展开。

1. 犯罪客体不同

无论在英美法系还是大陆法系的犯罪构成中,犯罪客体这一称谓是不存在的。此处的犯罪客体,是在我国经典犯罪构成的理论基础上加以分析。

在刑法理论上,犯罪客体又分为一般客体、同类客体和直接客体。对于邪教犯罪的客体,理论上有不同的表述,一般认为,邪教犯罪侵害的同类客体是社会管理秩序;侵害的一般客体为我国刑法所保护的社会整体利益;侵害的直接客体多为包括公共安全、公私财产权利、公民人身权利等刑法所保护的社会关系。我国宪法保护公民的宗教信仰自由。如果一个宗教有合法的宗教教义,有一脉相传的宗教典籍和有固定的活动场所并合法地开展宗教活动,在我国是被充分承认的。如佛教、道教、天主教、基督教、伊斯兰教。而邪教犯罪则是打着"宗教"的幌子,宣扬某种"教义"为其组织活动服务,但仍掩盖不了其危害社会的本性,故为我国法律所严厉禁止。邪教组织犯罪侵犯的客体,最本质还是国家的社会秩序安定和法律秩序,然后才是其他犯罪客体。

但恐怖主义犯罪与邪教组织犯罪不同,它侵犯的客体包括社会公共安全,也包括公民的人身权利等其他客体。如以实施杀人行为为手段制造社会恐怖事件而,则同时危害了社会公共安全和他人的生命权益。从上述可以看出,两者的客体有相同之处,但其主要客体是不同的。

2. 客观要件不同

在我国现行刑法典中,邪教犯罪规定在刑法第 300 条"组织、利用会道门、邪教组织、利用迷信破坏法律实施罪和组织、利用会道门、邪教组织、利用迷信致人死亡罪"以及其他一些具体的个罪中。根据《最高人民法院、最高人民检察院关于办理组织和利用邪教组织犯罪案件具体应用法律若干问题的解释(一)》第 2 条规定,组织和利用邪教组织并具有下列情形之一的,按组织、利用会道门、邪教组织、利用迷信破坏法律实施罪论处:①聚众围攻、冲击国家机关、企事业单位,扰乱国家机关、企业事业单位的工作、生产、经营、教学和科研秩序的;②非法举行集会、游行、示威、煽动、欺骗、组织其成员或者其他人聚众围攻、冲击、强占、哄闹公共场所及宗教活动场所,扰乱社会秩序的;③抗拒有关部门取缔或者已经被有关部门取缔,又恢复或者另行建立邪教组织,或者继续进行邪教活动的;④煽动、欺骗、组织其他人不履行法定义务,情节严重的;⑤出版、印刷、复制、发行宣扬邪教内容出版物,以及印制邪教组织标识的;⑥其他破坏国家法律、行政法规实施行为的。以及根据我国最高人民法院、最高人民检察院 2002 年 5 月 20 日出台的《关于办理组织和利用邪教组织犯罪案件具体应用法律若干问题的解答》,组织邪教组织的行为是狭义上的发起、组织行为,不包括参与邪教组织的行为。从上述规定,我们可以看出,在邪教犯罪的客观要件中,行为人成立邪教组织是其前提性的条件。而在国外的立法规定(除法国、比利时)中,组织邪教组织的行为不是犯罪行为,只有组织、利用邪教组织实施的行为成立犯罪,才给予惩处。也就是说,国外的邪教犯罪的客观要件依存于利用邪教组织实施的具体的犯罪行为的客观要件中。

但根据我国刑法以及国际公约的相关规定,暴力要素是恐怖主义犯罪的必备要素,是恐怖主义犯罪的客观要件。但随着社会的发展和技术的日新月异,利用网络信息实施的新型恐怖主义犯罪已经越来越频繁。

3. 行为针对的对象及社会效果不同

邪教组织进行违法犯罪活动时,针对的对象多数是信徒,他们不但通过对其实行严厉的精神控制、毒化信徒心灵,还对其成员有生杀予夺的权力。当然,在某些有政治目的邪教犯罪中,其针对的对象也会是现行政府机关、社会民众,但更多地仍然是信徒。

近年来,恐怖主义组织通常以大范围的无辜民众作为侵害对象。将众多普通无辜民众作为袭击的对象也是恐怖分子有意识的筛选的结果。事实证明,这种方式具有很强的象征性,可以对政府造成巨大压力,甚至进而达到社会动荡、政府垮台、政权瓦解的效果。例如,昆明火车站"3·01"暴力恐怖袭击,造成29人死亡、143人受伤的重大损失。实际上,远不止于此,它由此产生的心里恐慌则远远超过这个范围。因心里恐慌而产生的负面效应则是全方位的,一则会对政权的稳定有所影响;二则会造成社会一定程度的动荡不安,人人自危;三则妨碍正常的工作与生活秩序等等。另外,"恐怖主义是不分青红皂白的行为,它并不旨在打击那些被视为敌手的人,而是谋略制造动乱和恐怖,至于受害者是谁,它漠不关心"。因此,恐怖主义犯罪对犯罪对象的选择具有双重性质,既包含有意识的选择性也有实际受害范围的不确定性。正如我国学者田宏杰所言:"袭击目标的有选择性与实际受害对象的不确定性之间并不矛盾,相反,两者密切联系、相辅相成,使得恐怖主义犯罪在对象特征上显著区别于其他犯罪"。从这个角度来说,邪教犯罪引起的社会恐慌范围较小,不具有普遍性,而恐怖主义犯罪则会使民众产生普遍的恐惧心理。

4. 对内部成员控制方式的不同

邪教组织对其成员的控制方式是通过类似宗教的仪式、神化教主以及不断说教来确立并巩固地位,并辅以严格的组织纪律,最常见的手段就是进行身体和精神上的双重控制,逼迫其脱离正常的社会生活环境,并以邪教为生活重心及精神上的寄托之处。正如佩佩罗德里格斯所言:"生活往往处于没有保障的状态,现在和将来都只得仰仗邪教,从而因为没有了生活来源而只好被迫留在邪教里。"而恐怖组织对其成员的控制主要是依靠狂热的政治、宗教或者社会意识形态的信仰来实现。

二、恐怖主义犯罪与黑社会(性质)犯罪的关系

恐怖主义犯罪与黑社会(性质)犯罪是"世界三大犯罪灾难"的两种重要形式。从犯罪学的角度看,黑社会性质组织与黑社会组织之间存在一个结构层次的问题。一般来说,黑社会性质组织已经具有黑社会组织的某些痕迹和性质,但还不具备黑社会组织的完整特征,属于犯罪集团向黑社会组织过渡的一个中间形态。换言之,黑社会性质组织是黑社会组织的初级阶段,是具有黑社会组织的组织特征和行为特征、初步具备了黑社会组织属性的犯罪组织。有关立法文件也指出:"在我国,明显的、典型的黑社会犯罪还没有出现,但带有黑社会性质的犯罪集团已经出现。"因此,前者是后者的初级形式,而后者则是前者经国发展后的成熟、完备形式。由于黑社会组织与黑社会性质组织只是犯罪集团的不同阶段,本质是一致的,故本文在表述时对这两个概念予以并列。恐怖主义犯罪与黑社会(性质)犯罪有相同之处也有不同之处,有时甚至会相互转化和包容。

(一)恐怖主义犯罪与黑社会(性质)犯罪的共性

作为有组织犯罪的两种形式,恐怖主义犯罪、黑社会(性质)犯罪有着许多共同之处。

1. 组织结构的相对严密性

黑社会(性质)组织与恐怖主义组织都属于犯罪集团的范畴。根据我国《刑法》第26

条规定,犯罪集团是指3人以上为共同实施犯罪而组成的较为固定的犯罪组织。换言之,黑社会(性质)组织、恐怖主义组织中相对稳定的骨干人员应当在三人以上。

关于黑社会性质组织,我国有关部门先后作了不同的规定。2000年12月4日最高人民法院《关于审理黑社会性质组织犯罪的案件具体应用法律若干问题的解释》(以下简称司法解释)第1条规定:"刑法第294条规定的'黑社会性质的组织',一般应具备以下特征:(1)组织结构比较紧密,人数较多,有比较明确的组织者、领导者,骨干成员基本固定,有较为严格的组织纪律;(2)通过违法犯罪活动或者其他手段获取经济利益,具有一定的经济实力;(3)通过贿赂、威胁等手段,引诱、逼迫国家工作人员参加黑社会性质组织活动,或者为其提供非法保护;(4)在一定区域或者行业范围内,以暴力、威胁、滋扰等手段,大肆进行敲诈勒索、欺行霸市、聚众斗殴、寻衅滋事故意伤害等违法犯罪活动,严重破坏经济、社会生活秩序。"2002年4月28日第九届全国人大常委会第二十七次会议《关于〈中华人民共和国刑法〉第二百九十四条第一款的解释》(以下简称立法解释)认为,"黑社会性质的组织"应当同时具备以下特征:(1)形成较稳定的犯罪组织,人数较多,有明确的组织者、领导者,骨干成员基本固定;(2)有组织地通过违法犯罪活动或者其他手段获取经济利益,具有一定的经济实力,以支持该组织的活动;(3)以暴力、威胁或者其他手段,有组织地多次进行违法犯罪活动,为非作恶,欺压、残害群众;(4)通过实施违法犯罪活动,或者利用国家工作人员的包庇或者纵容,称霸一方,在一定区域或者行业内,形成非法控制或者重大影响,严重破坏经济、社会生活秩序"。2009年12月9日最高人民法院、最高人民检察院、公安部关于《办理黑社会性质组织犯罪案件座谈会纪要》(以下简称纪要)中规定:"黑社会性质组织不仅有明确的组织者、领导者,骨干成员基本固定,而且组织结构较为稳定,并有比较明确的层级和职责分工。"通过三者对组织特征的表述,反映了黑社会性质组织成员的内部组合方式,在稳定性、严密性、层级性等方面已经完全具备了犯罪集团的成立条件,蕴藏着比普通犯罪集团更大的社会危害能力,以高级犯罪集团为违法犯罪"角色"。详言之,司法解释对组织性特征表述为"组织结构比较紧密"且"有较为严格的组织纪律";立法解释改为"形成较稳定的犯罪组织";而《纪要》将"具有一定的组织纪律、活动规约"作为认定黑社会性质组织时的重要参考依据。三者表述虽不完全一致,但精神基本一致,只是侧重点有所不同而已。立法者仍然承认黑社会性质组织的严密性,只是"不需要必须具有明确的组织名称、纲领、章程、活动规约等"。实践证明,如果没有通过一定的组织纪律、活动规约来加强内部管理,黑社会性质组织将难以保持其自身的稳定性、严密性,从而也难以发挥组织应有的能效。

"严密的组织性"的另外一个重要表现是组织成员的稳定和明确分工。为逃避打击,黑社会(性质)组织往往采取打手"市场化"、结构"松散化"等手段制造"人员频繁更替、组织结构松散"假象,但其"核心成员"是基本稳定的,一般有一个比较明确的层级结构:首要分子——骨干分子——一般成员。其中,"组织者、领导者"通常是指组织中实际处于领导地位,对整个组织及其运行、活动起着决策、指挥、协调、管理作用的犯罪分子;"骨干成员"通常是指接受组织的领导和管理,指挥或积极参与实施具体犯罪活动的人;"一般成员"指受骨干成员直接支配,具体执行组织者或领导者、骨干成员布置的违法犯罪活动任务的其他组织成员。例如,刘汉特大黑社会性质组织案中,该组织的层级非常严密,刘汉处于金字塔的塔尖,平时只对刘维和孙某某发号施令,再由他们传达给下面的骨干成员;骨干成员养着一群"小弟",随时听令。再如 ISIS 恐怖组织实施的"11·13 巴黎恐怖袭击事件",根据有关人士称,这次袭击策划周密,各袭击点配合娴熟,恐怖分子不仅表现出训练有素的"独狼"作战经验、能力,更罕见地显示了团伙配合的素质和技巧,这一切非有实力、有经验的大型国际性恐怖组织是很难做到的。

2. 严重的社会危害性

各国立法大都将这两种行为规定为犯罪行为,犯罪的本质特征在于它对国家和人民利益造成侵害,故严重的社会危害性的不言而喻的。

黑社会(性质)组织与恐怖主义组织的产生和存在不仅扰乱社会秩序,还会给民众的人身、财产安全造成极大的威胁。例如,俄罗斯黑帮通过港口贸易、银行等买卖将庞大的财富进行"漂白"。据有关资料显示,俄罗斯约十分之一的区域受到黑帮操控,国内生产总值25%来自"黑色经济",不少俄政府官员也牵涉黑帮活动。进入21世纪以后,恐怖主义组织的活动十分活跃,社会危害性也甚为严重。ISIS 恐怖组织实施的"11·13 巴黎恐怖袭击事件",造成130人死亡,350多人受伤,官方统计的经济损失约20亿欧元(21亿美元)。美国国务院的数据显示,ISIS采取攻击造成的伤亡率比地球上任何其它恐怖组织都高。

(二)恐怖主义犯罪与黑社会(性质)犯罪的差别

恐怖主义犯罪与黑社会(性质)犯罪尽管有一些相似之处,但其差别也是非常明显的。具体来说,主要有以下两点:

1. 客体不同

国外多数国家的刑法理论中,客体是不包含在犯罪构成要件之中。这里我们区分恐怖主义犯罪与黑社会(性质)犯罪的犯罪客体,根据的是我国刑法理论的犯罪构成理论的通说。这两类行为所涉及的两个相关罪名是分别规定在第二章"危害公共安全罪"和第六章"妨害社会管理秩序罪"中,这种设置本身也体现了其侵害客体的不同。

从黑社会(性质)犯罪的内涵可以看出,黑社会(性质)犯罪危害的主要是社会管理秩序,即统治阶级赖以存在并依靠制定或认可的法律制度、社会公共道德规则、风俗习惯建立和维持的包括社会生产、经营、管理、生活等方面在内的有条理的正常的社会运行状态。对于这点,世界各国和地区大多都很赞同,并在立法上给予表明。如《意大利刑法典》将参加黑手党型集团罪,发起、领导、组织黑手党型集团罪归入重罪分则的第五章"危害公共秩序罪"中;《德国刑法典》将建立黑社会犯罪团体罪归入分则第七章"妨害公共秩序的犯罪"中。

而恐怖主义犯罪侵犯的客体主要是社会的公共安全。详言之,恐怖主义犯罪侵犯的客体既包括社会公共安全,也包括其他客体。由于各国立法的着眼点不同,导致其规定也不尽一致,但主要客体仍是对公共安全的侵害。如《法国刑法典》将恐怖主义犯罪归类于其第四卷"危害民族国家及公共安宁罪"中,并具体设置在危害国家基本利益罪和危害国家权威罪之间。

2. 目的特征的差异性

黑社会(性质)犯罪与恐怖主义犯罪在设立的目的、实施犯罪活动的目的方面差异显著。

换言之,金钱不仅是黑社会(性质)组织赖以存在与发展的基础,而且也是黑社会(性质)犯罪行为人实施犯罪行为的主要目的。虽然黑社会(性质)犯罪涉及面日益广泛,甚至渗透至政治领域,但这些都是维护其生存和发展的手段,其最终和根本的目的始终是非法的经济利益。

而恐怖主义犯罪目的则相对多样化,其以实施恐怖活动为手段来制造社会恐怖气氛,引起社会动荡,最终目的是实现其政治、宗教或其他社会目的。随着社会的发展,越来越多的恐怖组织也会实施抢掠、勒索以及控制一些资源型行业等,但这并未改变其对本质目的的追求。规模越大的恐怖主义犯罪活动就需要越多的资源予以支撑其组织运转。众所周知,ISIS是全球最富有的恐怖组织。其年周转资金达到约20亿美元,而据一些分析师估计,这个数字应该是30亿美元。因此,在恐怖主义犯罪的主观要件中,其犯罪的故意内容不是以追求而非法的经济利益作为意志因素,而是以追求政治、宗教或其他社会目的作为犯罪故意的意志因素。

三、恐怖主义犯罪与洗钱犯罪的关系

"洗钱"是个舶来词(money laundering),其原意是将赃钱洗净。20世纪初,美国旧金山一饭店老板因见店中流通的硬币沾满油污,为了不使顾客的手及钱袋玷污,遂让人将油污渍染的赃钱洗净,这就是最初的洗钱。20世纪20年代美国芝加哥黑手党的一个金融专家为了将走私、贩毒等犯罪活动所获得的大量现金合法化,以开设洗衣店为掩护,将贩毒所获现金与洗衣店的经营所得混同申报纳税,从而"洗白"犯罪所得。由于这种行为与"洗衣店"有关,其目的是"洗白"犯罪所得,因此,犯罪学界将此类行为统称为"洗钱"。

洗钱一般经过处置、培植和融合三个阶段。处置阶段的主要行为是将犯罪所得赃款与其他合法款项混合,或者转为其他金融资产;培植阶段则主要通过多种操作手法,层层覆盖款项的往来,使真实的归属不被查实,达到消除非法特征的目的,这是洗钱中最为重要的一个阶段,有人将此阶段称为"层层设迷";将经过上述两个阶段的犯罪资金转移到日常经济体系中,以合法的形式返回犯罪收益人并无所顾忌地加以使用则是融合阶段的最终目标。

作为下游犯罪的洗钱犯罪是伴随着走私犯罪、毒品犯罪、黑社会(性质)犯罪、恐怖主义犯罪等有组织犯罪而发展起来的一类犯罪活动,是这些有组织犯罪的伴生物。因此,恐怖主义犯罪与洗钱犯罪有着天然的联系。

(一)恐怖主义犯罪与洗钱犯罪的联系

1. 洗钱犯罪是恐怖主义犯罪资金支持聚积的主要途径

众所周知,洗钱是一项涉及大量资金的犯罪活动。当今世界恐怖活动愈演愈烈,资金是贯穿于恐怖主义发展的各个环节,不管是恐怖思想传播、人员招募培训、暴恐装置的购置、恐怖活动的组织实施都离不开资金,资金就是恐怖主义的生命线。一方面,一些恐怖组织需要通过走私、贩毒、绑架人质等犯罪活动迅速敛集犯罪收益来资助其恐怖活动。据统计,全世界每年洗钱的金额在5000亿美元到10 000亿美元之间,而恐怖组织一直是世界洗钱的主角,恐怖主义的资金网络遍布全世界。另一方面,它们把其经营公司的贸易盈利、抽取某些有联系的慈善机构的部分基金等收入用于实施恐怖活动的非法需要。据说,"9·11事件"头号嫌疑犯沙特富翁本·拉登,于1991年在苏丹开办一家名为"瓦迪·阿迪克"的皮包公司,为其恐怖活动筹集资金,该公司经营项目五花八门,被摧毁前经营所得年收入超过1000万美元,海湾国家的土豪们和基金会也是其资金来源。"9·11"事件以后,十几个国家证监当局就事件前后的股市运行情况交换信息,发现恐怖组织预计世界各地股市会暴跌,利用雄厚的资本实力进行投资,操纵金融市场,获取了巨额利润。可以说,洗钱行为是恐怖主义组织生存和发展不可或缺的手段。也正因为如此,反对恐怖主义的一个重要环节就是切断恐怖主义分子经济命脉,使其无法获得任何资金来源,从而使恐怖主义组织无法生存和发展,使得恐怖主义活动无法实施。

对此,国际社会和我国政府出台了一系列文件进行规制。从国际层面上看,1991年6月10日,欧洲共同体理事会通过《关于防止使用金融系统洗钱的指令》,对金融系统洗钱作出了详细的规制。1999年,联合国《制止向恐怖主义提供资助的国际公约》界定了恐怖融资的概念;要求成员国建立有效的制度来遏止恐怖融资,采取必要的措施来鉴别、冻结、查封以及没收恐怖融资资产。2001年,反洗钱金融行动特别工作组《FATF反恐融资八条建议》中对恐怖融资等行为作出规制。具体包括:①批准和执行联合国有关决议;②将恐怖主义融资及习惯的洗钱定为犯罪;③冻结和没收与恐怖主义有关的资产;④举报与恐怖主义有关的可疑交易;⑤国际合作;⑥替代性汇款;⑦电子转账;⑧非营利组织。从国内层面上看,2001年11月14日,我国签署了《制止向恐怖主义提供资助的国际公约》,并在《刑法修正案(三)》中将资助恐怖活动的行为规定为犯罪行为。2003年,中国人民银行颁布实施《金融机构反洗钱规定》《人民币大额和可疑支付交易报告管理办法》《金融机构大额和可疑外汇资金交易报告管理办法》。2007年6月中国人民银行出台了《金融机构报告涉嫌恐怖融资的可疑交易管理办法》,其中对可疑交易报告的标准、反恐怖融资的义务主体、具体措施以及相应的法律责任等问题均给予详细规定。《中国反洗钱战略(2008—2012)》中提出,要求建立健全预防和打击恐怖融资活动的法律制度和监管制度,完善反恐怖融资相关司法解释,打击为恐怖活动募集资金的行为建立涉恐资产冻结机制。进一步明确恐怖融资预防、打击和司法协助等相关规定,建立报告、查封、冻结、扣押和没收涉恐资产的制度、规定和程序。进一步完善反恐怖融资制度和机制加强涉恐资金监测,建立全国性预防恐怖融资网络;提高金融机构及全社会对反恐怖融资的认识,遏制和截断恐怖组织和恐怖分子的融资渠道。

2. 洗钱犯罪是恐怖主义犯罪最终得到有效惩治的主要障碍

经济全球化是一柄"双刃剑"。它一方面促进了国际政治、经济、文化的一体化,为消除全球性恐怖主义犯罪创造了必要条件;另一方面,经济全球化使各国经济主权面临挑战,经济运行风险增大,南北差距进一步扩大,跨国有组织犯罪更加猖獗,为恐怖主义犯罪的滋生提供了丰富的土壤。经济全球化为洗钱犯罪提供了提升隐蔽性创造了有利条件,使追踪洗钱罪上游犯罪的难度大大增加。但任何事物都具有两面性。在经济全球化背景下,金融体系的迅速发展,对整个社会的全方位渗透为发现和追查洗钱活动及其上游犯罪提供了有力线索和有效路径。

目前为避免恐怖分子消除相关犯罪证据,逃避法律制裁,国际组织和各国政府都采取了一些有效措施。

(1)建立客户身份识别制度和交易记录保存制度。我国自2000年4月《个人存款账户实名制规定》实行个人存款实名制后,为进一步做好个人银行账户实名制等工作,《中华人民共和国反洗钱法》、《人民币银行结算账户管理办法》、《金融机构客户身份识别和客户身份资料及交易记录保存管理办法》等法律制度中均对个人银行存款账户必须以实名开立以及银行必须保留所有的金融交易记录档案,以便对已经完成的交易进行追溯给予详细的规定。例如,存款人开立各类个人银行账户时,必须提供真实、合法和完整的有效证明文件,账户名称与提供的证明文件中存款人名称一致;各银行要严格按照相关法律制度要求,加强对个人银行账户开立的审查,识别客户真实身份,不得为存款人开立假名和匿名账户;建立个人银行账户的跟踪检查制度,及时掌握存款人账户信息资料变动情况;建立健全个人银行账户开立和管理的内控制度,建立客户身份识别制度及责任制等等。2016年7月1日,中国人民银行又实施了《非银行支付机构网络支付业务管理办法》。该办法明确将实名认证作为在第三方资金托管平台上进行充值、投资、提现等相关操作的硬性要求,这标志着第三方支付已进入强制性实名认证时代。

(2)建立可疑交易报告制度。2003年反洗钱金融行动特别工作组《FATF40条建议》中,将可疑交易报告成为金融机构应履行的一项强制性义务。该建议要求各国法律法规应明确规定,金融机构如怀疑或有合理理由怀疑资金来源于犯罪收益,或与恐怖融资活动有关,必须立即直接向金融情报中心报告。此外,第11条和第21条建议也处理了可疑交易报告问题。第11条建议是在客户应有审慎性背景中提出来的,要求金融机构应特别注意所有复杂、数额巨大或交易方式极为异常的没有明显经济和合法目的的交易,并尽可能审查这些可疑交易的背景和目的,书面记录审查结果,以供主管部门和审计部门使用。而第21条建议则是对未实施或未完全实施FATF建议国家所采取的措施之一。它要求金融机构对与来自这些国家的客户(包括公司和其他金融机构)之间的商业关系和交易给予特别关注。如果交易没有明显的经济或显著的合法目的,金融机构就应尽可能地审查其背景,并书面记录审查结果,便于监管部门、审计部门和执法机构查用。2007年3月,中国人民银行又实施了《人民币大额和可疑支付交易报告管理办法》,规定了金融交易以现金形式进行并超过一定数量,银行必须特殊记录或报告;银行必须要向有关机构声明所有可疑的交易等。

(二)恐怖主义犯罪与洗钱犯罪的区别

尽管两者有着天然的联系,但其区别也是显而易见的。具体来说,主要有以下几点。

1.犯罪客体有所不同

犯罪客体是我国刑法所保护而为犯罪行为所侵犯的社会关系。世界各国对洗钱犯罪的客体认定标准不一致:一些国家由于注重对被害人财产的侵害,故将其规定为侵犯财产罪之中;另一些国家则认为洗钱活动是对司法的妨害,故将其归结为妨害司法罪的一种;还有一些国家认为它与"上游犯罪"的密切关系,故将其规定在"上游犯罪"的条文之后。

我国大陆多数学者认为洗钱犯罪侵犯的客体是复杂的,既包括国家金融管理秩序,也包括司法机关的司法活动。其实,如从社会危害指向、刑事立法规范和各客体的位阶排序等维度来综合分析,即可较为明显地得出结论:尽管洗钱犯罪的"上游犯罪"直接侵害了财产所有权,但洗钱罪侵犯的客体仍应该是国家的金融管理秩序。

对恐怖主义犯罪的犯罪客体而言,由于各国立法者的着眼点不同,导致其界定也存在一定的差别,但根据我国《刑法》规定,恐怖主义犯罪侵犯的客体主要还是社会公共安全。

2. 犯罪客观要件有所差别

自我国1997年刑法规定了洗钱罪后,《刑法修正案(三)》《刑法修正案(六)》分别对洗钱罪的上游犯罪进行逐步扩大,到目前为止,我国的洗钱罪上游犯罪包括毒品犯罪、黑社会性质组织犯罪、走私犯罪、恐怖活动罪、贪污贿赂犯罪、破坏金融管理秩序犯罪、金融诈骗犯罪,总数达到了81个,占我国刑法分则个罪名的18.75%。而世界各国和地区关于洗钱犯罪的"上游犯罪"的规定,大致分为三种情形:①将"上游犯罪"的范围只限制为毒品犯罪,如《联合国禁毒公约》;②是将"上游犯罪"的范围限制在某些特定的严重犯罪,如美国刑法将其规定为"特定的非法行为,德国刑法典中将其规定为重罪和贪污罪等具体的十余种轻罪;英国将其限定为毒品犯和恐怖主义犯罪等;③将其扩大到所有犯罪,如俄罗斯的刑法规范中规定洗钱犯罪的上游犯罪包括一切刑事犯罪,瑞士《刑法》第305条规定,任何人在知道或应该知道财产来源于犯罪的情况下,从事了危害调查财产来源或没收财产的行为,构成洗钱罪等等。"尽管"上游犯罪"的规定不一致,但通过分析发现对洗钱犯罪客观行为表现形式的规定是基本一致的。

根据我国《刑法》第191条规定,洗钱罪是指明知是特定犯罪的违法所得及其产生的收益,而采取提供资金账户,协助将财产转换为现金或者金融票据,通过转账或者其他结算方式协助资金转移,协助将资金汇往境外,以及其他方法掩饰、隐瞒犯罪的所得及其产生的收益的性质和来源的行为。从其规定我可以看出,"掩饰"、"隐瞒"是洗钱犯罪行为的特征。

而恐怖主义犯罪的行为具有公然性的特征。不管是采取像暗杀、绑架、爆炸等这些传统且常见的方式,亦是利用尖端、先进的高科技装备等非暴力方式,在客观行为方面均具有一定的公然性。需要说明的是,这里的客观行为是从直接实施恐怖主义行为的意义上界定的,不包括支持、资助等关联性的行为,因为资助等行为有时往往所采取的是一种秘密的形式。因此,恐怖主义犯罪客观行为所具有的公然性与洗钱犯罪客观行为的隐蔽性存在很大的差别。

3. 获取非法收益的目的有所差异

虽然洗钱活动在当前呈现出了全球化和网络化等新特点,但目的仍旧是通过掩饰、隐瞒或消灭犯罪证据等方式让非法的犯罪所得及其收益非法所得获得形式上的合法性,逃避法律制裁,并实现"黑钱""赃钱"的循环使用。从这个角度说,行为人从事洗钱活动最直接的动因是通过洗钱获取高额的收入,其牟利性很强。

而恐怖主义犯罪的犯罪目的大多是基于诸如寻求公开化、政治影响力和传播意识形态等非经济目的上,以制造社会恐慌为目的,而不以或者不主要以获取非法利益为目的,不具有明显的非法牟利性;虽在这个过程中会有一定的资金往来,但这只是达到上述目标的一个手段,并不是行为人所关注的主要问题。

第四章 恐怖主义犯罪的程序法问题

　　恐怖主义犯罪通常具有极端严重的社会危害性,恐怖犯罪组织具有高度的严密性,犯罪手段具有多样性,有时甚至利用宗教极端思想控制犯罪组织成员,因此恐怖主义犯罪控制的刑事诉讼程序也有别于普通刑事犯罪。在立案管辖程序上,渐次由各地相继设立的反恐总队、支队、大队进行专门管辖。审判管辖上,由普通法院中级以上人民法院管辖恐怖犯罪案件,现阶段不宜设立专门的反恐怖审判机构进行管辖。在证据运用上,恐怖犯罪案件与普通刑事案件也有明显区别,证人出庭作证面临更为严峻的困难,口供证据的获取难于普通刑事案件,直接言词原则的例外情形会明显增多,对证据的审查判断和犯罪事实的认定需要法官具有强的心证和综合评判能力。

第一节　恐怖主义犯罪的管辖

　　恐怖主义犯罪作为一种危害极大的涉及面极为广泛的刑事犯罪,管辖问题具有明显的特殊性。刑事管辖是追诉犯罪的必要前提,刑事犯罪的追诉必须以刑事管辖权的设定为前提。恐怖主义犯罪的刑事管辖是依法追究恐怖组织和恐怖主义犯罪行为人法律责任的前提和基础。我国的刑事犯罪管辖又分为立案管辖和审判管辖,恐怖犯罪的管辖是以犯罪地管辖为主,以保护管辖和普遍管辖为辅,同时兼采用属人管辖,此处探讨的是犯罪地管辖问题。

一、中国恐怖主义犯罪的管辖

(一)立案管辖

　　我国《刑事诉讼法》规定恐怖主义犯罪案件由公安机关管辖,我国《反恐法》第66条明确规定:"公安机关应当及时对恐怖事件立案侦查,查明事件发生的原因、经过和结果,依法追究恐怖活动组织、人员的刑事责任。"就在公安机关内部,事实上随着对反恐怖主义犯罪危害认识的逐步深入,恐怖案件的侦查管辖经历了从一般管辖到特殊管辖的过程,逐步探索并形成现在的公安反恐怖部门专门管辖的过程。具体说来经历了以下三个主要阶段。

　　第一阶段,1997年10月1日刑法修订并实施之前的阶段。这一时期国际上虽然有不少恐怖主义犯罪活动,但我国1979年刑法并没有明确规定"恐怖"犯罪,在司法实践中的恐怖主义犯罪行为表现也并不明显,偶发的具有恐怖性质的犯罪通常也都归于刑事侦查部门管辖。

第二阶段,刑事侦查部门和国内安全保卫部门共同管辖,以刑事侦查部门为主导阶段。1997年刑法首次以基本法律的形式明确规定了组织、领导、参加恐怖组织罪,公安部为了准确地实施刑法,1998年11月23日《关于印发〈公安部刑事案件管辖分工规定〉的通知》里指出,确定案件管辖分工,要综合考虑案件管辖的历史情况、机构设置及各部门办案力量等实际情况,合理配置警力。强调为避免案件管辖过于分散,确定管辖刑事案件的部门主要是国内安全保卫、经济犯罪侦查、刑事侦查和禁毒部门,治安、边防、消防和交通管理部门管辖与其行政管理职责相关的部分刑事案件。出入境管理、公共信息网络安全监察、行动技术、信息通信部门虽然不承担案件管辖的任务,但对职能管理中发现的犯罪线索要及时移送有关的侦查部门立案侦查,并积极协助、配合侦查工作,提供技术支持和服务,以充分发挥公安机关各业务部门的职能作用,增强在打击犯罪方面的整体作战能力。该通知指出,《刑法》第120条规定的组织、领导、参加恐怖组织案由刑事侦查部门和国内安全保卫部门共同管辖。对于具体案件的立案,应当按照有利于维护国家安全、公共安全和社会秩序,有利于及时侦破案件的原则,根据案件的具体情况确定管辖部门。刑事侦查部门和国内安全保卫部门应当在立案查处工作中加强衔接和配合,但在《公安部刑事案件管辖分工规定》里明确将"组织、领导、参加恐怖组织案(第120条)"归入刑事侦查局管辖。因此,可以说在这一阶段恐怖案件的侦查管辖实际上是刑事侦查部门管辖。

2001年,国家反恐怖工作协调小组办公室成立,办公室常设在公安部,但并不归公安部管理,而是归中央直接管理,协调小组建立后,历任公安部长均担任组长。恐怖活动犯罪是2001年《刑法修正案(三)》首次引入的法律概念,该修正案的制定正是基于"为了惩治恐怖活动犯罪,保障国家和人民生命、财产安全,维护社会秩序"的目的。2002年公安部成立反恐局,各省公安厅陆续建立反恐处,但反恐局和反恐处的任务主要是分析研究恐怖主义犯罪信息,协调各部门的反恐怖工作,加强反恐装备和技术管理,进行国际反恐合作,并不具体行使侦查权。2011年10月29日,全国人大常委会通过了《关于加强反恐怖工作的决定》(以下简称《反恐决定》),首次在国内法中界定了"恐怖活动"等概念,为认定恐怖活动犯罪指明了方向。但是,上述概念侧重于行为的事实特征,未突出对刑事违法性的表述。《反恐决定》规定:"国家反恐怖工作领导机构统一领导和指挥全国反恐怖工作。公安机关、国家安全机关和人民检察院、人民法院、司法行政机关及其他有关国家机关,应当各司其职、密切配合,依法做好反恐怖工作。中国人民解放军、中国人民武装警察部队和民兵组织依照法律、行政法规、军事法规及国务院、中央军事委员会的命令,防范和打击恐怖活动。"2012年3月14日,十一届全国人大五次会议通过了《关于修改刑事诉讼法的决定》,其中有七个条款明确涉及恐怖活动犯罪,标志着我国初步建立了惩治恐怖活动犯罪的刑事程序。2013年8月,中国反恐体制再次升级,原来的国家反恐怖工作"协调小组"升级为"领导小组"。8月27日,国家反恐怖工作领导小组第一次全体会议在北京召开,国务委员、公安部部长郭声琨为首任国家反恐怖工作领导小组组长。

公安部虽然成立了反恐怖局,但是在实际中并不行使侦查权,行使反恐侦查权的主要是公安刑侦部门、国保部门和国家安全机关,但是在法律法规中并没有对其分工进行明确,在现实反恐侦查中,它们之间的关系仍然比较混乱,职责不是很明确,部门间的联系协调不充分,不利于反恐侦查工作的展开。

第三阶段,即现行阶段,2014年至今。虽然早在2002年公安部成立了反恐怖局,有些省、自治区成立了反恐处,但各地公安机关的做法并不统一,但是在实际中并不行使侦查权,行使反恐侦查权的主要是公安刑侦部门、国保部门和国家安全机关。2014年昆明"3·1"暴恐事件、乌鲁木齐"5·22"爆炸、莎车"7·28"暴恐袭击等恐怖活动给反恐工作提出更高要求,2014年,北京、广东、湖南、云南、重庆、江苏、吉林、河南、安徽等几乎全国各省、自治区、直辖市均成立了公安厅(局)直属的反恐怖总队,有的在其各自下辖的地级市成立了反恐支队,部分地市公安部门在各自县市成立了基层反恐大队。至此以公安部反恐怖局为核心,在全国不少省市县公安系统内部成立了相对系统化的反恐总队、支队和大队的公安反恐专门部门。以2015年12月17日公安部关于印发《公安部刑事案件管辖分工补充规定(三)》的通知为标志,该规定的出台背景是《刑法修正案(九)》的颁布实施,根据该规定首次明确恐怖类犯罪案件由公安机关反恐怖部门立案管辖,反恐怖部门管辖下列案件:①帮助恐怖活动案(以培训招募、运送人员方式实施的帮助行为,《刑法》第120条之一第2款,《修正案(九)》第6条);②准备实施恐怖活动案(《刑法》第120条之二,《修正案(九)》第7条);③宣扬恐怖主义、煽动实施恐怖活动案(《刑法》第120条之三,《修正案(九)》第7条);④强制穿戴宣扬恐怖主义服饰、标志案(《刑法》第120条之五,《修正案(九)》第7条);⑤非法持有宣扬恐怖主义物品案(《刑法》第120条之六,《修正案(九)》第7条);⑥拒绝提供恐怖主义犯罪证据案(《刑法》第311条,《修正案(九)》第38条)。

原由刑事侦查部门管辖的组织、领导、参加恐怖组织案(《刑法》第120条),一并交由反恐怖部门管辖。

根据《公安部刑事案件管辖分工补充规定(三)》(以下简称《补充规定(三)》)的规定,剥离了国内安全保卫部门和反邪教部门对恐怖主义犯罪案件的立案管辖职能,国内安全保卫局、反邪教局管辖下列案件:宣扬极端主义案(《刑法》第120条之三,《刑法修正案(九)》第7条);利用极端主义破坏法律实施案(《刑法》第120条之四,《刑法修正案(九)》第7条);强制穿戴宣扬极端主义服饰、标志案(《刑法》第120条之五,《刑法修正案(九)》第7条);非法持有宣扬极端主义物品案(《刑法》第120条之六,《刑法修正案(九)》第7条);组织、利用会道门、邪教组织、利用迷信致人重伤、死亡案(《刑法》第300条第2款,《刑法修正案(九)》第33条第2款,取消组织、利用会道门、邪教组织、利用迷信致人死亡案);拒绝提供极端主义犯罪证据案(《刑法》第311条,《刑法修正案(九)》第38条)。

需要说明的是,根据《补充规定(三)》的规定,帮助恐怖活动案(以资助方式实施的帮助行为,《刑法》第120条之一第1款,《刑法修正案(九)》第6条,取消资助恐怖活动案)由经济犯罪侦查部门管辖。网络安全保卫部门发现主要犯罪行为通过网络实施的宣扬恐怖主义、极端主义,煽动实施恐怖活动案,非法持有宣扬恐怖主义物品等恐怖主义犯罪可以立案侦查,其他有关办案部门应当积极协助、配合。该两类犯罪分别由经侦部门和网络安全部门分别进行立案管辖主要是由经济犯罪与网络犯罪侦查的特殊性所决定的。

目前尚有个别反恐形势并不严峻的地区,尤其是基层公安机关尚未及时建立反恐大队,反恐任务更多地交给公安刑侦或国内安全保卫部门。从当前总体的形势来看,各省区市公安部门陆续组建专门、专业的反恐队伍是必然趋势,也符合国家的统一部署。暴恐事件不同于普通刑事犯罪,必须有专业化力量,只有设立专门的反恐机构才能承担反恐犯罪的侦查与防控任务。

现行刑事诉讼法将恐怖活动案件列为由中级人民法院第一审管辖的范围,与此相对应具有立案管辖机构的应当是设区的市一级以上的公安部门的反恐支队来具体负责案件的侦查。根据公安部《公安机关办理刑事案件程序规定》(以下简称《程序规定》)第21条第2款规定,设区的市一级以上公安机关负责重大的危害国家安全犯罪、恐怖活动犯罪、涉外犯罪、经济犯罪、集团犯罪案件的侦查。该条第3款规定上级公安机关认为有必要的,可以侦查下级公安机关管辖的刑事案件;下级公安机关认为案情重大需要上级公安机关侦查的刑事案件,可以请求上一级公安机关管辖。因此恐怖案件的侦查权由设区的市以上的侦查机关进行侦查。《程序规定》第22条规定,公安机关内部对刑事案件的管辖,按照刑事侦查机构的设置及其职责分工确定。目前公安部设立了反恐怖局,全国省级公安机关绝大多数已经设立反恐总队,设区的市一级反恐侦查支队多数也已经成立。根据公安部《补充规定(三)》规定,意味着反恐怖犯罪案件立案管辖机关的最低级别是反恐怖侦查支队。

公安部机关设立专门的反恐怖机构管辖恐怖主义犯罪案件有着必然性和现实的意义。由于恐怖主义犯罪案件严重性、复杂性和保密性的特点,要求办理此类案件的机关应当具有更高的权威性和办案能力①。对此笔者认为是适宜的,相较于省级公安机关而言,地市公安机关与基层公安机关联系更为紧密,更为了解和熟悉基层公安反恐案件的侦办情况,同时地市公安机关具有较强的侦查能力和协调能力。因此,对于有学者建议恐怖主义犯罪案件的侦查应当由省级以上国家安全机关负责侦查的观点持反对意见。②也有人认为,应当赋予县级基层公安机关管辖权,因为基层公安机关是直接接触基层社会的,掌握着大量的基础信息,对恐怖活动犯罪的各类信息最为敏感。笔者认为也不宜由基层公安机关立案管辖:①由于我国现行刑事诉讼法明确规定恐怖主义犯罪的审判管辖权属于中级人民法院,根据级别对等原则,自当由地市级公安机关管辖,由地市公安部门的反恐怖支队进行案件侦查;②虽然基层公安机关或许更为了解反恐怖主义犯罪活动,但基层公安的侦查能力与协调能力与地市级公安机关不具有可比性;③反恐怖主义犯罪侦查活动会运用到许多技术侦查手段,需要经过严格、特殊的审批程序,而其程序的审批权大都在地市级公安机关,直接由地市公安机关侦查管辖可以省去"上报"批准环节,利于节省反应时间,提升案件侦办效率。

因此,笔者认为,综合考虑,结合现行刑事诉讼法的法律规定,当前由地市级公安机关的反恐机构行使恐怖主义犯罪案件的侦查权是恰当的。

---

① 康海军:《反恐侦查权与反恐侦查措施研究》,载《犯罪研究》2008年第3期,第75~80页。
② 同上。

（二）审判管辖

在我国 1979 年、1996 年《刑事诉讼法》两部刑事诉讼法典中，并没有对恐怖主义犯罪案件的审判管辖作出特别规定，四级人民法院都有可能对恐怖主义犯罪案件进行一审管辖。我国 2012 年 3 月新修订的《刑事诉讼法》中，首次对恐怖活动案件的级别管辖进行了调整，明确规定由中级人民法院管辖恐怖活动案件的第一审，基层人民法院不再审理该类案件。与普通刑事犯罪相比，手段更残忍，后果也更为严重，容易造成民众的恐慌心理，因此恐怖活动犯罪的社会危害更大，影响更为恶劣，有些恐怖案件甚至涉及境外的恐怖组织，大规模的恐怖主义犯罪甚至直接影响国家安全和社会稳定。因此，恐怖主义犯罪的审判显得比普通犯罪更为复杂。审判管辖的设置是否合理关乎恐怖案件的审判质量、效力和社会影响。综合考量，现阶段我国现行刑事诉讼法明确将恐怖案件归属中级人民法院管辖是理性和适当的。有的观点认为鉴于恐怖案件的社会影响较大，应当将恐怖案件的管辖级别提升至高级人民法院。笔者认为并无必要，一是中级人民法院是我国审判机关中的中坚力量，相对于基层法院而言更具有对审判质量的把控能力，也有着丰富的案件审判经验和较高的审判业务能力，基层法院虽然最具有一审审判经验，但对恐怖案件这类社会影响较大的案件的驾驭能力显然比中级人民法院欠缺。二是相对而言，高级法院审判案件数量上显然不如中级人民法院，这意味着对一审案件的审判经验显然没有中级人民法院更为丰富，审判人员数量相对也没有中级人民法院多，高级法院对于二审而言相对具有丰富的审判经验，而且对于国家法律和刑事政策的理解更为深刻，更具驾驭能力，因此高级法院作为恐怖主义犯罪二审审判机关是适宜的。当然，上述所探讨的是管辖的一般原则，对于普通的恐怖案件应当由中级人民法院管辖，而对于全省（自治区、直辖市）性的恐怖案件，应当由高级人民法院管辖。这不仅符合这类影响巨大的恐怖案件自身的性质，同时也更是刑事诉讼法的明文规定。同时现行刑事诉讼法还有关于级别管辖的变通规定，《刑事诉讼法》第 23 条规定："上级人民法院在必要的时候，可以审判下级人民法院管辖的第一审刑事案件；下级人民法院认为案情重大、复杂需要由上级人民法院审判的第一审刑事案件，可以请求移送上一级人民法院审判。"根据本条规定，变通有两种情况：一是当上级人民法院发现下级人民法院审判的第一审刑事案件，案情重大、复杂或者案件涉及面广、影响大，由上级人民法院审判更为适宜，更能有效地威慑犯罪、教育群众、提高审判质量和效果时，可以审判下级人民法院管辖的第一审刑事案件。二是下级人民法院对属于自己管辖的案件，由于案情重大、复杂、涉及案犯多、地区广，或者案件影响重大，认为审理有困难，需要由上级人民法院审判的时候，可以在案件审理期限届满十五日前书面请求移送至上一级人民法院审判，由上级人民法院决定是否同意。因此恐怖案件设定由中级人民法院进行管辖是一项级别管辖的一般原则，必要的时候还可以适用级别管辖的变通规定条款。

在地区管辖方面我国现行刑事诉讼法没有特别的规定，也同其他刑事案件适用同样的规定。即恐怖案件由犯罪地的人民法院管辖。如果由被告人居住地的人民法院审判更为适宜的，可以由被告人居住地的人民法院管辖。一般由犯罪地法院进行审判，有利于威慑潜在的恐怖分子，同时教育普通民众认识恐怖主义犯罪的性质和危害。当然如果在恐怖主义犯罪被告人居住地影响较为恶劣的，为了消解其居住地居民的恐慌心理或为了教育当地民众，也可以选择在其居住地进行审判。恐怖案件没有专门规定指定管辖的情况，可以适用刑事诉讼法关于指定管辖的规定，即上级人民法院可以指定下级人民法院审判管辖不明的案件，也可以指定下级人民法院将案件移送其他人民法院审判。众所周知，恐怖主义犯罪具有强烈的报复心理，如果适用一般管辖的规定，在犯罪地或被告人居住地审判的法官有可能遭受到尚未归案的同伙、被审判恐怖分子的亲友或同情恐怖分子的潜在的犯罪行为人的报复时，案件涉及当地官员犯罪时，都应当考虑适用指定管辖，将该案件指定他处法院进行审判，同时采取有效的措施防范对法官的报复行为。此种担心并非毫无道理，事实上国外发生的针对法官，尤其是恐怖主义犯罪案件针对审判法官的报复性行为并非个例。

关于恐怖案件的专门管辖，我国刑事诉讼法并无任何规定，易言之，恐怖主义犯罪案件适用于我国普通法院管辖，而没有规定审理恐怖主义犯罪的专门性的法院。我国专门人民法院系统中虽设有军事法院，但主要管辖军人违反职责罪案件的审判，对非现役军人、非军内在编职工实施的恐怖主义犯罪案件并没有管辖权。

二、域外主要国家恐怖主义犯罪的管辖

域外国家对恐怖主义犯罪刑事程序的启动与我国不尽一致，绝大多数国家并无立案程序，立案不是包括恐怖主义犯罪在内的所有刑事犯罪追诉的必经程序，通常侦查机关发现或者接到恐怖主义犯罪的线索即可展开初步的侦查行为。对于恐怖主义犯罪侦查权限的划分各国也不尽相同，通常各国对于恐怖主义犯罪的侦查主要是由警察机构和国家安全机构两个部门承担。"9·11"事件后，美国成立本土安全办公室和本土安全委员会，前者是美国本土安全部的前身，两机构的主要职能是制定国家安全战略和对恐怖主义犯罪进行侦查，并负责协调各方面机构的反恐工作，全面执行保卫美国本土免遭恐怖威胁、袭击的国家战略。此外，为了应对恐怖主义的威胁，美国国会通过各种途径授予有关机关打击恐怖主义犯罪的权力。"9·11"事件之后，德国为防范恐怖主义修改了刑法和其他相关法律，主要体现在扩大警察的调查取证权。联邦宪法保卫局可在反恐怖斗争中使用技术手段，对移动电话进行定位跟踪，并查明电话号码或卡号。此外，联邦刑事局所特有的侦查权也有所扩展，即可对网络犯罪进行侦查而无须得到委托或授权。在法国，1984年设立了反恐怖斗争协调委员会直接领导法国警察机关，具体对恐怖主义犯罪案件行使侦查权的主要是两个部门：①隶属于国防部的对外安全总局（DGSE），目前，它是法国最大的情报与反恐怖机构，主要任务是搜集情报和侦查危害法国国家安全的案件；②领土监视局，它也是法国重要的反恐怖机构，该局的主要任务是负责监视和侦查各类恐怖组织的破坏活动，对恐怖分子进行跟踪、监视，并负责具体案件的侦查。

从世界范围来看，刑事程序法关于恐怖主义犯罪的审判管辖制度方面，主要有以下模式。

（一）美国——特别军事法庭和普通法院并存的双轨制

"9·11"事件之后，美国总统布什立即宣布这是对美国发动的战争，必须动用军事力量进行反击。布什总统签署了关于审判恐怖分子的《军事命令》(the Military Order)，该命令第1条a款明确指出：基地组织等国际恐怖组织对美国所发动的攻击，已经构成了敌

对军事状态,因此必须动用美国的军事力量予以对抗。第4条a款规定,凡是受该命令拘束的人,均应由军事审判委员会审判。并指出,军事审判委员会同时判断事实与法律,进行完整而公正的审判;判决结果由总统本人审查或者由国防部长经总统委派审查。第7条b款还进一步规定,军事审判庭对此类案件有专属管辖权,被告人无权向任何其他法院请求救济,包括联邦法院、州法院、外国法院或国际法庭。从而确立了军事审判委员会独占管辖的合法性,排除了涉嫌恐怖主义犯罪案件的普通法院管辖权。至于军事审判委员会的组成,《军事命令》第4条授权国防部长发布命令和法规作出规定。目前,关塔那摩的特别军事法庭由四名法官组成,均为美军军官。在程序上,上述法官由总统选任,无须经过国会核准。军事委员会的设置,既不同于美国管辖普通刑事案件的法庭,也不同于其他管辖一般军事案件的军事法庭而是依据普通法、由军事当局在战争或武装冲突时代以更方便地惩罚某种犯罪为目的而特别设定的裁判机构,因此亦被称为"反恐特别军事法庭"。根据这一命令,被怀疑是恐怖主义分子的外国人将在美国的特别军事法庭而不是在非军事法庭接受审讯。由于军事委员会只对特定范围内的恐怖主义犯罪案件享有管辖权,主要针对国际恐怖主义犯罪,并不适用具有美国国籍并在美国本土实施的恐怖主义犯罪、美国国内的普通刑事法庭对美国公民实施的恐怖主义犯罪案件的管辖权。因此,美国对恐怖主义犯罪案件事实上实行的是"双轨制"的审判管辖模式。

(二)巴基斯坦——特别军事法庭

巴基斯坦2014年成立了特别军事法庭专门审理恐怖主义案件。巴基斯坦总理谢里夫2014年12月24日召集议会主要政党领导人、政府和军方高层官员在总理府举行会议,商讨制定新的反恐策略。会议决定成立特别军事法庭,审理恐怖主义案件。特别军事法庭只处理恐怖主义案件,不会用于其他政治目的,属于专属管辖模式,反恐怖主义犯罪的追诉只能由特别军事法庭专属管辖,不论犯罪主体是本国公民还是非本国公民。

(三)以色列——军事法庭

以色列设立军事法庭对恐怖主义案件进行审判,军事法庭由3名以色列国防军参谋长任命的成员组成。军事法庭的成员必须是以色列国防军军人,庭长须具有以色列国家专业律师资格,或由以色列政府总检察长任命,具有丰富的法律知识。以色列1948年《预防恐怖主义条例》第12条规定:任何人如触犯该条例,应送交军事法庭审判。据此任何人因恐怖主义犯罪行为触犯该条例均须接受军事法庭管辖。以色列军事法庭并非完全独立的审判机构,其审判活动须受国防部长的领导。根据上述条例第15条关于判决确认程序的规定,军事法庭根据该条例判定某人有罪的决定须提交国防部长审批,并产生以下四种结果:①批准判决结果;②确认被告有罪并减轻处罚;③取消判决并宣布被告无罪;④取消判决并将此案移交同一个军事法庭或另一个军事法庭进行复审。并且,根据该条例第18条的规定,即使一个由军事法庭作出的判决已经过国防部长本人确认,他也有权在任何时候对其重新进行审议。应当说美国的恐怖主义犯罪特别军事法庭的设立极有可能是借鉴了以色列的军事法庭审判恐怖主义犯罪制度。所不同的是,以色列的军事法庭管辖国内外所有的恐怖主义犯罪,无论是否以色列国民,只要是恐怖主义犯罪,一律受军事法庭管辖,军事法庭对恐怖主义犯罪具有专属管辖权,集中处理该国范围内所有的恐怖主义犯罪案件。而美国的特别军事法庭管辖的对象只是非美国公民实施的恐怖主义犯罪行为。

(四)西班牙、印度——非军事性质的反恐专门法庭、特别法庭

自1977年始,西班牙的恐怖主义犯罪案件统一由国家高等法院专门负责审理,在西班牙,恐怖主义案件管辖权集中于与传统的刑侦、司法系统有区别的另一套体系——国家法庭(Audiencia Naciaonal)进行专门审理。

印度实行的是特别法庭审理恐怖主义犯罪制度,无论是中央政府还是各邦政府均有权指定特别法庭审理恐怖主义案件。根据印度2001年《防止恐怖主义法》第23条第1款规定:中央政府或邦政府,由《官方公报》通告,可为通告中可能明确规定的地区或多个地区或某一案件或某类或某组案件指定一个或多个特别法庭。该条第2款规定:当中央政府的指定与邦政府不一致时,应无条件遵从中央政府的指定。对司法实践中可能出现的有关指定法院司法权的争议,根据该条第3款也应提交中央政府作出最终决定。可见,在印度特别法庭的司法权来自于中央或邦政府的指定,特别是取决于中央政府。

此外,爱尔兰、哥伦比亚、摩洛哥、苏丹、巴基斯坦、阿富汗等也都设有专门管辖恐怖主义犯罪案件的刑事审判法庭。①

(五)法国、德国——级别较高的普通法院管辖

法国恐怖主义案件的审判是由普通法院法庭进行的,法国曾经在1960年专门建立国家安全法院来应对恐怖主义和危害国家安全的犯罪。1981年,这个专门法院被撤销,其管辖的待处理案件被移交至具有普通管辖权的法院。虽然取消了对恐怖主义犯罪专门设置法庭的做法,法国还是针对恐怖主义犯罪的特殊性对其管辖法庭的级别作了必要调整。对于构成轻罪的恐怖主义案件,既可以按照普通刑事案件管辖由地区轻罪法院审判,也可以由巴黎轻罪法庭管辖;而对于构成重罪的,则应由巴黎重罪法院统一行使管辖权,进行审判。而根据该条第3款的规定,当巴黎的检察官和预审法官有权对进入第706-16条管辖范围的违法犯罪进行起诉和预审程序的时候,他们的活动范围将是整个法国领土。因此,由巴黎轻罪或重罪法院对案件进行审判,事实上有助于促进起诉与预审活动的顺利、有效运行。

德国普通刑事犯罪通常由区法院或地方法院管辖。其中,区法院管辖最高刑罚不超过4年的刑事案件;地方法院管辖最高刑罚超过4年的严重刑事案件,杀人案件或其他犯罪致死的案件一般由陪审法庭负责管辖。德国的州高等法院主要管辖上诉案件,但对恐怖主义犯罪等少数犯罪也享有一审管辖权。因此,与其他普通刑事犯罪相比,恐怖主义犯罪案件的管辖级别是相对较高的。

(六)与普通刑事案件相同管辖法院法庭

南非、加拿大及阿根廷等对于恐怖主义犯罪案件的管辖与普通刑事案件的管辖几乎

---

① 王燕飞:《恐怖主义犯罪立法比较研究》,中国人民公安大学出版社2007年版,第156页。

没有任何区别。如南非共和国2000年《反恐怖法案草案》第14条的规定:在法定情况下,共和国法院就本法规定的任何犯罪拥有管辖权。2001年加拿大《反恐法案》第83.25条第1款规定:当某人被指控犯有恐怖主义罪行或第83.12条规定的罪行,无论该人是否在加拿大境内,均可经加拿大政府之请求,并由加拿大总检察长或其代理律师在加拿大任何地区开始针对该犯罪行为的诉讼,如果该犯罪行为被指控发生在该诉讼开始之省外,无论该诉讼以前是否已在加拿大其他地方提起过。此外,1996年《阿根廷众议院反恐怖计划草案》第3条也规定:联邦司法机关拥有对可能犯罪行为的调查权和审理权①。

英国并未对恐怖主义犯罪的管辖作其他特别规定。贝尔法斯特的刑事法院对发生在北爱尔兰的恐怖主义犯罪有专属管辖权,这有其特殊的历史原因,主要是与为了应对爱尔兰共和军为谋求政治独立而采取恐怖手段实施犯罪活动有关,除北爱尔兰外,其他地区的案件管辖仍然依照普通程序的规定进行。

三、恐怖主义犯罪管辖的比较与借鉴

综合比较域外反恐怖犯罪侦查机构来看,我国专门与公安机关内部成立反恐怖侦查机构,在公安部设立反恐怖局、在省级公安部门设立反恐总队、在地市设立反恐支队、在县区设立反恐大队。由专门公安反恐怖机构专门行使反恐怖犯罪侦查权,其他公安内部机构配合其对恐怖主义犯罪进行侦查的机制是适宜的,专司反恐侦查更有利于侦查主体积累经验,发挥专业化优势,尽管尚有不少地区设置的完善尚需时日,但随着反恐怖犯罪侦查工作的逐步推进,会相继完善起来。我国《反恐法》第58条规定:发现恐怖事件或者疑似恐怖事件后,公安机关应当立即进行处置,并向反恐怖主义工作领导机构报告;中国人民解放军、中国人民武装警察部队发现正在实施恐怖活动的,应当立即予以控制并将案件及时移交公安机关。该规定表明,我国军事机关并没有反恐犯罪的侦查权,反恐侦查权专属于公安机关,具体而言,当下是由公安机关内部反恐怖机构负责实施侦查。

在各国的国内法中,对犯罪行为的刑事管辖权采用的基本的做法是以属地管辖原则为主,以属人管辖原则、保护管辖原则、普遍管辖原则为补充。总的来说,审判管辖有以美国为代表的双轨制管辖模式、巴基斯坦的特别军事法庭专属管辖模式、以色列的军事法庭管辖模式、西班牙的专门法庭管辖模式、印度的特别法庭管辖模式、法国和德国较高级别的普通法院管辖模式、南非和加拿大及阿根廷的普通法院管辖模式、英国的普通法院加地区专属管辖模式等。

关于美国的特别军事法庭和普通法院并存的双轨制管辖模式、巴基斯坦的特别军事法庭专属管辖模式和以色列的军事法庭管辖模式。美国反恐特别军事法庭的设立招致美国学界、律师界、人权机构及社会大众的广泛质疑与强烈反对,反对者认为美国对涉嫌恐怖主义犯罪的美国公民和非美国公民适用不同的审判法庭及审判程序,且明显前者的诉讼权利明显受到特别的限制,与美国宪法规定的平等保护原则相冲突。反对者还认为,特别军事法庭的设立违反了司法权与行政权分立的理念,影响司法独立原则的实现。

---

① 张小玲:《反恐法庭的比较与借鉴》,载《国家检察官学院学报》2009年第2期,第13页。

军事委员会允许采用通过拷打、不人道手段获得的供述作为证据,这些做法严重违背司法正义的要求。美国联邦最高法院也多次对军事委员会法庭给予否定性评判。继2004年通过 Rasul v. Bush、Hamdi v. Rumsfeld 肯定美国法院系统对关塔那摩涉嫌非法囚禁案件享有管辖权之后,联邦最高法院于2006年6月29日通过 Hamdan v. Rumsfeld 一案的裁决,直接对军事委员会的合法性提出了质疑。2008年6月12日,在 Boumediene v. Bush 一案中,联邦最高法院再次裁定被囚禁在关塔那摩监狱的恐怖主义嫌犯有权依据宪法向美国普通刑事法庭提出人身保护令申请,而美国2006年《军事委员会法》侵犯了这种宪法权利。该裁决再次否定了美国政府试图将恐怖主义嫌犯排除于普通刑事法庭管辖之外的意图。反恐特别军事法庭自设立以来就陷于各界争议之中,也使美国政府因为无法妥善解决该问题而数度处于非常被动的局面。奥巴马曾在2008年总统竞选中明确反对设立特别军事法庭的做法,并在就任总统以后暂停了该法庭的运作,表示将在一年内关闭关塔那摩监狱。但在2009年5月15日,奥巴马政府宣布将重新启用反恐特别军事法庭以审判被关在关塔那摩监狱的部分囚犯。这一决定不仅使奥巴马政府招致社会大众对其无法兑现竞选承诺、失信于民的负面评价,其在反恐审判上的倒退做法也受到美国人权组织的强烈抨击与抗议。①因此,基于上述理由成立特别军事法庭审理恐怖主义犯罪案件,不符合现代法治理念,与我国正在打造的法治社会理念不相一致。而且军事法庭的职能主要体现在对现役军人的违法犯罪行为的追诉活动,目的是实现对军人犯罪进行特别预防和一般预防,因此我国不宜实行特别军事法庭模式,无论是巴基斯坦专属管辖模式、美国双轨制管辖模式还是以色列的军事法庭管辖模式均不应是我国借鉴的对象。必须说明的是,这并不妨碍如果恐怖主义犯罪主体是现役军人,则由军事法庭进行管辖。

关于西班牙的专门法庭管辖模式和印度的特别法庭管辖模式。专门法庭专属管辖模式或特别法庭管辖模式在审判恐怖主义案件方面具有明显的优势,专门法庭或特别法庭在国家或国际反恐怖主义犯罪的政策、专门性法律及业务经验等方面显得更具有专业性,在对恐怖主义犯罪由同一性质的专门法庭或特别法庭进行审判的判决标准的把握上更具有同一性。现阶段而言,从恐怖主义犯罪的法案数量上来看,在我国发案率较低,对现有法院的工作量并不构成冲击,同时我国对于恐怖主义犯罪的审判经验尚不能说丰富,成立专门的反恐怖审判法庭所需要的专门的具有较丰富的恐怖主义犯罪审判业务能力的审判人员的业务能力的培养和提升尚需时日。另外,单独设置专门法庭所需成本较高,而且是一个系统化工程,不仅要成立恐怖主义犯罪审判法庭,也要相应地将反恐怖主义犯罪的侦查机关、检察机关均独立出来,这需要投入大量的司法资源,而且牵一发而动全身,而且还需要对相关法律进行修改、增订,产生相关制度成本。西班牙的专

---

① 罗海敏:《论恐怖主义犯罪案件的审判管辖》,载《河南社会科学》2015年第3期,第48页。

门法庭专属管辖模式的形成有其特定的历史原因①,而我国并无特定的历史缘由。目前来看,我国现行的审判管辖体制足以对当前的恐怖主义犯罪行为进行有效的审判,因此无论是西班牙式的专门法庭管辖模式还是印度式的特别法庭管辖模式目前均不宜在我国实行。

关于普通法院管辖模式,该模式又分为南非、加拿大、阿根廷等国的普通法院管辖模式和法国、德国较高级别的普通法院管辖模式。普通法院管辖模式意味着将恐怖主义犯罪案件视为与普通案件并无异样,按照普通犯罪的管辖标准进行审判管辖。南非、加拿大、阿根廷等国极少发生恐怖主义犯罪案件,尤其是极少发生有较严密组织性的恐怖活动,也较少造成重大的恶性案件,无论是民众还是司法系统并没有对恐怖主义犯罪及其危害有较为切身的体会,主要是为了因应国际反恐怖主义犯罪的趋势,而预防性地规定了反恐怖的法律治理。与这些国家不同,近年来,尤其是"东突"极端恐怖分子制造了新疆"7·5"事件、昆明"3·1"事件、乌鲁木齐"5·22"早市爆炸案等惨绝人寰的恐怖主义犯罪行为,给人们的生命、财产造成极大的损害,因此我国对恐怖主义犯罪的本质和严重社会危害性有着清醒的认识。鉴于恐怖主义犯罪通常都具有严密的组织性和巨大的社会危害性,基层法院作为一审法院管辖很可能难以承担,故此我国现行刑事诉讼法将恐怖主义犯罪案件的审判管辖权上提到中级人民法院。由此可以看出我国现行管辖模式接近于法国、德国的模式,以较高级别的普通法院管辖模式作为一审法院的管辖模式。但是,对于恐怖主义案件的地区管辖,我国采取的是"犯罪地管辖为主,被告人居住地管辖为辅"的原则。此与法国将恐怖主义案件交给首都所在地法院实行集中管辖并不相同。我国地域面积广大,经纬度跨度均较大。从实践上看多数恐怖主义犯罪案件主要发生在西部地区。由犯罪地法院或被告人居住地法院进行审判,不仅有利于案件事实真相的查明,而且也有利于当事人与诉讼参与人参加诉讼。

从长远趋势来看,未来在条件和时机成熟时,可以有选择地在个别地区如新疆设立相应的专门法院实施专属恐怖主义犯罪案件的管辖。如前所述,专门性的反恐刑事审判法院对恐怖主义犯罪案件的审理有诸多优势,同时也有利于通过专门法院的审判实践积累经验,把握恐怖主义犯罪人的犯罪心理,公正地适用法律,不仅有利于对恐怖主义犯罪的特殊预防,也更有利于一般预防。

---

① 西班牙分裂主义组织"埃塔"是巴斯克语(Euskara)"巴斯克祖国与自由"(Euskadi Ta Askatasuna,ETA)的缩写,成立于1959年,原为佛朗哥时代巴斯克地区的地下组织,佛朗哥独裁统治结束后,逐渐发展成为危害整个西班牙社会的主张暴力的分裂主义恐怖组织。从1968年起,埃塔制造了一系列的恐怖活动,造成大量伤亡。西班牙在同埃塔组织不懈的斗争中建立起来了专门对该组织恐怖犯罪进行审判的法庭。

第二节　恐怖主义犯罪的侦查

一、中国恐怖主义犯罪的侦查

(一) 侦查原则

作为刑事犯罪侦查的一种,恐怖主义犯罪的侦查与普通刑事犯罪的侦查具有共通性的特点,自然也要受一般侦查原则的普遍性约束,即受程序法定、迅速及时、客观全面、深入细致、依靠群众等侦查原则约束,但由于恐怖主义犯罪的严密组织性、秘密性和极其严重的社会危害性等特点,决定了恐怖主义犯罪案件的侦查又不同于一般刑事案件的侦查,有其自身的特殊性。因此,与普通刑事犯罪侦查相同的侦查原则无须再做探讨,此处所探讨的是恐怖主义犯罪与普通刑事犯罪相区别的特有的侦查原则。

1. 犯罪嫌疑人权利克减原则

必须首先说明的是,侦查时犯罪嫌疑人权利克减的前提是合法性原则,必须遵守刑事诉讼法对恐怖犯罪嫌疑人权利保障或限制的规定,并非是指侦查人员在侦查实践中可以任意削减恐怖主义犯罪嫌疑人的权利。该原则也是当前世界各国对恐怖主义犯罪侦查通行的原则,《公民权利和政治权利国际公约》规定了公民权利的克减措施。这是由恐怖主义犯罪具有严密的组织性特点造成侦查工作的开展具有显著的困难所决定的。我国《刑事诉讼法》第37条第3款规定对恐怖活动犯罪在侦查期间辩护律师会见在押的犯罪嫌疑人,应当经侦查机关许可。第73条规定对于涉嫌危害国家安全犯罪、恐怖活动犯罪、特别重大贿赂犯罪,在住处执行可能有碍侦查的,经上一级人民检察院或者公安机关批准,也可以在指定的居所执行。第83条规定:"拘留后,应当立即将被拘留人送看守所羁押,至迟不得超过二十四小时。除无法通知或者涉嫌危害国家安全犯罪、恐怖活动犯罪通知可能有碍侦查的情形以外,应当在拘留后二十四小时以内,通知被拘留人的家属。有碍侦查的情形消失以后,应当立即通知被拘留人的家属。"这些规定均体现了对恐怖活动犯罪侦查时,犯罪嫌疑人的权利受到克减的原则,这些规定并非是我国所独有,几乎所有国家均有类似的规定。克减犯罪嫌疑人权利的目的主要是防止其或知悉侦查情况的恐怖组织及其亲友阻碍侦查,以保障原本就极为困难的侦查行为顺利进行。权利克减,只有在法律明确规定的情形下侦查机关和侦查人员才能够实施,不得擅自克减权利。应当指出的是,权利无论怎样克减,也必须保障恐怖主义犯罪嫌疑人的最基本的权利,而不能采用非法的方式剥夺其基本权利,甚至是采取以暴易暴的方式实施侦查行为,这些是违背现代法治原则的。

2. 侦查措施前置原则

通常侦查措施的实施应当是在侦查机关立案之后,现行《刑事诉讼法》第二章"侦查"里所规定的讯问、询问、勘验、检查、搜查、查封、扣押、冻结、鉴定、技术侦查等侦查措施均是在侦查程序开始之后采取的措施,也即在经过立案程序之后方能实施的侦查措施。但我国《反恐法》明确规定这些侦查措施里的大部分侦查行为均可以在公安机关立案之前即可实施,并称其为调查措施。刑事诉讼法包括取保候审和监视居住在内的五种强制措施均是在立案之后的侦查、检察和审判程序中方能采取的人身强制措施。但《反恐法》规定,即便是在调查恐怖犯罪嫌疑时,也即在正式立案之前,公安机关也有权实施《刑事诉讼法》关于取保候审和监视居住里的犯罪嫌疑人、被告人所必须遵守的强制性规定,因而是一种类似取保候审与监视居住的强制措施。我国《反恐法》第五章关于"调查"的规定,从第49条至第53条所规定的"调查"手段均是在公安机关立案之前,第54条规定:"公安机关经调查,发现犯罪事实或者犯罪嫌疑人的,应当依照刑事诉讼法的规定立案侦查。本章规定的有关期限届满,公安机关未立案侦查的,应当解除有关措施。"显然公安机关在正式立案之前即可以实施一些甚至是准强制措施的"调查"措施。众所周知,恐怖犯罪行为一旦发生,其极端严重的社会危害性甚至有可能给人民的生命、财产带来灾难性的后果,给生产生活造成极其严重的影响,使民众产生恐慌心理,动摇社会稳定的根基。恐怖主义犯罪活动的秘密性决定了其侦查的高度困难性,因而对于恐怖主义犯罪活动重在预防,侦查措施与强制措施适当前置,有利于破获恐怖犯罪案件,这也是世界各国通行的做法。

3. 情报导侦原则

基于恐怖主义犯罪的极端社会危害性和活动的高度秘密性,反恐侦查应当及时掌握恐怖犯罪情报信息,反恐侦查情报工作须先行,用情报引导侦查,情报的获取可以来源于技术侦查手段和秘密侦查措施。情报信息在反恐案件的预防控制、线索发现及事实认定方面,发挥着越来越重要作用。面对越来越严峻的国际反恐形势,情报信息在反恐案件中的无可替代价值日益凸显,我国反恐案件的侦查应当推进情报导侦的侦查导向,转变传统的侦查模式。以往,情报收集往往是通过秘密侦查、技术侦查等特殊侦查措施获得的,并不具备法定的证据形式,通常只能作为案件侦查的线索,不能直接作为证据适用,难以获得司法机关的认可和采信,必须进行"证据转化"。现行《刑事诉讼法》第148条已经明确规定:公安机关在立案后,恐怖活动犯罪、黑社会性质的组织犯罪、重大毒品犯罪或者其他严重危害社会的犯罪案件,根据侦查犯罪的需要,经过严格的批准手续,可以采取技术侦查措施。也即是说,只要是通过合法的程序,通过技术手段获取的信息和材料,现在可以直接作为证据使用,不再有法律上证据资格的障碍。通信监控就属于典型的技术侦查手段,通信监控技术近年来为电子、电话、口头交流的侦听、窃听提供了有力的技术支撑,这对及时有效监控恐怖行为的发生,预防恐怖犯罪活动及获取关键证据线索、材料具有重要意义。例如,英国《反恐法》放宽通信侦听授权期限限制;俄罗斯《反恐法》则规定:反恐力量有权对电话和其他电信系统传递的信息进行监控,对电子通信和邮件进行检查。为了监视恐怖主义活动、收集恐怖犯罪的情报和证据,可以广泛采用电子监听、秘密搜查、放宽拘捕嫌犯条件、拦截邮件、银行查账等方法。当然,采取克减措施必须合理、合法、有效,同时必须对相应的代价进行谨慎评估与衡量,政府必须负担相应的责任,并为公民为此而做出的牺牲给予充分而有保障的补偿与救济。美国《爱国者法》第201条和第202条专门规定了监听措施,并将监听令状的申请适用范围扩大,取消了被监听对象只限于国际恐怖犯罪分子的规定,将监听措施适用范围扩展至本国公民。同时,为反恐监听提供便利条件,《爱国者法》第206条还将漫游监听由"特定路线"修改为"特定人",从而突破了"特定通信工具"的限制,将监听权力扩展为被监听人的所有通信方式①。对于秘密技侦查索,现行《刑事诉讼法》第151条也规定:为了查明案情,在必要的时候,经公安机关负责人决定,可以由有关人员隐匿其身份实施侦查。但是,不得诱使他人犯罪,不得采用可能危害公共安全或者发生重大人身危险的方法。恐怖组织犯罪的秘密性特点,必须同时使用秘密侦查的措施,弥补公开侦查取证手段的缺陷和不足,包括隐匿身份在内的秘密取证、秘密录像和秘密拍照等秘密侦查措施当前已经为世界各国广泛运用。

4. 重视虚拟空间侦查原则

在计算机网络时代,恐怖分子接受培训和传播恐怖分子犯罪信息的方式也更加便捷、多样。许多恐怖犯罪完全可以通过网络视频、微博、QQ群、短信、微信群、聊天室、论坛等网络平台传授恐怖犯罪方法,甚至是制作爆炸物等恐怖犯罪工具。2010年新疆喀什地区"11·11"系列案件,作案手段就是"暴恐"音频上传授的方式。"3·1"昆明火车站持刀砍人案件、"1·24"新和爆炸案、"2·14"乌克苏袭警案、"4·30"乌鲁木齐火车南站暴恐案、"5·22"乌鲁木齐爆炸案,都有一个共同的特征便是通过互联网从事和接受非法宗教的传播,接受宗教极端思想"洗礼",收看暴力恐怖音视频,恐怖分子都具有一定的技能性,甚至自行制作爆炸装置,部分犯罪分子进行了有效的逃脱训练②。近年,在国内外均有些宗教极端恐怖主义犯罪甚至直接在网络上招聘"圣战"人员来实施犯罪的情形,在网络上购买用于恐怖爆炸的物品和学习爆炸物制作的知识技能,通过网络联络实施大规模人员的聚集性犯罪等。随着互联网进入"掌上"时代,恐怖主义犯罪活动无疑也会日益离不开信息时代的网络,虽然传统的恐怖犯罪仍不会消失,但利用快捷高效的互联网络传播恐怖犯罪活动显然只会有增无减。因此反恐怖犯罪侦查应当日益重视网络空间的侦查。

5. 协同侦查原则

基于恐怖主义犯罪的特点,反恐怖不再是单一的一个部门所能独立完成的任务,事实上反恐怖作战已经上升到国家安全战略的高度,我国反恐怖法规定:国家设立反恐怖主义工作领导机构,统一领导和指挥全国反恐怖主义工作,各级政府均设立反恐怖领导机构。反恐怖法进一步规定:中国人民解放军、中国人民武装警察部队和民兵组织依照本法和其他有关法律、行政法规、军事法规及国务院、中央军事委员会的命令,并根据反恐怖主义工作领导机构的部署,防范和处置恐怖活动。任何单位和个人都有协助、配合有关部门开展反恐怖主义工作的义务,发现恐怖活动嫌疑或者恐怖活动嫌疑人员的,应当及时向公安机关或者有关部门报告。有关部门应当建立联动配合机制,依靠、动员村民委员会、居民委员会、企业事业单位、社会组织,共同开展反恐怖主义工作。以上足见反恐任务之艰难、繁重,绝非公安机关内部一个反恐怖机构所能独立完成的任务。就公安机关内部而言,各警种应当协同作战,治安、经侦、刑侦、交警、消防等警种应当全面协

---

① 姬艳涛:《论我国反恐特别侦查程序的制度构建》,载《辽宁警专学报》2015年第2期,第25页。
② 张欣欣:《信息化视阈下暴力恐怖犯罪侦查的几点思考》,载《湖北警官学院学报》2014年第11期,第23页。

同反恐怖警种进行案件的侦查,共同应对恐怖犯罪,实行整体作战原则。

6. 国际合作原则

恐怖主义犯罪是一种没有国境线的犯罪,是一种极其典型的国际性犯罪,在全球化的今天,国际恐怖主义的威胁更是无处不在。通过国际之间的有效合作,及时掌握恐怖主义犯罪的动向,收集证据和抓捕犯罪嫌疑人,是国际社会共同应对恐怖犯罪的必由之路。当前我国已经加入了《防止和惩治恐怖主义公约》《打击恐怖主义、分裂主义和极端主义上海公约》《上海合作组织成员国关于地区反恐怖机构的协定》《制止恐怖主义爆炸的国际公约》《制止向恐怖主义提供资助的国际公约》等国际公约或国际协定,对于我国利用国际合作实施反恐怖犯罪的侦查提供了法律依据和合作的便利条件。如《制止恐怖主义爆炸的国际公约》规定:任何人若非法向公共场所、国家或政府设施、公共交通系统等设施中投掷、放置、发射或引爆爆炸装置或其他致死装置,意在造成人员的重大伤亡或使这些场所或设施遭到巨大毁损,则构成恐怖爆炸罪。该公约采用"不引渡即起诉"原则,即罪犯所在国如不将罪犯引渡,则应对罪犯提起诉讼;对于恐怖主义爆炸罪,公约规定不适用政治犯不引渡原则。《制止向恐怖主义提供资助的国际公约》规定:任何人以任何手段直接或间接、非法或故意为恐怖主义活动的实施提供或募集资金,则构成资助恐怖主义罪;除个人犯罪,公约还规定了法人犯罪。该公约同样采用"不引渡即起诉"原则;对资助恐怖主义罪不适用政治犯不引渡原则。缔约国不得只以事关财务金融罪为理由拒绝引渡或提供司法协助。上述条约或协定为世界各国共同打击恐怖主义犯罪提供了非常有利的条件,同时更可以依靠国际刑警组织,我国是国际刑警组织正式成员国。国际刑警组织以协调打击国际性刑事犯罪活动为目的,其宗旨是在各国现行法律的限度内,保证和促进各国刑事侦查当局之间最广泛的相互支援与合作。恐怖主义犯罪活动往往涉及多个国家,要想有效识别、追查,往往需要几个国家可靠有效的情报、信息,这是对恐怖主义犯罪主动出击的前提。为达资源共享,在全世界范围内共同打击恐怖主义犯罪,我国应该通过双边或多边协议的方式建立更多的类似国际刑警组织的机构,增进国与国之间警察的信息交流与合作。特别是应该建立一个恐怖主义犯罪信息库,完善情报信息资料的收集和交换机制,向世界各国提供恐怖主义犯罪的信息和咨询服务。

(二)调查措施与约束措施

如前所述,为了应对严峻的恐怖主义犯罪活动,各国对恐怖犯罪的侦查权限均有所扩张,我国也不例外,从我国相关立法上来看无论是在恐怖犯罪立案之前还是立案之后,侦查权限均有一定程度的扩张。可以说我国反恐怖法将部分侦查行为放置到了立案之前,而根据刑事诉讼法的规定,侦查措施通常都是在立案之后方可以进行。

1. 调查措施[①]

关于嫌疑人生物样本的提取的规定。根据我国《反恐法》规定,公安机关接到恐怖活动嫌疑的报告或者发现恐怖活动嫌疑,需要调查核实的,应当迅速进行调查。我国《反恐

---

① 此处所指调查措施是指在立案之前,对恐怖犯罪信息进行的调查核实工作,实际上是属于准侦查措施。

法》第 50 条规定："公安机关调查恐怖活动嫌疑,可以依照有关法律规定对嫌疑人员进行盘问、检查、传唤,可以提取或者采集肖像、指纹、虹膜图像等人体生物识别信息和血液、尿液、脱落细胞等生物样本,并留存其签名。"而我国《刑事诉讼法》第 136 条规定,为了确定被害人、犯罪嫌疑人的某些特征、伤害情况或者生理状态,可以对人身进行检查,可以提取指纹信息,采集血液、尿液等生物样本。显然,《刑事诉讼法》规定是在公安机关立案之后,为了确定被害人或犯罪嫌疑人的某些特征才可以实施的人身检查或生物样本的提取行为;《反恐法》规定的情形是在立案之前对恐怖活动嫌疑的报告或发现的恐怖活动嫌疑行为进行调查核实所实施的调查行为。一般认为普通刑事案件,公安机关只有在立案之后才可以采取相应的调查取证工作,但《反恐法》对侦查立案之前的调查措施明显进行了权力扩张,赋予公安机关在立案之前可以采取准侦查措施。

关于询问程序的规定。《反恐法》第 50 条第 2 款规定："公安机关调查恐怖活动嫌疑,可以通知了解有关情况的人员到公安机关或者其他地点接受询问。"此处显然是指对相关证人所进行案情询问,但此时并未立案,却可以让了解情况的人,也即证人到"其他地点"接受询问,这里的"其他地点"并未说明是证人提出的其他地点还是公安机关指定的其他地点,但至少包含有侦查机关所指定的地点。普通犯罪案件里,根据《刑事诉讼法》第 122 条规定："侦查人员询问证人,可以在现场进行,也可以到证人所在单位、住处或者证人提出的地点进行,在必要的时候,可以通知证人到人民检察院或者公安机关提供证言。在现场询问证人,应当出示工作证件,到证人所在单位、住处或者证人提出的地点询问证人,应当出示人民检察院或者公安机关的证明文件。"可以看出,即便是案件已经被立案①,也不可以让证人、被害人到除了上述地点之外的地方接受询问,也即是即便在立案后询问证人、被害人也只能在现场、证人的单位、住处或证人所提出的地点,只有在必要的时候才可以通知证人、被害人到公安机关、人民检察院进行询问。刑事诉讼法明确指出在"证人指出的地点",而不是两机关自行指定的地点。因此,反恐怖法将关于询问证人与被害人的规定放置到立案之前的调查程序里,且可以在指定的地点进行询问,大幅度地突破了刑事诉讼法关于侦查询问程序的规定。

关于查封、扣押、冻结措施的规定。《反恐法》第 52 条规定："公安机关调查恐怖活动嫌疑,经县级以上公安机关负责人批准,可以查询嫌疑人员的存款、汇款、债券、股票、基金份额等财产,可以采取查封、扣押、冻结措施。查封、扣押、冻结的期限不得超过二个月,情况复杂的,可以经上一级公安机关负责人批准延长一个月。"此条关于查封、扣押、冻结措施的规定,恐怖犯罪活动嫌疑调查时公安机关即有权实施,甚至并无"经查明确实与案件无关的,应当在三日以内解除查封、扣押、冻结"的相应规定。而在刑事诉讼法关于查封、扣押、冻结措施的规定则均是在立案之后方能采取的侦查措施,且明确规定"对查封、扣押的财物、文件、邮件、电报或者冻结的存款、汇款、债券、股票、基金份额等财产,经查明确实与案件无关的,应当在三日以内解除查封、扣押、冻结,予以退还。"恐怖犯罪离不开资金的支持,查明恐怖犯罪的资金来源是侦查的重要任务,《反恐法》之所以没有

---

① 《刑事诉讼法》第 122 条的规定是在第二章"侦查"里所作的规定,也即是该章所规定的侦查措施应当是在立案之后所实施的侦查行为。

规定与案件无关的金融资产"三日内解除",是考虑到恐怖犯罪活动侦查金融资产来源的重要性,一旦错误解除,很可能会被随时转移、隐匿,而继续用于恐怖犯罪活动。

2. 约束措施

《反恐法》第53条规定:"公安机关调查恐怖活动嫌疑,经县级以上公安机关负责人批准,可以根据其危险程度,责令恐怖活动嫌疑人员遵守下列一项或者多项约束措施:(一)未经公安机关批准不得离开所居住的市、县或者指定的处所;(二)不得参加大型群众性活动或者从事特定的活动;(三)未经公安机关批准不得乘坐公共交通工具或者进入特定的场所;(四)不得与特定的人员会见或者通信;(五)定期向公安机关报告活动情况;(六)将护照等出入境证件、身份证件、驾驶证件交公安机关保存。公安机关可以采取电子监控、不定期检查等方式对其遵守约束措施的情况进行监督。采取前两款规定的约束措施的期限不得超过三个月。对不需要继续采取约束措施的,应当及时解除。"这里《反恐法》将这些侦查措施称为"约束措施",事实上属于剥夺人身自由的准强制性措施。恐怖嫌疑和恐怖活动嫌疑人员并非传统意义上的犯罪嫌疑人,是在侦查立案之前的称谓。按理,既然尚未立案则自然不能对相关人员采取强制性措施,刑事诉讼法所规定的各类强制措施是在立案之后,公安机关、人民检察院或人民法院为了保证刑事诉讼的顺利进行,依法对刑事案件的犯罪嫌疑人、被告人所采取的在一定期限内暂时限制或剥夺其人身自由的一种法定强制方法,包括拘传、取保候审、监视居住、拘留、逮捕五种。无论在理论上,还是在司法实践中,立案之前并不能采取此五种强制措施。众所周知,我国刑事诉讼开始的标志是立案,强制措施是为了保障诉讼的顺利进行而实施的一种强制性的侦查行为,虽然不具有惩罚的目的,但就犯罪嫌疑人、被告人的人身自由却是现实的限制或剥夺,因而刑事诉讼法对强制措施的实施规定了严格的程序。《反恐法》则明确规定:公安机关"调查恐怖活动嫌疑"时,根据嫌疑人员的"危险程度",经县级以上公安机关负责人批准,就可以责令嫌疑人员遵守六项约束措施中的一项或者多项。《反恐法》第54条进一步规定:"公安机关经调查,发现犯罪事实或者犯罪嫌疑人的,应当依照刑事诉讼法的规定立案侦查。本章规定的有关期限届满,公安机关未立案侦查的,应当解除有关措施。"也即是说,包括"调查措施"和"约束措施"在刑事立案之前,公安机关级即可根据情况需要决定是否采用该两项"措施",调查措施或约束措施实施之后,如果发现不应当立案的,或期限届满的公安应当解除有关措施。《反恐法》里并没有采用"强制措施"的说法,而是使用了"约束措施"一词,但显然,"约束措施"对于被调查人员来说就是明显的限制其人身自由,其所包含的具体措施与刑事诉讼法规定的强制措施对被采取取保候审和监视居住的犯罪嫌疑人、被告人所遵守的禁令甚至更为严厉。因此,可以说《反恐法》非常明显地突破了刑事诉讼法关于强制措施的规定,是一种典型的侦查权的扩张行为。此项规定并非立法者随意而为,而是实践中恐怖分子通常藏匿于普通民众之中,平时普通的民众的身份或者普通民众受到恐怖主义的蛊惑而参与实施恐怖犯罪活动,因而按照普通程序立案之后,方可实施相关侦查措施,不利于及时地阻止和打击恐怖犯罪。该项规定的理论基础是安全价值先于自由价值,暂时、部分地牺牲了自由价值,以保障安全价值的实现。

（三）强制措施

现行《刑事诉讼法》强化了对恐怖主义犯罪嫌疑人的强制措施,明确规定了其在监视居住和拘留制度中的部分权利的弱化或消减,而对于逮捕虽未明确规定,但是关于逮捕羁押期间延长的各种规定则非常适合恐怖主义犯罪的期间延长规定,几乎是关于恐怖主义犯罪嫌疑人权利克减的隐形条款。

《刑事诉讼法》第 73 条规定:对于涉嫌恐怖主义犯罪的监视居住可以在指定的居所执行。鉴于恐怖主义犯罪嫌疑人较一般的犯罪嫌疑人人身危害性更大,有的甚至具有宗教狂热性,在其住处进行监视居住难以有效割断其与外界恐怖分子的联系,更不利于对实施监视居住的公安人员的人身安全的保障。基于此,公安机关认为有碍侦查的,经上一级公安机关批准可以在指定的居所执行,但是不得在羁押场所、专门的办案场所执行。对指定居所的选择,既应当考虑监视居住的安全性、便利性,同时也应充分考虑其民族习俗和宗教信仰,降低其抵触心理。同时在执行时,应加强电子监控等新技术手段的运用,针对恐怖主义犯罪不断翻新的技术和反侦查能力,应强化对人身、物和通信的多重监控措施的综合运用,要重视监控获取的证据、线索。

现行《刑事诉讼法》消减了恐怖主义犯罪嫌疑人被拘留后的家属告知权利,主要是为防止其家属知悉其被拘留后扩散案件信息,因为从实践上来看,恐怖主义犯罪皆是有组织犯罪,犯罪嫌疑人被拘留的信息一旦被家属扩散,对其犯罪组织成员的抓捕将非常不利。《刑事诉讼法》第 83 条规定对恐怖活动犯罪通知可能有碍侦查的情形可以不受 24 小时以内通知被拘留人家属的普通拘留程序的规定,待到有碍侦查的情形消失以后,应当立即通知被拘留人的家属。可以说该条对于恐怖犯罪嫌疑人家属拘留告知权利严重削减,甚至是拒绝了该权利,该条所规定的另一种犯罪是危害国家安全犯罪,当然恐怖主义犯罪与危害国家安全犯罪多有交叉重合之处。有人形象地称该条规定是犯罪嫌疑人"被失踪"条款,可见法律对拘留后通知家属权利的拒绝的确给其本人和家属带来强烈的心理恐慌,但立法者的本意并非如此,而是防止这两类犯罪嫌疑人被拘留通知后,家属一旦泄露、扩散该信息,将给案件后续的侦查和其他嫌犯的抓捕带来极为不利的影响。

刑事诉讼法对被逮捕的恐怖犯罪案件犯罪嫌疑人的权利规定虽然没有明确的限制,但《刑事诉讼法》第 154 条至第 158 条规定的关于逮捕期间的延长规定,无疑在实践中均适合恐怖犯罪案件。如正常案件的犯罪嫌疑人逮捕后的侦查羁押期限不得超过二个月;案情复杂、期限届满不能终结的案件,可以经上一级人民检察院批准延长一个月。恐怖主义犯罪案件通常案情复杂,正常期间难以查明案情。第 156 条规定四种情形可以经省级检察机关批准再延长两个月,即交通十分不便的边远地区的重大复杂案件;重大的犯罪集团案件;流窜作案的重大复杂案件;犯罪涉及面广,取证困难的重大复杂案件。无疑对于恐怖犯罪案件四种情形通常均能符合。随后,《刑事诉讼法》第 157 条进一步规定:对犯罪嫌疑人可能判处十年有期徒刑以上刑罚,依照第 156 条规定延长期限届满,仍不能侦查终结的,经省、自治区、直辖市人民检察院批准或者决定,可以再延长两个月。如此多次延长之后,逮捕羁押的期间甚至可达 7 个月之久,甚至更有第 155 条规定的"无期限"的延长羁押,因为特殊原因,在较长时间内不宜交付审判的特别重大复杂的案件,由最高人民检察院报请全国人民代表大会常务委员会批准延期审理。可以说,恐怖主义犯罪的逮捕羁押延长的情形非常易于吻合对普通犯罪来说并不容易满足的各种逮捕延长羁押的情形,延长羁押期间对恐怖犯罪嫌疑人尽早恢复人身自由自然非常不利。因此,可以说尽管刑事诉讼法并没有明确单独规定恐怖主义犯罪嫌疑人逮捕羁押的延长规定,但在制度设置层面上而言,恐怖主义犯罪的逮捕羁押期间明显较普通犯罪逮捕羁押期间更易于适用各种期间延长的规定。因此,可以说刑事诉讼法关于逮捕期间延长的各项规定几乎是关于恐怖主义犯罪逮捕羁押延长的隐形条款。

(四)技术侦查

刑事诉讼法规定了技术侦查,是特殊侦查措施,对恐怖犯罪的侦查属于《刑事诉讼法》许可的技术侦查范围,刑事诉讼法对技术侦查措施的主体、适用范围、程序与期限等作了明确的规定,而且刑事诉讼法首次明确规定使用技术侦查措施获取的材料可以作为证据使用。我国《反恐法》第45条规定:公安机关、国家安全机关、军事机关在其职责范围内,因反恐怖主义情报信息工作的需要,根据国家有关规定,经过严格的批准手续,可以采取技术侦查措施。《中华人民共和国人民警察法》第16条规定:公安机关因侦查犯罪的需要,根据国家有关规定,经过严格的批准手续,可以采取技术侦查措施。《中华人民共和国国家安全法》规定:国家安全机关、公安机关、有关军事机关根据职责分工,开展情报信息工作,应当充分运用现代科学技术手段,可以依法采取必要手段和方式。《中华人民共和国反间谍法》第12条对于国家安全机关采取技术侦查措施亦有类似的规定。通常技术侦查的种类主要有电子侦听、电话监听、电子监控、秘密拍照、录像、秘密获取某些物证、进行邮件检查等秘密的专门技术手段[①]。技术侦查措施作为侦查工作中的一种特殊方式和手段,在打击越来越隐蔽化、智能化和组织化的犯罪上发挥了巨大的作用,在司法实践中,这些技术侦查手段已经运用于通信监控、网络技术侦查、追踪定位、电子监控、身份辨识、证据收集和固定等方面。技术侦查措施有助于侦查人员及时获取恐怖犯罪活动的线索与证据,有利于提前制止恐怖犯罪行为,避免造成严重的社会危害后果的发生。技术侦查有助于发现恐怖犯罪活动的上游犯罪,如可以监控资助恐怖组织运作和实施恐怖活动的资金运作行为,进而截断其资金来源。实践中技术侦查为恐怖犯罪案件的破获发挥了极为关键的作用,依赖技术侦查措施,对于组织极其严密的恐怖犯罪前期的证据收集与犯罪案件的破获起到不可或缺的作用。例如,恐怖犯罪分子大多数来自于具有很强同质性的团体,他们具有相同的宗教信仰,具有相同的意识形态,甚至来自同一个民族,因而,这些特征不但造成了情报工作人员本身渗透其组织内部的极大困难,同时也往往使从内部分化瓦解的策略不能奏效,而且,反恐怖工作的首要目标就是预防,在没有任何信息情报来源的情况下,及时掌握恐怖分子的犯罪意图、行动就非常困难[②]。通信监听技术由于具有隐秘、风险成本低等特点,使其成为侦查人员收集证据线索的有力武器,能够即时掌握恐怖犯罪活动的信息,使公安机关能够准确地掌握恐怖犯罪活动情况。

---

① 郎胜:《〈中华人民共和国刑事诉讼法〉修改与适用》,新华出版社2012年版,第277页。
② 余凌云、洪延青:《反恐侦查中的监听权力规制》,载《中国公共安全(学术版)》2007年第3期,第104页。

GPS定位技术,能够帮助公安机关准确地锁定恐怖犯罪嫌疑人所处的地理位置,实施精准的抓捕行动。现代科技极大地丰富和发展了侦查机关的侦查手段。

《刑事诉讼法》规定:采取技术侦查措施,必须严格按照批准的措施种类、适用对象和期限执行。批准决定应当根据侦查犯罪的需要,确定采取技术侦查措施的种类和适用对象。批准决定自签发之日起三个月以内有效。对于不需要继续采取技术侦查措施的,应当及时解除;对于复杂、疑难案件,期限届满仍有必要继续采取技术侦查措施的,经过批准,有效期可以延长,每次不得超过三个月。《公安机关办理刑事案件程序规定》规定:需要采取技术侦查措施的,应当制作呈请采取技术侦查措施报告书,报设区的市一级以上公安机关负责人批准,制作采取技术侦查措施决定书。技术侦查措施是指由设区的市一级以上公安机关负责技术侦查的部门实施的记录监控、行踪监控、通信监控、场所监控等措施。可见,技术侦查措施的批准与实施程序有着非常严格的程序规定和实施要求,其批准主体和实施主体均是设区的市一级以上公安机关,基层公安机关既无审批的权限,也不具有实施的权力。公安部这一规定符合我国刑事诉讼法关于恐怖案件立案管辖的规定要求,技术侦查措施虽然有着无可比拟的优势和功能,但其也是一柄双刃剑,如窃听(监听)技术,如果使用不当极易侵犯公安的隐私权、通信自由权,因此法律对技术侦查的批准主体、实施主体、实施期限、获取信息的使用等有着严格的要求。打击恐怖犯罪固然是国家安全战略,但也不是为获取证据信息而不择手段,也必须依法进行,这是现代法治社会的应然要求。

现行《刑事诉讼法》同时规定了秘密侦查和控制下交付侦查措施。刑事诉讼法规定:为了查明案情,在必要的时候,经公安机关负责人决定,可以由有关人员隐匿其身份实施侦查。但是,不得诱使他人犯罪,不得采用可能危害公共安全或者发生重大人身危险的方法。对涉及给付毒品等违禁品或者财物的犯罪活动,公安机关根据侦查犯罪的需要,可以依照规定实施控制下交付。前者属于秘密侦查,也称隐匿身份侦查,后者称控制下交付,当然控制下交付也是秘密侦查的一种方式。技术侦查与秘密侦查既有联系也有一定的区别,技术侦查一般是指不经当事人知晓,需要借助于专门的技术设备等才能实施的侦查手段,主要包括电子侦听、电信监控、秘密拍照或录像等电子监控、密搜、密取等秘密获取某些证据、邮件检查、外线侦查、网络侦查等七种。秘密侦查主要是指技术侦查,但还包括许多不需要专门技术器材辅助就可以实施的侦查手段,如跟踪、守候监视、刑事特情、诱惑侦查、卧底侦查、控制下交付等①。根据刑事诉讼法和办理刑事案件程序的规定,公安机关依照本节规定实施隐匿身份侦查和控制下交付收集的材料在刑事诉讼中可以作为证据使用。秘密侦查与控制下交付的批准主体是县级公安机关负责人。需要强调的是,无论隐匿身份实施侦查还是控制下交付的侦查措施,均不得使用促使他人产生犯罪意图的方法诱使他人犯罪,也不得采用可能危害公共安全或者发生重大人身危险的方法。

---

① 兰跃军:《比较法视野中的技术侦查措施》,载《中国刑事法杂志》2013年第1期,第67页。

二、域外主要国家恐怖主义犯罪的侦查

世界各国基于不同的犯罪追诉制度和犯罪侦查制度,对恐怖主义犯罪的侦查模式与措施也各不相同,但恐怖主义犯罪的极端特殊性决定了各个国家在犯罪侦查制度和侦查措施上有着共通性的规定。"9·11"恐怖袭击之后,各国一般都遵循"预防为先,防范与惩治并重"的原则,反恐侦查应当由传统的回应型向主动型转变,从而在具体手段和措施的立法设计上更加注重预防性、主动性。这种理念的转变和制度设计的转型是有效反恐的必需,也是各国反恐刑事立法的一种总体趋势①。在残酷的恐怖主义犯罪面前,生命权和公共安全利益自然受到前所未有的高度重视,基于这种理念,无论是大陆法系还是英美法系,世界各国反恐的侦查权力几乎无一例外地都得到扩展,区别只在于程度的高低。相应的恐怖犯罪嫌疑人在侦查过程中的诉讼权利无一例外地受到克减。侦查权力的扩张主要体现在侦查取证的措施和对犯罪嫌疑人权利的抑制措施上,了解域外国家关于恐怖主义犯罪的侦查,对我国的侦查制度具有借鉴意义。

(一)美国

美国以《爱国者法》《反恐法》为代表的国内反恐立法,极大地扩大了执法部门在监视、逮捕、搜查等方面的侦查权力,赋予其更大权力来预防、侦查和打击恐怖主义犯罪,其许多条款对公民所拥有的宪法权利造成了限制或剥夺。

关于搜查制度,"9·11"事件后,美国《爱国者法》创设了全国搜查令,并授权推迟发出搜查令。根据美国《联邦刑事诉讼规则》第41条的规定,要搜查当事人的任何财产,必须取得所在街区法庭的搜查令,并且在某一辖区获得的搜查令其适用范围只能限于该辖区。因此,一个波士顿的探员要获取一个恐怖主义犯罪嫌疑人在雅虎上的电子邮件,必须寻求加利福尼亚州北区的探员、检察官、法官的合作,以获取该地区法庭颁发的搜查令,而上述官员可能都没有参与过该案的调查。这无疑会延误对恐怖主义犯罪的侦查并作出迅速有效的反应②。《爱国者法》第219条对此作了相应的修正,规定对恐怖主义实行单一司法搜查证,对《联邦刑事程序条例》第41(a)条作如下修改,在"生效的"一词之后增补下列条文:"(3)在关于国内恐怖主义和国际恐怖主义的调查中,联邦地方法官负责对可能发生恐怖活动的任何行政区域的调查,负责搜查行政区域以内或之外的财产和人员。"因此,只要是为了侦查恐怖主义犯罪,在任何一个司法辖区获得的搜查令都可以在全国适用。这样,联邦法官颁布的搜查令可以在全国范围内适用,侦查官员不必为了申请新的搜查令而耽误侦查行动的时机,大大提高了对恐怖主义犯罪侦查的效率③。按照之前的联邦刑事诉讼规则要求,搜查通常应当通知当事人,是为了保障宪法第四修正案的公民权利,但《爱国者法》明确授权在特定情形下推迟此项通知,即如果法院有合理理由相信搜查通知可能对案件侦查造成不利影响时,可以决定推迟向当事人发出搜查

---

① 倪春乐:《恐怖主义犯罪特别诉讼程序比较研究》,群众出版社2013年版,第54页。
② 赵秉志:《国际反恐怖主义犯罪及其防治对策专论》,中国人民公安大学出版社2005年版,第118页。
③ 康海军:《反恐侦查权与反恐侦查措施研究》,载《犯罪研究》2008年第3期,第78页。

通知。

关于强制措施,扩大了拘留、逮捕的权力,延长了羁押期限,限制恐怖犯罪嫌疑人保释制度和会见律师的权利。在"9·11"事件之后,美国立法对逮捕、拘留等人身控制措施放宽了证据要求,在反恐案件中通常不需任何证据材料,甚至只凭执法人员的主观怀疑就可启动程序。① 美国反恐怖法放宽了对羁押的限制,这主要体现在以下三个方面:一是强化了对外国人、移民的羁押权;二是采用秘密羁押、秘密听证;三是限制或中止要求对羁押进行司法审查的权利。司法实践上,严格限制了恐怖犯罪嫌疑人、被告人保释的权利和羁押期间会见律师的诉讼权利。

关于技术侦查制度,放宽了司法令状制度,将技术侦查的对象扩展至美国公民。美国2001年《反恐法》亦规定对从事某些恐怖主义犯罪活动的人予以长时间监视,甚至是终身监视,而释放后的一般重罪犯罪人的狱后监听、监视期间为3至5年。②"9·11"之前,监视通常要获得司法令状许可,根据美国1986年的一项法律,如果既有合理的根据又有法院的命令,为了执法的目的,政府被允许使用窃听和电子监视,以截取私人电话和面对面的交流,并且规定只有某些高级官员被允许决定截取,然后仅仅用于指定的严重的犯罪等限制条件。政府被授权截取"电子通信",如电子邮件和传真,通常要求有合理的根据和法院的命令。"9·11"之后,美国的《爱国者法》授权政府可以获得访问互联网的地址和发送、接收电子邮件的地址,而不需要达到常规的合理根据或合理怀疑的程度;延长根据外国情报监视法所允许监视的时间期限,从45天延长到90天;在没有达到普通的合理根据标准的情况下,允许为了情报的目的而监视美国公民;允许根据外国情报监视法采用"漫游"监视命令,该命令的目标针对具体的个人而不是具体的电话号码或位置。③ 美国《爱国者法》第201条和第202条专门规定了监听措施,并将监听令状的申请适用范围扩大,取消了被监听对象只限于国际恐怖犯罪分子的规定,将监听措施适用范围扩展至本国公民。同时,为反恐监听提供便利条件,《爱国者法》第206条还将漫游监听由"特定路线"修改为"特定人",从而突破了"特定通信工具"的限制,将监听权力扩展为被监听人的所有通信方式。同该法220条规定了建立电子犯罪证据的全国搜查证服务网络。

(二)英国

英国长期遭受北爱尔兰共和军所制造的恐怖主义犯罪的侵害,对反恐怖立法较早,"9·11"事件之后,英国频繁颁布成文的反恐怖主义法,几乎每部反恐怖主义法律都不是限制,而是逐年扩大警察侦查案件的权限和范围。

关于搜查制度,逐渐扩大警察无令状搜查的范围和权限。《1984年警察与刑事证据法》第1条规定,如果警察探员有合理根据怀疑有可能用于实施犯罪的武器、炸药或其他装备存在,它可以在未经申请搜查令状的情况下对位于公共场所的机动车辆及人身进行

---

① 姬艳涛:《论我国反恐特别侦查程序的制度构建》,载《辽宁警专学报》2015年第2期,第26页。
② 赵秉志:《中国反恐立法专论》,中国人民公安大学出版社2007年版,第541页。
③ 梅建明、李健和、马振超、王存奎、翟金鹏:《美国反恐怖预警机制研究》,载《中国人民公安大学学报》(社会科学版)2009年第1期。

搜查。《2000年反恐怖主义法》赋予警察实施拦截并搜查的权力。警察可以截留并搜查任何具有合理根据怀疑可能是恐怖分子的人，无论该人是否拥有任何证明其不是恐怖分子的证据。警察的该项权限也可以在全国犯罪内适用。在警察认为有利于恐怖犯罪调查时，警长可以决定划定警戒区，在警戒区之内身着制服的警员可以在授权地区和地点截留并实施搜查。同时简化了法官对令状申请的审查要求。"9·11"之后，英国旋即出台了《2001年反恐、犯罪和安全法》，该法创制了建筑物附带人身搜查的做法，即法官在签发建筑物搜查令状时，可以附带签发该建筑物内人身的搜查令。英国《2001年反恐怖、犯罪及安全法》第11节警察的权力中规定：着装警察有权拦截并搜查任何携带暴力武器或危险器械的行人及其携带的所有物品；拦截并搜查任何携带暴力武器或危险器械的车辆及其司机和所有乘客。着装警察在值勤时，不管在任何场合，只要怀疑有人或车辆携带暴力武器或危险器械的，都可以无条件地进行拦截或搜查。英国又颁布了《2006年英国反恐怖主义法》，将搜查令状可以涵盖的场所范围由"申请书中指定的场所"改为"与申请书有关的场所"，增大了搜查对象的模糊性，使司法权对搜查行为的控制弱化，实际上将搜查权完全掌控在了侦查机关和侦查人员的手中。该法同时加大了对恐怖主义出版物的搜查、扣押和没收的权力，并且将搜查的地点扩大至船只和飞行器。[①]

关于拘留、逮捕制度，扩大了羁押期限，降低了适用标准，拒绝恐怖主义犯罪嫌疑人羁押期间的保护和会见律师的权利。《2001年英国反恐怖、犯罪和安全法案》明确提出允许执法部门不经审判即可无限期拘留在英国居住但在外国出生的恐怖活动嫌疑人。《2000年反恐怖主义法》降低了警察进行无令状逮捕的证据要求，在警察有理由怀疑某人是恐怖分子时，即可实施无令状逮捕，并且该法赋予警察执法时具有在全国范围的无令状逮捕权力，即某一地区的警察在侦查案件时可以在英国任何地区对恐怖分子实施无令状的逮捕行动[②]。2008年11月，英国议会又颁布的《2008年反恐怖主义法》扩大了警察对当事人采取的侦查取证措施的范围，即在控制令程序下警察和情报官员有权采集被羁押人的指印和其他身体样本，但必须是用于恐怖主义犯罪侦查和国家安全事项。该法同时规定，刑事法院法官（英格兰和威尔士）或经检察官申请后由治安官（苏格兰）或地区法官（北爱尔兰）可以授权侦查机关和人员对恐怖主义犯罪嫌疑人实施提起正式指控后的审讯，强调审讯所获材料并不仅仅因为是在"指控后"实施而不具备庭审证据可采性，也即是赋予了警察在犯罪嫌疑人被指控后讯问证据的合法性，扩大了证据的来源。早在英国1989年制定的《反恐怖斗争法》中规定：在指定的期限内，在押的恐怖活动犯罪嫌疑人不得会见律师，并且限制将在押人交保释的权力。《2001年反恐、犯罪和安全法》中曾规定了对非英国籍的恐怖嫌疑分子的无限羁押制度。该项无期限羁押制度违背了比例原则，也违反了欧洲人权公约，因为争议过大，《2005年预防恐怖主义法》废止了《2001年反恐、犯罪和安全法》关于无期限羁押的规定。《2005年预防恐怖主义法》授权国务大臣对涉嫌恐怖主义活动的英国或非英国籍嫌疑人签发控制令。控制令是对涉嫌恐怖活动的嫌疑人的人身自由加以限制，以防止其参与恐怖主义活动，类似于我国诉讼

[①] 倪春乐：《恐怖主义犯罪特别诉讼程序比较研究》，群众出版社2013年版，第62~66页。
[②] 姬艳涛：《论我国反恐特别侦查程序的制度构建》，载《辽宁警专学报》2015年第2期，第26页。

法上的禁止令。该法规定没有合理理由而违反控制令义务的行为本身即构成刑事犯罪。

关于技术侦查措施,2000年,英国颁布的《侦查权力规制法》规定,在保障国家安全、维护公共秩序、侦查严重刑事犯罪和确保英国经济健康所必需的情况下,执法机构可以要求相关邮政和电信运营商开示客户的指定的交流数据。《2001年反恐、犯罪和安全法》规定,在通信截留的权力方面,如果国务大臣认为截获通信是保卫国家安全、防止和侦查犯罪或指控任何犯罪分子的需要,他有权与通信服务供应商签订任何其认为合适的协议,通信服务商需要根据该协议进行数据的获取和保留,否则其须承担相应的民事和刑事责任。该项权力显然会给反恐调查中的通信数据截取提供更多的便利。《2006年英国反恐怖主义法》进一步放宽了通信侦听的授权期限限制,由原来的三个月放宽到六个月。《2008年反恐怖主义法》,进一步授权强化反恐情报信息的搜集与共享。

(三)法国

1. 关于搜查制度

《法国刑事诉讼法典》第76条规定:"非经住所内的人明示同意,不得在其住所内进行搜查、查看或扣押物证。此种同意必须有当事人亲笔写的声明,或者如当事人不会书写,应在笔录上载明,并写明当事人同意。"第56条及第59条(第1款)规定的形式适用之;而在第15编"恐怖活动罪的追诉、预审及审判"中第706-24条(1986年9月9日第86-1020号法律)则作出了例外的规定,尽管有第76条规定,如对第706-16条适用范围的犯罪之一有关的调查有此必要,大审法院院长或由其授权的法官,应共和国检察官的申请,可以决定对住所进行搜查与查看并扣押物证,而无须事先经过住所内受到搜查与查看的人同意。第706-24-1条进一步规定:在紧急情况下,如遇预审工作需要,为搜查并证明某一违法犯罪属于第706-16条的管辖范围,且如果罪名成立,将被判处10年或10年以上监禁,并符合如下条件的,走访、搜查和扣押物证可以在第59条规定的时间以外进行:①当违法犯罪行为正在发生时;②犯罪证据或犯罪形迹有马上消失的危险;③怀疑待搜查的地方有人正准备实施新的恐怖主义行为。这些行动只能由预审法官签署命令实施,命令要指明待搜查证据属于何种性质的违法犯罪,以及行动进行的地址,并参照以上三个条件指出相关法律依据和事实证据,说明签署命令的合理性。此命令可以以任何形式通知检察官。命令不可以被上诉①。执法机构实施箱包搜查和身体搜查并对特定的公共场所进行一定形式的调查;授权共和国检察官命令警察对位于公共场所的汽车进行搜查,只要其认为搜查行为与涉及反恐的调查相关而不论是否有犯罪行为发生;司法警察如果认为有"可信的根据"相信位于公共场所的汽车内的人正在准备、已经准备或已经实施了刑事犯罪,则其有权在未经司法授权的情况下对汽车实施搜查。可以看出,法国对恐怖主义犯罪侦查中的搜查措施亦是有特别的例外性规定,甚至在"怀疑待搜查的地方有人正准备实施新的恐怖主义行为"时,预审法官签署的搜查令不可上诉。

---

① 中国现代国际关系研究所反恐怖研究中心:《各国及联合国反恐怖主义法规汇编》,时事出版社2002年版,第26~27页。

2. 拘留羁押时间延长

普通法规定的拘留时间为 2 天,但涉及有组织犯罪的拘留时间为 4 天,与恐怖主义相关的拘留时间为 6 天。法国的警察羁押程序由检察官和侦查法官控制,警察必须定期向负责指导侦查的治安官报告羁押情况。在具体羁押程序上,法国也针对恐怖主义犯罪的特点作了适当的修改和调整:①在羁押的最初 72 小时内,恐怖犯罪嫌疑人不得会见律师,而在一般案件中,当事人的这一权利从羁押一开始就享有,警察也会告知沉默权等基本诉讼权利,但实际上羁押期间的审讯是很激烈的;②强化羁押过程中的审讯取证功能,嫌疑人在羁押期间可以被多次审讯,每次可以持续 2~3 小时,法律对最长审讯时间并未明确限制,审讯可以不录音,但须有书面记录;③限制辩护律师的权利,在反恐羁押程序中,法国的律师介入比普通案件更少,在羁押后的最初 72 小时后,律师可以会见嫌疑人,但会见时间极为有限,并且律师无法获悉案件事实①。

3. 技术侦查措施

2004 年起,经由法官允许,调查员可以在嫌疑人家中或交通工具中安装窃听设备或是图像采集设备,甚至可以同时安装两种设备。为了成功安装这些设备,法官允许调查员在当事人不知情的情况下,潜入相关地点安装相应的设备②。在通信截留方面,法国为了增加便利实施了两层令状制度。总理(实际是各级行政机关首长)可以授权情报部门进行行政性通信截留,所获情报信息只供推进侦查之用;地方预审法官可以授权执法部门进行司法性通信截留,所获材料可用作诉讼证据。

(四)德国

1. 关于情报信息的收集

扩大披露德国公民和外国人的生物特征信息。德国 2002 年通过的《反国际恐怖主义法》,联邦宪法保卫局可以在特殊情况下,从德国的信贷机关、金融服务机构、金融企业获取有关账户、账户持有人、其他权利人及支付往来的参与人资金流动和投资的信息。规定情报和警察部门有权获取德国公民和外国人的信息和数据。对于德国的反恐法律制度的改革来说,扩大披露德国公民或外国人的个人信息的真正用意在于让情报和警察部门享有相对而言不受限制的自由裁量权来调取这些信息。这在《联邦宪法保卫法》《军事反间谍局法》《联邦情报局法》《联邦刑事局法》中都作了明确授权。这些法律授予情报和警察部门享有获取公民和外国人大量信息的权力的做法,在德国被称为"网格调查"。这种调查手段试图从大量的人口的个人的信息包括宗教、年龄、性别、居住地区和移民身份等方面缩小嫌疑人的范围。反对者指出,这种调查方法所确定的嫌疑人,并不是真正出于可能怀疑的理由,而是因为其具有那些可以被合理怀疑的抽象特点。"网格调查"方法的运用,将导致德国刑事程序信息收集的"去个人化"结果。德国的刑事程序一直都要求信息的收集是基于特定的嫌疑人,只有基于合理的怀疑——与某特定人的有

---

① 中国现代国际关系研究所反恐研究中心:《各国及联合国反恐怖主义法规汇编》,时事出版社 2002 年版,第 26~27 页。

② 让·马克·埃尔博:《法国反恐怖主义和反有组织犯罪的斗争》,王鲲译,载《国家检察官学院学报》2009 年第 6 期,第 30 页。

罪证据具有联系——才能拘留或逮捕某人。而"网格调查"则意味着法律允许某人无须是有任何特别违法行为的特定嫌疑者的情况下,就可以成为情报和警察部门的安全措施的对象。在法律程序方面也采取了更多的措施,如对于被怀疑与恐怖主义有关系的外国人,可以提取其指纹、对其照相。①

2. 关于技术侦查

修改后的《联邦宪法保卫法》明确规定情报部门可以使用技术手段调查和收集信息。修改后的《联邦宪法保卫法》第3条第4款规定:联邦宪法保卫局在执行任务时,可以使用技术手段追踪正在通话中的移动电话并调查该电话的号码和卡号。条件是只有在不调查就无法达到或很难达到监视目的的情况下。

(五)俄罗斯

俄罗斯刑事诉讼法对恐怖活动的特殊程序,主要通过俄罗斯反恐法表现出来。刑事诉讼程序的基本理念是保障人权与恐怖活动必受惩罚相结合,在优先保障安全的前提下,兼顾公民的自由。

在紧急状态下,反恐人员具有特殊的侦查权,比如,检查证件,如果没有相关证件,就被送往俄联邦内务部或其他有关部门查验身份;监听电话和其他通过电话联络的通信信息;搜索追踪电子信息的来源;搜查邮件的内容;强制征用车辆;暂停通信服务或者限制使用网络与通信;限制车辆和人员在街巷、道路、个别路段的出入;对来往的人员、车辆及其携带的物品进行检查,其中包括技术手段的应用;无障碍进入公民的住宅和其他场所、进入私人领地;以及任何所有制形式的组织住地;等等。在程序上还规定了反恐人员的特殊保护制度。

受特殊保护的人员既包括参加恐怖活动犯罪的现场调查并制作追踪记录的俄联邦调查委员会的工作人员,也包括参加反恐斗争的军人、联邦权力执行机构及其他国家机关的工作人员和专家,还包括发现、防止、阻止、揭露和侦查恐怖主义行为并降低恐怖主义影响的国家工作人员,以及所列上述人员的家属。②

(六)加拿大

加拿大于2001年12月颁布了《反恐法》,该法对加拿大现行法律体系中的多部成文法进行了修改,该法极大地扩展了政府权力,赋予了侦查机关以较大的侦查恐怖犯罪活动的权限,同时也对公民的基本自由和权利作了进一步限制。

降低了一些强制侦查司法令状的申请条件。例如,建筑物搜查只要求法官有合理理由相信建筑物内部存在可以依法没收的物品。电话窃听令状只要求有证据证明在当时的条件下,窃听是侦查恐怖主义犯罪的最有效办法。

扩大了加拿大公民及永久性居民的信息报告义务。一旦某人认识到其持有的物品属于或与恐怖组织及其代表人相关的,他有法律义务立即向当局主管部门报告有关该物

---

① 咸建刚:《后"9·11"时代德国反恐法律制度之改革》,载《欧洲研究》2004年第4期,第145~146页。
② 许桂敏:《俄罗斯反恐立法特点评介》,载《环球法律评论》2013年第1期,第53页。

品的流转和交易情况。并且此种善意相关的信息披露被依法免除民事和刑事责任。

在反恐侦查中运用"调查听证"程序强制做证。在反恐案件中,法官可以签发命令要求任何人如实回答提问、提交其掌控的相关物品。由于反恐案件中嫌疑人与证人有时难以区分,强制做证显然有侵犯"不被强迫自证其罪"特权的嫌疑。

三、恐怖主义犯罪侦查的比较与借鉴

通过前述对各国反恐侦查制度的描述可以发现,无论是大陆法系还是英美法系,对恐怖主义犯罪的侦查制度与普通案件侦查制度相比,均有非常显著的变化和突破。可以明显发现,传统上非常重视被追诉者人权保障的英美法系国家中的典型代表美国在反恐怖主义犯罪侦查制度的设置上较大陆法系国家更注重犯罪的控制和更忽略人权的保障,这主要由于"9·11"事件给美国民众带来的灾难式的打击所造成的无法消弭的阴影对其法律制度产生了直接影响。以《爱国者法案》和《反恐法》为代表的美国反恐立法,极大地扩大了执法部门的侦查权力,明显地压缩和限制了被追诉者传统意义上正当的诉讼权利,甚至也限制了普通民众的公民权利。综合考察各个国家在反恐怖主义犯罪的侦查制度,在安全与自由的价值取向上,无一例外地选择安全价值优先。传统上,大陆法系国家更偏向安全价值优先,英美法系更注重自由价值优先,"9·11"事件沉痛的教训彻底颠覆了英美法系国家的人权至上的理念,至少在反恐怖主义犯罪的侦查与司法制度上,不再坚持传统的自由价值优先的一贯做法,足见恐怖犯罪极端严重的社会危害性给美国社会带来的深刻变化。当然,大陆法系国家比以往任何时候都更注重安全优先的价值。在侦查制度上,几乎世界各国均突破了其原有侦查法律制度的规定,赋予了侦查部门前所未有的权力,限制和压缩了恐怖主义犯罪嫌疑人的诉讼权利。总的来说,在反恐怖案件的侦查措施上具有以下特点。

(一)扩大了搜查的权限

美国《爱国者法》创设了全国搜查令,并授权推迟向当事人发出搜查令通知。《2000年反恐怖主义法》规定:警戒区之内身着制服的警员可以在授权地区和地点截留并实施搜查。同时简化了法官对令状申请的审查要求。《2001年反恐、犯罪和安全法》创制了建筑物附带人身搜查的做法。该法还规定着装警察有权拦截并搜查任何携带暴力武器或危险器械的行人及其携带的所有物品,着装警察在值勤时,不管在任何场合,只要怀疑有人或车辆携带暴力武器或危险器械的,都可以无条件地进行拦截或搜查。《2006年英国反恐怖主义法》规定将搜查令状"申请书中指定的场所"改为"与申请书有关的场所",增大了搜查对象的模糊性,进一步强化了警察对搜查权的掌控,显著弱化了搜查令状制度,并且将搜查的地点扩大至船只和飞行器上。同时加大了对恐怖主义出版物的搜查、扣押和没收的权力。法国则授权共和国检察官命令警察对位于公共场所的汽车进行搜查,不论是否有犯罪行为发生,只要警察认为搜查行为与涉及反恐的调查相关,警察即可根据检察官的事前抽象授权进行搜查。同时,司法警察如果认为有"可信的根据"相信位于公共场所的汽车内的人正在准备、已经准备或已经实施了刑事犯罪,则其有权在未经司法授权的情况下对汽车实施搜查。俄罗斯警察的搜查权限同样也较以往任何时候的权限都更大。德国、加拿大、意大利等几乎所有的西方国家均放宽了对搜查的法律审批

权的限制,多数国家都规定了情况紧急下可以适用无证搜查制度,也扩大了警察搜查的期间与范围。

我国《反恐法》对于搜查并未明确规定,《刑事诉讼法》第136条规定:"进行搜查,必须向被搜查人出示搜查证。在执行逮捕、拘留的时候,遇有紧急情况,不另用搜查证也可以进行搜查。"在普通刑事案件执行逮捕、拘留时遇有紧急情况可以采用"无证搜查",显然,对恐怖犯罪情形更可以适用无证搜查制度,因此这一规定对恐怖主义犯罪的紧急情况下的无证搜查是非常有利的规定。《公安机关办理刑事案件程序规定》规定的"紧急情况"是指:可能随身携带凶器的;可能隐藏爆炸、剧毒等危险物品的;可能隐匿、毁弃、转移犯罪证据的;可能隐匿其他犯罪嫌疑人的;其他突然发生的紧急情况。此五种紧急情形针对恐怖犯罪而言是否已经足够,需要结合一线侦查机关的调研上,进行有益的补充。第137条规定:"在搜查的时候,应当有被搜查人或者他的家属、邻居或者其他见证人在场。"显然这里的"在场"制度并无例外规定,换言之,搜查行为,无论有证还是无证搜查制度,均需要被搜查人或他的家属、邻居或其他见证人在场。考虑到我国宗教极端主义或民族分裂主义恐怖犯罪情形,按照刑事诉讼法规定的"在场"制度,显然对其他在逃的恐怖分子的抓捕极为不利。因此关于搜查制度,可以借鉴美国《爱国者法》关于推迟向被搜查人发出搜查令通知的制度,我国刑事诉讼法亦应进行相应的修改,改为推迟发出搜查通知,而可以先行搜查,但是为了防止侦查人员非法搜查,应当由第三方在场进行监督,根据我国司法制度的体制,目前而言由检察机关派员在场对搜查进行监督较为适宜。另外,英国2001年关于着装警察有权拦截并搜查任何携带暴力武器或危险器械的行人及其携带的所有物品和无条件地进行拦截或搜查怀疑有人或车辆携带暴力武器或危险器械的规定具有借鉴意义。我国刑事诉讼法和人民警察法也并未赋予此项警察权力,因为如果警察无权对此展开搜查,恐怖主义犯罪的行为人极有可能用随身携带的武器、爆炸物对警察造成伤害。因此,可以谨慎地赋予我国着装警察类似英国警察的权力。

(二)扩大了拘留、逮捕的权力,延长了羁押的期间

在"9·11"事件之后,美国立法对逮捕、拘留等人身控制措施放宽了证据要求,英国《2000年反恐怖主义法》修改的无令状逮捕,降低了警察进行无令状逮捕的证据要求,而无须有合理怀疑犯罪已经发生或其他紧急情况的存在,在警察有理由怀疑某人是恐怖分子时,即可实施无令状逮捕。《2005年预防恐怖主义法》授权国务大臣对涉嫌恐怖主义活动的英国或非英国籍嫌疑人签发控制令制度对我国也具有积极的借鉴价值。法国明显延长了恐怖主义相关的拘留羁押期间,为6天,较普通犯罪的拘留多4天,比普通有组织犯罪拘留时间多2天。鉴于我国刑事诉讼法对拘留的时间规定可以达到37日,在此期间内通常可以有足够的时间获取证据材料决定是否申请逮捕,因此,目前来看无须再行延长拘留羁押时间。同时,无论大陆法系还是英美法系,均严格限制了恐怖犯罪嫌疑人、被告人保释的权利,美国、英国、法国等国同时限制了羁押期间会见律师的诉讼权利。英美法上,通常即便是重罪案件的犯罪嫌疑人、被告人,保释也是一项通常的权利,不保释则是极小的例外,而关于恐怖主义犯罪的嫌疑人、被告人,司法实践上不保释则似乎更为通常。许多国家均对恐怖犯罪嫌疑人限制适用取保候审,如澳大利亚的反恐法规定:对于恐怖主义犯罪人或犯罪嫌疑人不得保释。恐怖主义犯罪行为人通常难以轻易改变其

犯罪习性,假悔过、假改造现象时有发生。若适用取保候审,其往往会趁机逃脱,或与其他恐怖分子勾结,妨碍侦查、审判工作的进行,故在立法层面,应当明确规定对恐怖犯罪嫌疑人、被告人严格适用取保候审的规定。

我国《刑事诉讼法》中,无论是拘留还是逮捕制度均是与羁押制度紧密相连的,一旦被采取拘留、逮捕随即就会被羁押,如前文所述,拘留羁押期间最长可达37天,逮捕羁押通过延长则可达7个月,如有法律规定的特殊情形则还可以再行延长,因此关于羁押期间域外的法律制度对我国的借鉴意义不大。当然也有认为,考虑到我国的反恐实践,针对流窜、结伙作案和与境外勾结的恐怖主义犯罪再行延长拘留期限,以便侦查和取证活动的开展。同时,针对严重恐怖主义犯罪的现行犯,赋予侦查机关"无证拘留"的权力,使得侦查机关能够及时、有效地处置恐怖主义犯罪嫌疑人。英美两国对拘留、逮捕的证据条件有所降低的规定,似乎具有一定的参考意义。关于无证拘留的规定,对我国恐怖主义犯罪的侦查实践具有现实意义,可以考虑借鉴之。长期以来,我国逮捕制度的条件较为严苛,对于恐怖主义犯罪如果严格按照刑事诉讼法关于逮捕的规定执行非常不利于对犯罪的控制,我国反恐怖法和现行刑事诉讼法对恐怖犯罪的逮捕没有例外性规定,可以参考域外国家的例外规定,制定对恐怖主义犯罪的逮捕条件适当放宽的规范。

(三)关于技术侦查制度

"9·11"事件后,各国均强化了对恐怖犯罪分子的适用技术侦查强度,降低了适用技术手段监听监视的法律限制标准,扩大了情报机构的权力,强化了情报共享。《爱国者法》监听令状的申请适用范围扩大,取消了被监听对象只限于国际恐怖犯罪分子的规定,将监听措施适用范围扩展至本国公民。《爱国者法》授权政府可以获得访问互联网的地址和发送、接收电子邮件的地址,而不需要达到常规的合理根据或合理怀疑的程度;延长根据外国情报监视法所允许监视的时间期限。美国2001年《反恐法》亦规定对犯有某些恐怖主义犯罪活动的人予以长时间监视,甚至是终身监视。《2006年英国反恐怖主义法》进一步放宽了通信侦听的授权期限到六个月。《2008年反恐怖主义法》进一步授权强化反恐情报信息的搜集与共享。在通信截留方面,法国为了增加便利实施了总理(实际是各级行政机关首长)可以授权情报部门进行行政性通信截留,所获情报信息只供推进侦查之用;地方预审法官可以授权执法部门进行司法性通信截留,所获材料可用作诉讼证据。德国《联邦宪法保卫法》第3条第4款规定:联邦宪法保卫局在执行任务时,可以使用技术手段追踪正在通话中的移动电话并调查该电话的号码和卡号。俄罗斯、加拿大等许多国家均明确规定了可以对恐怖犯罪嫌疑人进行监听、监视。

可以看出,世界各国均对恐怖主义犯罪的技术侦查措施的运用进行了明确的授权,许多国家均规定地较为细化,可操作性较强。我国刑事诉讼法的规定显得较为粗疏,只是规定了恐怖犯罪适用技术侦查批准的主体和适用的期间及所获材料的用途,《反恐法》只是提到了技术刑事诉讼法。我国《反恐法》第18条规定:"电信业务经营者、互联网服务提供者应当为公安机关、国家安全机关依法进行防范、调查恐怖活动提供技术接口和解密等技术支持和协助。"第45条规定公安机关、国家安全机关、军事机关在其职责范围内,因反恐怖主义情报信息工作的需要,根据国家有关规定,经过严格的批准手续,可以采取技术侦查措施。上述两部法律对技术侦查的规范总体上较为简单,实际上有不少恐怖性犯罪分子有着极端的犯罪心理，即便是刑满释放之后也需要长期采用技术手段对之进行监听监视，可以借鉴域外国家对其进行长期甚至是终身的监视监听，当然应当严格适用所获取的材料保证只能用于反恐怖犯罪的预防和侦查司法程序之中，众所周知，技术侦查极易于侵犯公民的隐私权利，侵犯个体自由，可以说监听监视权具有法外扩张的本性，执行监听监视的工作人员基于人类本能的猎奇心理，容易侵犯公民私人领域。另外，关于监听监视情报信息共享问题，由各级政府所设立的反恐怖领导机关进行统一协调，确保反恐怖情报信息的共享和利用。

（四）关于资产查封、扣押、冻结问题

恐怖主义犯罪具有严密的组织性，组织的运作和犯罪的实施等均离不开财物的支持，通过冻结、扣押、查封与没收等手段，防止、制止恐怖分子获得资金来源是整个国际社会重点关注的问题，更是每一个国家反恐所关注的重要问题。早在1999年12月9日联合国就制定了《制止向恐怖主义提供资助的国际公约》，其中列有有关冻结、扣押与没收恐怖分子资产的国际公约，其内容包括恐怖分子资产的范围界定、联合国制定的一系列措施、对第三人合法权益的保护、对恐怖分子资产的冻结、扣押和没收犯罪所得及返还和处分等内容。联合国大会于1999年12月9日以决议的形式通过。在此基础上，2001年联合国专门通过第1373号关于扣押和没收的规定，以在全球范围内有效打击恐怖主义犯罪，动摇其经济基础。各国际组织和各个国家均制定了恐怖主义犯罪的资产查封、扣押、冻结的法律规范。我国没有关于冻结、扣押及没收恐怖分子资产的专门性的法律规定，相关规定散见于《刑法》及其修正案、《反洗钱法》等法律文件中。刑事诉讼法及其司法解释中有若干关于扣押、冻结、查封、没收的程序性规定，但是适用于普通刑事案件侦查，对恐怖主义犯罪资产的处置并没有专门性的规定。刑事诉讼法是我国刑事侦查司法制度的基本法律，对于恐怖主义犯罪资产的扣押、冻结、查封、没收应当制定规范的法律程序，毕竟财产权是人的基本权利，如何依法进行处置需要基本法律明确的规定或授权。

必须说明的是，所有的反恐怖主义犯罪的侦查措施与手段必须依法行使，虽然在价值取向的选择上，所有国家无一例外地选择了安全价值优先，但并非意味着可以肆意侵犯被追诉者的基本权利，而不对该类犯罪的被追诉者的基本权利进行保障。事实上，虽然"9·11"后，各个国家和联合国及国际组织前所未有地扩大了各个层面的对恐怖主义犯罪的打击，但随着国际反恐怖主义犯罪进入常态化以后，理性的声音又压倒了情绪化的应激反应，将反恐怖主义犯罪纳入法治的轨道越来越为绝大多数国家所接受，恐怖主义犯罪绝非单纯的"以暴制暴"所能消除的，需要通过规范的法治的途径和手段来实施应对。我国自然亦不例外，必须坚守保障恐怖主义犯罪被追诉者的最低人权保障限度原则。自2001年建立联合国反恐怖主义委员会以来始终关注各国在反恐怖活动中的人权保障问题。联合国安全理事会2003年的部长级会议详细阐述了反恐怖主义与人权之间的关系，安理会在第1456（2003）号决议所附的宣言中，宣布"各国必须确保为打击恐怖主义而采取的任何措施符合国际法规定的全部义务，并应按照国际法，尤其是国际人权、难民和人道主义法采取这种措施"。联合国第1624（2005）号决议强调："各国必须确保为实施本决议第1、2和3段而采取的任何措施，符合它们依国际法，尤其是国际人权法、难民法和人道主义法承担的所有义务。"安全理事会其后关于恐怖主义的各项决议文件

中多次重申这一立场。在反恐怖主义犯罪的侦查制度中，虽然应当坚持安全价值优先理念，毕竟生存权是第一位的价值考虑，实践中被追诉者权利应当克减，但与此同时还必须坚持保障其基本人权，保障被追诉者之为人的基本权利和尊严。否则，人类社会会陷入无限循环的"复仇"状态，毕竟恐怖主义犯罪有其深刻的社会文化、政治、经济、宗教信仰等全球化社会背景因素，在恐怖主义犯罪的各项侦查措施中必须坚持预防为主，用现代法治理念和法律的手段共同应对恐怖主义犯罪。

第三节　恐怖主义犯罪的证据制度

从恐怖主义犯罪的侦查原则与措施里可以看出，恐怖主义犯罪案件与普通刑事案件在犯罪侦查阶段有明显的差异，在证据运用上自然也会与普通案件有所不同，特别是技术侦查与秘密侦查手段在恐怖犯罪案件中的运用，使证据的运用更加与普通案件不尽相同。我国《刑法》第120条第1款规定的"组织、领导恐怖活动组织罪"、第2款"资助恐怖活动组织罪"、第120条之二所规定的四种犯罪行为，尤其是"为实施恐怖活动而准备凶器、危险物品或其他工具的""为实施恐怖活动与境外恐怖组织或人员联络的""为实施恐怖活动进行策划或其他准备的"三种犯罪行为，这些犯罪一般缺乏普通案件中的物证、书证、证人证言等传统证据，侦查机关可能只有电子监听、网络监控、卧底侦查等特殊侦查手段获取有关恐怖组织或者人员的情况信息，继而会采取某些强制措施对犯罪嫌疑人进行人身控制，防范可能发生的恐怖袭击，但是在证据制度上，很难说严格符合拘留、逮捕的证据标准，但如果不立即采取有效的强制措施其则有可能随时会实施恐怖犯罪行为。由此凸显恐怖犯罪案件的证据运用不同于普通刑事犯罪案件，更不用说在恐怖犯罪案件中证人更是难以出庭做证，犯罪嫌疑人的口供的确显得比较重要，何种情形下属于非法获取的口供适用证据排除规则似乎也与普通案件不同。另外，恐怖犯罪案件有不少都是实行犯罪前置，即将本属于普通犯罪中的犯罪预备行为前置规定为恐怖犯罪行为的既遂行为，如"为实施恐怖活动而准备凶器、危险物品或其他工具的""为实施恐怖活动与境外恐怖组织或人员联络的""为实施恐怖活动进行策划或其他准备的"三种行为实际上属于相应恐怖犯罪的预备行为，《刑法》为了有效预防和打击恐怖犯罪而将本应属于预备阶段的行为规定为既遂行为，那么这里"既遂"犯罪的证明标准如何适用等诸多问题均是恐怖主义犯罪与普通犯罪在证据运用上的差异所在。

一、关于恐怖主义犯罪技术侦查证据的审查

（一）侦查阶段技术侦查证据材料的合法性问题

我国现行刑事诉讼法规定了技术侦查制度，并且明确赋予了经过严格的批准手续的技术侦查所获取材料的证据资格，我国《反恐法》也同样赋予了侦查机关对恐怖主义犯罪活动的技术侦查权力，无论是对对恐怖主义犯罪嫌疑人采取强制措施还是后期的法庭审判而言均有着非常重要的意义，更对有效监控恐怖行的发生、预防恐怖犯罪活动及获取关键证据线索、材料具有重要意义。通常技术侦查主要有电子侦听、电话监听、电子监

控、秘密拍照和录像、秘密获取某些物证、进行邮件检查等秘密的专门技术手段,这些现代科技手段对于提前掌握恐怖犯罪前期的信息能够起到至关重要的作用。我国《刑事诉讼法》第148条规定:"公安机关在立案后,对于危害国家安全犯罪、恐怖活动犯罪、黑社会性质的组织犯罪、重大毒品犯罪或者其他严重危害社会的犯罪案件,根据侦查犯罪的需要,经过严格的批准手续,可以采取技术侦查措施。"这里首要的问题就是对于恐怖主义犯罪的技术侦查措施必须是在立案之后才可以实施,即在立案之前,公安机关不得恐怖主义犯罪采取侦查措施,换言之如果在立案之前采取了技术侦查手段则其所获得的案件情况信息不具有作为证据的资格。第149条进一步规定:"批准决定应当根据侦查犯罪的需要,确定采取技术侦查措施的种类和适用对象。批准决定自签发之日起三个月以内有效。对于不需要继续采取技术侦查措施的,应当及时解除;对于复杂、疑难案件,期限届满仍有必要继续采取技术侦查措施的,经过批准,有效期可以延长,每次不得超过三个月。"根据此项规定,对恐怖主义犯罪所实施的技术侦查措施有严格的时间、对象、种类和批准实施的主体要求。立法的初衷是为了防止侦查权的滥用,防止侵犯公民私权利。

事实上,由于恐怖主义犯罪组织的严密性和越来越强的反侦查能力,技术侦查措施的适用通常不是短时间就可以取得效果的。更由于恐怖犯罪发生的突然性,在恐怖犯罪发生之前可能很少有明显的案件信息供侦查人员掌握,有的恐怖犯罪案发前几乎无任何征兆,因此甚至尚未进入立案程序,根据现行法律规定自然也就不能采取技术侦查措施。如果对技术侦查措施的使用时间适当放置到立案程序之前,通过技术侦查手段采取一定的"调查措施",或许会掌握有价值的恐怖犯罪信息,进而会提前预防恐怖犯罪的发生或提前破获尚未立案的犯罪案件。如前文所述,我国《反恐法》关于"调查措施"的规定是有前置的情形的。事实上,各国对这些专门技术手段的使用条件作了适当放宽规定。如英国《反恐法》放宽通信侦听授权期限限制;俄罗斯《反恐法》规定反恐力量有权对电话和其他电信系统传递的信息进行监控,对电子通信和邮件进行检查;美国《爱国者法》第201条和第202条专门规定了监听措施,将监听令状的申请适用范围扩大,取消了被监听对象只限于国际恐怖犯罪分子的规定,将监听措施适用范围扩展至本国公民,同时,为反恐监听提供便利条件,《爱国者法》第206条还将漫游监听由"特定路线"修改为"特定人",从而突破了"特定通信工具"的限制,将监听权力扩展为被监听人的所有通信方式。应当承认,恐怖主义犯罪的侦查有同于普通犯罪侦查之处,鉴于恐怖犯罪后果的极端严重性,更加凸显犯罪预防和侦查措施前置的重要性,事实上,我国《反恐法》第五章关于"调查"的规定,均是在公安机关在正式立案之前即可以实施一些甚至是准强制措施的"调查"措施,如《反恐法》第53条所规定的"约束措施"就属于接近取保候审和监视居住所必须遵守的义务性规定,第49至52条规定的调查措施皆属于普通刑事案件立案之后的侦查措施。《反恐法》第43条规定国家和地方反恐怖主义情报中心,实行跨部门、跨地区情报信息工作机制,统筹反恐怖主义情报信息工作。虽然立案之前公安机关反恐怖机构可以通过共享情报中心的信息来掌握潜在的案件信息,但此时通过共享国家或地方情报中心的反恐情报所获取的潜在案件信息材料并非是在立案之后实施的技术侦查手段,也更不属于侦查机关经严格的审批程序而实施的技术侦查,那么此时这些情报信息是否可以作为立案之后的强制措施和法庭审判的证据材料使用则是个不容回避的问题。对此问题,《反恐法》并没有明确,而根据《刑事诉讼法》的规定,则在立案之前公安机关并无权限实施技术侦查措施。根据《刑事诉讼法》第 52 条第 2 款的规定,行政机关在行政执法和查办案件过程中收集的物证、书证、视听资料、电子数据等证据材料,在刑事诉讼中可以作为证据使用。虽然可以将国家和地方反恐怖情报中心视为行政机关,但显然,该条规定与《刑事诉讼法》关于技术侦查的规定相比是属于一般规定与特别规定的关系,技术侦查的专门性规定自然属于特别规定。由此,公安机关在立案之前只能将共享反恐怖情报中心所获取的恐怖犯罪信息作为一种线索来使用,随后只有在公安机关进行立案之后方可以通过严格的审批程序使用技术侦查措施,然而可能的情形是公安机关通过技术侦查和其他常规侦查手段未必能够获得有价值的案件证据信息材料,恐怖分子也会在实践中不断增强其反技术侦查的能力。当然,公安机关可依从反恐怖情报中心获得的该情报信息,依据《反恐法》实施相应的"调查"措施和实施"约束性措施",但同样未必能够获得有价值的证据材料。此种情况下,反恐怖情报中心的信息自然不属于《刑事诉讼法》第 48 条第 1 款"可以用于证明案件事实的材料"的规定。至此,可能由于证据的缺乏而无法认定该恐怖犯罪的事实。

因此,对于恐怖犯罪案件的技术侦查是否必须在立案以后方能实施是非常值得探讨的,毕竟恐怖犯罪极端严重的社会危害性不同于其他一般国家安全犯罪、黑社会性质的组织犯罪、重大毒品犯罪或者其他严重危害社会的犯罪,也更不同于重大的贪污、贿赂犯罪及利用职权实施的严重侵犯公民人身权利的重大犯罪。可以预见全球范围的恐怖主义犯罪在相当长的时期内并不会自动消弭,因此,应当修订相应的法律。一个可能的选择是修订《刑事诉讼法》第 148 条,将恐怖活动犯罪从该条中单列出来,不以"立案后"为实施技术侦查的前提。另外一个可能的选择是在该条后增加一款,规定"反恐怖情报中心的情报信息可以作为刑事诉讼中的证据使用"。这两种修订各有利弊,第一种情况放权给侦查机关在立案之前实施技术侦查,弊端主要在于增大了被侦查机关滥用该权力的风险,诚如先贤孟德斯鸠所言,一切有权力的人都易于滥用权力,直到有边界的地方才会休止,这是万古不易的经验①。刑事诉讼法作出此例外的规定,则极有可能侵犯公民的隐私权。优点在于公安机关更能够及时、有效地发现恐怖犯罪,并将之作为采取强制措施和法庭审判的证据适用。第二种情况,优点在于立法变动小,没有"开口子"的例外规定,情报信息中心来负责立案之前的信息收集更为专业、全面,而且情报中心在性质上也属于行政机关,收集反恐情报信息可以视为行政执法活动,其所收集的恐怖犯罪信息作为刑事诉讼中的证据使用不大会有法律上的障碍。世界各个国家均有反恐怖情报信息机构,在法治发达的西方国家其情报信息机构更为庞大、专业,一般均可以作为证据使用。弊端在于公安机关反恐怖侦查机构需要从国家情报中心或地方反恐领导机构中对情报信息进行筛查、研判、核查、监控,从海量的信息中筛查恐怖犯罪信息,难以第一时间发现有价值的信息,同时效率较为低下。从专业视角,笔者倾向于第一种选择,即将恐怖犯罪单列出来,免于受"立案以后"的限制。但必须强调的是,必须制定出更为详尽和有可操

---

① [法]孟德斯鸠:《论法的精神》,张雁深译,商务印书馆 1986 年版,第 151 页。

作性的执行制度,避免因"反恐"之由滥用技术侦查的权力,恣意侵犯公民的隐私权。

(二)关于技术侦查证据庭外核实的问题

我国《刑事诉讼法》第152条规定:"依照本节规定采取侦查措施收集的材料在刑事诉讼中可以作为证据使用。如果使用该证据可能危及有关人员的人身安全,或者可能产生其他严重后果的,应当采取不暴露有关人员身份、技术方法等保护措施,必要的时候,可以由审判人员在庭外对证据进行核实。"该规定引发学界广泛的争议,争议主要在于为了保护秘密侦查的措施而庭外核实证据的规定剥夺了被告人的质证权,违背了直接言词原则,容易造成秘密审判。应当说,这的确是技术侦查手段获取证据材料运用的一大尴尬。现行《刑事诉讼法》第59条规定:"证人证言必须在法庭上经过公诉人、被害人和被告人、辩护人双方质证并且查实以后,才能作为定案的根据。法庭查明证人有意作伪证或者隐匿罪证的时候,应当依法处理。"第190条规定:"公诉人、辩护人应当向法庭出示物证,让当事人辨认,对未到庭的证人的证言笔录、鉴定人的鉴定意见、勘验笔录和其他作为证据的文书,应当当庭宣读。审判人员应当听取公诉人、当事人和辩护人、诉讼代理人的意见。"根据质证规则,技术侦查取得的证据材料自然也应接受质证,这本应是辩方法定的诉讼权利,为了保护侦查技术的秘密和相关侦查人员人身安全,刑事诉讼法作出了特别的规定,法庭可以在庭外进行核实,是一种例外情形。这种剥夺辩方质证权的例外性规定与证据裁判原则、质证规则发生了激烈的冲突,因而引起较大的争议。事实上,庭外核实制度非我国刑事诉讼所独有,国外也有类似的制度。英国在秘密侦查所获证据的开示问题上,当控方准备对秘密侦查的情况进行保密而不开示给辩方时,检察官需要在审前申请一个专门的审查程序,由法官来决定某项证据是否适用公共利益豁免权而免于开示,检察官无权自行决定开示范围。法官的决定是一种自行决定,在其决定程序中辩方也无权参与①。荷兰秘密侦查的证据使用中也存在着无辩护方的法官庭外核实。

基于恐怖主义犯罪的特殊性,技术侦查措施在侦办案件中有时发挥着异常重要和不可替代的作用。若离开技术侦查手段,可能就无法及时有效地破获,很有可能直到恐怖犯罪事实发生以后才能开展常规的侦查,这显然不符合反恐怖主义犯罪的要求。对于法庭庭外核实技术侦查获得的证据材料,主要是担心辩方失去了质证权会否影响案件裁判的公正性,更为重要的担心则是该庭外核实制度会不会演变成为一种惯常的法庭认证模式,即只要是使用了技术侦查手段获取的证据材料,在法庭审判中侦控机关是不是都会要求进行庭外核实,这就意味着侦控机关有可能以此为理由在所有技术侦查的案件庭审时申请庭外核实,这就几乎完全剥夺了辩方的质证权,违背诉讼参与原则。《最高人民法院关于适用〈中华人民共和国刑事诉讼法〉的解释》第107条对此有补充性的规定:"采取技术侦查措施收集的证据材料,经当庭出示、辨认、质证等法庭调查程序查证属实的,可以作为定案的根据。使用前款规定的证据可能危及有关人员的人身安全,或者可能产生其他严重后果的,法庭应当采取不暴露有关人员身份、技术方法等保护措施,必要时,审判人员可以在庭外核实。"从该条规定来看,采用技术侦查的证据原则上应当经过正常的

---

① 李章仙:《技侦证据使用问题研究》,载《山东警察学院学报》2016年第2期,第89页。

庭审出示、辨认、质证等程序,例外情形时才考虑采用庭外核实的方法,即在可能危及有关人员的人身安全或可能产生其他严重后果时,首先采取的是不暴露有关人员身份、技术方法等保护措施,只有在必要时审判人员才可以进行庭外核实。问题的关键在于"必要时"的度如何把握,在恐怖犯罪案件的技术侦查证据材料中如何把握有可能危及有关人员人身安全时,采取庭外核实的证据审查认证方式应当是没有争议的,显然不能仅仅为了寻求个案的绝对程序正义,而危及他人人身安全。而且这里的"相关人员"主要是指侦查人员或警方特情人员,尤其是特情人员的人身安全如果在庭审程序中因公开技术侦查的证据材料被暴露,基于恐怖主义犯罪极端残忍的报复心理,很可能威胁其人身,甚至是生命安全,那么也就很难再有其他人员愿意为警察服务了。这里的"其他严重后果"指的是哪些情形呢?实践中情形千差万别,虽然难以穷尽列举,需要靠审判人员自行把握,但仍然可以想象,实践中最为通常的两种可能的情形,一种情形可能是一旦公开该案的技术侦查材料可能会影响另外一个正在技术侦查之中的恐怖犯罪案件,二是该技术手段是极为秘密的技术,公开后可能会导致在相当长的时期内无法利用该技术来进行调查取证。这两种情形是否属于"可能产生其他严重后果的"的"必要时"的情形,一般而言,法官是可以做出理性的判断。但必须明确的是,无论是哪种情形,庭外核实应当作为一种例外情形而存在,而不是常规存在。具体如何把握庭外核实的情形,当下并没有完善的标准可供参考,还须进一步做理论探讨,结合实践,做深入研究。

法庭进行庭外核实通常有以下几种模式。

(1)审判人员自行在庭外进行核实。这种法庭独自核实的情形,审判中立地位凸显,体现程序正义精神。对于技术侦查的证据材料,一般而言侦查机关交由检察机关提交到法庭的证据材料应当会有一定的文字说明性内容,法官即使完全不懂该侦查技术措施也能大体明了其证明内容,或者法官可以聘请自己的"法庭之友",在专业人士的辅助下能够解读技术侦查材料信息的证明内容。

(2)检察官和辩护律师参与下的庭外核实。审判人员庭下在公诉人和辩护人的参与下完成对技术侦查证据材料的核实,该情形虽然没有被告人的参与,但有其辩护律师参与并对证据核实过程中提出相应的问题或异议来进行质证,也能够体现诉讼参与原则、证据裁判原则,也在一定程度上体现了质证规则的要求。

(3)审判人员在公诉人员或案件的侦查人员共同的参与下进行证据核实。

各种方式均有利弊,第一种情形虽然能够凸显法官的超然地位,体现司法中立的本质属性,也能够有效地保护技术秘密和有关人员的人身安全,但法官毕竟不是技术专业人员,尽管有文字材料的说明,能够做到有效核实技术证据材料的证明力也显得较为吃力,即便有"法庭之友"的帮助,但是无论从经济成本还是从保密的角度而言均属不利因素。

第二种情形,也能部分地体现司法的参与原则,避免单方接触而受片面影响,但对于侦查机关而言,显然并不乐见辩护律师知晓技术侦查的秘密,一是缺乏信任的基础,二是技术保密的原则,自然不希望知道该秘密技术的人越多越好,也越有利于保护"相关人员"。客观而言,知晓某一秘密技术的主体越多,秘密被解密的时间也就越早,不利于侦查人员在后来的其他案件中继续使用这一技术。

第三种情形，法官只在侦控方人员在场时进行庭外核实，优点就是能够在保护秘密的同时，让技术侦查的主体阐明其所获得的证据材料与案件事实的证明关系，但弊端在于不能够体现诉讼参与原则，即有秘密审判的色彩，又有"控审一家"之嫌，同时也难以做到"兼听则明"，法官易于被单方信息所"蒙蔽"。综合比较，笔者认为应当本着诉讼参与原则，通常应当在公诉人及技术侦查人员和辩护律师共同参与下进行庭外核实，这样有辩护律师在能够较大程度地进行质证，体现参与原则和证据裁判原则的精神，律师应当签署保密协议，事实上，在全国人大法工委提出的修改方案初稿中，曾规定法官在庭外核实技侦证据的，"可以通知检察院与律师在场，但需要签署保密协议"。经过几个月的部门协调后，该规定在2011年8月底公布的修正案一审稿中被删除①。可以合理推测，公安机关或许对刑事诉讼法初稿中的这一规定提出了反对意见。应当说，公安机关的顾虑并非没有道理，但是综合考虑，本着程序正义的精神和诉讼参与的原则，在律师签署有保密协议的情形下，对于通常的技术侦查证据材料可以参与庭外核实，同时对于一些涉及更为新颖性的秘密侦查技术手段性质的保密性和确实有可能具有严重后果的案件，本着立足不扩散的原则，可以选择让律师有限参与，不让辩护律师获知秘密技术侦查措施本身，总之，不宜完全阻断律师在庭外核实程序中的参与权。

二、恐怖主义犯罪嫌疑人口供证据的适用与排除问题

恐怖主义犯罪嫌疑人、被告人与普通刑事案件相比较，由于多是掺杂极端主义宗教因素，通常难以获得口供，而由于恐怖主义犯罪严密的组织性通常又不易于获得证人证言等其他类型的证据，这样口供的证据价值显得较为重要，实践中侦查人员讯问犯罪嫌疑人时可能会基于获取正在谋划中的恐怖主义犯罪活动信息或者是拯救被绑架的受害人等特别的目的而使用刑讯逼供或其他非法的讯问方法。《刑事诉讼法》关于非法讯问的制度规定使得对恐怖主义犯罪嫌疑人的口供如何把握和适用的问题日益凸显。

基于恐怖主义犯罪具有极端严重的社会危害性、犯罪组织的高度严密性特点和避免恐怖犯罪发生的紧迫性要求，司法机关对侦查人员通过酷刑等非法手段逼取口供的行为通常持默许的态度，但由此获取的口供证据之适用与排除问题却不应当忽视。应当以基本人权为底线划界，以权利克减为基本方法，在理念和功利之间寻求适当的平衡。采用酷刑逼取的恐怖犯罪口供仍应当被排除。威胁、引诱、欺骗等非法的方法获取的恐怖犯罪口供一般不宜排除，这些方法与正常的讯问策略、技巧没有严格的界限。"营救式讯问"获取的口供原则上也应当排除。随着法官心证能力的提升、技术侦查的进步及恐怖犯罪嫌疑人权利克减合理的设定等诸多方面的完善，应当渐次削减对口供证据的路径依赖。

与普通刑事案件相比较，恐怖主义犯罪手段残忍，具有极端严重的社会危害后果，恐怖组织通常具有严密性，甚至多与极端宗教主义因素相伴，获取口供较为困难，致使案件侦破具有显著的困难，因此世界各国均将暴力恐怖犯罪作为有别于普通的刑事犯罪对

---

① 程雷：《论技侦手段所获材料的证据使用》，载《证据科学》2012年第5期，第562页。

待。基于及时破获案件,避免恐怖犯罪后果发生的紧迫性,侦查人员不得已会采用某些极端的手段获取犯罪嫌疑人口供。司法实践采用非法、不人道的手段甚至酷刑来实施审讯以期获取恐怖嫌疑分子口供的情况是较为普遍的。这种实践操作在一定程度上获得了民众的认同,立法和司法中基于反恐功利目的的考量也默许这些现象的存在。[1] 实践中的做法符合功利主义法学思想,恐怖主义犯罪的人权与恐怖犯罪受害人的生命权、财产权相较,自然是无法与后者相提并论的。因此,实践中无论是学术界还是实务界对此问题少有关注,学术界更关注普通刑事案件中的刑讯逼供等非法逼取口供问题,实务界更是避而不谈,几乎使之成为关注的盲区。一个不争的事实是通过使用酷刑等非法的方法进行审讯明显违背现行刑事诉讼法的立法规定与宗旨。那么,立法是否可以专门为恐怖犯罪,尤其是暴力性恐怖犯罪允许使用极端讯问手段作专门的例外规定呢? 笔者认为不宜"开口子"。一是在制度中开一个"口子",实践中可能是个"大洞",甚至导致溃堤。惯性心理一旦形成,实践中侦查人员会以各种理由将普通刑事犯罪以恐怖犯罪的名义开展讯问,最终必将导致普通刑事犯罪非法讯问化的泛滥。二是酷刑等非法讯问的方法根本违背现代刑事法治理念,理念一旦发生动摇,制度可能大幅倒退,进而威胁现代司法文明。三是侦查讯问的恐怖犯罪嫌疑人,此时的身份并非是真正的犯罪人,酷刑等非法的讯问的手段可能导致冤及无辜。既然不能对恐怖犯罪的酷刑等非法讯问手段进行合法性评价,则在恐怖犯罪案件中通过酷刑等非法手段获取的口供证据应当如何处置,即其口供证据的适用或排除,则是一个不容回避的问题。允许通过酷刑逼取的口供作为恐怖犯罪的做法导致法律与实践的背离与冲突,如果采取视而不见的态度默许之不但会削减刑事诉讼法律的权威,更会变相"鼓励"侦查人员将酷刑等非法讯问视作常态,息于寻求其他有效、合法的侦查手段。目的正当性并不能等同于手段性的合法性,如实践中出现的犯罪行为人出于为民除害的目的而"大义灭亲",杀伤(死)受害人的行为同样受到法律的否定性评价。因此,论恐怖主义犯罪口供证据的适用与排除问题应当加以关注。笔者认为,在对恐怖犯罪口供的适用与排除问题上,应当以基本人权为底线划界,以权利克减为基本方法,在理念和功利之间寻求适当的平衡。

(一) 使恐怖主义犯罪嫌疑人遭受酷刑逼取的口供应当排除

长期以来,刑讯逼供现象始终是困扰我国刑事司法实践的一大顽疾,立法上虽然明令禁止,但实践中却是禁而不止,少有得到排除的。自 2010 年 5 月 30 日"两高三部"两个证据规定颁布以后,尤其是现行刑事诉讼法实施以来,据笔者所了解,刑讯逼供等非法刑讯现象得到了明显的遏制。对于何谓刑讯逼供问题,《最高人民法院关于适用<中华人民共和国刑事诉讼法>的解释》第 95 条将"刑讯逼供等非法方法"设定为使用肉刑或者变相肉刑,或者采用其他使被告人在肉体上或者精神上遭受剧烈疼痛或者痛苦的方法,迫使被告人违背意愿供述的讯问行为。龙宗智教授将此形象的解读为刑讯逼供等非法方法讯问排除的"痛苦规则"[2]。《世界人权宣言》第 5 条和《公民权利和政治权利国际公约》第 7 条都规定不允许对任何人施行酷刑和其他残忍、不人道或有辱人格的待遇或处罚。《联合国反酷刑公约》,即《禁止酷刑和其他残忍、不人道或有辱人格的待遇或处罚公约》第 1 条对酷刑的解释是"蓄意使某人在肉体或精神上遭受剧烈疼痛或痛苦的任何行为"。由此可以看出,我国刑事诉讼法上的刑讯逼供与一系列国际公约所指的酷刑在程度上是一致的。必须指出的是,使恐怖犯罪的犯罪被追诉人遭受"剧烈疼痛或者痛苦"方法既包括肉体上的剧烈疼痛,也精神上剧烈的痛苦,所谓"剧烈疼痛或者痛苦"是指常人难以承受,特别是足以迫使犯罪嫌疑人作出任何有罪供述的情形的酷刑。那么该"痛苦规则"是否适用恐怖主义犯罪的严重非法讯问方法?笔者认为答案应当是肯定的。原因主要有以下三个方面。

(1)"剧烈疼痛或者痛苦"方法严重侵犯犯罪嫌疑人的基本人权,恐怖主义犯罪嫌疑人的基本人权应得到保障,这是现代法治理念的底线。恐怖主义犯罪具有极端严重的社会危害性和严密的组织性,导致犯罪侦查具有显著的困难性,可以克减犯罪嫌疑人的权利,但必须遵守刑事诉讼法对恐怖犯罪嫌疑人权利保障或限制的规定,并非是指侦查人员在侦查实践中可以任意消减恐怖主义犯罪嫌疑人的权利。例如,我国刑事诉讼法第37条第3款关于对恐怖活动犯罪在侦查期间辩护律师会见在押的犯罪嫌疑人应当经侦查机关许可地规定、第73条关于对于恐怖活动犯罪经批准也可以在指定的居所执行的规定、第83条关于拘留后恐怖活动犯罪通知可能有碍侦查的情形不受24小时通知家属的规定,这些规定均体现了对恐怖活动犯罪侦查时,犯罪嫌疑人的权利受到克减的原则,这些规定并非是我国所独有,几乎所有国家均有类似的规定。权利克减,只有在法律明确规定的情形下侦查机关和侦查人员才能够实施,不得擅自克减权利。应当指出的是,权利无论怎样克减,也必须保障恐怖主义犯罪嫌疑人的最基本的权利,而不能采用非法的方式剥夺其基本权利,刑讯逼供更是严重的剥夺了犯罪嫌疑人人之为人的基本尊严,违背现代法治原则。因此,在此意义上恐怖主义犯罪嫌疑人的基本人权亦应受到保障,不应采取刑讯逼供的方式逼取口供,通过此种方式获得的口供自然应当被排除。

(2)"剧烈疼痛或者痛苦"方法易于导致虚假供述,司法实践的经验反复证实,人的皮肉筋骨所能承受的痛苦指数是有一定限度的,刑讯很可能会导致屈打成招,形成冤假错案。近年来连续被媒体披露的重大冤假错案,无一例外,其背后均有刑讯逼供的阴影,甚至可以说刑讯逼供是导致冤假错案的直接元凶。诚如哲人培根所言,错案的恶果甚至超过十次犯罪,因为犯罪虽然触犯了法律,好比是污染了水流;错案则毁坏法律,就好比污染了水源。错案还会激发恐怖犯罪行为人变本加厉的挑衅法律,甚至诱发潜在的犯罪嫌疑人挑衅法律。

(3)"剧烈疼痛或者痛苦"方法属于"以暴制暴",许多恐怖主义犯罪分子基于某种极端的宗教思想,甚至会采取自杀式恐怖袭击犯罪行为,对这样的犯罪嫌疑人采取刑讯的方式通常很难有什么效果,而且会让其因受到刑讯而产生有道德优越感。因此,笔者认为刑事诉讼法关于刑讯逼供非法证据排除的规定同样适用于恐怖主义犯罪嫌疑人、被告人,因而获得的口供应当被排除。"9·11"后,美国联邦最高法院通过判例裁定,对犯罪嫌疑人、被告人的口供证据非法与否有两个明显的变化。一是对非美国执法人员讯问犯罪嫌疑人时,讯问前无需对被告人宣读米兰达警告,即如果犯罪嫌疑人是在美国领域以外的他国境内抓获的,由他国执法人员对犯罪嫌疑人进行的讯问即便讯问前没有向其宣读米兰达警告,所获得的口供仍然可以为美国联邦法院所采用,而不会被联邦法庭排除适用,除非证明是美国执法人员在操纵他国执法人员讯问。二是对于对美国执法人员讯问国内犯罪嫌疑人时,如果犯罪是属于公共安全领域的性质,即便没有向犯罪嫌疑人宣读米兰达警告,所获得的口供也可以在法庭上适用,而不会被排除。众所周知,美国一项对于非法证据的排除最为彻底,甚至毒树之果规则也最为严厉,但"9·11"后非法证据排除出现了不小的变化,米兰达规则在此出现了松动,足见恐怖主义犯罪的深远影响。尽管如此,也并未许可"剧烈疼痛或者痛苦"方法获取口供的合法性。

(二)威胁、引诱、欺骗等非法的方法获取的口供,原则上适用,例外时排除

对于非刑讯逼供的方法获取的口供如何认定其合法性呢?我国《刑事诉讼法》第50条规定严禁刑讯逼供和以威胁、引诱、欺骗及其他非法方法收集证据,不得强迫任何人证实自己有罪。但第54条规定的"采用刑讯逼供等非法方法收集的犯罪嫌疑人、被告人供述"应当予以排除。此两个法律条文的规定被学者形象地称之为"宽禁止,严排除"式的规定。禁止的方法里明确有"威胁、引诱、欺骗以及其他非法的方法",但排除的条文规定里并未再次将之列举出来,而是用了刑讯逼供"等非法方法"的表述,按正常逻辑,禁止规定采用列举式规定,排除时同样也应采用列举式规定,但却用了一个"等"字予以省略。如此规定,实属立法者的立法技巧或者说是实属无奈之举,故意采用模糊的用语。关于禁止的规定,保留了1996年《刑事诉讼法》的规定,但对于排除的规定却用了一个模糊的字眼"等",可以说立法者"心理复杂"。这是由于自1996年《刑事诉讼法》规定"严禁刑讯逼供和以威胁、引诱、欺骗以及其他非法方法收集证据"就有学者指出"威胁、引诱、欺骗"的讯问方法即便是法治发达的西方国家也并未完全禁止,何况有时这些讯问的方法与正常的行为策略与技巧并没有明确的界限,如果进行绝对的排除,既不符合侦查实践规律,也不符合认知规律,反而会让侦查人员无法进行侦查审讯。据说在草案稿时并未明确禁止"威胁、引诱、欺骗"的方法,但有学者对此表示质疑,僵持之下,立法者才有了上述两条让人困惑的法律规定。至此,也说明"威胁、引诱、欺骗"的讯问方法事实上并非完全不合理。那么对于恐怖主义犯罪嫌疑人是否可以采用除刑讯逼供以外的方法,诸如"威胁、引诱、欺骗"的方法呢?笔者以为通常情况下是应当被允许的。原因主要有:①这些审讯方法并未严重侵犯犯罪嫌疑人的基本人权,也并不违背《公民权利和政治权利国际公约》和联合国《禁止酷刑和其他残忍、不人道或有辱人格的待遇或处罚公约》的相关规定;②基于恐怖主义犯罪极端严重的后果和恐怖犯罪案件中证人证言的极端稀缺性,其他实物证据的不易收集性,那么其口供较普通刑事案件而言就显得具有更为重要的证据价值;③上述这三类讯问方法通常也不会达到使犯罪嫌疑人"精神上遭受剧烈疼痛或者痛苦"的程度。因此,笔者认为通常情况下,对于恐怖主义犯罪嫌疑人可以采用上述三类讯问方法,即威胁、引诱、欺骗的讯问方法,更何况该三类讯问方法很多时候就是普通讯问中常规的讯问策略和技巧,不仅在我国,在世界多数国家亦是如此。

必须指出的是,使用威胁、引诱、欺骗的讯问方法应当有一定的限度,如果超越一定的限度也应当被法庭排除使用,但究竟何种情况下上述三类讯问方法获得的口供需要被排除使用,法律并未给予明确的规定,司法解释也不大可能有更进一步的规定。笔者认为,如果上述三类讯问方法不得不违背伦理道德底线或者有可能使无辜者做出"有罪的陈述",则应当被排除使用。例如警察冒充犯罪嫌疑人家属聘请的律师而欺骗犯罪嫌疑人做出有罪的陈述,警方以此陈述作为法庭证据使用,或者以此作为审讯的突破口获得犯罪嫌疑人有罪的口供;警察冒充宗教教职人员取得犯罪嫌疑人的"忏悔"的口供都是不

具有证据资格的。如果允许该两种情形下获取口供,前者显然会使刑事辩护制度根本坍塌,犯罪嫌疑人不会再相信律师制度,后者会对宗教信仰造成巨大的破坏,违背宗教职业伦理道德。警方的"特情"在羁押场所利用"老大"的身份采用暴力、威胁的方法逼取犯罪嫌疑人的口供时也应当被排除使用。在羁押场所通常是利用俗称的"牢头狱霸"充当特情,在羁押场所采用威胁的方法逼取犯罪嫌疑人的陈述,对犯罪嫌疑人会产生极大的心理压力,有可能导致虚假供述,而且牢头狱霸的威胁通常伴随有暴力作为支撑。因此,羁押场所利用特情获取的犯罪嫌疑人的有罪陈述不宜采用。如张辉、张高平叔侄强奸杀人冤案,马廷新故意杀人冤案的形成均和警方的特情——袁连芳采用暴力、威胁的方式逼取犯罪嫌疑人的供述直接相关[①]。关于警方冒充犯罪嫌疑人或警方"特情"与恐怖主义犯罪嫌疑人同住一个羁押场所而取得信任之后,所获取的证据材料,笔者认为此种情况下,获取的口供可以作为证据使用,因其并不会导致犯罪嫌疑人精神上的"剧烈痛苦"。

实践中有的侦查人员基于破案心切的心理,有时会采用亲情逼供或者传染病逼供的方式进行讯问。所谓亲情逼供是指通过威胁犯罪嫌疑人如不"如实交代"则会抓其亲人,或者直接将其亲人带至讯问地点,继而逼迫犯罪嫌疑人做出有罪的供述的逼供审讯行为。传染病逼供则是威胁将犯罪嫌疑人与传染病患者(如艾滋病患者)关进同一个"号子"里,以此逼迫其做出有罪的供述。这样的威胁极有可能使一个无辜者做出"有罪的供述",也属于最高人民法院司法解释中所指的"精神上的剧烈痛苦"情形,其所带来的精神痛苦某种意义上不亚于刑讯逼供所带来的"剧烈疼痛",足以使一个无辜者做出有罪供述。

由于实践中对恐怖主义犯罪嫌疑人的讯问的难度通常要远远大于普通刑事案件讯问的难度,因此侦查人员会使用一些非常规的讯问方法,以此来突破口供。有些方法也应当予以许可,如给恐怖犯罪嫌疑人戴头套进行讯问,使其难以观察到讯问的周围环境,从而增大其恐慌心理,使其在急于摆脱讯问室的心理作用下而做出有罪供述。类似此种的讯问方法并没有使犯罪嫌疑人达到肉体或精神上的剧烈疼痛或剧烈痛苦,也没有严重侵犯其基本人权,同时也远不足以使一个无辜者因而做出有罪的供述。

因此,即便是在讯问犯罪嫌疑人时也不能使用刑讯逼供的方法获取口供,使用威胁、欺骗、引诱等方法讯问时,不能突破伦理道德底线,不能使无辜者可能做出有罪的供述。在对恐怖主义犯罪嫌疑人讯问时,也应当保障其基本人权,维护其基本尊严,保障必要的饮食和休息的时间。

三、"营救式讯问"的口供证据不宜适用

如果不得已对恐怖主义犯罪嫌疑人使用刑讯逼供等非法方法获取的口供能够营救无辜者的生命,则该口供能否作为合法证据呢?换言之,该讯问行为是否违法?2002年9月27日,犯罪嫌疑人 Gäfgen 绑架了一名银行家11岁的儿子,并企图索取100万欧元的赎金。根据警方的计划,犯罪嫌疑人在9月30日前来收取赎金的时候被捕。但是在接下来的审讯中,犯罪嫌疑人一再拒绝透露被害人的拘禁地点。警方虽然采取了诸多措施,

---

[①] 刘长、贺涛、张宝丹:《牢头狱霸十年前作伪证致冤案,这回,当真的证人》,载《南方周末》(电子报)2013-03-30 新闻版,http://www.infzm.com/content/89144。

也仍然无法找到被害人。第二天，考虑到被害人可能由于缺乏必要的饮水和食物已经处在极度的生命危险之中，Daschner 下令在医生的监护下通过对犯罪嫌疑人进行恐吓甚至在必要时对其施加肉体痛楚的方式逼取有关被害人藏匿地点的信息。在审讯警察施加肉刑的恐吓之下，犯罪嫌疑人终于交代了被害人的藏匿地点，以及被害人已经于 9 月 27 日晚上被其所杀害的犯罪事实①。该案例可以说是德国在战后最具争议的一起案例。不少民众认为，警察刑讯行为不违法，只是为了营救被绑架的孩子，并不是为了获取口供证据。但也有不少人认为警察的行为违法，违背了联合国《禁止酷刑和其他残忍、不人道或有辱人格的待遇或处罚公约》（即《联合国反酷刑公约》），也违背了《欧洲人权公约》，同时更违背了德国基本法的规定。《德国基本法》第 1 条第 1 款第 1 句规定："人的尊严不可侵犯。"《基本法》第 104 条第 1 款还规定：不允许对被拘留者进行精神上和身体上的虐待。为了确保"人的尊严不可侵犯"，《基本法》还在第 79 条规定：对基本法的修改不得涉及"人的尊严不可侵犯"这一基本原则，即便三分之二的议员表决赞成也不能对此加以改变。所以，"人的尊严不可侵犯"是德国这一法治国家的基础②。德国人严防再出现类似二战期间希特勒政权严重侵犯人权的恶果，制定了极其严厉的规范，以保护公民的基本人权。更有民众担心的是"酷刑一旦开始，就不会再停止"。因此，最终兰克福地方法院于 2005 年 2 月对这起警察逼供案作出了判决。结果是 Daschner 及办案警察 E 有罪；被告 Daschner 被判处 90 日日额为 120 欧元的罚金，被告 E 被判处 60 日日额为 60 欧元的罚金。两被告均服从判决，不提出上诉，故判决在当日即生效。

可以看出，即便是出于营救被害人的目的而对犯罪嫌疑人使用刑讯逼供的方式也是非法的，因而其口供证据自然也是非法的。刑讯逼供及暴力威胁的讯问手段严重侵犯了犯罪嫌疑人的基本人权，即人之为人的尊严，即便是为了营救被害人也不可以采用刑讯逼供及暴力威胁逼取口供。德国基本法对人的尊严的维护和保障做到了极致，没有任何例外。至此，似乎陷入了僵局，以后发生类似的案子，警方在别无选择的情况下还会选择以刑讯逼供及暴力威胁的手段获取口供来营救受害人吗？答案看起来无疑是否定的，因为警方的行为受到了法律的制裁，但仔细研究就会发现，违法讯问的警官受到的刑事制裁是较为轻微的。原因当然在于，警方的手段虽然不合法，但目的却具有"合法性"，因此能够获得法律的同情。这意味着，下次若再次发生类似的情形时，在穷尽其他手段之后警方有可能再次采用上述讯问的方法。显然如果警方仅仅是为了保全自己，而置被害人的生命于不顾，同样会受到民众的批评。那么问题在于，由此获得有罪的供述的口供因手段非法自然也不能作为定案的依据，被法庭排斥，那么根据口供发现的被害人的尸体等实物证据在德国刑事诉讼法上是不会被排斥的，可以作为定案的依据。德国刑事诉讼法的规定给我们一个非常有益的借鉴和启示，即是基于形式理性和程序正义的理念，即便是为了营救被害人，如果对恐怖主义犯罪嫌疑人采取了刑讯逼供或严重的暴力威胁手段逼取口供的行为，在法律上应当作消极评价，因而取得的口供属于非法证据，不得作为

---

① 王钢：《出于营救目的的酷刑与正当防卫——战后德国最具争议之刑法问题评析》，载《清华法学》2010 年第 2 期，第 27 页。

② 窦学梅：《一起警察逼供案在德国引起广泛争论》，载《中国司法》2006 年第 4 期，第 94 页。

定案的根据,但根据口供所获取的其他各类证据则不应被排除,作为定案的依据并不违背我国刑事诉讼法关于证据制度的规定,因为我国当下并没有确立毒树之果证据规则。

无论何种情形下,法律不应当鼓励或允许刑讯逼供,以暴制暴的方式获取口供显然与现代法治理念有着激烈的冲突。在"营救式讯问"情形下,对刑讯逼供获取的口供给予消极的法律评价从情感上似乎难以接受,但从理性的角度来看"目的不可以为手段辩护"。该理念可以防止人们为达目的而不择手段,手段的非正当性并应当与正当的目的分开评价。一方面,可以鼓励侦查人员继续找寻更为适当的途径获取口供,甚至是离开对口供的路径依赖;另一方面通过消极的法律评价使侦查人员能随时意识到其行为的非正当性。尽管该案并非恐怖性质的犯罪案件,但对于恐怖犯罪案件中采用酷刑等非法方法逼取口供的行为性质之界定仍具有非常有益的借鉴意义。即警方的该行为仍应受到法律的否定性评价,但在处罚的时候可以给予违法的侦查人员显著明显的从轻处理,意在宣告与警示尽管目的正当,但警方行为依然属于非法性质。自然改种情形下所获取的口供证据本身同样受到法庭的排斥。

基于恐怖主义犯罪极端严重的社会危害性,打击和预防恐怖主义犯罪是世界各国共同的使命。基于安全至上的价值理念,也由于恐怖主义犯罪组织的严密性导致侦查具有显著困难的原因,应当克减恐怖主义犯罪行为人的诉讼权利,但权利克减不等于剥夺权利,尤其是其基本权利更不应当剥夺。纵然,恐怖主义犯罪口供相对于其他犯罪案件的证据价值而言或许更为重要[恐怖组织具有极端残忍的报复性特点,在恐怖犯罪案件中,知悉恐怖犯罪情况的证人与普通案件中的证人相比,更不会出庭作证。同时,由于恐怖犯罪组织具有高度严密性的特点,犯罪行为人内部揭发恐怖犯罪的情形极为稀少。因此,恐怖犯罪中的犯罪嫌疑人、被告人口供的证据价值显得更为重要,但却不能因此放纵刑讯逼供等严重侵犯犯罪嫌疑人基本权利的取证行为,不能为了寻求个案的正义,而牺牲现代刑事法治之程序正义的基本理念。可能会有人因此担忧,若排除了非法手段获取的口供,而导致无法控诉恐怖犯罪是否适当。因缺少口供自然会使整个案件的证据数量减少,而证据数量的减少并不意味着不能成功控诉犯罪。现行刑事诉讼法关于证明标准采纳了"排除合理怀疑"的规定,与旧法"客观真实"的证明标准相比,显然要求有所降低。尽管对此也有不同的声音,但绝大多数学者认为确有降低。"排除合理怀疑"的表述本身就强化了证明标准的主观色彩,表明现行刑事诉讼法更加注重法官的心证能力,意味着证据价值的大小,将会更加依赖法官的心证来评判,若法官内心并不相信口供的真实性,则自然会认为口供缺乏证据价值。在注重心证的法官看来,一个特别的物证可能比口供更为真实,其证据价值更大。更何况我国刑事诉讼法明确规定,没有被告人口供,其他证据确实充分的同样可以认定犯罪事实。当下我国刑事诉讼排除合理怀疑的证明标准,强法官的心证能力,心证能力的提升离不开推论。刑事推论是指通过众多间接证据进行逻辑推理而获得事实结论的一种事实认定方法。它主要是在没有直接证据的情况下,对事实进行认定的方法,它所遵循的是一种如何从证据到事实的认识规律,即根据经验法则与逻辑法则,运用归纳法,从已知的证据事实推理得出待证事实。排除恐怖犯罪被告人口供证据的适用后,推论亦能在一定程度上帮助法官认定其犯罪事实。同时,可以采用一些非常规的"审讯技巧",如给犯罪嫌疑人戴头套、高分贝噪音侵扰、讯问室开启冷气等非酷刑的以削弱其对抗的意志力的方法。另外,应当进一步提升技术侦查的手段,以减弱对口供证据的依赖程度。

四、恐怖主义犯罪案件中的证人制度

众所周知,我国刑事诉讼中证人做证难,出庭率极低,而在恐怖主义犯罪案件中证人出庭率尤为低下,这是不争的事实。这里"尤为低下"的主要原因显然在于证人担心遭到报复的恐惧心理,毕竟恐怖主义犯罪具有极端残忍的特点决定了其极端强烈的报复心理。因此,在恐怖主义犯罪中的证人做证制度应与普通刑事案件有所不同。同时,有了分化瓦解恐怖主义犯罪内部人员,应当确立恐怖犯罪的污点证人制度。

(一) 恐怖主义犯罪案件的证人保护制度①

1. 保护主体

证人保护的主体应当包括证人、鉴定人、被害人、执法人员和警方"线人"及其近亲属等。我国刑事诉讼法规定证人保护的主体有三类,分别是证人、鉴定人、被害人及其近亲属。我国反恐怖主义法则增加规定"从事反恐怖主义工作,本人或者其近亲属的人身安全面临危险的"主体,属于证人保护的对象扩大。这里"从事反恐怖主义工作"的主体包括公检法人员、各类反恐怖机构中的人员、从事反恐侦查的"线人"及其他从事反恐怖工作的人员及其近亲属。证人保护制度的目的在于消除证人做证的人身安全和顾虑,因此包括对象除其本人外,还包括其近亲属。显然,包括恐怖主义犯罪在内的各类犯罪主体通常会选择报复证人本人或其近亲属。另外必须明确,法律规定保护的客体是上述主体的人身安全,不包括财产安全。主要原因有:①与人身安全相较,财产安全处于次要地位;②财产安全的保护难以执行,司法资源的稀缺性也不宜将财产权列入保护的对象。

2. 证人保护的措施

《刑事诉讼法》第62条规定,对于危害国家安全犯罪、恐怖活动犯罪、黑社会性质的组织犯罪、毒品犯罪等案件,证人、鉴定人、被害人因在诉讼中做证,本人或者其近亲属的人身安全面临危险的,人民法院、人民检察院和公安机关应当采取以下一项或者多项保护措施:①不公开真实姓名、住址和工作单位等个人信息;②采取不暴露外貌、真实声音等出庭做证措施;③禁止特定的人员接触证人、鉴定人、被害人及其近亲属;④对人身和住宅采取专门性保护措施;⑤其他必要的保护措施。证人、鉴定人、被害人认为因在诉讼中做证,本人或者其近亲属的人身安全面临危险的,可以向人民法院、人民检察院、公安机关请求予以保护。人民法院、人民检察院、公安机关依法采取保护措施,有关单位和个人应当配合。《反恐法》第76条规定:因报告和制止恐怖活动,在恐怖活动犯罪案件中做证,或者从事反恐怖主义工作,本人或者其近亲属的人身安全面临危险的,经本人或者其近亲属提出申请,公安机关、有关部门应当采取下列一项或者多项保护措施,其中与《刑事诉讼法》不同的是增加列举了"变更被保护人员的姓名,重新安排住所和工作单位"的保护措施。《反恐法》增加列举的这项规定是借鉴了国外关于证人保护制度的规定,并且

---

① 此处证人保护中的证人是指广义上的证人,包括普通证人、鉴定人、被害人。

将被保护的主体扩大到除证人以外的其他主体,包括执法人员和报告和制止恐怖活动的普通民众及其近亲属。应当说,该项措施对于上述主体而言,保护措施较为有效,而且具有较强的可实施性。

3. 证人保护程序的启动程序与执行保护的机关

根据我国《反恐法》的规定,保护程序的启动需要本人或者其近亲属提出申请,公安机关或有关部门根据该申请而启动保护程序。《刑事诉讼法》规定:证人保护程序的启动不需要本人或其近亲属提出申请,人民法院、人民检察院和公安机关应当主动采取以下一项或者多项保护措施。对于两项立法规定的差异性的理解应当是:通常情况下证人保护程序的启动都是被保护的对象,首先向公检法及其他保护的执行机关提出申请,因为被保护的对象对自己可能会招致恐怖主义犯罪组织的报复与否较为清楚,也最为关切自身的安全,执行保护的机关对申请进行审查后依据危险的情况决定采取保护措施的种类和限度。当然,有时公检法机关也会根据案情主动启动保护程序,以保证相关人员的安全和保障诉讼程序的顺利进行。公安机关、有关部门应当依照前款规定,采取不公开被保护单位的真实名称、地址,禁止特定的人接近被保护单位,对被保护单位办公、经营场所采取专门性保护措施,以及其他必要的保护措施。

4. 证人做证的方式

《最高人民法院关于适用〈中华人民共和国刑事诉讼法〉的解释》第209条规定:"审判危害国家安全犯罪、恐怖活动犯罪、黑社会性质的组织犯罪、毒品犯罪等案件,证人、鉴定人、被害人因出庭做证,本人或者其近亲属的人身安全面临危险的,人民法院应当采取不公开其真实姓名、住址和工作单位等个人信息,或者不暴露其外貌、真实声音等保护措施。"在司法实践中这四类犯罪案件中的证人通常最易被犯罪组织实施人身报复,因此刑事诉讼法也明确列举出该四类犯罪案件中实施证人保护制度。如前所述,在恐怖主义犯罪法庭审判中证人尤其不愿意出庭做证,实践中多采用不暴露外貌、改变声音和不公开个人真实信息的方式进行做证,又称为"隐身做证""变声做证",多数时候两者同时并用。在审判前伊拉克总统萨达姆案时,法庭就采用了隐身变声的方式让证人做证,证人席由法庭设立的浅色圆形布帘遮盖,证人始终在布帘后面,同样出于对证人生命安全加以保护的目的,主审法官不公开证人的姓名,称为"证人A"。阿明解释说,萨达姆的辩护律师可以获知证人的姓名,但他们必须保证不向外界公开。此外,法庭还特别花费10分钟时间,设置了变声装置,对证人语音作技术处理①。2006年北京市第一中级法院审理的吕春明贩毒案案件时,就采用了"隐身做证"制度,两名缉毒警在屏风的保护下"隐形"出庭做证。毒贩吕春明被一中院以贩卖毒品罪一审判处死刑,剥夺政治权利终身,并处没收个人全部财产②。

对于不愿意出庭的证人,可以采用远程视频的方式,但是应当对证人图像进行技术处理,不得辨识出证人容貌。证人本人不出庭做证与直接言词原则相冲突,我国现行刑事诉讼法规定除配偶、父母、子女三类主体之外,经人民法院通知,证人没有正当理由不

---

① http://news.sina.com.cn/w/2005-12-07/10267644601s.shtml,最后浏览时间2016-09-30。
② http://news.sina.com.cn/s/2006-06-27/014310259350.shtml,最后浏览时间2016-09-30。

出庭做证的,人民法院可以强制其到庭。根据《刑事诉讼法》第 187 条的规定,公诉人、当事人或者辩护人、诉讼代理人对证人证言有异议,且该证人证言对案件定罪量刑有重大影响,人民法院认为证人有必要出庭做证的,证人应当出庭做证。基于恐怖主义犯罪的极端凶残性及其报复心理,对于恐怖主义犯罪案件的证人出庭不宜直接适用上述条款的规定。笔者认为考虑到证人出庭做证的意愿和人身安全危险的程度,可以适用《最高人民法院关于适用〈中华人民共和国刑事诉讼法〉的解释》第 206 条规定的"有其他客观原因,确实无法出庭的"情形,而可以不予出庭做证。

(二)污点证人做证豁免制度

污点证人一般是指本身具有某种犯罪事实,但因了解重大犯罪情况并能提供主要或关键控诉证据,经与司法机关协商,由司法机关决定,赋予其一定程度的司法豁免权,提供证据证明被追诉者犯罪事实的人。污点证人制度是现代法治国家一项重要的刑事司法制度,是法律规定的关于污点证人的条件和适用范围、污点证人豁免的模式和程序、污点证人的监督和保障等一系列规则的总称,这一制度产生于英国,广泛存在于英美法系国家的刑事诉讼中,美国则最具有代表性,大陆法系的部分国家也有运用。我国在刑事诉讼立法中没有规定污点证人制度,但在刑事司法实践中却存在着污点证人刑事责任的司法行为。

我国刑法中规定的立功制度与污点证人制度有一定的相似性,但两者也存在重大的差别:①污点证人制度适用的主体是相对罪行较轻的犯罪嫌疑人、被告人,立功制度适用于所有的犯罪嫌疑人、被告人;②污点证人制度仅限于提供证据指证他人犯罪,而立功制度表现的形式具有多样性,可以是揭发他人犯罪行为,查证属实的,也可以是提供重要线索,得以侦破其他案件等立功表现;③污点证人制度豁免的是污点证人实体法上的罪行,而立功制度是从轻、减轻或免除刑罚,并没有免除罪责;④污点证人一旦做证将会受到刑事责任的豁免,而立功时一般只能得到"可以从轻、减轻或免除处罚"的许诺,至于具体是哪一种"优惠"措施法律并无明确规定。因此,我国刑事法律中并没有规定污点证人做证制度,但对于恐怖主义犯罪及其他严重的犯罪,如黑社会性质、贩毒、重大受贿等犯罪来说有着特别重要的价值。在这些犯罪中,尤其是恐怖主义犯罪具有严密的组织性,侦查破获难度极大,如果规定污点证人做证制度,有利于分化瓦解其内部组织,从而为案件的侦破起到有力的促进作用。污点证人制度看起来违背司法公正理念,但两害相权取其轻,污点证人制度能够有效促进恐怖主义犯罪组织内部的分化瓦解,继而提升办案效率,节约司法资源。在日益严峻的恐怖主义活动犯罪形式面前,建立污点证人制度,对有些恐怖主义犯罪行为人实施有限的刑责豁免制度,放弃对犯罪较轻者的指控,换取对重大犯罪行为人的指控,能够促使主观恶性不深、罪行相对较轻者积极地悔罪,能够有效打击重大犯罪行为人,甚至能够避免将要发生的恐怖犯罪活动。

1. 关于污点证人的适用模式

一般说来,污点证人适用模式主要有罪行豁免、使用豁免和非正式豁免三种常用模式:①污点证人在提供证词后,不得就其证言所涉及的任何犯罪事实进行刑事追诉。污点证人因做证而被彻底免除了刑事责任,但并不是免除污点证人的一切刑事责任,而是免除与提问有关的回答中涉及的犯罪事实,对于回答中非本案要求的证言所涉及的犯罪事实，不予免除刑事责任；②许诺涉嫌恐怖组织犯罪的证人在其提供有组织犯罪关键性证据或者就其涉嫌参与的有组织犯罪行为做证后，不得在随后的任何刑事诉讼中用作不利于该证人的证据；③非正式豁免模式，指的是当污点证人愿意用做证来换取豁免时，由检察官做出不起诉承诺的非审判上的豁免模式。

美国联邦证人豁免法被称为《1970年豁免法》确立了证据使用豁免的豁免模式，但是法律并不禁止在联邦系统中实行罪行豁免，州系统大致上两种做法各占一半①。1998年，英国在《最高法院法》中规定：任何人在依法律规定或法院命令在特定的程序中所作的陈述或自认时，不得在追究有关联的犯罪或者进行有关联的处罚程序中，用作不利于陈述人或者其配偶的证据。可见英国也是采用使用豁免的模式。《加拿大证据法》第5条第2款规定："如果证人以可能致其有罪或致其在王室或其他人起诉之民事程序中承担责任为由拒绝回答问题，而且若非根据本法或省级立法，该证人应被免于回答提问，那么即使此人依据本法或省法被强迫回答，其回答亦不得在此后的任何刑事审判或其他刑事程序中被使用或采纳为于其不利的证据，除非他被控在此做证中犯有伪证罪。"②因此，加拿大也是证据使用的豁免模式。德国对污点证人采用非正式豁免的豁免模式，通过检察官的不起诉来豁免污点证人的刑事责任。我国台湾地区"证人保护法"规定了证人刑事豁免条款采用的是非正式豁免的模式，即由控方与涉嫌犯罪的嫌疑人达成污点证人协议后，检察官决定不予起诉。

罪行豁免模式由于彻底免除了污点证人证言所涉及的刑事责任，因而对其非常具有诱惑力。证据使用模式强调污点证人做证后，该证词在随后审判和后来其他任何审判中均不得用作对其不利的审判，但法律并没有禁止控诉机关从其他合法来源所获取的证据来对其之前的犯罪行为进行控诉。对于污点证人而言，可见证据适用豁免并没有罪行豁免的诱惑力大，后者彻底解除了污点证人对自己所涉罪行在其他审判中被判处刑罚的担心，前者法庭只是许诺污点证人在今后的任何审判中都不得使用本次在法庭上的证词对其之前的行为进行定罪处罚，因存在控方以后可能从其他途径获得证据证明污点证人有罪的可能，因此其心理并不会"踏实"。非正式豁免是指由检察机关因涉罪的犯罪嫌疑人与控方"合作"，在法庭上出面指证其他重要的被告人，而换取检察机关的不起诉。对于侦查机关而言，非正式豁免最为有利，能够帮助侦查机关尽快破获重要的犯罪行为人。因而，基于上述分析理由，笔者主张应当以非正式豁免模式为主要模式，以正式豁免或证据适用豁免为辅助模式。

2. 关于适用条件

污点证人制度的适用应当同时满足以下条件：①隐蔽性强的恐怖主义犯罪案件，具有严重的社会危害性；②侦查取证存在难以克服的困难，现有证据条件不能够认定犯罪嫌疑人的犯罪事实；③参与犯罪活动的犯罪嫌疑人主观上愿意在法庭上质证其他重大犯罪行为人实施了恐怖主义犯罪行为；④必须是由控诉机关向审判机关提出诉讼请求，经由审判机关进行审查后决定。这是因为控诉机关提出部分或者完全豁免污点证人的刑

---

① 孙长永：《沉默权制度的基本内容研究》，载《诉讼法论丛》2000年第4期，第57页。
② 何家弘：《证人制度研究》，人民法院出版社2004年版，第271~272页。

事责任实质上是对其进行了实体法上的处理,事实上等同于分割了法官的裁判权,经由法院进行审查后决定的程序相当于将裁判权还给了审判机关。当然,这里法庭对控诉机关提出适用污点证人制度的审查应当以形式审查为原则,一般不进行实质审查,如果进行实质性审查则相当于在案件正式开庭审理之前已经进行了实质审理,赋予检察机关实质上的污点证人制度的适用权,法院只进行形式审查,利于控诉机关掌握这一主动权与犯罪嫌疑人达成其做证制度,倘若检察机关没有实质上的决定权,而被法庭否决适用该制度的时候,恐怖主义犯罪嫌疑人则会认为检察机关"言而无信",以后其他恐怖犯罪案件的嫌疑人将不会再选择与检察机关进行"合作",从而从根本上摧毁这一制度。

3. 污点证人的保护制度

由于污点证人出庭做证,而会被恐怖主义犯罪组织视为"叛徒",继而对污点证人及其近亲属实施人身报复的可能性极大提升,因而对污点证人及其近亲属的人身保护问题显得极为重要。若因保护不力致使污点证人被实施人身报复,不仅会导致其后的审判陷入缺乏证据的状况,长远来看更会对其他潜在的污点证人造成巨大的心理压力。污点证人出庭做证,因做证内容显然属于其团伙内部的知情人出庭指证,因而一般而言,无论是否采用不暴露容貌或声音,隐匿真实身份信息的措施,也无法避免在法庭上被被告人辨识出来。这就意味着,污点证人出庭做证不仅要在法庭审理期间实施有效的人身保护,更要在法庭审判结束之后,对污点证人和其近亲属实施有效的保护,最为有效的保护方式,应当是我国《反恐法》所规定的"变更被保护人员的姓名,重新安排住所和工作单位"措施。此项保护措施,牵涉面比较大,需要较高层级的政府机构来出面进行协调。同时更为重要的是对污点证人实施变更被保护人员的姓名和重新安排住所和工作单位的保护措施之后,必须做好后续长久的保密工作。

五、恐怖主义犯罪案件诉讼中警察出庭作证保护问题

警察处于打击恐怖主义犯罪最前沿,也最容易遭受恐怖主义犯罪分子的极端报复,这是全世界与恐怖犯罪斗争中共有的现象。恐怖主义犯罪办案警察遭受报复,既造成了对打击恐怖主义犯罪力量的减损,反恐怖主义犯罪力量产生消极或不利的影响,同时也助长了恐怖分子的嚣张气焰,刺激其进一步实施恐怖犯罪的动因。反恐诉讼中,警察在出庭作证时,更容易成为恐怖分子报复的对象。因此,在打击恐怖主义犯罪的过程中,对案件侦办的警察保护问题有着特别的重要性和现实意义。

(一) 警察出庭作证保护的重要性意义

现行《刑事诉讼法》第187条第2款规定,必要时人民警察可能会就其执行职务时目击的犯罪情况作为证人出庭作证。该法第57条第2款规定,现有证据材料不能证明证据收集的合法性的,人民检察院可以提请人民法院通知有关侦查人员或者其他人员出庭说明情况;人民法院可以通知有关侦查人员或者其他人员出庭说明情况。有关侦查人员或者其他人员也可以要求出庭说明情况。经人民法院通知,有关人员应当出庭。法律规定了警察出庭作证或出庭进行情况说明的情形,但却并没有规定警察出庭作证或说明情况时的保护问题,特别是当警察在反恐诉讼中出庭作证时,尤为需要获得国家和法律的保护。

众所周知,恐怖主义犯罪严重社会危害性的另一个特点就是其极端的报复性行为,尤其对针对侦办该案件人民警察的报复性行为极其残忍。由于人民警察是打击恐怖犯罪的最直接的力量,恐怖分子对警察有着近乎天然的敌视与仇恨,近年来,我国西北边疆地区发生的针对公安人员的报复犯罪行为时有发生,已经充分表明此问题。侦查办案人员,尤其是在法庭上出庭作证指控恐怖犯罪的人民警察其人身和财产安全面临着现实的安全威胁。恐怖分子在极端的报复心理作用之下,可能公开报复突袭人民警察,也更有可能利用人民警察工作之余离开执勤岗位之后防备松懈时袭击报复其人身和财产,有时警察的近亲属也会面临着极端的安全威胁。一旦人民警察在法庭上出庭作证之后,极易成为恐怖分子袭击保护的目标,其本人和家人的人身和财产安全直接面临威胁,而一旦被恐怖犯罪分子报复袭击得手,对人民警察本人及其近亲属人身或财产极有可能造成毁灭性伤害,对警察执法办案人员的心理会产生较大的心理阴影,对今后的反恐执造成不利的心理障碍,同时也对广大普通民众的心理产生更大的心理冲击,助长恐怖分子的嚣张气焰,对其后的反恐怖侦查工作造成更大的困难。因此,恐怖主义犯罪案件中警察出庭作证的保护制度显得尤为重要。

(二)立法的缺陷

《刑事诉讼法》第62条规定,对于危害国家安全犯罪、恐怖活动犯罪、黑社会性质的组织犯罪、毒品犯罪等案件,证人、鉴定人、被害人因在诉讼中作证,本人或者其近亲属的人身安全面临危险的,人民法院、人民检察院和公安机关应当采取以下一项或者多项保护措施。《反恐法》第76条规定,因报告和制止恐怖活动,在恐怖活动犯罪案件中作证,或者从事反恐怖主义工作,本人或者其近亲属的人身安全面临危险的,经本人或者其近亲属提出申请,公安机关、有关部门应当采取下列一项或者多项保护措施。从上述两部法律的规定可以看出,两者均没有明确指出警察作证时的保护问题。前者着重强调普通证人作证;后者虽然扩大了保护的主体,不局限于普通证人,但要求主动被保护的对象主动提出。需要指出的是作为与恐怖犯罪侦办的侦查人员对于保护问题可能会"羞于启口",尤其是当其家人没有直接面临恐怖犯罪报复时,侦查人员更难以提出保护本人的请求。同时,有些办案人员对恐怖主义犯罪可能的报复行为认识不足,因而未能及时提出保护的请求。对恐怖主义犯罪报复行为不宜存在侥幸心理,应当提前准备,防范于未然。因此,总体上,对于恐怖犯罪的诉讼中警察出庭作证保护问题并没有专门性的规定。

基于前述分析,笔者认为作为恐怖犯罪的侦查人员,在反恐怖犯罪斗争的第一线,因警察出庭作证而可能遭受恐怖分子的极端报复,对此法律应对显然比较粗疏或不具有有效性,有些问题被忽略,不足以应对恐怖犯罪分子可能的报复行为。

(三)恐怖主义犯罪案件诉讼中警察出庭作证保护的基本原则

1. 警察出庭作证的必要性原则

一般而言,如非必要,恐怖犯罪案件中尽可能地减少警察出庭作证。原则上对于恐怖犯罪犯罪案件法庭应当尽可能地减少警察出庭作证的情形,除非没有其他选择和必要,否则警察不宜出庭作证。对于警察作为证人就其执行职务时目击的犯罪情况,根据现行法律规定,只有同时具备下情形时,才可以要求警察出庭作证:①公诉人、当事人或者辩护人、诉讼代理人对侦查人员作为证人就其执行职务时目击的犯罪情况的书面记录有异议;②侦查人员作为证人就其执行职务时目击的犯罪情况对案件定罪量刑有重大影响;③人民法院认为侦查人员作为证人就其执行职务时目击的犯罪情况有必要出庭作证的,侦查人员才应当出庭作证。对于现有证据材料不能证明证据收集的合法性而要求侦查人员进行情况说明时,可以通过书面证言,如果必须出庭作证,则一定应当充分做好安全防范的保障性工作。

2. 自动保护原则

前所述,警察出庭作证保护问题,不宜一概的等到其本人提出请求后再采取保护措施,而应当根据情形由保护机关按照自动保护原则,根据其出庭作证或其他办案情况可能导致的恐怖犯罪同伙报复行为,自动对其本人或近亲属采取保护措施。警察出庭作证,通常会成为法庭的焦点,极易成为恐怖犯罪组织报复的对象,极大增加了被报复的风险。因此,国家有义务保护与恐怖分子一线斗争人员及其近亲属的人身安全,尤其是在法庭出庭作证的侦查办案人员,够解除其打击恐怖犯罪时的后顾之忧。

3. 保护前置原则

所谓保护前置是指在警察出庭作证时或作证之前就应当做好保护的工作或措施,而不仅仅是在出庭作证之后再采取保护措施。根据《反恐法》第76条规定:"因报告和制止恐怖活动,在恐怖活动犯罪案件中作证,或者从事反恐怖主义工作,本人或者其近亲属的人身安全面临危险的,经本人或者其近亲属提出申请,公安机关、有关部门应当采取下列一项或者多项保护措施:(一)不公开真实姓名、住址和工作单位等个人信息;(二)禁止特定的人接触被保护人员;(三)对人身和住宅采取专门性保护措施;(四)变更被保护人员的姓名,重新安排住所和工作单位;(五)其他必要的保护措施。公安机关、有关部门应当依照前款规定,采取不公开被保护单位的真实名称、地址,禁止特定的人接近被保护单位,对被保护单位办公、经营场所采取专门性保护措施,以及其他必要的保护措施。"上述规定与刑事诉讼法所规定的四类犯罪(危害国家安全犯罪、恐怖活动犯罪、黑社会性质的组织犯罪、毒品犯罪等案件)的证人保护措施大体相同,但明显属于事后保护。保护前置属于事前保护,主要有以下优点:①保护前置或称事前保护的措施更具有可行性,作证前保护重在保护出庭作证警察的人身信息不被暴露,尤其不被恐怖分子知悉,在技术上也更具有可操作性;②保护前置可以有效降低保护成本,若出庭作证时的保护措施有效,侦查人员的信息不被暴露,则恐怖犯罪报复通常难以有针对性的实施报复行为。事后保护,通常实施起来会耗费大量的保护资源。当然,这并非说,只要实行了保护前置,就不需要进行事后保护了。由于恐怖分子可能通过各种途径掌握了出庭作证人员的信息,尽管采取了保护前置措施,但意义已经不大,事后保护就显得非常重要了。

(四)恐怖主义犯罪案件诉讼中警察出庭作证保护的方式

实践中对警察出庭进行保护通常采用物理隔离作证的方式,所谓隔离作证的方式强调警察出庭时,通过挡板或屏风将作证人与被告席和旁听席隔离的措施,避免被被告人及旁听席人员看到作证的侦查人员。实践中通常采用磨砂玻璃屏风的方法。例如,2006年6月26日上午,北京市第一中级人民法院开庭审理一起贩卖毒品大案。由于被指控贩卖毒品674克的嫌犯吕春明当庭翻供,声称其承认贩毒的供述是刑警殴打所致,两名缉毒刑警特地出庭作证警方没有刑讯逼供的行为。由于缉毒工作的特殊性，一中院采取了严格的保密措施。陈某某通过封闭的安全通道走到法庭入口，法警先用屏风和入口相连，陈某某再走到两扇磨砂玻璃屏风后隐形作证。法庭左侧出现了两块2米高、3米长的磨砂玻璃屏风，从两个方向将证人席遮挡起来。当丰台公安分局缉毒队刑警陈某、程某出庭作证时，除了公诉人和法官可以看到他们的形象，坐在旁听席上的所有旁听人员、被告人以及辩护人员，透过屏风只能看到模糊的人影。

需要指出的是，有时侦查人员可能由于工作或其他特殊原因无法出庭作证，但为了保证庭审的顺利进行，会通过视频作证或音频作证的方式，通常会实时作证。这种虚拟出庭作证的方式，同样也要注意保护其容貌信息。可以采用头像遮挡或大马赛克等模糊处理的方式不暴露作证侦查人员的容貌。

第四节　恐怖主义犯罪案件的证明

在举证责任方面，由于实施恐怖主义犯罪的工具大多为法律所明确禁止，如枪支弹药、管制刀具、宣扬分裂国家的非法出版物等等物品均为法律所明确禁止，恐怖犯罪嫌疑人拥有这些非法物品，如果不能说明其合法来源，可以直接按刑法所贵的该类型的非法持有型犯罪，在此过程中举证责任属于倒置的情形。与普通刑事案件相比较，由于恐怖犯罪自身的特殊性和证据收集上的特殊性，言词证据通常较少，恐怖主义犯罪行为人基于某种极端的宗教信仰，侦查人员比较难以获取其口供。由于担心遭受极端报复等原因，证人证言极为稀缺。在一些极端恐怖犯罪行为中，被害人通常已经死亡。因而在犯罪证明上也有着一定的特殊性，言词类的证据较少，只能以实物证据为主来进行案件事实的认定。实物证据具有间接性的特点，自然在运用此类证据时需要法官具有较强的心证能力。因此，在恐怖主义犯罪事实证明的特殊性上，主要体现在举证责任的分配和法官在运用证据认定案件事实认定的证明方式上。除此之外，恐怖活动犯罪案件的证明与其他普通刑事案件并无实质的区别，因此本文仅涉及恐怖犯罪证明上的上述两个特殊性问题。

一、恐怖主义犯罪案件举证责任的倒置问题

（一）举证责任倒置概述

众所周知，自罗马法以来诉讼中举证责任即是"谁主张，谁举证"的原则。自无罪推定原则确立以来，在刑事诉讼领域举证责任属于控诉人承担，被告人不承担举证责任更是一项公理性原则。控方承担举证责任是一项举证责任分配的基本原则，控诉机关既然提出了被告人有罪的主张，自然应当提出证明其主张的证据，被告人既没有证明自己有罪的义务，同时也无证明自己无罪的义务，"否定者不承担证明责任"。同时，代表国家的控诉机关又具有强大的取证和举证能力，因而由其承担举证责任符合程序正义理念。控方举证作为一般原则是没有任何问题，但由此将所有案件中的举证责任一概的全由控方承担，有时既不合理，也不公平。实践中的各类案件千差万别，控诉机关尽管拥有国家强

制力,可以调动强大的司法资源去获取证据,但有时基于主客观因素,即便投入充足的司法资源也未必能获取到相应的证据,但此时如果由被追诉者提出证据证明自己无罪却非常容易,此种情形下基于诉讼效力和被追诉者基于早日摆脱诉讼困境的心理双重因素考虑,举证责任归由被追诉者承当显得更为公平正义,此种情形下即属于证明责任分配的例外原则,通常也称为举证责任的倒置。

举证责任倒置在我国司法制度中,最典型的就是《刑法》第 395 条所规定的巨额财产来源不明罪的罪状描述"差额巨大的,可以责令说明来源。本人不能说明来源是合法的,差额部分以非法所得论"的规定和第 282 条第 2 款规定,非法持有属于国家绝密、机密的文件、资料或者其他物品罪罪状中"拒不说明来源与用途的"的规定,均是由实体法明确规定由被追诉者承担举证责任,证明自己无罪的责任。事实上,《刑法》第 128 条第 1 款规定的非法持有、私藏枪支弹药罪、第 130 条规定的非法携带枪支、弹药、管制刀具、危险物品危及公共安全罪、第 297 条规定的非法携带武器、管制刀具、爆炸物参加集会游行示威罪、第 348 条规定的非法持有毒品罪,第 352 条规定的非法买卖、运输、持有毒品原植物种子、幼苗罪等一些非法持有型犯罪中的证明责任均属于适用举证责任倒置的情形。在部分持有型犯罪尤其巨额财产来源不明罪和非法持有国家绝密、机密文件、资料、物品罪中,实行举证责任倒置规则,由犯罪嫌疑人、被告人承担证明责任。这是由某些犯罪的特殊性所决定的,也符合国际上通行的做法。

英国 1953 年《犯罪预防法》规定,"任何人在一个公开场合,未有法律批准或合理理由而携带犯罪凶器均是非法行为,行为人必须承担证明自己的行为合法和合理的责任,否则将以犯罪论处";1906 年的《贿赂防范法》和 1889 年《公共机构贿赂法实施法典》规定,"由某一特定人支付、给予的现金、礼物或其他实物,除非接受人能提出证据证明这些现金、礼物等来源的合法性和正当性,否则将视为受贿所得等"。德国学界普遍认为,被告人既无客观举证责任,也无主观举证责任,但对于只有被告人知道的有利事项,如果被告人由于行使沉默权或者其他原因而没有向法庭提供,法庭在认定事实时无法知道该事实的,可能会导致不利于被告人的后果,因而被告人对于这样的事项有事实上的"举证必要"。德国 1890 年代颁布的《反有组织的犯罪法》规定,被告人需要对某些辩护主张举证,否则就被推定为有罪。比如"被告人贩卖 100 马克海洛因的事实已被认定,在其家中查出上万马克的现金或同其收入不相称的大量财富,该笔钱财就被推定为犯罪所得,予以定罪没收,如果想免除罪责,被告人必须证明其钱财来源是合法的"。法国理论承认辩护方在某些情况下的提供证据的责任在成文法和判例中也普遍承认辩护方提供证据的责任。特别是出现了在特殊情况下辩护方甚至要承担结果意义上的举证责任,即败诉的风险。

(二)举证责任倒置与转移

举证责任转移是指在承担证明责任的主体提出本证对要件事实予以证明后,对方基于使其证明发生动摇所承担的提供证据责任或者不承担举证责任的主体否认举证责任主体提出的待证事实而提供反证后,承担证明责任的主体法官对的心证不因该反证发生动摇所承担的提供证据责任。举证责任倒置在公诉案件中是指违背控方承担被告人有罪的举证义务原则,改由辩方承担证明自己无罪的责任。实践中,当被告人提出以下诉讼主张时,通常会发生举证责任的转移:被告方责任能力的主张;阻却违法性及有责性的事实,如无意识行为、不可抗力、意外事件、正当防卫、紧急避险等;关于侦查人员或执法人员行为违法性的事实主张;被告人积极抗辩主张,如声称不在犯罪现场,声称受害人是他人所杀,被告方独知的事实;被告方主张的程序性事实。

两者的主要区别有以下方面:一是法域不同。倒置通常属于实体法调整,转移为程序法规范,如巨额财产来源不明罪的举证责任由我国《刑法》所明确规定。二是价值取向不同。倒置常基于刑事政策考虑,如巨额财产来源不明罪的设定是基于打击公职人员的非廉洁行为,举证认真的转移基于诉讼程序推动的需要。三是强制力属性不同。倒置具有强制力,后者不具有强制力,也即是说举证责任倒置下,不履行举证责任的被告人将承担有罪的后果,举证转移不具有强制力。例如,被告人可以提出没有作案时间、不在犯罪现场等主张,此时为了诉讼程序推动的需要,法官会要求其提出证据加以支持,当然,被告人可以提出证据支持自己的主张,这并非强制性的义务。但是,巨额财产来源不明罪中,由于实行举证责任倒置原则,被告人若要使自己脱罪,具有提出证据证明其财产有正当来源的义务,否则将承担刑事责任。四是法律后果不同。倒置举证责任不能履行,将承担有罪的后果,举证转移不一定,只是在某项具体的事实认定上对己不利,最终其是否有罪,取决于控方举证责任是否达到证明的要求。五是来源不同。倒置源于法律上可反驳的推定,转移是产生新的主张时发生;六是发生次数不同。倒置只发生一次,转移可以多次。

两者之间的主要联系在于,无论是举证责任倒置还是转移都可能产生行为意义上的举证责任,都是对自己诉讼主张提出证据加以支持,如不举证不能都会产生不利于己身,即不利于被告人的情形,倒置的情况下举证不能要承担刑事责任,转移的情形下举证不能会对该主张产生直接不利的影响。

需要指出的是,刑法上包括恐怖活动犯罪在内的一些非法持有型犯罪,法律虽然没有像巨额财产来源不明罪一样明确规定为举证责任倒置,但在理论上与实践中,通常均是按举证倒置来进行举证责任分配的。显然,本质上巨额财产来源不明罪也属于非法持有型犯罪,与其他非法持有型犯罪并无实质区别,非法持有型犯罪的举证责任分配与巨额财产来源不明罪的举证责任同理。由于立法滞后的原因或许尚未引起立法者的重视的原因,当然,也可能由于非法持有性犯罪的举证责任分配问题属于不证自明的道理,因而立法者没有专门对此作出规定。所以将巨额财产来源不明罪单独规定责任倒置,一是由于打击贪污腐败的刑事政策的需要,二是与毒品、枪支、宣扬恐怖犯罪的出版物等等物品不同,巨额财产本身并无"非法"与"合法"之说,因而显得更具特殊性。

(三)恐怖主义犯罪案件适用举证责任倒置的理由与情形

恐怖主义犯罪多伴随有宗教极端思想,犯罪组织非常严密,犯罪后果的危害性极其巨大,预防恐怖主义犯罪后果的发生显得至为重要,因此各国几乎都将恐怖犯罪行为界定"前置化",在普通刑事犯罪中,某些犯罪行为前期行为并不被视为犯罪的行为或者最多被视为"犯罪预备"的行为,但在恐怖主义犯罪中可能就规定为犯罪或直接规定为既遂行为。这就意味着,对于侦查取证工作而言,将更为困难,对于控诉机关而言也就更难举证证明某些恐怖犯罪行为。但是,对于恐怖主义犯罪嫌疑人而言,如果其个无辜者,相对于侦控机关举证的困难程度而言,就相对能够非常容易的提出证据证明自己的行为是否属于无辜行为。

当下恐怖主义犯罪已是全球性犯罪,几乎没有哪一个国家和地区可以幸免,这早已成为国际共识,为此联合国和其他国际组织及国际社会都制定了打击恐怖主义犯罪活动的各类条约和规则,各个国家和地区也更是纷纷制定相应的法律来应对严峻的恐怖主义犯罪形势。因此,正如1997年《刑法》中巨额财产来源不明罪的规定是为了全面打击国家工作人员的不法收入的刑事政策一样,当前打击恐怖主义犯罪更是我国刑事一项刑事法律政策。由于贪污、受贿罪的犯罪侦查向来不宜取证工,尤其是受贿罪属于一对一的犯罪,更是难以取证,侦控机关即便投入较大的司法资源也未必能收集到相应的证据,而由被追诉者自己提出自己财产的合法来源就非常容易,而且无辜的犯罪嫌疑人也有为了早日摆脱讼累,也有着充足的动力证明自己收入来源的合法性,因此也能够切实的提升诉讼效率。恐怖主义犯罪的侦查取证亦是比较困难。《刑法》120条之一帮助恐怖活动罪第二款"为恐怖活动组织、实施恐怖活动或者恐怖活动培训招募、运送人员的"的规定,第120条之二准备实施恐怖活动罪"为实施恐怖活动准备凶器、危险物品或者其他工具的""为实施恐怖活动与境外恐怖活动组织或者人员联络的""为实施恐怖活动进行策划或者其他准备的"三项犯罪行为,第120条之六非法持有宣扬恐怖主义、极端主义物品罪"明知是宣扬恐怖主义、极端主义的图书、音频视频资料或者其他物品而非法持有"的规定等等,这些犯罪的罪状均要求犯罪行为人有"为某某目的"或"明知"的主观方面,但显然这些主观方面的证据极为难以收集,因其如果是在普通刑事犯罪里通常只属于"犯罪预备"性质的行为,由于在恐怖主义犯罪前置化的特点,将"预备"行为视为"既遂"行为,预备阶段犯罪行为外化的内容自然较少,侦控机关若要通过外化的行为证明其主观心理活动就显得非常困难,而犯罪嫌疑人本人最清楚自己的主观心理,如果是无辜者自然能够而且也更有绝对充足的意愿提出证明自己无辜的证据来证明自己的无辜行为,诉讼效率能够获得极大的提升。

(四)恐怖主义犯罪案件举证责任倒置的设置

关于《刑法》120条之一帮助恐怖活动罪第二款"为恐怖活动组织、实施恐怖活动或者恐怖活动培训招募、运送人员的"中的关于"运送人员"规定,属于目的犯,犯罪嫌疑人客观上虽然运送了恐怖活动组织、实施恐怖活动的人员的行为,但其主观上如果并不知道其所运送的人员属于恐怖组织人员或是为了实施恐怖活动的人员,而由其承担帮助恐怖活动罪,显然违背了主客观相一致原则。可是,若有侦控机关来证明其是否明知所运送的是恐怖组织人员或实施恐怖活动的人员也极为困难,毕竟是否"明知"属于其主观心理活动,而其证明其内心活动的外化行为非常少,若有犯罪嫌疑人承担证明责任则相对较为容易,因而笔者认为此时是否明知的证明责任应当由犯罪嫌疑人承担。但前提是侦控机关必须证明其所运送的人员是属于恐怖组织人员或是实施恐怖活动的人员。

第120条之二准备实施恐怖活动罪"为实施恐怖活动准备凶器、危险物品或者其他工具的"、"为实施恐怖活动与境外恐怖活动组织或者人员联络的"、"为实施恐怖活动进行策划或者其他准备的"三项犯罪行为,与上述"运送人员"的情形相类似,该罪的此三者犯罪行为也是目的犯。其中,犯罪嫌疑人准备凶器、危险物品或其他工具可能是为了实施某恐怖活动,甚至与已经破获的某犯罪嫌疑人为实施恐怖犯罪而准备的凶器或危险工具完全相同或相似,但也可能是为了实施其他普通刑事犯罪,也可能根本并不是为了实施犯罪,而仅仅是处于个人兴趣或其他原因。侦控机关若想获取充分的证据来证明这些凶器、危险物品是为了实施某恐怖组织活动也并不容易。为实施恐怖活动与境外恐怖活动组织或者人员联络的行为,同上述相似,犯罪嫌疑人与境外恐怖活动组织或者人员有联系,有可能是为了实施恐怖犯罪,当然也可能并没有实施恐怖活动的目的,可能仅仅是基于亲情、友情或其他与恐怖活动无关的原因,而与之联系,究竟是否有实施恐怖活动的目的,有时并不容易外化,由于近年来恐怖主义犯罪分子的反侦查能力日益提升,与境外恐怖主义犯罪分子联系时多数会使用不为人知的暗语,譬如可能会借用某些日常生活的话语来表达实施或准备实施恐怖活动的具体犯罪行为,这就非常难以取证,此时是否具有实施恐怖活动的目的而与境外恐怖组织或人员应当由犯罪嫌疑人承担则相对非常易于提出证明自己无此目的的证据。因此,该犯罪行为的主观目的的证明责任应当倒置给犯罪嫌疑人承担。至于为实施恐怖活动进行策划或者其他准备的行为,与前两种类似,也属于目的犯,关于主观心理活动同样适宜由犯罪嫌疑人承担。

第120条之六非法持有宣扬恐怖主义、极端主义物品罪"明知是宣扬恐怖主义、极端主义的图书、音频视频资料或者其他物品而非法持有"的规定,则和刑法其他普通持有型犯罪的举证责任完全一致,无须赘述。恐怖犯罪实践中,非法持有型的犯罪情形较多,其举证责任虽然没有像"巨额财产来源不明罪"一样为刑法所明文规定,但在理论上,持有型犯罪的举证责任的分配与"巨额财产来源不明罪"一样适用举证责任倒置原则。

(五)责任倒置下被告人的证明要求

对于举证责任倒置后承担证明责任的被告人提出证据证明待证事实需要达到何种程度大体有两种观点,一是要求达到无可怀疑的程度,此处的"无可怀疑"事实上就是指达到排除合理怀疑的程度,两者的内涵大体是一致的;二是要求达到优势证明的程度,日本学者谷口安平持该观点,应当是至少要求达到51%的程度。排除合理怀疑的证明程度,对于被告人来说自然非常之高,基于个人的举证能力而言几乎不可可能完成证明。优势证明的程度对于刑事被告人较为合理。

总之,恐怖主义犯罪举证责任倒置的情形,前提性事实或曰基础性的犯罪事实应当由控诉机关承担举证责任,目的犯或"明知"犯的主观方面的举证责任应实行倒置原则,归于被告人承担,举证需要达到优势证明的程度。

二、犯罪事实认定中的推定

推定是指在缺乏证据证实某一情况时,根据某些基础性事实,判定某一事实存在的一种机制。推定的基础是事实之间的常态联系,这样的常态联系是人们通过生活中长期、反复的实践所取得的一种因果关系经验。"推定作为一条证据规则,当一方当事人证实了某一事实(通称为基础事实),而另一种事实(推定事实)则假定被证实,除非对方当事人提出反证来推翻这种推定,或者说,使推定事实处于前后矛盾状态。"正是由于推定在大多数情况下可以用事实和证据予以反驳,基于特定的理由将本应由控方承担的证明责任,转移至辩方。如辩方不能够承担举证责任,需承担不利的法律后果。推定可以分为法律推定和事实推定，前者也叫立法推定，是基于法律明文规定的推定。后者又称司法推定，是指法官在审判活动中依据一定的经验法则和逻辑规则进行的推定。法律推定建立在事实推定的基础之上，是立法者基于一定的价值取向对司法实践中相对稳定的事实推定在法律上的确认。刑法关于巨额财产来源不明罪和非法持有属于国家绝密、机密的文件、资料或者其他物品罪的规定就属于法律推定。我国刑法对巨额财产来源不明罪关于财产来源合法性证明责任倒置的规定就是基于打击腐败犯罪的刑事政策，同时也是在长期的司法实践对国家工作人员非法收入来源的证明规律把握的基础上所作的法律推定。法律推定具体有严格的强制效力，即"法律要求事实认定者在特定的基础事实被证实时就必须做出推断"；事实推定，也即司法推定是在诉讼活动中，法官基于经验法则和一定的事实而做出的临时性的推定。法律推定引起证明责任的倒置，事实推定则引起举证责任的转移。倒置是一次性的，转移不受次数的限制。倒置举证不能直接导致适用的实体法责任后果，转移举证不能并不必然导致实体法责任的适用，只是临时在某一项待证事实上对己方不利，最终是否适用实体法责任后果，还要看控方的证明责任能否完成。法律推定是证明责任倒置的实现结果，其对证明责任的倒置配置具有确定性，不随具体诉讼的进行情况发生变动；事实推定是引起证明责任转移的原因。必须说明的是，无论是事实推定还是法律推定，都具有可反驳性，也即是说诉讼的一方是有可能够提出相反的证据证明，则无论是法律推定还是事实推定均不成立。法律上其他非法持有型犯罪按理均应当由法律明确规定实行举证责任倒置，但是基于多种因素的考虑，我国刑法只规定了巨额财产来源不明罪和非法持有属于国家绝密、机密的文件、资料或者其他物品罪的举证责任倒置情形，虽然有事实上的缺憾，不过事实上，在司法实践中其他非法持有型犯罪显然实行的也是准法律推定和举证倒置制度。因此，笔者认为，在时机成熟时，刑法中其他非法持有型犯罪有可能由法律明确规则举证责任倒置，实行法律推定制度。基于当前严峻的反恐形势和恐怖主义犯罪特有的属性来看，前文所述中的实行举证责任倒置的一些恐怖主义犯罪亦有可能实行法律推定制度。

事实推定，也即司法推定，在恐怖主义犯罪的法庭审判中，法官基于经验法则和一定的证据事实，会对案件事实某一特定事实进行事实推定，如果被告人不能提出相反的证据，则推定该特定事实存在。不过某一特定事实的存在与否并不直接决定案件的最终判决结果，还要看控方是否完成整个案件事实的证明要求。与事实推定相对应的是举证责任的转移，譬如，控方指控被告人实施了某种犯罪行为，并提出了控方的一些证据，但辩方如果此时主张其没有犯罪时间，则举证责任就临时转移给了辩方，就此问题辩方应当提出自己的证据来证明自己的确没有时间实施该犯罪行为的证据。如果辩方提出了切实的没有作案时间的有力的证据，则法官可能会直接作出指控不能成立，被告人无罪的裁决。如果辩方提出了没有作案时间的证据后，控方又提出了被告人有作案时间主张，则该事实的临时举证责任又转移给了控方。在恐怖主义犯罪中，犯罪嫌疑人、被告人主张其你没有犯罪时间、案发时不再犯罪现场等诉讼主张，应当使用举证责任的转移，而不宜适用举证责任的倒置，也即是说，即便犯罪嫌疑人、被告人不能有效证明自己没有作案时间、不在犯罪现场的证据，也不能直接推定其有罪，而充其量只能推定其对该事实的主张不为法官所采信，而推定其有犯罪时间或在犯罪现场，但不能据此予以定罪，最终是否有罪,还要看控方的证据是否达到证明的标准。至于其他的事实推定和举证责任转移情况,需要法官基于经验法则和具体案情作出适当的推定。

需要说明的是,与推定较为相关的一个问题就是推论,但两者并不相同。刑事推定作为一种事实认定方法,是指裁判者根据已经得到证明的基础事实,认定存在推定事实。即作为一种推定,实际要涉及两种事实:基础事实与推定事实,只要存在基础事实,裁判者就能认定推定事实也存在。所谓刑事推论,是指通过众多间接证据进行逻辑推理而获得事实结论的一种事实认定方法。它主要是在没有直接证据的情况下,对事实进行认定的方法,它所遵循的是一种如何从证据到事实的认识规律,即根据经验法则与逻辑法则,运用归纳法,从已知的证据事实推理得出待证事实。可见,推论是和间接证据有关,若有相应的直接证据则无需用推论的方法认定事实。某种意义上,推定可以看作是证明的中断,而不得已采取的对事实认定的方法,推论则是通过间接证据得出的结论,证明并没有中断,只是通过间接证据得出的证明结论而已。一个案件如果没有直接证据,同样也可以认定案件事实,只不过运用间接证据证明案件事实,其证明环节相对较为复杂,离不开法官对各间接证据的推论。推论总是和法官的心证联系在一起,自由心证证明制度强调对证据证明力的大小由法官根据自己的良性和理性来判断,这里的理性主要指经验法则和逻辑规则。在恐怖犯罪案件里,推论运用相应的比较多,这是因为基于恐怖主义犯罪组织的严密性,犯罪嫌疑人、被告人之间基于某种共同的信仰或价值观很难以揭发共同犯罪行为人,同理犯罪嫌疑人、被告人的口供也难以取得。基于恐惧报复的心理,侦查机关也难以获取证人证言。因此,在恐怖主义犯罪案件中,直接证据较为稀少,法官对案件事实的认定通常只能依赖间接证据组成的证据体系来认定。每一个或一组间接证据能证明的案件事实的可能情况,通常需要法官的推论。譬如,恐怖犯罪现场发现了某犯罪嫌疑人的指纹,法官可以推论嫌疑人到过现场,却不能够直接得出就是该犯罪嫌疑人事实的恐怖犯罪,如果没有直接证据,欲证明该犯罪嫌疑人是此恐怖犯罪的行为人,还需要结合其他间接证据进行下一步的推论,直至得出其是否就是犯罪行为人的结论。可见推论是法官运用(间接)证据证明案件事实的过程。鉴于在恐怖犯罪案件中直接证据较为稀少,只能依赖间接证据认定案件事实,这就要求法官应当提升自己的心证能力,具有较强的心证能力,在恐怖主义犯罪案件的审判中,法官方能准确的通过推论来证明案件事实。

第五节 恐怖主义犯罪嫌疑人、被告人逃匿、死亡案件违法所得没收程序

《刑事诉讼法》第五编特别程序中规定了犯罪嫌疑人、被告人逃匿、死亡案件违法所得的没收程序,第二百八十条第一款明确规定恐怖活动犯罪属于适用违法所得没收程序,刑诉法首次规定了对包括恐怖犯罪在内的几类犯罪案件犯罪嫌疑人、被告人逃匿、死亡情形时,其违法所得如何处理问题有了明确的法律依据。最高人民法院 最高人民检

察院《关于适用犯罪嫌疑人、被告人逃匿、死亡案件违法所得没收程序若干问题的规定》（以下简称《没收程序规定》）办理恐怖犯罪案件犯罪嫌疑人、被告人逃匿、死亡案件违法所得没收程序应当严格按照上述法律相关司法解释实施。多年来不少刑事诉讼法学者提倡设立缺席判决制度，但2012年《刑事诉讼法》，即现行刑诉法并没有确立该项制度。而在民事诉讼中，则确立了缺席判决制度。我国《民事诉讼法》（2012年修正）第一百四十三条规定："原告经传票传唤，无正当理由拒不到庭的，或者未经法庭许可中途退庭的，可以按撤诉处理；被告反诉的，可以缺席判决。"第一百四十四条规定："被告经传票传唤，无正当理由拒不到庭的，或者未经法庭许可中途退庭的，可以缺席判决。"民事缺席判决制度很好地解决了被告人不出庭时原被告双方纠纷的解决。在刑事司法实践中常会出现由于被追诉人长期不能抓获而不到庭而不得不中止或终止案件的情况，最终导致对其是否有罪、对涉案的财产及刑事附带民事部分都只能搁置，有损司法的公信力和权威性。迄今为止，缺席判决始终未能设立，笔者认为主要原因在于，反对者认为刑事制裁是最严厉的制裁，反对者基于"兼听则明，偏听则暗"的理由，认为对席判决，即只有被追诉人亲自出庭接受控辩双方质证，才能保障被追诉人的诉讼权利，实现直接言词原则，最终才有可能查明事实，因此，缺席判决制度至今未能在刑事诉讼中设立。司法实践中，贪污贿赂等腐败性犯罪和恐怖活动犯罪等重大犯罪案件通常由于被追诉人不能抓获归案，出庭接受审判，而导致无法对其违法行为作出司法裁决，而与违法行为相关的违法财产问题也不能作出认定，但是由于对其腐败或恐怖犯罪违法所得不能作出司法裁决，常使侦控机关所作出的查封、扣押、冻结财产的决定因不具有司法效力而不被其他国家所认可，不利于对违法所得财产的没收，也不利于对犯罪行为进行打击，尤其对于恐怖犯罪非法所得，往往成为恐怖犯罪组织的活动资金来源。为了解决这一现实问题，作为一种折中，立法者充分借鉴了民事诉讼中的缺席判决制度，设立了犯罪嫌疑人、被告人逃匿、死亡案件违法所得没收程序，不对被追诉者进行刑罚的裁决，回避了反对缺席判决者的理由，同时又能通过司法裁决的途径，使没收非法所得程序获得了司法程序的"背书"。笔者支持设立刑事缺席判决制度的观点，世界上不少国家均设立了此项制度，有利于通过司法裁决手段，促进引渡和司法协助制度的实施，更有利于全面打击恐怖犯罪，但目前情形下，设立嫌疑人、被告人逃匿、死亡案件违法所得没收程序不失为一个理性的选择，同时也为将来设立缺席判决制度积累立法经验。

一、恐怖主义犯罪案件适用的对象范围

怖活动犯罪嫌疑人、被告人逃匿、死亡案件违法所得没收程序，应当同时在案件适用的种类、"重大"犯罪案件的认定和依照刑法规定应当追缴其违法所得及其他涉案财产的情形，三种条件同时满足才是适用该特别程序的案件。

（一）案件适用的种类

根据《刑事诉讼法》第二百八十条规定，嫌疑人、被告人逃匿、死亡案件违法所得没收程序适用的案件是对于贪污贿赂犯罪、恐怖活动犯罪等重大犯罪案件。对于如何理解恐怖活动是否属于重大犯罪案件，根据"两高"《没收程序规定》第一款第三项规定，以下恐怖活动犯罪案件属于《刑事诉讼法》第二百八十条规定的适用嫌疑人、被告人逃匿、死亡

案件违法所得没收程序的恐怖犯罪活动案件：组织、领导、参加恐怖组织，帮助恐怖活动，准备实施恐怖活动，宣扬恐怖主义、极端主义、煽动实施恐怖活动，利用极端主义破坏法律实施，强制穿戴宣扬恐怖主义、极端主义服饰、标志，非法持有宣扬恐怖主义、极端主义物品犯罪案件。可以说，这些恐怖犯罪案件囊括了我国《刑法》关于恐怖活动犯罪的全部罪名。当然，根据"两高"《没收程序规定》规定，适用该特别程序的案件还包括其他一些案件。

（二）违法所得的认定

恐怖犯罪违法所得是指通过实施恐怖犯罪直接或者间接产生、获得的任何财产。违法所得已经部分或者全部转变、转化为其他财产的，转变、转化后的财产应当视为"违法所得"。

来自违法所得转变、转化后的财产收益，或者来自已经与违法所得相混合财产中违法所得相应部分的收益，应当视为第一款规定的"违法所得"。

（三）"重大"犯罪案件的认定

根据"两高"《没收程序规定》第二条规定，在省、自治区、直辖市或者全国范围内具有较大影响，或者犯罪嫌疑人、被告人逃匿境外的，应当认定为刑事诉讼法第二百八十条第一款规定的"重大"。

据此，笔者认为，适用嫌疑人、被告人逃匿、死亡案件违法所得没收程序适用的案件恐怖犯罪案件具有以下两种情形之一者即属于"重大"犯罪案件，具有该两种情形之一的则必须适用该特别没收程序。当然，根据刑诉法规定，犯罪嫌疑人、被告人逃匿，必须是在通缉一年后不能到案，同时又属于逃匿到境外的，才属于"重大"犯罪案件而适用该特别情形。虽然逃匿到境外，但恐怖犯罪嫌疑人、被告人被通缉后一年内到案的，也不属于因逃匿而成为"重大"案件。公安机关发布通缉令或者公安部通过国际刑警组织发布红色国际通报，应当认定为刑事诉讼法第二百八十条第一款规定的"通缉"。注意，恐怖犯罪嫌疑人、被告人脱逃还需具有为逃避侦查和刑事追究潜逃、隐匿的目的，或者在刑事诉讼过程中脱逃的，应当认定为刑事诉讼法第二百八十条第一款规定的"逃匿"。另外，犯罪嫌疑人、被告人因意外事故下落不明满二年，或者因意外事故下落不明，经有关机关证明其不可能生存的，依照前款规定处理。需要注意的是，犯罪嫌疑人、被告人下落不明的按"逃匿"的规定适用没收特别程序，而不是比照死亡的处理程序。

对于恐怖犯罪嫌疑人、被告人死亡的情形，根据"两高"《没收程序规定》则不一定属于"重大"犯罪案件，根据《没收程序规定》第四条规定："犯罪嫌疑人、被告人死亡，依照刑法规定应当追缴其违法所得及其他涉案财产的，人民检察院可以向人民法院提出没收违法所得的申请。"因此，恐怖犯罪嫌疑人、被告人死亡的属于选择性适用违法所得没收程序的情形，即"可以"适用，非"应当"适用情形。

恐怖犯罪嫌疑人、被告人逃匿境外，需要指出的是此处的"境外"，两高没有明确指出是指国土主权来层面还是从出入境管理层面的"境外"。前者，包括港澳台地区在内的均我国主权范围内均属于我国主权的领土都属于境内；后者，即从出入境管理的角度，不包括港澳台地区。根据《国家安全法》对"境外"的解释是：境外是指中华人民共和国领域以外或者领域以内中华人民共和国政府尚未实施行政管辖的地域。境外并不等于自然的国土疆界之外,而是包括一国领域以内而尚未实施行政管辖的部分。台湾地区,从地理的自然界线来说是中国领土,但自两岸分治以来,中华人民共和国政府尚未对其实施行政管辖。香港、澳门特区,自回归以来,拥有和实行不同于中国大陆的特区政府和特区制度,实行高度自治,主权归属中华人民共和国。港、澳已经回归,将港、澳机构、组织、人员再视为境外机构、组织、人员不符合法律规定。但是香港与澳门地区与大陆虽然属于不同法系,但司法协助极为便捷,近年来与台湾地区的司法协助也较为顺畅,但台湾地区与港、澳地区也明显不同。从司法解释的原意角度而言,之所以特别指出逃匿"境外",应当是基于不便于打击恐怖犯罪而言,因而适用特别没收程序,而恐怖犯罪嫌疑人、被告人逃匿到港、澳地区,抓捕及司法协助的层面上,港、澳地区显然较台湾地区更易实施。基于上述原因,此笔者认为此处的两高司法解释所指的"境外"是否属于《国家安全法》上所指"境外"一次的语义,还需司法机关进一步解释明晰,避免在程序实施中出现分歧。

(四)依照刑法规定应当追缴其违法所得及其他涉案财产的恐怖犯罪活动案件

如前所述,以下这些案件属于恐怖活动犯罪有可能适用犯罪嫌疑人、被告人逃匿、死亡案件违法所得没收程序:组织、领导、参加恐怖组织,帮助恐怖活动,准备实施恐怖活动,宣扬恐怖主义、极端主义、煽动实施恐怖活动,利用极端主义破坏法律实施,强制穿戴宣扬恐怖主义、极端主义服饰、标志,非法持有宣扬恐怖主义、极端主义物品犯罪案件。这些恐怖犯罪活动案件均有可能涉及刑法规定应当追缴其违法所得及其他涉案财产,根据两高《没收程序规定》通过实施犯罪直接或者间接产生、获得的任何财产,应当认定为刑事诉讼法第二百八十条第一款规定的"违法所得"。违法所得已经部分或者全部转变、转化为其他财产的,转变、转化后的财产应当视为前款规定的"违法所得"。来自违法所得转变、转化后的财产收益,或者来自已经与违法所得相混合财产中违法所得相应部分的收益,应当视为第一款规定的"违法所得"。

二、恐怖主义犯罪嫌疑人、被告人逃匿、死亡案件违法所得没收程序

(一)程序启动

程序启动有两种机制,一是由公安机关侦查办案时,认为需要实施违法所得没收程序时,写出没收违法所得意见书,移送检察机关,由检察机关向人民法院提出没收违法所得的申请。二是人民法院在审理恐怖犯罪案件时发现属于需要没收被告人恐怖犯罪活动所得,必要时,可以主动依职权启动该程序。

1.依申请启动程序

(1)公安机关认为有前款规定情形的,应当写出没收违法所得意见书,移送人民检察院。

(2)人民检察院可以向人民法院提出没收违法所得的申请。

没收违法所得的申请应当提供与犯罪事实、违法所得相关的证据材料,并列明财产的种类、数量、所在地及查封、扣押、冻结的情况。人民检察院向人民法院提出没收违法

所得的申请,应当制作没收违法所得申请书。

没收违法所得申请书应当载明以下内容:犯罪嫌疑人、被告人的基本情况;案由及案件来源;犯罪嫌疑人、被告人涉嫌犯罪的事实以及相关证据材料;犯罪嫌疑人、被告人逃匿、被通缉、脱逃、下落不明、死亡的情况;申请没收的财产的种类、数量、价值、所在地以及已查封、扣押、冻结财产清单和相关法律手续;申请没收的财产属于违法所得及其他涉案财产的相关事实及证据材料;提出没收违法所得申请的理由和法律依据;有无利害关系人以及利害关系人的姓名、身份、住址、联系方式;其他应当载明的内容。上述材料需要翻译件的,人民检察院应当将翻译件随没收违法所得申请书一并移送人民法院。

2.人民法院在必要的时候,可以查封、扣押、冻结申请没收的财产

如果人民检察院没有主动提起没收违法所得的申请,人民法院案件在审理时,认为有必要的时候,可以主动可以查封、扣押、冻结申请没收的财产,但必须通过犯罪事实、违法所得相关的证据材料,查明违法所得财产的种类、数量、所在地及查封、扣押、冻结的情况。

(二)受理与处理

(1)中级人民法院。没收违法所得的申请,由犯罪地或者犯罪嫌疑人、被告人居住地的中级人民法院组成合议庭进行审理。

(2)三十日审查完毕。对于没收违法所得的申请,人民法院应当在三十日内审查完毕。

(3)处理。受理审查完毕以后,根据以下情形处理:

1)属于没收违法所得申请受案范围和本院管辖,且材料齐全、有证据证明有犯罪事实的,应当受理。有证据证明有犯罪事实是指以下条件同时具备:①有证据证明发生了犯罪事实;②有证据证明该犯罪事实是犯罪嫌疑人、被告人实施的;③证明犯罪嫌疑人、被告人实施犯罪行为的证据真实、合法。

2)不属于没收违法所得申请受案范围或者本院管辖的,应当退回人民检察院。

3)对于没收违法所得申请不符合"有证据证明有犯罪事实"标准要求的,应当通知人民检察院撤回申请,人民检察院应当撤回。

4)材料不全的,应当通知人民检察院在七日内补送,七日内不能补送的,应当退回人民检察院。

(三)公告与送达

人民法院受理没收违法所得的申请后,应当在十五日内发布公告,公告期为六个月。公告期间不适用中止、中断、延长的规定。

1.公告

公告应当载明以下内容:案由、案件来源以及属于本院管辖;犯罪嫌疑人、被告人的基本情况;犯罪嫌疑人、被告人涉嫌犯罪的事实;犯罪嫌疑人、被告人逃匿、被通缉、脱逃、下落不明、死亡的情况;申请没收的财产的种类、数量、价值、所在地以及已查封、扣押、冻结财产的清单和相关法律手续;申请没收的财产属于违法所得及其他涉案财产的相关事实;申请没收的理由和法律依据;利害关系人申请参加诉讼的期限、方式以及未

按照该期限、方式申请参加诉讼可能承担的不利法律后果;其他应当公告的情况。

公告应当在全国公开发行的报纸、信息网络等媒体和最高人民法院的官方网站刊登、发布,并在人民法院公告栏张贴。必要时,公告可以在犯罪地、犯罪嫌疑人、被告人居住地或者被申请没收财产所在地张贴。公告最后被刊登、发布、张贴日期为公告日期。人民法院张贴公告的,应当采取拍照、录像等方式记录张贴过程。

2. 送达

人民法院已经掌握境内利害关系人联系方式的,应当直接送达含有公告内容的通知;直接送达有困难的,可以委托代为送达、邮寄送达。经受送达人同意的,可以采用传真、电子邮件等能够确认其收悉的方式告知其公告内容,并记录在案;人民法院已经掌握境外犯罪嫌疑人、被告人、利害关系人联系方式,经受送达人同意的,可以采用传真、电子邮件等能够确认其收悉的方式告知其公告内容,并记录在案;受送达人未作出同意意思表示,或者人民法院未掌握境外犯罪嫌疑人、被告人、利害关系人联系方式,其所在地国(区)主管机关明确提出应当向受送达人送达含有公告内容的通知的,受理没收违法所得申请案件的人民法院可以决定是否送达。决定送达的,应当将公告内容层报最高人民法院,由最高人民法院依照刑事司法协助条约、多边公约,或者按照对等互惠原则,请求受送达人所在地国(区)的主管机关协助送达。

(四)利害关系人申请参加诉讼

《刑事诉讼法》第二百八十一条第三款规定的"利害关系人"包括犯罪嫌疑人、被告人的近亲属和其他对申请没收的财产主张权利的自然人和单位。"其他利害关系人"是指前款规定的"其他对申请没收的财产主张权利的自然人和单位"。

利害关系人申请参加诉讼的,应当在公告期间内提出,并提供与犯罪嫌疑人、被告人关系的证明材料或者证明其可以对违法所得及其他涉案财产主张权利的证据材料。利害关系人可以委托诉讼代理人参加诉讼。

利害关系人在公告期满后申请参加诉讼,能够合理说明理由的,人民法院应当准许。

(五)一审程序

人民法院在公告期满后对没收违法所得的申请进行审理。没收违法所得的申请,由犯罪地或者犯罪嫌疑人、被告人居住地的中级人民法院组成合议庭进行审理。犯罪嫌疑人、被告人的近亲属和其他利害关系人有权申请参加诉讼,也可以委托诉讼代理人参加诉讼。

(1)利害关系人参加诉讼的,人民法院应当开庭审理。利害关系人及其诉讼代理人无正当理由拒不到庭,且无其他利害关系人和其他诉讼代理人参加诉讼的,人民法院可以不开庭审理。

(2)人民法院对没收违法所得申请案件开庭审理的,人民检察院应当派员出席。人民法院确定开庭日期后,应当将开庭的时间、地点通知人民检察院、利害关系人及其诉讼代理人、证人、鉴定人员、翻译人员。通知书应当依照本规定第十二条第二款规定的方式至迟在

开庭审理三日前送达;受送达人在境外的,至迟在开庭审理三十日前送达。

（3）法庭调查。出庭的检察人员应当宣读没收违法所得申请书，并在法庭调查阶段就申请没收的财产属于违法所得及其他涉案财产等相关事实出示、宣读证据。对于确有必要出示但可能妨碍正在或者即将进行的刑事侦查的证据，针对该证据的法庭调查不公开进行。

利害关系人及其诉讼代理人对申请没收的财产属于违法所得及其他涉案财产等相关事实及证据有异议的，可以提出意见；对申请没收的财产主张权利的，应当出示相关证据。

（4）裁定。人民法院经审理，对经查证属于违法所得及其他涉案财产，除依法返还被害人的以外，应当裁定予以没收；对不属于应当追缴的财产的，应当裁定驳回申请，解除查封、扣押、冻结措施。

对于人民法院依照前款规定作出的裁定，犯罪嫌疑人、被告人的近亲属和其他利害关系人或者人民检察院可以提出上诉、抗诉。利害关系人非因故意或者重大过失在第一审期间未参加诉讼，在第二审期间申请参加诉讼的，人民法院应当准许，并发回原审人民法院重新审判。

在审理过程中，在逃的犯罪嫌疑人、被告人自动投案或者被抓获的，人民法院应当终止审理。没收犯罪嫌疑人、被告人财产确有错误的，应当予以返还、赔偿。

（六）二审程序

1. 审理方式

人民检察院、利害关系人对第一审裁定认定的事实、证据没有争议的，第二审人民法院可以不开庭审理。第二审人民法院决定开庭审理的，应当将开庭的时间、地点书面通知同级人民检察院和利害关系人。

2. 有限审查

第二审人民法院应当就上诉、抗诉请求的有关事实和适用法律进行审查。

3. 审理结果

第二审人民法院对不服第一审裁定的上诉、抗诉案件，经审理，应当按照下列情形分别处理：①第一审裁定认定事实清楚和适用法律正确的，应当驳回上诉或者抗诉，维持原裁定；②第一审裁定认定事实清楚，但适用法律有错误的，应当改变原裁定；③第一审裁定认定事实不清的，可以在查清事实后改变原裁定，也可以撤销原裁定，发回原审人民法院重新审判；④第一审裁定违反法定诉讼程序，可能影响公正审判的，应当撤销原裁定，发回原审人民法院重新审判。

第一审人民法院对于依照规定发回重新审判的案件作出裁定后，第二审人民法院对不服第一审人民法院裁定的上诉、抗诉，应当依法作出裁定，不得再发回原审人民法院重新审判。

三、司法协助

（一）立案协助

违法所得或者其他涉案财产在境外的，负责立案侦查的公安机关、人民检察院等侦查机关应当制作查封、扣押、冻结的法律文书以及协助执行查封、扣押、冻结的请求函,层报公安、检察院等各系统最高上级机关后,由公安、检察院等各系统最高上级机关依照刑事司法协助条约、多边公约,或者按照对等互惠原则,向违法所得或者其他涉案财产所在地国(区)的主管机关请求协助执行。被请求国(区)的主管机关提出,查封、扣押、冻结法律文书的制发主体必须是法院的,负责立案侦查的公安机关、人民检察院等侦查机关可以向同级人民法院提出查封、扣押、冻结的申请,人民法院经审查同意后制作查封、扣押、冻结令以及协助执行查封、扣押、冻结令的请求函,层报最高人民法院后,由最高人民法院依照刑事司法协助条约、多边公约,或者按照对等互惠原则,向违法所得或者其他涉案财产所在地国(区)的主管机关请求协助执行。请求函应当载明以下内容:①案由以及查封、扣押、冻结法律文书的发布主体是否具有管辖权;②犯罪嫌疑人、被告人涉嫌犯罪的事实及相关证据,但可能妨碍正在或者即将进行的刑事侦查的证据除外;③已发布公告的,发布公告情况、通知利害关系人参加诉讼以及保障诉讼参与人依法行使诉讼权利等情况;④请求查封、扣押、冻结的财产的种类、数量、价值、所在地等情况以及相关法律手续;⑤请求查封、扣押、冻结的财产属于违法所得及其他涉案财产的相关事实及证据材料;⑥请求查封、扣押、冻结财产的理由和法律依据;⑦被请求国(区)要求载明的其他内容。

(二) 裁决执行协助

违法所得或者其他涉案财产在境外,受理没收违法所得申请案件的人民法院经审理裁定没收的,应当制作没收令以及协助执行没收令的请求函,层报最高人民法院后,由最高人民法院依照刑事司法协助条约、多边公约,或者按照对等互惠原则,向违法所得或其他涉案

财产所在地国(区)的主管机关请求协助执行。请求函应当载明以下内容:①案由以及没收令发布主体具有管辖权;②属于生效裁定;③犯罪嫌疑人、被告人涉嫌犯罪的事实及相关证据,但可能妨碍正在或者即将进行的刑事侦查的证据除外;④犯罪嫌疑人、被告人逃匿、被通缉、脱逃、死亡的基本情况;⑤发布公告情况、通知利害关系人参加诉讼以及保障诉讼参与人依法行使诉讼权利等情况;⑥请求没收违法所得及其他涉案财产的种类、数量、价值、所在地等情况以及查封、扣押、冻结相关法律手续;⑦请求没收的财产属于违法所得及其他涉案财产的相关事实及证据材料;⑧请求没收财产的理由和法律依据;⑨被请求国(区)要求载明的其他内容。

第六节　恐怖主义犯罪刑罚的执行

恐怖犯罪自身的特点决定了该类犯罪在刑罚执行上也具有明显的特殊性,恐怖犯罪刑罚执行效果,也即是恐怖犯罪行为人的犯罪改造效果,直接关乎犯罪行为人实施恐怖犯罪的再犯率,因此,恐怖犯罪刑罚的执行是需要认真对待的问题。我国刑事诉讼法并没有对恐怖犯罪刑罚的执行做出专门的规定,但《反恐怖法》对于恐怖犯罪有专门性的规定。恐怖犯罪刑罚执行在遵从《刑事诉讼法》关于刑罚执行规定的基础之上,有自身的特

点。与普通犯罪刑罚执行相较,恐怖犯罪刑罚执行的特殊性主要体现在管理、教育、矫正等工作、关押方式以及刑罚执行完毕之后是否实施安置教育等方面。当然,在是否准许适用监外执行、保外就医、减刑、假释以社区矫正等制度也会有执行上的差异。

一、刑罚执行机关应当强化对恐怖主义罪犯的管理、教育、矫正等工作

《反恐怖法》第29条第2款规定,监狱、看守所、社区矫正机构应当加强对服刑的恐怖活动罪犯和极端主义罪犯的管理、教育、矫正等工作。恐怖活动犯罪易于与极端主义思想结合,一旦极端主义思想被恐怖活动犯罪行为人所接受,通常不易于清除。与普通类型的犯罪相较,在对恐怖活动罪犯进行改造时,其管理、教育、矫正等工作显然需要更加重视。因此,监狱、看守所、社区矫正机构均应高度重视对服刑的恐怖活动罪犯思想改造,对其改造体现在对该类服刑人员的管理、教育、矫正等多方面。

(一)狱所管理、教育、矫正"软"的指导思想

对恐怖活动罪犯管理、教育、矫正的指导思想应当是"软"的策略思想为主,目的在于去恐怖活动罪犯的思想意识的激进化倾向。如果说在预防恐怖主义袭击中,警察、军队、情报部门采取的行动是一种"硬"的反恐策略的话,对送进监狱的涉恐罪犯应采取"软"的反恐矫正策略,让他们认识到自己反人类的错误思维方式,从激进的思维惯性中解脱出来,重新获得人生的价值感,成为对社会有用的人。可以说"去激进化"是涉恐罪犯矫正的核心工作,关系到国家的长治久安和人民的生命财产安全,监狱部门的职责任重道远。因此,对于恐怖主义罪犯的管理、教育、矫正工作应当突出"软"模式,消解其对抗心理。如果仍像打击恐怖犯罪那种"硬"的模式,会继续强化双方的对立、对抗,在"硬"的管理模式下,恐怖主义罪犯的对抗心理只会继续升级,一旦刑满释放,很可能会激发其再次实施更为严重的恐怖犯罪行为,以发泄其内心积蓄愤恨心理,达到报复社会的目的。因此,"软"策略的核心应是尊重其人格,消减其对抗心理。

(二)"软"模式的实施策略

"软"的狱所管理模、教育、矫正模式作为指导思想,但是要有一定的适用策略。如果罪犯一被送往狱所执行刑罚,随即就对其实施"软"的管理模式,在经过初期的"不适应"之后,恐怖主义罪犯反而会有一种"高高在上"的心理,这种心理作用之下,会使其从内心"俯瞰"和不尊重狱所管理人员,可能会使狱所管理人员对其随后进行的管教效果消减。笔者认为对于恐怖主义罪犯狱所管理"软"模式应当一是遵从狱所管理制度,不能与普通罪犯搞差别对待,助长其优越心理。二是应当实行阶梯式的软模式,即是从"硬"的打击恐怖犯罪行为模式到狱所改造"软"模式管理之间以及"软"管理模式自身也需要适时的进行调整,使恐怖主义罪犯感受到"软"的程度与其改造的态度与效果成正比,建立管制强度递减的关押制度对涉恐囚犯进行"去激进化"改造,以此获得管理的认同,并激励恐怖主义罪犯从思想上接受改造。

(三)管理、教育、改造"软"模式的实施路径

管理主要是指使罪犯服从狱所管理制度。由于在打击恐怖主义罪过程中不少犯罪行为人可能积蓄了强烈的对抗心理,在面临监禁刑罚,尤其是长期的监禁刑罚,可能会使

其丧失结束改造出狱的信心和愿望,在绝望与对抗心理的作用之下,多数恐怖罪犯最长采用的抗拒管理的方式通常一是积极的对抗,表现为不服从管理,挑衅管理人员,严重者会制造狱所内的犯罪行为;二是消极的抗拒,表现为绝食厌世、消极不配合等沉默式抗拒。无疑,两种抗拒行为均给狱所管理机构增加了较大的管理难度。在罪犯进入狱所的初期,如果教育无效时,对于个别不服从管理的恐怖主义罪犯可以延续前期打击恐怖犯罪时"硬"的管理模式,迫使其遵从管理制度。

当罪犯开始接受狱所管理时,即应当开展说服教育的改造工作。说服教育是一项非常艰难的思想改造工作。通常可以使其认识到其恐怖犯罪行为所导致的社会危害后果,如可以通过观看视频等场景,激发其人性善的一面,促其悔罪。针对极端主义思想,可以有针对性的开展说服教育,必要时应当请与罪犯具有相同信仰的具有一定威望的宗教人士人士来进行讲解和心理疏导,更可以请已经改造成功的恐怖犯罪刑满释放人员或在押人员进行"现身说法"式沟通。说服教育基本出发点应是尊重恐怖犯罪行为人的人格和信仰,从其心理需要出发,找出其问题所在,有针对性性的开展教育工作。

说服教育不是单一的说教,同时应当辅之以其他行为,能够达到最大的矫正效果。前提是必须了解恐怖主义罪犯的需求和其走向犯罪的具体原因。从世界恐怖主义犯罪的普遍性成因上来看,多数恐怖犯罪行为的形成与贫困有直接或间接的关联,消除贫困能够在很大程度上消除恐怖犯罪生成的土壤。恐怖犯罪行为人在狱所接受改造的同时,如果能够获得职业技能的培训,使其出狱复归社会时能够依靠自己一技之长谋生,则其再次走向恐怖犯罪道路的可能性将会降低。研究发现不少恐怖行为的罪犯家庭贫困,恐怖犯罪组织常常主动资助,从而获得被资助的对象的好感,易于被极端主义者洗脑,接受极端思想,而甘于听从恐怖组织的指令行事。因而,针对此种情形,狱所管理机构可以有选择地对家庭贫困的罪犯家属进行资助,通过家属对其进行说服通常更为有效。

二、恐怖主义罪犯的关押

除少数社会危害性极大和造成后果极其严重的恐怖犯罪后果而被判处死刑外,绝大多数罪犯都要在监狱服刑,最终还要复归社会。监狱服刑必然会被关押,对于恐怖罪犯的关押不同于普通罪犯。恐怖主义罪犯大多有某种极端思想,把恐怖行为看作是"正义的事业",并且把宣扬极端思想,具有较强的蛊惑性和极强的"传染性"。因此,对恐怖主义罪犯的关押不同于普通类型的罪犯。《反恐法》规定,监狱、看守所对恐怖活动罪犯和极端主义罪犯,根据教育改造和维护监管秩序的需要,可以与普通刑事罪犯混合关押,也可以个别关押。立法者显然已经认识到了恐怖主义与极端主义罪犯在关押上与普通罪犯的显著区别,规定了"根据教育改造和维护监管秩序的需要"而采取混合还是个别关押,赋予狱所管理机构自主决定权。

从世界各国对恐怖主义罪犯的关押实践来看,绝大多数国家都是采取个别关押,即隔离关押措施,主要原因就在于防止恐怖主义和极端思想的"传染"。作为恐怖袭击主要对象国,美国对关押的涉恐罪犯主要采取的措施是完全隔离,最典型的是美国关塔那摩基地,对恐怖主义嫌疑犯实施无限期关押。那么,对于恐怖主义犯罪是否应一概的实行个别关押呢?显然一刀切式的个别关押显然未必合理,也未必具备这样的条件。

个别关押的积极作用主要有：①能够有效隔绝恐怖主义罪犯传播恐怖主义和极端主义思想；②有利于削弱恐怖罪犯的抗拒意志，当然这并非是绝对的，不过对于多数罪犯而言，与外界隔离能够防止其从外界获得支持信念的力量。人毕竟是社会动物，有交往的内在需要，一旦被隔离独处，个体的意志会受到影响或打击。个别关押的消极影响主要有：①个别关押不利于刑满释放犯顺利复归社会，一旦复归社会不顺利时，则很可能再次走向犯罪，这可能是个别关押最大的消极影响；②个别关押对于打击个别受恐怖主义和极端主义思想影响严重、意志较顽强的罪犯，可能反而会有消极的影响，激发其对抗的意志。

混合关押的积极作用主要有：①有利于满足人的社会交往的需要，利于防止罪犯性格异化，从而有利于其刑满释放之后顺利复归社会；②通过与他人的交往，有利于直接或间接的帮助其走出极端思想的束缚，他人可以成为其自身的"镜子"。混合关押的消极影响：混合关押会使恐怖主义和极端主义思想在罪犯群体中"传染"，如前所述，恐怖主义与极端主义思想具有"传染性"，这是混合关押最大的弊端。

基于上述分析，狱所管理机构在采用混合关押还是个别关押时至少应当考虑以下因素。

（1）对于兼具极端主义和恐怖主义性质的罪犯原则上应当单独关押，不宜采用混合关押。混合关押有利于其传播极端主义与恐怖主义思想，这类思想极具蛊惑性，易于"感染"普通类型的罪犯。同时，混合关押有利于恐怖主义罪犯之间相互提供精神动力支持，共同抗拒改造。尤其是对于恐怖犯罪的组织者、领导者等首要分子应当实行个别关押，隔离其与其他所有罪犯之间的联系，将"传染"的可能性降至最低。尽管个别关押可能会导致其产生对抗的心理，但与其"传染"其他罪犯行为相较，危害要小得多，两害相权取其轻。何况，即便是对其混合关押也未必就能消减其对抗改造的心理。从世界各国对恐怖主义罪犯的关押方式来看，普遍是采用单独关押，与其他罪犯隔离几乎是通行的方式。

（2）对于从犯、胁从犯等被恐怖主义和极端主义思想毒害相对较轻的罪犯，可以采用混合关押的方式。由于"中毒"较轻，其"传染"的可能性相对较小，隔离关押反而可能加剧其对抗改造的心理，将其与普通罪犯混合关押，维持人的交往的需要，利于其刑满释放时复归正常社会。对于接受改造的单独关押的恐怖主义罪犯，在其真诚悔悟时可以考虑从单独关押转为混合关押，尤其是在刑罚执行临近完毕释放之之前，转为混合关押更为合理。必须指出的是混合关押时应当密切注意其是否有传播恐怖主义和极端主义的倾向性，一旦发现有传播行为或传播倾向，应当即时转为单独关押。

（3）对于决定采取混合关押的恐怖活动罪犯，还需考虑与其混合关押的对象原则上应当是普通犯罪类型的罪犯或者已经真诚悔改的恐怖主义罪犯，防止出现"传染"的可能性。

无论是单独关押还是混合关押，关押方式本身不能成为改造罪犯的核心，核心是对其进行的教育与矫治，使恐怖主义罪犯接受思想改造，使其刑满释放时能够复归正常社会。

三、安置教育

我国《反恐法》第30条规定："对恐怖活动罪犯和极端主义罪犯被判处徒刑以上刑罚

的,监狱、看守所应当在刑满释放前根据其犯罪性质、情节和社会危害程度,服刑期间的表现,释放后对所居住社区的影响等进行社会危险性评估。进行社会危险性评估,应当听取有关基层组织和原办案机关的意见。经评估具有社会危险性的,监狱、看守所应当向罪犯服刑地的中级人民法院提出安置教育建议,并将建议书副本抄送同级人民检察院。 罪犯服刑地的中级人民法院对于确有社会危险性的,应当在罪犯刑满释放前作出责令其在刑满释放后接受安置教育的决定。决定书副本应当抄送同级人民检察院。被决定安置教育的人员对决定不服的,可以向上一级人民法院申请复议。安置教育由省级人民政府组织实施。安置教育机构应当每年对被安置教育人员进行评估,对于确有悔改表现,不致再危害社会的,应当及时提出解除安置教育的意见,报决定安置教育的中级人民法院作出决定。被安置教育人员有权申请解除安置教育。人民检察院对安置教育的决定和执行实行监督。"

根据上述规定,我国《反恐法》首次提出了安置教育制度,我国《反恐法》第30条对安置教育制度作出了原则性规定,这一规定明确提出,对被判处徒刑以上刑罚并具有社会危险性的恐怖活动罪犯和极端主义罪犯,依照法定程序实行安置教育,在刑罚执行完毕后单独科处。

(一)安置教育的目的

1. 保护社会免受社会危险

安置教育的直接目的是保全社会,保护社会免遭安置教育对象的恐怖主义与极端主义犯罪。恐怖主义与极端主义罪犯刑满本应释放,但其危险仍未消除,为了保护社会免受其再次犯罪可能带来的社会危险,而强制限制其人身自由。因而,保全社会免遭危险是安置教育的首要目的。毕竟,恐怖主义与极端主义犯罪会给社会带来比普通犯罪更为严重的社会危害性,引发社会恐慌心理。而该类型的罪犯刑满释放后如果危险性并未消除,其在狱所关押期间所积蓄的报复社会的仇恨心理,可能使其再次实施更为严重的恐怖犯罪,因此基于保全社会的目的,限制其人身自由,虽具有社会功利思想,但确是不得已而为之的措施。

2. 对行为人进行教育改造,使之适应社会。

安置教育的根本目的是为了继续实施对恐怖主义与极端主义犯罪人的教育改造,以期在消除其社会危险,保全社会的同时,使之能够复归社会,适应社会。如果说继续限制安置教育对象的人身自由只是直接目的,则其根本目的就是要通过继续的教育改造,使其成为不具社会危险的正常社会成员。因此,不能仅仅将安置教育理解为继续关押或限制人身自由。

(二)安置教育的性质

1. 安置教育制度是一种保安处分制度

安置教育作为独立于刑罚的保安处分措施在我国得到正式确立,是为了保全社会,并为了防止再次犯罪,由法院宣告的补充刑罚而适用的限制自由的保安处分制度。保安处分是与缓刑、假释并驾齐驱的二十世纪刑法改革三驾马车之一,旨在替代或者弥补刑罚功能的不足。"安置教育"制度可以理解为罪犯实行的恐怖主义活动所受刑罚并不能消除其潜在的社会危害性,存在的恐怖主义倾向可能导致其刑满释放后仍然从事恐怖主义活动。因此,国家司法层面在征求有关基层组织和原办案机关意见后对其采取的限制性决定,以避免可能预见的危害。

2. 安置教育具有预防和强制的双重性质

安置教育一种刑后预防性监禁措施,区别于刑罚制度。基于恐怖活动罪犯刑满后其社会危险仍然没有消除,具有较大的社会危险性而采取的预防性限制人身自由的措施。同时,是一种强制性的措施。虽然法律赋予了被决定安置教育对象有申请复议的权利,但决定被撤销前不影响决定的实施,具有典型的强制性的特征。

3. 安置教育的实质是延长了限制人身自由的期限

根据《反恐怖法》的规定,中级人民法院对于确有社会危险性的,应当在罪犯刑满释放前作出责令其在刑满释放后接受安置教育的决定"中可看出"安置教育"的确延长了限制人身自由的期限,是一种衔接徒刑的惩罚方式,应当包含行动自由、通讯自由等方面的非限制性措施。

4. 反恐怖法中的安置教育不同于监狱法中"安置"制度

我国《监狱法》第37条第1款规定:"对刑满释放人员,当地人民政府帮助其安置生活。"根据《中央社会治安综合治理委员会、司法部、公安部、民政部关于进一步做好服刑、在教人员刑满释放、解除劳教时衔接工作的意见》,安置帮教工作由服刑、在教人员原户籍所在地的县级公安机关和司法行政机关(安置帮教工作协调小组办公室),会同村(居)委会进行,目的在于"帮助、引导、扶助刑释解教人员就业或解决生活出路问题",这安置帮教工作中,虽然规定公安机关将其列为重点人口进行管理,但主要职责在于帮助复归社会。

可见监狱法规定的"安置"与"安置教育"有以下不同。

(1)制度设置的目的不同。"安置帮教"的目的在于帮助,"安置教育"的目的重在排除社会危险。

(2)适用对象不同。"安置教育"适用于所有刑释及教释人员,而"安置教育"仍适用于被刑释的恐怖主义犯罪及极端主义犯罪的罪犯。

(3)决定机关不同。"安置帮教"依制度进行,无须特别机关进行决定,"安置教育"由服刑地所在中级人民法院进行。

(4)决定程序不同。所有被刑释及教释的罪犯,除应决定"安置教育"的,均应被安置帮教;而安置教育,则先由改造机关进行危险性评估,认为存在危险性的,向改造机关所在地的中级人民法院提出建议,由中级人民法院决定。

(5)安置地不同。"安置帮教"在被帮教人户籍所在地进行,可以自谋职业,也可以在司法行政机关与劳动和社会保障部门共同开办的为刑释解教人员作过渡性安置的企业中进行;而"安置教育"的地方则由法院决定,根据目前法律规定,尚不可知安置教育的具体执行机关、机构的详细规定。

(6)是否需要解除以及救济途径。"安置帮教"是人性化关爱措施,因此不需要规定救济,也不需要解除程序;而"安置教育"由于是一种保安处分,是一种社会保全措施,涉及公民的人身自由,因此,规定了救济途径及解除程序。

(7)措施并用的可能性。根据我国关于"安置帮教"制度的设置目的,对于解除安置教育的,仍应对其进行安置帮教工作。

(二)适用安置教育的程序

1. 适用对象

根据我国《反恐法》规定,对恐怖活动罪犯和极端主义罪犯被判处徒刑以上刑罚,经教育改造,在释放前由看守所、监狱经社会危险性评估,认为行为人具有社会危险性的,狱所管理机构可提出安置教育的建议。由此可见,安置教育的对象需要同时满足一下三项条件:①必须属于恐怖活动罪犯或极端主义罪犯;②被判处徒刑以上刑罚的,也即是说被管制、拘役、罚金或单独剥夺政治权利等刑罚的恐怖活动或极端主义罪犯并不属于安置教育的适用对象;③刑罚执行期限届满前,须由狱所管理机构对其进行社会危险评估,认为仍具有社会危险性的罪犯。

2. 社会危险评估

监狱、看守所在恐怖主义罪犯或极端主义罪犯刑满释放前进行社会危险性评估,评估时应当听取有关基层组织和原办案机关的意见。评估的主体是监狱、看守所。评估的依据一是罪犯在狱所接受犯罪改造的表现与效果,二是"有关基层组织"和原办案机关的意见。"有关基层组织"包括罪犯被抓捕前其居住地、主要恐怖犯罪活动地的基层组织,居委会或村委会、街道办等均属于基层组织。原办案机关主要是指入狱之前对该恐怖主义罪犯进行侦查、检察和审判的办案机关。监狱、看守所在进行社会危险性的评估时,必须听取这些主体的意见,结合该犯在狱所接受改造时的行为表现进行综合性评估。

3. 提出建议

经评估具有社会危险性的,监狱、看守所应当向罪犯服刑地的中级人民法院提出安置教育建议,并将建议书副本抄送同级人民检察院。由中级人民法院来决定是否对即将刑满释放的罪犯是否适应安置教育措施,而不是由基层法院决定,显示出立法者对适用安置教育,这一限制人身自由的措施的适用问题上是较为审慎的。

4. 审理与决定

罪犯服刑地的中级人民法院进行书面审理,对于确有社会危险性的,应当在罪犯刑满释放前作出责令其在刑满释放后接受安置教育的决定。决定书副本应当抄送同级人民检察院。被决定安置教育的人员对决定不服的,可以向上一级人民法院申请复议。决定已经做出,即时生效,但在刑罚执行完毕之前并不实施安置教育措施,但被决定安置教育的主体可以上上一级法院申请复议,复议期间不影响决定的效力。笔者认为实践中,只要监狱、看守所提出安置教育的建议,法院通常只可能做出同意安置教育的决定,几乎没有任何法官愿意承担否决安置教育的建议所可能带来的危害后果。那么就会导致事实上安置教育决定的主体实际上就是监狱和看守所,人民法院难免被指责"橡皮图章"。因此,对于安置教育是否同一均应书面审理,笔者认为,不宜易一概的实行书面审理,可以选择部分开庭审理,以便听取当事人的意见,更客观全面的做出决定。

5. 组织实施主体

《反恐法》规定了安置教育由省级人民政府组织实施。这一原则性规定明确了省级人民政府对安置教育实施的领导和组织职能。《新疆维吾尔自治区实施〈反恐怖主义法〉

办法》中规定,自治区司法行政机关负责恐怖活动、极端主义活动刑满释放人员的安置教育工作,以及相应场所的规划、建设和日常管理工作。安置教育由中级人民法院作出的决定,组织实施主体是省级人民政府。根据新疆维吾尔自治区的经验,有省级政府作出相应的场所规划、建设和日常管理工作规定,意味着并非是有监狱、看守所继续实施安置教育,而是在新的场所,由新的主体实施安置教育。

6.安置教育效果评估

安置教育机构应当每年对被安置教育人员进行评估,对于确有悔改表现,不致再危害社会的,应当及时提出解除安置教育的意见,报决定安置教育的中级人民法院作出决定。安置教育不能一"置"了之,应当适时对安置教育的效果进行评估,如果不致再行危害社会的应当及时解除安置教育的措施。我国《反恐法》规定按年对被安置教育的人员进行评估,该周期是否过长,见仁见智。有学者认为若将是否继续"安置教育"的评估时间由1年缩短为半年,势必会更好地体现法治精神,取得更好的社会与舆论效果。笔者持赞同态度,以半年为周期进行评估更符合安置教育的宗旨。

(三)安置教育的救济与监督

1.救济

在救济方面,被决定安置教育的人员对决定不服的,可以向上一级人民法院即服刑地高级人民法院申请复议,由高级人民法院重新进行审查,作出是否安置教育的决定。在安置教育期间,被安置教育人员有权申请解除安置教育,该申请向做出安置教育决定的中级人民法院进行。该规定有利于平衡反恐与人权保障之间的关系,有利于增进安置教育的合法性与正当性。根据以恐怖主义法规定,安置教育的决定程序为书面审理,且不需事前告知,因此,现行法律规定排除了律师参与的可能性,在一定程度上使被安置教育人员的权利救济机制不尽完善。

2.监督主体

我国《反恐法》规定,人民检察院对安置教育的决定和执行实行监督。虽然安置教育决定的主体——中级人民法院,实行书面审理,检察机关无须出庭参与,但作为法律监督机关,人民检察院自然有权力对其决定和执行进行法律监督。监督的主体应与做出决定的主体处于同一级别。

安置教育作为一种保安处分措施,适用恐怖主义和极端主义罪犯刑罚执行完毕之后的一种限制人身自由的措施,尚处于探索的阶段,需要在实践中不断完善和理论上的深入探究,安置教育的具体措施与内容以及法治化和正当性的研究应当是下一阶段研究关注的重点所在。

第七节　恐怖主义犯罪被害人国家救助制度

在恐怖主义犯罪形式日益严重的全球化态势下,我国恐怖主义犯罪也呈上升趋势,被害人在遭受恐怖犯罪犯罪行为侵害时身心受到双重的伤害,甚至生命被剥夺,可能导致受害人或其家属的生活陷入困境,而恐怖犯罪人通常没有赔偿能力,有些恐怖犯罪行为人已经死亡,有些则未必能够及时侦破。由于恐怖犯罪严重的危害性,恐怖犯罪受害人及其家属遭受无辜的重大伤害,处于无助的状态,恐怖犯罪被害人国家补偿问题日益成为一个不容回避的问题。十八届三中全会通过《中共中央关于全面深化改革若干重大问题的决定》,要求要求完善人权司法保障制度,健全国家司法救助制度,实现国家司法救助工作制度化、规范化,对受到侵害但无法获得有效赔偿的当事人,由国家给予适当经济资助,又有利于实现社会公平正义,促进社会和谐稳定,维护司法的权威和公信。刑事被害人司法救助制度在我国起步较晚,但对被害人的人权保障在我国法律体系中早有体现。2004年我国展开刑事被害人司法救助工作试点工作以来,关于刑事被害人司法救助工作的地方立法层出不穷,有些地方已经取得了相关的成功经验,地方立法也日趋完善。但从全国来看,各地发展极其不均衡,有些省份最近几年刚刚展开司法救助工作。2007年全国人民代表大会将被害人救助立法列入预备立法项目,2009年3月,中央政法委、最高人民法院、最高人民检察院、公安部、司法部、人力资源和社会保障部联合出台《关于开展刑事被害人救助工作的若干意见》,标志着全国性的被害人救助制度的初步建立。2014年3月,中央政法委、财政部、最高人民法院、最高人民检察院、公安部、司法部又联合颁布《关于建立完善国家司法救助制度的意见(试行)》,将被害人救助纳入国家司法救助制度的范畴。2016年7月,最高人民法院颁布了《关于加强和规范人民法院国家司法救助工作的意见》。最高人民检察院颁布《人民检察院国家司法救助工作细则(试行)》(以下简称《检察机关救助细则》),规范检察机关实施被害人救助工作。我国2014年颁布的《救助意见(试用)》中表明,我国由各地成立司法救助领导小组,党政法委牵头,财政和政法各单位共同参加司法救助工作,由公安机关、司法行政机关、检察机关以及法院制定专门的机构或者人员负责司法救助工作。目前,各省、市、自治区大都颁布了《关于建立完善国家司法救助制度的实施意见(试行)》。虽然上述各不同层级的救助制度的规定当中,并没有专门、明确提及恐怖犯罪被害人救助问题进行规定,恐怖犯罪被害人司法救助显然符合救助的当然范畴。

一、恐怖主义犯罪被害人的特征

(一)被害人的不特定和无辜性

除危害公共安全类型的犯罪之外,绝大部分普通犯罪的被害人都具有特定性,恐怖主义犯罪的被害人与之相比,通常具有不特定性。恐怖主义犯罪通常都发生在公共场所,对公共场所中的不特定人群进行暴力性攻击。因此,恐怖主义犯罪被害人遭受犯罪的袭击通常是在没有任何预兆的前提之下发生的。同时,被害个体与恐怖主义犯罪分子并无任何直接的联系,被害人在这里成为恐怖主义的无辜牺牲品。恐怖主义犯罪活动是要向社会与民众显示其所具有的暴力性力量,通过恐怖主义行为来给国家、政府施加政治上的压力,以实现其带有政治色彩的犯罪目的。这种政治诉求通常是危害以不特定的普通民众的生命为其实现手段,通常越是不特定的普通民众,越能够实现对政府的要挟,利于达成其政治诉求。

(二)被害人众多性

恐怖主义犯罪行为人制造恐怖事件通常以吸引社会关注为目的,犯罪行为危害越大往往越能吸引社会关注,实施恐怖犯罪行为的手段也越发具有极端严重的社会危害性,因此恐怖犯罪实践中的受害人人数较多。2001年发生在美国的9·11事件中共有2 986人死亡,包括美国纽约地标性建筑世界贸易中心双塔在内的6座建筑被完全摧毁,其他23座高层建筑遭到破坏,美国国防部总部所在地五角大楼也受到袭击,美国经济同样遭到严重打击。2002年印尼巴厘岛爆炸案为例,恐怖主义分子所实施的爆炸导致了202人死亡、330多人受伤的巨大损失。2004年9月1日,30余名车臣恐怖分子突然占领北奥塞梯别斯兰市第一中学有338名人质死亡,191人失踪,443人受伤,俄罗斯"阿尔法"特种部队等官兵十余人牺牲。2004年3月2日,上百万来自伊拉克、伊朗及世界各地的伊斯兰教什叶派穆斯林云集卡尔巴拉和巴格达,举行庆祝活动。上午10时许,几乎在卡尔巴拉和巴格达两地同时发生针对什叶派穆斯林的13起自杀性爆炸袭击,共造成271人丧生,600多人受伤。2009年新疆7·5事件,造成197人死亡,1700人受伤。 :2013年6月26日,新疆鄯善暴力恐怖袭击案,造成24人死亡,21人受伤;2013年10月28日金水桥暴恐案造成5人死亡,40人受伤;2014年2月14日,新疆乌什县袭警案,造成4人受伤,5辆执勤车损毁;2014年3·1昆明火车站暴力恐怖事件造成31人死亡、141人受伤;2014年4月30日乌鲁木齐火车站暴恐事件,造成3人死亡,79人受伤;2014年5月22日,乌鲁木齐暴恐事件,造成39人死亡,94人受伤。从以上情形来看,恐怖犯罪所造成的受害人往往人数众多。

(三)恐怖主义犯罪常以剥夺不特定民众的生命为直接目的

恐怖犯罪组织具有极端残忍性,常以杀害尽可能多的无辜民众为直接目的,以此展示恐怖力量,制造大规模的社会恐慌,引起国际社会的关注,恐怖组织往往采用极为残忍的手段剥夺无辜民众的生命,因此在恐怖犯罪中,受害人不仅人数众多,且多数被剥夺生命。

(四)多数直接实施恐怖主义犯罪的犯罪行为人已经死亡

恐怖组织通过向其成员灌输极端主义,利用极端主义控制组织成员,培养其绝对忠诚和"圣战"思想,使其成员往往以自杀式的方式实施恐怖活动,并以此为荣。因此,在许多恐怖主义犯罪中,直接实施恐怖犯罪的犯罪行为人通常在恐怖犯罪实施中死亡。直接实施恐怖犯罪行为人的死亡不仅给恐怖犯罪的侦查破案增加了不利的影响,也增加了被害人、被害人家属在诉讼中提起的损害赔偿的困难,事实上,绝大多数被害人根本无法得到恐怖犯罪分子的经济赔偿。

二、恐怖主义犯罪被害人国家救助的理论基础

被害人因恐怖主义犯罪而造成了生命、身体、精神、财产等方面的巨大损失,因此,对被害人进行补偿将成为合理处理犯罪后果的重要组成部分。对被害人的补偿措施将成为维护社会正义与安全的重要因素。如何使恐怖主义犯罪产生的数量众多而背景不尽相同的被害人能够得到切实救助是一项不容忽视的问题。在补救措施方面,由罪犯对被害人进行补偿与赔偿已经成为在刑事司法中普遍运用的基本原则。关于被害人的救助理论依据主要有国家责任说、社会福利说、社会契约说、社会保险说、公共援助说等学说,对

于恐怖主义犯罪被害人救助除了上述理论依据之外,还因恐怖犯罪的特殊性而使被害人救助制度具有特别的必要性。

(一)"代为受过者"享有请求国家补偿权

根据国家责任说和社会契约理论,均可以得出国家和政府有义务保障社会和民众安全的责任与义务,如果没有能够防范恐怖犯罪行为发生,也就没有尽到这种安全保障的责任,理应承担由于未能履行义务所造间接导致的无辜民众伤害的救助补偿责任。恐怖犯罪行为的犯罪行为是针对国家和政府,意图通过恐怖行为胁迫国家、政府同意其政治诉求。从世界范围的恐怖犯罪规律来看,恐怖犯罪行为的直接实施对象通常是普通民众,通过制造大规模的对无辜民众的杀戮事件,造成社会恐怖。有学者将恐怖主义犯罪的目的分为三个层级:"第一个层级,即恐怖活动的直接目的是通过具体的行为方式造成社会恐怖,这是实现后两个层级的目的的基础和前提;第二个层级的目的就是显示自己的存在,引起社会的关注,证明政府的无能;第三个层级的目的也就是其终极目的是实现其政治、宗教和其他意识形态的目的。"恐怖犯罪是以政府和国家为攻击对象,恐怖主义犯罪之所以选择不特定的无辜受害者作为犯罪对象,因为恐怖犯罪通常会选择容易成功的弱者——普通民众作为实施犯罪对象,制造社会恐怖,使民众产生恐慌心理,从而打击国家和政府,实现其政治诉求。因此,与绝大多数普通犯罪的被害人不同,恐怖犯罪受害人事实上是"代"国家和政府承受恐怖犯罪的侵害,在此意义上,基于公平原则恐怖犯罪受害人也有权利提出救助的请求,国家有义务为恐怖犯罪受害人提供救助。因此,一方面国家有义务保障社会公共安全,但未有能够履行该义务,基于社会契约理论,有请求国家和政府履行因为履行安全保障义务而产生的救助的权利;另一方面,某种意义上,无辜民众成为恐怖犯罪受害人属于"代国家或政府受害",那么受害人自然也有权利请求国家语政府对其进行补偿救助。

(二)恐怖主义犯罪无辜被害人属于准"战士",所受伤害理应享有国家补偿权

诚如有学者所言,民众成为恐怖犯罪的被害人时,被害人被认为是无意中成为的与恐怖主义进行作战的战士,被害人以及被害人被害后的家庭所得到的补偿应与受伤的士兵与被害的士兵家庭获得同等的权益。恐怖犯罪属于反人类的性质,打击恐怖主义犯罪是国家的应然职责,国家可以动用军警等武装力量和司法机关打击、制裁恐怖犯罪,公民个体没有能力成为打击恐怖犯罪的主体,但当民众遭受恐怖犯罪侵害时,可以视其为反恐怖犯罪的"战士",因而遭受的侵害,国家应当按照被害士兵受伤或牺牲所应享受的补偿,这是以色列在恐怖犯罪作战时对普通公民遭受恐怖犯罪侵害时所应获得权益的基本立场。因此,其通过相关的制度可以获得国家为士兵设立的赔偿金。由于以色列政府对恐怖主义犯罪被害人有着充足的处理经验,其在恐怖主义犯罪被害人的赔偿上被认为是一种永久性的制度(the permanent system)笔者认为该理论对于我国恐怖犯罪受害人救助制度具有积极的借鉴意义,也应当成为恐怖犯罪被害人救助制度的理论基础。

(三)弥补恐怖主义犯罪创伤

恐怖犯罪被害人受到的伤害通常较为严重,有的则被剥夺生命,给受害人及其家属带来严重的生理、心理、经济等多层面极为重大的影响,如果国家对此不采取一定救助措

施,则受害人会产生强烈的"被抛弃感",会使其他民众降低对国家的认同感,加剧社会恐慌心理,民众在面临重大社会安全恐慌时缺乏对政府与国家的依赖感,加剧民众对恐怖行为和恐怖组织恐惧心理,那么,对于国家反恐怖主义斗争极为不利。因此,国家对恐怖犯罪行为人的救助能够在一定程度上弥补恐怖犯罪创伤,安抚恐慌心理,使恐怖犯罪受害人其他潜在的受害者产生国家归属感,有利于形成全社会共同应对恐怖犯罪行为机制。如果创伤得不到国家救助,则在于恐怖犯罪斗争的过程中,民众可能会产生离心力。因此,恐怖犯罪受害人的补偿制度的基点绝非人道主义,而是一项国家义务,也是全社会共同打击恐怖犯罪的需要。

三、恐怖主义犯罪被害人救助的原则

由于恐怖犯罪遭受犯罪侵害的后果通常极为严重,多数恐怖犯罪组织或恐怖分子并无可供赔偿的财物可供判罚,因此通常属于国家司法救助的对象。根据《中央政法委、财政部、最高人民法院、最高人民检察院、公安部、司法部关于建立完善国家司法救助制度的意见(试行)》(以下简称《司法救助制度的意见》)国家司法救助,应当遵循以下基本原则。

(一)坚持辅助性救助

国家司法救助是对遭受犯罪侵害或民事侵权,无法通过诉讼获得有效赔偿的当事人,采取的辅助性救济措施。重点解决符合条件的特定案件当事人生活面临的急迫困难。对同一案件的同一当事人只进行一次性救助。对于能够通过诉讼获得赔偿、补偿的,一般应当通过诉讼渠道解决。必须明确,国家司法救助并非国家赔偿,即便是恐怖犯罪被害人的救助也不适用国家赔偿制度,这是司法救助制度与赔偿制度的根本区分开来,后者的直接责任主体是国家机关及其工作人员,是因其过错行为而引发国家赔偿,而前者的直接责任主体是恐怖犯罪行为人。笔者认为,对于恐怖主义犯罪被害人的救助是否必须界定为"辅助性救助"有待商榷,毕竟恐怖犯罪的极端严重性,给被害人及其近亲属所造成的重大伤害,更重要的是恐怖犯罪被追诉者通常少有经济能力在诉讼程序中赔偿被害人或其近亲属,如果坚持"辅助性救助"的理念,意味着受害人或其近亲属无法获得足额的赔偿,因恐怖犯罪受害,可能丧失既往的社会生活条件或生活能力。当下,随着我国社会经济能力的不断提升,已经相当的有的救治支付能力。"9·11"后美国设立了被害者基金,可以根据自身的需要进行申请。如前文所述,以色列政府更是将被害人按恐怖作战"战士"的标准进行救助。国家通过设立基金的方式,吸引社会资金捐助等多种方式筹集资金,借鉴以色列将恐怖犯罪受害人视作"战士"标准进行救助。

(二)坚持公正救助

严格把握救助标准和条件,兼顾当事人实际情况和同类案件救助数额,做到公平、公正、合理救助,防止因救助不公引发新的矛盾。司法救助是国家行为,具有程序性和规范性,通常相同或相近的受害程度应当获得相同或相近的救助程度,否则因救助不公而让被救助的对象产生不满情绪,因此救助应当坚持工作,不能厚此薄彼。

(三)坚持及时救助

对符合救助条件的当事人,办案机关应根据当事人申请或者依据职权及时提供救

助,确保及早化解社会矛盾。根据《司法救助制度的意见》规定,公安、检察、法院及司法行政部门等主体均有司法救助的义务,各办案机关应当及时进行救助,救助不应当迟延,及时有效的救助能够有效地缓解被救助人的紧迫所需。

(四)坚持属地救助

对符合救助条件的当事人,不论其户籍在本地或外地,原则上都由案件管辖地负责救助。该项规定,基于及时救助被害人及其家属的需要,属地救助能够最及时地对被救助的对象实施司法救助,也更有利于保障公正救助原则。因此,坚持属地救助的原则是司法救助制度在程序制度上的一个基本原则。

四、恐怖主义犯罪司法救助的对象

根据《司法救助制度的意见》,结合恐怖犯罪被害人救助的特点,笔者认为恐怖犯罪被害人救助应当包括以下对象:①恐怖犯罪被害人受到犯罪侵害,致使重伤或严重残疾,因案件无法侦破造成生活困难的;或者因加害人死亡或没有赔偿能力,无法经过诉讼获得赔偿,造成生活困难的;②恐怖犯罪被害人受到犯罪侵害危及生命,急需救治,无力承担医疗救治费用的;③恐怖犯罪被害人受到犯罪侵害而死亡,因案件无法侦破造成依靠其收入为主要生活来源的近亲属生活困难的;或者因加害人死亡或没有赔偿能力,依靠被害人收入为主要生活来源的近亲属无法经过诉讼获得赔偿,造成生活困难的;④恐怖犯罪被害人受到犯罪侵害,致使财产遭受重大损失,因案件无法侦破造成生活困难的;或者因加害人死亡或没有赔偿能力,无法经过诉讼获得赔偿,造成生活困难的;⑤恐怖犯罪的举报人、证人、鉴定人因举报、作证、鉴定受到打击报复,致使人身受到伤害或财产受到重大损失,无法经过诉讼获得赔偿,造成生活困难的;⑥党办案机关根据实际情况,认为需要救助的其他恐怖犯罪受害人员。

五、国家司法救助的方式和标准

(一)救助方式

国家司法救助以支付救助金为主要方式。同时,与思想疏导、宣传教育相结合,与法律援助、诉讼救济相配套,与其他社会救助相衔接。有条件的地方,积极探索建立刑事案件伤员急救"绿色通道"、对遭受严重心理创伤的被害人实施心理治疗、对行动不便的受害人提供社工帮助等多种救助方式,进一步增强救助效果。恐怖犯罪被害人及其近亲属通常会遭受重的生理和心理创伤,虽然是以救助金为主要方式,考虑到恐怖犯罪的极端残忍性,应当同时对心理受到严重创伤的被害人及其近亲属实施心理治疗。

(二)救助标准

各地应根据当地经济社会发展水平制定具体救助标准,以案件管辖地上一年度职工月平均工资为基准,一般在 36 个月的工资总额之内。损失特别重大、生活特别困难,需适当突破救助限额的,应严格审核控制,救助金额不得超过人民法院依法应当判决的赔偿数额。对此恐怖犯罪被害人是否以此标准为限定,目前在实践中有地区做法并不统一,对于恐怖犯罪遭受严重侵害,损失特别重大、生活特别困难,可能会突破该救助限额,那么突破限额需要何种特别的程序,尚需深入探讨。

六、恐怖主义犯罪国家司法救助程序

对于使用国家司法救助资金实施恐怖犯罪救助制度的,应当遵循以下程序:

(一)告知程序

人民法院、人民检察院、公安机关、司法行政机关在办理恐怖犯罪案件对符合救助条件的当事人,应当及时告知其有权提出救助申请。恐怖犯罪案件受害人遭受犯罪侵害较一般案件情形严重,通常难以通过诉讼程序及时获得被告人的有效赔偿,因此在侦查办案阶段公安机关通常应在首先向被害人或其近亲属履行告知义务。

(二)申请

恐怖犯罪的救助申请由当事人向办案机关提出;刑事被害人死亡的,由符合条件的近亲属提出。申请一般采取书面形式。确有困难,不能提供书面申请的,可以采用口头方式。申请人应当如实提供本人真实身份、实际损害后果、生活困难、是否获得其他赔偿等相关证明材料。笔者认为,对于恐怖主义犯罪被害人的救助制度应当启动主动救助程序,恐怖犯罪易引发严重的社会恐慌,国家主动救助能够在第一时间安抚被害人和社会大众,利于平稳社会情绪,如1997年乌鲁木齐市政府对巧公交车连环爆炸案就对被害人及其近亲属主动进行了经济补助。

(三)审批

办案机关应当认真核实申请人提供的申请材料,综合相关情况,在10个工作日内作出是否给予救助和具体救助金额的审批意见。决定不予救助的,及时将审批意见告知当事人,并做好解释说明工作。

(四)发放

对批准同意的,财政部门应及时将救助资金拨付办案机关,办案机关在收到拨付款后2个工作日内,通知申请人领取救助资金。对于遭受恐怖犯罪侵害急需医疗救治等特殊情况,办案机关可以依据救助标准,先行垫付救助资金,救助后及时补办审批手续。在此,笔者认为对于遭受恐怖犯罪侵害身体受到严重伤害的被害人进行紧急医疗的,国家应当实施免费医疗制度,医院应当无偿对恐怖犯罪行为实施救治。之所以对恐怖犯罪被害人有此特别的救助制度,因为恐怖危险人类社会安全,犯罪国家优先救助的理论依据,当然该项特别救治制度也应适用与《刑法》中危害公共安全类型犯罪的受害人。

(五)追偿

恐怖犯罪受害人当事人接受国家司法救助并不免除赔偿义务人的赔偿责任,办案机关应继续加大工作力度进行追偿。追偿金补足当事人应当获得的赔偿或补偿款后,余款补充为国家救助资金,由同级财政管理。对于恐怖犯罪组织的资金可以依法进行没收,对于恐怖犯罪被追诉人应当长期进行追偿,在刑满释放复归社会之后,也可以从其个人收入扣划。

七、国家司法救助资金的筹集和管理

(一)国家司法救助资金的筹集

坚持政府主导、社会广泛参与的资金筹措方式。各地国家司法救助资金由地方各级政府财政部门列入预算,统筹安排,并建立动态调整机制。已经建立的刑事被害人救助资金、涉法涉诉信访救助资金等专项资金,统一合并为国家司法救助资金。中央财政通过政法转移支付,对地方所需国家司法救助资金予以适当补助。同时,各地要采取切实有效的政策措施,积极拓宽救助资金来源渠道,鼓励个人、企业和社会组织捐助国家司法救助资金。

(二)资金管理和监督

各级政府财政部门严格资金管理,确保管好、用好救助资金。政法各单位在年度终了1个月内,向救助领导小组报送当年发放救助资金的明细情况,接受纪检、监察和审计部门监督,确保专款专用。对个人、企业和社会组织捐助救助资金的,应当告知救助的具体对象,确保资金使用的透明度和公正性。

(三)责任追究

对截留、侵占、私分或者挪用国家司法救助资金的单位和个人,违反规定发放国家司法救助资金造成重大损失的单位和个人,骗取国家司法救助资金的相关人员,严格依纪依法追究责任,并追回救助资金。

第五章 恐怖主义犯罪的国际法问题

第一节 国际恐怖主义犯罪概述

一、国际恐怖主义犯罪的概念

国际恐怖主义犯罪（crime of international terrorism）是当今国际社会普遍关注的热点问题之一。20世纪之后，特别是"二战"以来，恐怖活动在世界范围内猖獗横行，逐渐演变为国际犯罪。2001年美国遭受"9·11"恐怖袭击以后，国际恐怖主义犯罪愈加成为国际社会关注的焦点。预防和惩处国际恐怖主义犯罪已经成为当今世界各国的共识和联合国相关会议的重要议题。但是，由于恐怖主义问题涉及政治、经济、文化、种族、宗教、道德等多种深层次因素，关于什么是国际恐怖主义犯罪，国际恐怖主义犯罪的范围如何，始终没有形成定论。而概念的不统一，抵消了惩治国际恐怖主义犯罪的合力。①

国际社会将恐怖主义行为作为国际犯罪的最早立法实践是1937年日内瓦《防止和惩治恐怖主义公约》。受制于历史因素的局限，该公约仅列举了恐怖主义犯罪的几种行为方式，对恐怖主义犯罪的概念缺乏概括性的界定。"二战"之后，在联合国及其专门机构的主持下，国际社会先后通过了13项反恐怖主义国际公约，但这些公约都是针对某种特定的恐怖主义行为而制定的，均未对国际恐怖主义犯罪的概念作出明确规定。

国际恐怖主义犯罪概念的科学界定问题一直是国际反恐的关键问题。1987年12月7日第42届联大通过的决议指出："只有确定得到普遍承认的国际恐怖主义的定义才能有效地同恐怖主义作斗争。"但截至目前，国际上尚无一个普遍认可的恐怖主义的定义。

有学者认为，"恐怖主义"是指个人或团体在战争以外出于某种政治目的对他人的生命、人身、自由以及财产等使用暴力、胁迫或破坏等强制手段造成社会恐怖的犯罪行为的总称。由是引申，如果恐怖行为实施人所属国、被害人或被损财产所属国、犯罪行为的对象国、犯罪行为发生地及罪犯所在地等主要因素不限于一个国家而与两个以上国家有关系时，称为"国际恐怖主义"。

有学者从"国际犯罪"和"恐怖行为"两个方面解析国际恐怖主义犯罪的概念，结合

---

① 张旭：《国际刑法论要》，吉林大学出版社2000年版，第137页。

社会危害性、刑事违法性及刑罚该当性等犯罪特征,认为"国际恐怖主义犯罪是为达到特定的国际目的,违反国际公认的国际刑事规范或有悖于人类和平安全精神,运用暴力、胁迫或其他极度危险手段制造国际恐惧和惊慌,严重危害国际社会公共安全秩序,应受国际刑罚处罚的不法行为"。

另有学者提出一般概念与具体概念相结合的办法,首先通过一般概念的界定,来划定"国际恐怖主义犯罪"的核心犯罪圈,再通过具体概念来保障犯罪圈的弹性。具体做法是,将国际恐怖主义犯罪的一般概念纳入《国际恐怖主义的全面公约》(即联合国反恐委员会目前正在着手起草的法律文件);再通过该公约附件的形式对恐怖主义爆炸罪、资助恐怖主义活动罪等各种具体的国际恐怖主义犯罪作出明确界定。通过这种"一揽子协议"的形式,使各国能够在《全面公约》框架性条约的基础上,尽快就国际恐怖主义犯罪的一般概念达成一致意见;而对于规定各种具体恐怖主义犯罪的公约附件,各国则可根据自身国情的具体情况,作出对某一附件或部分附件条款的保留。

还有学者认为,与其进行长期的争执,不如暂时放弃法律上对恐怖主义犯罪概念作统一规定的作法,转而采用列举方式规定国际恐怖主义犯罪的特征或行为类型,这样有利于各国摈弃"政治化"对恐怖主义犯罪概念的影响,建立和加强反恐合作,避免因个别观念上的分歧而牺牲共同利益。笔者赞同该观点。

目前,国际社会结合学界的观点及现行的国际恐怖主义犯罪现象,较为一致地认为,国际恐怖主义犯罪是指:(1)从事、组织、赞助、指使、便利、资助、鼓励或容忍针对另一国家个人或财产的暴力行为,其性质是在知名人士、人群、公众或群体的精神上制造恐怖、恐惧和不安全感,无论提出何种政治的、哲学的、意识形态的、种族的、族裔的、宗教的或其他各种性质的考虑和宗旨来为这些行动辩护;(2)《关于制止危害民用航空安全的非法行为的公约》《关于制止非法劫持航空器的公约》《关于防止和惩处侵害应受国际保护人员包括外交代表的罪行的公约》《反对劫持人质国际公约》《制止危及航海安全的非法行为公约》《制止危及大陆架固定平台安全的非法行为议定书》中规定的行为;(3)利用火器、武器、爆炸物和危险物品作为滥施暴力的手段,造成个人、人群或群体死亡或严重身体伤害或造成重大财产重大损害的罪行。

二、国际恐怖主义犯罪的特征

有学者认为,国际恐怖主义犯罪往往具有如下特征:一般带有特定的政治目的;暴力的非战场化和无国界;目标以平民和民用目标为主;以秘密方式策划的恐怖袭击;不对称性(指弱者对强者发动的非常规性的大规模恐怖主义袭击);常常利用民族和宗教问题作为其生存发展的旗帜。

另有学者著文论述,国际恐怖主义犯罪具有五个方面的特征:一是极端政治和宗教目的性,二是犯罪对象广泛且具有随意化特点,三是犯罪主体具有国际性和有组织性,四是犯罪行为具有严重暴力性且实施手段残忍、复杂,五是对国际社会的严重危害性。

还有学者分别对1981年之前和1982之后关于恐怖主义犯罪的各50个定义进行分析后得出结论:"尽管国际公约、国际组织或各国立法、工具书中对恐怖主义犯罪是否应包含社会性、有组织性、重复性、不受人性约束、强迫(对方)性、受害者的无辜性、随机性或无选择性、难以预测性或突发性、象征性、宣传性、非法性、犯罪性、非正义性等要素存在明显分歧,但对恐怖主义是一种暴力犯罪、具有政治性、旨在制造恐怖气氛、包含使用暴力的行为要素这四个方面还是具有比较高的认同感。"

但笔者认为,暴力性和政治性并非国际恐怖主义犯罪必备的特征要件。国际恐怖主义犯罪必备的特征要件有三个:恐怖性、国际性和犯罪性。三者兼备,缺一不可。

(一)恐怖性

恐怖性是国际恐怖主义犯罪的实质性特征。国际恐怖主义犯罪侵犯了人类的安全利益,故意制造恐怖气氛和不安定因素,严重扰乱公共秩序。恐怖性主要表现在国际恐怖主义犯罪的目的、手段和后果上。美国兰德公司恐怖主义研究分析家和美国国务院关于政治阴谋和暴力问题的顾问布赖安·詹金斯说:"恐怖主义的目标不是实际的受害者,而是旁观者。恐怖主义是个剧场。"这个戏剧性的犯罪不仅使直接遭受到恐怖主义活动侵犯的具体的人受到伤害,更重要的是它通过恐怖活动传递了这样一个讯息,所有人都可能是下一次恐怖活动涉及的对象,因此没有任何人是安全的。恐怖分子通过屠杀象征性的目标扩散恐惧,造成社会混乱使所有社会成员都处于恐怖气氛之中。对此,以色列前总理内塔尼亚胡曾说过,恐怖分子的攻击对象与其实际目标联系越少,其行为就越具有恐怖主义的性质,恐怖的程度也就越高。这种戏剧性的行为与国际恐怖主义犯罪的方式有关,国际恐怖主义犯罪是一种讹诈行为,通过制造一起起骇人听闻的恐怖事件来强迫第三方为或不为某种行为,以达到其最终目的。

(二)国际性

"国际恐怖主义犯罪"与"恐怖主义犯罪"最大的区别在于其国际性。国际恐怖主义犯罪从预谋到实施直至最后完成,大多是在两个以上国家的领土内进行的,或者犯罪人与犯罪对象及被强迫的第三方不是同一个国家、组织或公民,或者犯罪发生地不是犯罪人的国籍国。如果恐怖主义活动仅发生在某一国领土内,犯罪人及犯罪对象是该国公民、组织或国家,且犯罪人也在该国领土内被发现,那么就不构成国际恐怖主义犯罪,而只是国内刑法中的犯罪。随着科技的进步和社会的发展,便捷的交通运输和通信手段不仅促进了全球一体化,同时也为恐怖分子采取新的组织方式提供了有利条件。早在20世纪60年代末,许多恐怖主义组织即开始进行跨国性扩展,在本国以外组织武装团伙。与此同时,各恐怖组织之间也开始建立联系,相互协调、支持及援助。1998年美国驻肯尼亚使馆爆炸案犯罪嫌疑人穆罕默德·萨迪克·胡韦达曾经供认,本·拉登领导的恐怖组织在沙特、苏丹、埃及、也门、埃塞俄比亚、索马里以及巴基斯坦和阿富汗等国开展行动。这些恐怖组织分散在世界各地,恐怖分子之间通过国际互联网络进行联系,他们的行动更加灵活,令对手更加难以防范。

(三)犯罪性

所谓犯罪性,指的是恐怖主义行为违反国际法和国内法,具备刑事责任要件。打击国际恐怖主义犯罪,首先要能够将其行为纳入法律的轨道中去,符合犯罪的构成要件,然后根据国际公约和相应的国内立法采取对应行动,而不是单纯的"以暴制暴"。不按国际法规则办事,动辄以战争或强权来报复,只会使国际问题更加复杂,甚至引起更多的国际恐怖主义犯罪活动。在国际恐怖主义犯罪中，主体可以是个人、组织甚至国家；主观方面只能出于故意，犯罪目的既可以是政治目的、社会目的，也可以是政治目的、社会目的以外的经济目的或是其他目的；客观方面表现为为引起社会恐慌情绪而实施的破坏行为，国际恐怖主义犯罪的行为不仅包括既遂的实行行为，而且包括预备行为、未遂行为以及帮助行为，这些行为对国际恐怖主义犯罪的实施具有重要影响。

通过分析以上特征可知，国际恐怖主义犯罪是特殊形式的国际性犯罪，即个人或集团通过恐吓和施压等行为侵犯国家、个人和不特定多数人的生命、财产以达到制造恐慌扰乱秩序之目的的犯罪行为。

三、国际恐怖主义犯罪的构成

国际犯罪与任何国家的国内犯罪类似，其构成包含着一定的要件。尽管不同的法系、不同的国家对犯罪构成及其要件有着不尽相同的认识，但是对客观要件与主观要件的要求，却是所有刑法规范中犯罪构成的共性。因而我们可以将国际恐怖主义犯罪的犯罪构成定义为确定某种行为构成国际恐怖主义犯罪所必需的主、客观要件的总和，包括犯罪客体、犯罪客观方面、犯罪主体和犯罪主观方面四个要件。

（一）国际恐怖主义犯罪的客体

国际犯罪的客体是指国际刑法所保护的、被国际犯罪行为所侵害的国际社会的根本利益，具体包括国际和平与安全、人类生存与发展、国家间的正常关系以及国际公共秩序等。其揭示了国际犯罪的本质特征，是构成国际犯罪不可或缺的要件之一。由于国际恐怖主义犯罪是一个类罪名，其侵犯的客体比较复杂，需具体问题具体分析，如侵害应受国际保护人员的犯罪侵犯的客体是国际和平与安全、国际法律秩序、国际社会的共同利益和有关人员的人身、财产权益；劫持航空器罪的犯罪客体是国际航空运输安全。

（二）国际恐怖主义犯罪的客观方面

国际恐怖主义犯罪的客观方面，是指国际恐怖主义犯罪实施的危害国际社会利益的行为及危害结果等客观事实特征。

1. 国际恐怖主义犯罪的危害行为

根据犯罪手段的不同，国际恐怖主义犯罪可以分为暴力性和非暴力性两种。其中，暴力性国际恐怖主义犯罪涉及的领域主要有：危害生命及人身安全，危害民用航空器及船舶、车辆，爆炸，劫持人质等；而非暴力性国际恐怖主义犯罪最具代表性的是利用计算机制造恐怖活动。

有一种观点认为所有恐怖主义犯罪的手段都具有相当的暴力性。美国联邦调查局在1983年也认为，恐怖主义犯罪是指非法采用暴力侵犯他人人身或者财产，目的在于恐吓或者给政府、公民施加压力，以实现其政治或社会目的。但是，国际恐怖主义犯罪发展到今天，手段已经不再局限于暴力或以暴力相威胁。随着社会的发展、技术的进步，尤其是国际互联网的盛行，非暴力性手段中最显著的就是通过计算机实现远程控制，或者使用计算机病毒等实施恐怖主义犯罪。在世界范围内，袭击计算机已占恐怖主义行动总数的60%左右，单是在德国一年内就有24个计算机中心挨炸。意大利的红色旅和法国的直接行动组都以欧洲的计算机系统为攻击目标。这种犯罪没有以暴力相要挟,也未必怀有政治目的,但却将国家、公众的财产和人身利益陷入极大的危险和恐慌中,因此显然不同于普通的刑事犯罪,是一种实实在在的恐怖犯罪活动。实际上,恐怖是对人们的主观心理而言的,暴力手段通常以造成有形的伤亡或者财产毁灭的方式引起人们内心的恐惧;而非暴力手段同样会以造成社会无形的混乱的方式引起人们的内心恐惧。可以预见,未来的国际恐怖主义犯罪会出现更多非暴力的实施方式。

国际恐怖主义犯罪并非某种具体犯罪的称谓,而是一系列具体犯罪的总称,大体上讲,国际恐怖主义犯罪在客观方面表现为以下几种具体行为:

(1)海盗、危及海上航行安全和公海固定平台安全的非法行为;
(2)非法劫持航空器和危及国际民用航空安全的行为;
(3)危害应受国际保护人员包括外交代表的行为;
(4)绑架、劫持人质或者其他非法重大监禁的行为;
(5)投放爆炸性、毒害性、放射性、传染病病原体等物质的行为;
(6)非法制造、买卖、运输、储存、盗窃、抢夺、抢劫核材料或者生化细菌等有毒、有害物质的行为;
(7)故意编造、传播恐怖信息或者恐怖谣言的行为;
(8)危及人类之使用枪支弹药或者其他重大暴力行为;
(9)其他企图参与、帮助、教唆恐怖活动的行为或者组织恐怖活动组织的行为;
(10)利用计算机进行网络恐怖活动的行为,等等。

值得一提的是,国际恐怖主义犯罪的危害行为不仅包括既遂的实行行为,而且包括预备行为、未遂行为以及帮助行为,这些行为对国际恐怖主义犯罪的实施具有重要影响。一些反恐立法将预谋也作为恐怖主义犯罪的客观要件。从该意义上讲,恐怖主义犯罪也可以是危险犯。例如,《反对劫持人质国际公约》第1条第2款规定:"任何人图谋劫持人质,或与实行或图谋劫持人质者同谋参与其事,也同样犯有本公约意义下的罪行。"这里所谓的"图谋",即是将犯罪预备阶段的预谋行为单独作为犯罪行为来规定。

2. 国际恐怖主义犯罪的危害结果

在客观层面上,国际恐怖主义犯罪的危害结果必须是制造了恐怖气氛或者引起了社会的不安和恐惧,严重扰乱了公共秩序。有学者认为,恐怖主义犯罪所造成的恐怖后果,其基本意义就是恐慌、惧怕,一般指人们在自己的生命、健康面临严重威胁时而产生的惧怕心理。刑法意义上的恐怖不仅指被害人面对暴力犯罪的直接威胁而产生的恐怖心理,更是指不特定或多数社会成员出于对该犯罪活动的惧怕而产生的普遍的恐惧心理。可见,该类犯罪所造成的危害后果,是使不特定的人或人群产生一种抽象的恐惧感从而严重扰乱公共秩序。

(三)国际恐怖主义犯罪的主体

笔者认为,国际恐怖主义犯罪主体应当包括个人、组织和国家。

虽然恐怖主义犯罪都是由具体的个人实施,但大多数恐怖主义犯罪的罪犯均是恐怖组织成员,他们根据组织指令或要求组织、指挥、实施恐怖活动。因此,恐怖组织可以作为国际恐怖主义犯罪的主体是毫无疑问的。问题在于对那些不属于任何恐怖组织的个人,如果出于政治、宗教、信仰等原因而实施恐怖活动,是否属于恐怖主义犯罪。一些学者曾经探讨该问题,有学者认为个人不能成为恐怖主义犯罪的主体,认为这将导致恐怖主义犯罪与普通刑事犯罪的混淆。而笔者认为,个人可以作为恐怖主义犯罪的主体。实际上,早期的恐怖主义犯罪大都由不隶属于任何组织的个人实施。现代社会中,恐怖主义犯罪也不乏此类案例,最著名的是1995年11月4日晚,时任以色列总理的拉宾遭27岁的巴伊兰大学法律系学生伊贾尔·阿米尔枪杀身亡。大部分与恐怖主义犯罪相关的国际公约,也承认个人作为恐怖主义犯罪的主体资格,如1979年的《反对劫持人质国际公约》、2001年欧盟的《反对恐怖主义法案》等。我国《刑法》关于"组织、领导、参加恐怖组织罪"及"资助恐怖组织活动罪"的规定,也体现出个人可以作为恐怖主义犯罪的主体。至于个人实施恐怖主义犯罪,在司法实践中如何与普通刑事犯罪区别,则是犯罪客观方面所要研究的课题,但不能因此否认个人作为恐怖主义犯罪的主体资格。

关于组织作为恐怖主义犯罪的主体,还有一点值得探讨,即对于那些并不直接实施恐怖主义活动但与恐怖组织有着紧密联系的社会团体或政治团体,应当如何定性的问题。多数国家的国内法中,对于"恐怖主义组织"都规定了具体的认定标准。有的国家则通过判例明确了"恐怖主义组织"的界定标准,如根据西班牙宪法法院第199/1987号判决,认定一个团体为"恐怖组织"必须具备如下条件:一是组织的稳定性和持久性;二是组织的武装性;三是具有通过攻击公民安全和民主社会的手段在社会公众中制造恐怖气氛的能力。对于未直接实施恐怖活动的社会团体,多数国家的做法是将这些团体对恐怖活动或恐怖组织提供帮助的行为(如提供处所、资金、信息等)规定为恐怖主义犯罪行为,但一般不将此类组织直接列为恐怖主义组织,个别国家倾向于将此类组织界定为非法组织。

个人和组织作为国际恐怖主义犯罪的主体,一般没有异议;而国家能否成为国际恐怖主义犯罪的主体,存在着激烈的争论。从恐怖主义犯罪的实际情况看,不乏国家及其国家机构支持、资助恐怖组织及恐怖分子或者参与甚至直接实施暴力恐怖活动等情况。尽管传统国际刑法理论认为国际犯罪以个人犯罪为基础,国际犯罪刑事责任以个人刑事责任为基本原则,国家不是国际犯罪主体,不能承担国际犯罪刑事责任,但是该理论近年来多次遭到挑战。如,著名国际刑法学家M.谢里夫·巴西奥尼在其负责起草的《国际刑法典草案》中,将国际犯罪刑事责任分为个人的刑事责任和国家的刑事责任,明确指出国家应当承担国际犯罪刑事责任。再如,1979年联合国国际法委员会起草的《关于国家责任的条文草案》明确提出了国家刑事责任的概念,并且规定了国家可能成为国际犯罪主体的场合。又如,1984年联大通过的第39/154号决议特别强调反对"国家恐怖主义政策"。还有,1991年联合国国际法委员会起草的《恐怖主义条款法典草案》指出恐怖主义包括"作为一国的机构或代表承担、组织、帮助、资助、鼓励、容忍反对另一国家的行为,该行为直接针对他人或财产,并造成该国公众心目中的恐怖气氛"。这一规定明确了适用对象是"国家的机构或代表",可见其已确认国家恐怖主义的存在。

(四)国际恐怖主义犯罪的主观方面

国际恐怖主义犯罪在主观方面必须是故意,具体来讲,必须有通过实施恐怖活动强迫犯罪对象为或不为某种行为,以实现其预期目的的主观心态。例如,1937年《防止和惩治恐怖主义公约》的相关条款即规定了恐怖主义犯罪的主观方面只能是故意,诸如"故意危害下列人士生命、身体、健康或自由的行为","故意毁灭或损害属于在另一缔约国管辖下的公共财产或供公用的财产","对此行为故意参加"等条文。"恐怖分子企图通过事先张扬将要实施恐怖活动造成社会的恐怖气氛,以心理高压使民众和政府产生畏惧感。恐怖分子最终要实现某种政治目的或社会目的,必须让政府或社会知晓,否则无从与后者进行讨价还价的后续活动。"恐怖主义犯罪行为只是恐怖主义分子为实现某种目的的手段,该目的既可以是政治目的,也可以是政治目的以外的经济目的或者其他目的,也就是说,政治目的并非国际恐怖主义犯罪的必备要件。

值得注意的是,在国际反恐法律文件中出现了"为了政治目的"的字眼。如1994年《消除国际恐怖主义措施宣言》指出:"为了政治目的而企图或蓄意在一般公众、某一群人或特定的人之中引起恐怖状态的犯罪行为。"笔者认为,从现实来看,确实不能排除某些国际恐怖主义犯罪的实施是在政治动机的刺激下完成的,并且也不能排除实施国际恐怖主义犯罪达到一定的政治目的的情形。从联合国认可的恐怖主义犯罪原因的多样性上分析,政治目的只是其中之一,国际社会并没有强调构成恐怖主义犯罪必须具有一定的政治目的,实施恐怖主义罪行的目的还有出于哲学、意识形态和宗教等其他性质的原因,这表明政治目的并不是构成国际恐怖主义犯罪的必备要件。国际恐怖主义犯罪的犯罪目的是复杂的,在国际实践中,人们所关注的往往是恐怖主义犯罪行为本身,以及行为的社会危害性,而并非行为的目的。因此,行为人实施国际恐怖主义犯罪是否具有政治目的,并不影响恐怖主义犯罪的构成。

四、国际恐怖主义犯罪的类型

由于当代国际社会对国际恐怖主义犯罪的概念尚未达成共识,因此对国际恐怖主义犯罪类型的划分没有统一的标准。有学者根据国际恐怖主义犯罪的手段,将其划分为暴力性国际恐怖主义犯罪和非暴力性国际恐怖主义犯罪;根据国际恐怖主义犯罪的目的,将其分为政治性恐怖主义犯罪和非政治性恐怖主义犯罪。笔者认为,认定国际恐怖主义犯罪的依据,应当是国际法的相关规定。根据当前生效的国际反恐公约,比较常见的恐怖主义犯罪的类型主要有以下几种:

(一)与民用航空有关的恐怖主义犯罪

国际社会为专门打击危害民用航空器的犯罪行为,先后缔结了三个国际公约:1963年《关于在航空器上犯罪及其他某些行为的公约》(简称《东京公约》)、1970年《关于制止非法劫持航空器的公约》(简称《海牙公约》)、1971年《关于制止危害民用航空安全非法行为的公约》(简称《蒙特利尔公约》)。我国在20世纪先后加入了这三个公约。这里的"航空器"不适用于军事、海关或警察专用的航空器,公约规定的恐怖主义犯罪行为,应当是发生在民用航空器内的各类侵害人身安全、财产安全、民航安全、公共安全以及国家安全的行为。

(二)与应受国际保护人员有关的犯罪

1973年通过的《关于防止和惩处侵害应受国际保护人员包括外交代表的罪行的公

约》中规定的犯罪行为,是指攻击应受国际保护人员人身安全的各种暴力犯罪行为。公约中所谓的"应受国际保护人员",是指一国元首(包括依关系国宪法行使国家元首职责的一个集体机构的任何成员),或政府首长,或外交部部长,当其在外国境内时还包括其随行家属。

(三)与劫持人质有关的犯罪

1979年《反对劫持人质国际公约》中规定的犯罪,是指与劫持、绑架有关的各种行为和手段,同时也规定了共同犯罪者的行为。劫持人质,是指犯罪人以暴力手段控制一人或多人的人身自由,并以处死或伤害、折磨被控制者相挟持,强迫第三方或被控制者本人满足其某种政治要求的行为。2004年9月,车臣分离主义武装分子在俄罗斯南部北奥塞梯共和国制造的"别斯兰人质事件"最后造成了300多人死亡、700多人受伤的严重后果,是人类历史上最残暴、最大规模的人质劫持事件之一(共劫持人质1200余人),开创了向社会最弱势群体——少年儿童大开杀戒的先例。

(四)与核材料有关的犯罪

1987年生效、2005年修订的《核材料实物保护公约》中规定的一系列犯罪行为,与接受、持有、使用、转移、变更、处理、散布、盗窃、抢劫核材料的行为有关。

(五)与海上航行有关的犯罪

1988年《制止危及航海安全的非法行为公约》中规定的犯罪,大多以暴力或其他恐吓手段夺取、控制船舶,危及船舶安全航行,或者破坏船舶或船舶上的货物。

(六)有关大陆架固定平台安全的犯罪

1988年《制止危及大陆架固定平台安全的非法行为议定书》中规定的犯罪,是以武力威胁、事实暴力或暴力威胁、其他方式的恐吓为手段,夺取、控制固定平台,毁坏固定平台以及固定平台上的设施或危及固定平台的行为。

(七)有关恐怖主义爆炸事件的犯罪

1997年《制止恐怖主义爆炸事件的国际公约》中规定的犯罪行为,是非法向公共场所、国家政府设施、公共交通枢纽和基础设施等地方安装或投掷炸弹引起爆炸的行为。

(八)有关资助恐怖主义活动的犯罪

1999年《制止向恐怖主义提供资助的国际公约》中规定的犯罪行为,是提供或募集资金用于实施其他国际反恐公约中所规定的任何一项恐怖主义犯罪的行为。为严厉打击国际恐怖主义犯罪,迫切需要增强各国之间的国际合作,制定和采取有效的措施以防止向恐怖主义提供资助。因此,有必要将资助、支持、庇护恐怖主义活动等行为也规定为犯罪行为。在1999年12月9日第54届联合国大会上,通过了《制止向恐怖主义提供资助的国际公约》,补充了当时的国际相关文书在此方面的不足。该公约于2002年生效。《公约》规定了"资助恐怖主义罪"的定义,并要求缔约国采取相应的立法、司法、执法及金融监管措施,对资恐罪予以预防、打击;规定了缔约国对资恐罪行使管辖权的法律依据;规定了缔约国应当就惩治资恐罪开展引渡和刑事司法协助方面的国际合作;规定了缔约国发生争议时的解决途径;规定了《公约》的批准、生效和退约程序。中国已于2001

年11月14日签署了该公约。

第二节　预防和惩处国际恐怖主义犯罪的国际法机制

一、预防和惩处国际恐怖主义犯罪的国际法律依据

长期以来,国际社会通过政治、经济、法律和军事等多种渠道和手段,从预防和惩处两个角度开展反恐斗争。从法律控制来看,国际社会主要采用国际法与国内法相结合的双轨机制来控制国际恐怖主义犯罪,有关反恐的国际法和国内法相互渗透、互为补充、交汇融合,构成了初具规模的反恐法律机制。目前,预防和惩处国际恐怖主义犯罪的现行国际法机制概况如下。

（一）现行的全球性反恐法律制度

1. 联合国宣言

联合国内部设有一系列综合性或专门性的反恐机构,如大会、安理会、经社理事会、第六委员会、反恐怖主义特别委员会及工作小组等。在联合国框架内通过了一系列反恐决议,如1995年2月17日通过的《消除国际恐怖主义措施宣言》、1997年11月6日通过的《补充1994年〈消除国际恐怖主义措施宣言〉的宣言》、2001年11月12日通过的《全球努力打击恐怖主义的宣言》、2006年11月15日通过的《关于反恐怖主义、反腐败和打击跨国有组织犯罪国际合作的布加勒斯特宣言》、2006年12月4日通过的《国家和商业界打击恐怖主义伙伴关系战略》等①。这些宣言陈述了国际恐怖主义犯罪的严峻形势,论证了打击恐怖主义的必要性,呼吁各国采取一切可能的反恐措施,加大反恐力度和国际合作力度,对于反恐领域的国际法发展具有深远意义。

2. 国际公约及条约

长期以来,在联合国与其他国际组织的努力下,国际社会在反恐怖主义犯罪的国际合作方面取得了显著成就,制定了一系列反恐条约。②

（1）在联合国的主持下,国际社会于1973年制定了《关于防止和惩处侵害应受国际保护人员包括外交代表的罪行的公约》（简称《纽约公约》）;1979年制定了针对劫持人质的恐怖犯罪行为的《反对劫持人质的国际公约》;1995年签订了专门保护联合国人员和有关人员免遭恐怖袭击的《联合国人员和有关人员安全公约》等。

（2）在国际民航组织的主持下,1944年国际社会针对威胁国际民航安全的恐怖主义

---

① 参见互动百科:联合国宣言,http://www.baike.com/wiki/《联合国宣言》,2016年8月10日访问。

② 国际上第一个专门针对恐怖主义犯罪的国际公约是1937年国际联盟制定的《防止及惩治恐怖主义公约》,公约解释了"恐怖主义行为",并明确规定国家有义务制止恐怖主义行为。为了使公约能有效实施,当时的国际联盟还制定了《创建国际刑事法院公约》,拟建立一个常设性国际刑事法院。遗憾的是,上述两公约未得到足够数量国家的批准而未能生效。

行为制定了《芝加哥公约》;1963年签订了《关于在航空器内的犯罪和其他某些行为的公约》(简称《东京公约》);1970年制定了《关于制止非法劫持航空器的公约》(简称《海牙公约》);1971年制定了《关于制止危害民用航空安全的非法行为的公约》(简称《蒙特利尔公约》);1988年签订了补充《蒙特利尔公约》的《禁止在国际民用航空机场进行非法暴力行为的议定书》;1991年又在蒙特利尔签订了《关于在可塑炸药中添加识别剂以便侦测的公约》,以防止使用塑料炸药从事恐怖行为。

（3）1979年,国际原子能机构在维也纳通过了有关预防和惩处涉核恐怖行为的《核材料实物保护公约》。

（4）1979年,万国邮政联盟在里约热内卢签订了《万国邮政公约》,以打击通过邮寄爆炸物进行恐怖活动的犯罪行为。

（5）1988年,国际海事组织在罗马主持制定了有关海上交通安全运输的《禁止危害航海安全的非法行为的公约》和《禁止危害大陆架固定平台安全的非法行为的议定书》。

（6）20世纪末,随着恐怖主义犯罪的日益国际化,国际社会在控制国际恐怖主义方面的国际司法合作取得了新的进展。其突出表现是1997年12月15日和1999年12月9日联合国大会以决议的形式先后通过的《制止恐怖主义爆炸的国际公约》和《制止向恐怖主义提供资助的国际公约》。前一公约是在恐怖主义行动不断升级,特别是以炸药或其他致死装置进行恐怖主义袭击日益普遍的情势下制定的,其在20世纪70年代打击恐怖主义公约所建立的法律规则的基础上,保留并强调"或引渡或起诉"原则,还改进了国际法律合作机制。后一公约则引进一系列反恐新措施:规定了"资助恐怖主义罪"这一新型犯罪行为;规定了法律实体触犯恐怖罪行时的责任制度;采用了没收犯罪收益这一新的撒手锏;采纳了1988年联合国公约的规定,缔约国不得以银行保密为由,拒绝司法协助的要求;此外,还"扩大了金融机构在控制犯罪中的作用,将金融机构识别和报告与'犯罪收益'有关的客户和交易扩大到识别和报告与'资助恐怖主义资金'有关的客户和交易"①。

（7）鉴于国际恐怖主义与跨国有组织犯罪有着千丝万缕的联系,恐怖活动往往和洗钱、腐败、劫持人质、海盗、贩卖人口等犯罪行为交织一体,难以分辨。联合国于2000年11月2日以决议的形式通过了《打击跨国有组织犯罪公约》,该公约在打击国际恐怖主义和跨国有组织犯罪的日趋密切的国际合作中,成为一件有力的武器和必要的法律机制。

由于国际社会对国际恐怖主义犯罪的定义、范围、构成要件等问题尚未达成共识,上述诸公约大多没有直接以"反国际恐怖主义"为题,尽管其所针对的犯罪行为部分或全部可以归入"国际恐怖主义行为"。目前的国际反恐立法,基本上采用的是"一类恐怖犯罪一公约"的权宜模式,只有一些针对特定恐怖主义行为(如海盗行为、空中劫持行为、侵害应受国际保护人员的行为、劫持人质行为等)的专门性条约。值得一提的是,有关公约大

---

① 邵沙平:《控制恐怖主义犯罪与国际法律合作——历史、现状及发展趋向》,载《求索》2002年第1期,第45页。

都强调了各缔约国打击国际恐怖主义犯罪的国际刑事合作义务①。另外,"或引渡或起诉"原则的确立对打击恐怖主义犯罪具有十分重要的意义。因为恐怖主义犯罪大多具有政治目的,采用"或引渡或起诉"原则有利于将恐怖主义犯罪排除在政治犯之外,缔约国不能以任何理由予以政治庇护或拒绝引渡;缔约国如不将犯罪嫌疑人引渡给他国,则应对该人提起刑事诉讼。②

3. 国际刑警组织反恐宣言

国际刑警组织成立于1923年,早已成为国际社会与国际犯罪(当然包括国际恐怖主义犯罪)作斗争的有效工具。国际刑警组织在侦查、通缉国际恐怖主义分子及国家间的情报信息交流方面起着举足轻重甚至可以说是不可替代的作用。

国际刑警组织并非一个超国家的警察机构,亦非联合国的下属机构,而是一个各国警察机构之间的合作网络。在过去的几十年里,国际刑警组织通过不同的决议应对和遏制了各种恐怖主义活动。1984年,国际刑警组织通过一项关于"指向恐怖主义行为的常见暴力犯罪"的决议,鼓励各成员国警察机构依据其本国法律开展反恐合作。1998年10月,在开罗举行的国际刑警组织第67届大会通过了《反恐怖开罗宣言》,该宣言谴责了形形色色的恐怖主义行为,阐明了其反恐策略,并强调要充分发挥国际刑警组织等国际组织在反恐中的作用,明确了国际刑警组织可以对国际恐怖主义活动中的刑事部分展开调查。

(二)现行的区域性反恐法律制度

为有效控制国际恐怖主义犯罪,一些地区也积极签订了本区域范围内的防止和惩治恐怖主义的公约。欧洲理事会成员国于1977年在法国斯特拉斯堡订立了《关于制止恐怖主义的欧洲公约》。公约通过列举的方式规定了打击恐怖主义犯罪的范围:1970年《海牙公约》所规定的犯罪、1971年《蒙特利尔公约》所规定的犯罪、1973年《纽约公约》所规定的犯罪均属于恐怖主义犯罪行为。另外,公约还规定了一系列打击国际恐怖主义的国际刑事合作义务③。1971年美洲国家组织通过了《美洲国家组织关于防止和惩治恐怖主义行为的公约》。欧洲公约和美洲公约都确立了惩治国际恐怖活动的两项原则,即"普遍性原则"和"或引渡或起诉原则"。1987年亚太区际合作协会成员国签署了《惩治恐怖主义区域公约》。1993年阿拉伯内政部长理事会第15次会议通过了《阿拉伯反恐怖主义斗争协议》等。与仅仅针对某一方面恐怖犯罪的大多数全球性公约不同,这些区域性公约具有全面反恐的性质。它们为区域性反恐合作提供了法律依据,并推动了区域反恐事业的发展。

值得一提的是,"9·11"事件之后,各个地区都加大了对恐怖犯罪的打击力度,其中欧盟的举措最引人注目。2001年9月19日欧盟委员会通过的两项反恐法案中,包含的

---

① 曾令良、尹生:《论国际恐怖主义的全球化趋势与国际法律控制》,载《法制与社会发展》2003年第4期,第38页。

② 参见1970年《海牙公约》第7条、1971年《蒙特利尔公约》第7条、1973年《纽约公约》第7条的规定。

③ 邵沙平:《现代国际刑法教程》,武汉大学出版社1993年版,第297页。

反恐措施就达37项之多①。其中主要有：①对恐怖主义及其行为实行统一的司法界定和量刑标准；②在反恐方面建立欧盟范围内的统一逮捕证制度，欧盟任一成员国发出的逮捕证将在其他所有成员国自动生效，各国都有义务追捕嫌疑犯并引渡给发布通缉令的国家，这样，欧盟成员国将通过相互承认逮捕证的统一制度在本区域内基本取代传统的引渡制度②；③在欧洲刑警组织内设立专门的反恐怖武装力量等。如此深层次的区域性反恐司法合作使恐怖分子在该区域的活动大受钳制。

上海合作组织也建立了切实可行的各级执法、情报和军事等机构的合作机制，值得借鉴。另外，一些国家之间缔结了形式各异的反恐合作协议、协定和条约等，建立了反恐的双边合作机制，可以看作更小范围内的区域性合作。如法国和西班牙、美国和以色列、埃及和苏丹等。这种双边合作国往往遭受着恐怖主义的同一威胁，有着共同的反恐利益。所以尽管这种合作涉及的范围较小，但却颇有成效。

总的看来，自20世纪末以来，国际反恐的区域性合作发展非常迅速。欧盟、美洲国家组织、俄罗斯和西方七国、上海合作组织、阿拉伯国家联盟、南亚联盟、独联体等地区性组织都纷纷加强了反恐合作。但当前区域性反恐合作尚不太成熟和深入，缺乏较固定的、有法律拘束力的法律机制，区域性反恐合作机制有待在实践中予以逐步改善和加强③。

二、国际恐怖主义犯罪的管辖权

（一）国际恐怖主义犯罪管辖权的原则

根据联合国1949年《国家权利义务宣言草案》的规定，管辖权是国家的基本权利之一。刑事管辖权是国际管辖权的重要组成部分，就其性质而言，可分为国内法和国际法范围内的刑事管辖权。前者的管辖对象是国内的犯罪，完全基于本国立法，外国无权干涉；后者的管辖对象是国际犯罪，它是根据国家缔结或参加的国际条约所承担的国际义务而获得的一种权力。在各国长期实践的基础上，国际刑法形成了若干刑事管辖的原则，现有的反恐怖主义条约基本涵盖了这些管辖权原则。这些原则主要包括属地管辖原则、属人管辖原则、保护管辖原则及普遍管辖原则。

1. 属地管辖原则

属地管辖，是指国家对其领域内的一切人、物及所发生的事件有权行使管辖。其主要以领土作为管辖的对象和范围。这是由属地最高权产生的刑事管辖权，所以又被称为属地优越权。该原则是各国刑事管辖权最基本的原则。我国《刑法》第6条第1款规定："凡在中华人民共和国领域内犯罪的，除法律有特殊规定的以外，都适用本法。"1990年第八届联合国预防犯罪和罪犯待遇大会通过的《打击国际恐怖主义的措施》主张鼓励各

---

① 张丽娟：《打击恐怖主义对当代国际法律框架的影响》，载《甘肃政法学院学报》2002年第1期，第73页。
② 张智辉：《国际刑法问题研究》，中国方正出版社2002年版，第79页。
③ 曾令良、尹生：《论国际恐怖主义的全球化趋势与国际法律控制》，载《法制与社会发展》2003年第4期，第39页。

国刑事管辖权方面的法律和实践达到更大统一,确立管辖权的优先次序,把领土管辖权列为首位。

属地管辖原则内还包括旗国主义原则。旗国主义原则是指国家对在悬挂本国国旗的船舶和航空器上发生的犯罪有权进行管辖。1963年《东京公约》规定:"在航空器内发生的犯罪,原则上由航空器登记国行使管辖权,航空器登记国优先行使管辖权并不排除其他国家根据其国内法行使刑事管辖权。"航空器登记国管辖权本质上是一种域外管辖权,即对飞行于本国领土以外包括在他国领土以内的本国航空器上发生的犯罪行为的管辖权,是为了适应人类航空活动的特殊需要才设立的①。1988年《制止危及海上航行安全非法行为公约》第6条规定:"如果罪行发生时是针对悬挂其国旗的船舶或发生在该船上,缔约国应采取必要措施行使管辖权。"该条规定了对危害海上航行安全的国际恐怖主义行为的旗国主义原则。我国《刑法》第6条第2款也规定:"凡在中华人民共和国船舶或者航空器内犯罪的,适用本法。"

2. 属人管辖原则

属人管辖,是指国家对具有其国籍的人,无论其在国内还是国外,均具有管辖的权力。该原则主要以国籍作为管辖标准。属人管辖原则是基于国家主权所具有的属人优越权所产生的。属人管辖原则又分为被告人国籍原则和被害人国籍原则,后者亦可视为一种保护性管辖原则。由于国际恐怖主义犯罪经常针对他国公众,确立被害人管辖原则对预防和惩处恐怖主义尤为重要。1986年美国《外交安全和反恐怖主义法令》将美国的域外管辖权扩至外国公民在国际恐怖主义活动中对美国公民造成伤害的犯罪行为②。

3. 保护管辖原则

保护管辖,是指国家对于侵害本国公民或国家利益的行为进行的管辖,不论行为人的国籍,也不论行为发生在何地。一个国家有权保护本国的安全和秩序,因此规定外国人在本国领域以外损害本国利益时,本国刑法能够对该外国人发生效力。本原则适用的范围一般是世界各国法律中公认的犯罪行为。该管辖权应具备以下条件:①该外国人所犯罪行的后果危及本国或公民的重大利益;②所犯之罪根据犯罪地法律也应受到刑事处罚;③所犯罪行具有一定严重性。目前,该原则已经得到世界各国普遍承认,几乎所有国家都对外国人在外国犯有危害其主权和安全的罪行行使刑事管辖权。1979年《反对劫持人质国际公约》第5条第1款(c)项规定:"如果劫持人质的行为是为了强迫该国作为或不作为某种行为,该缔约国应采取必要措施行使刑事管辖权。"

4. 普遍管辖原则

普遍管辖,是指"根据国际法的规定,对于某些特定的国际罪行,由于普遍地危害国际和平与安全以及全人类的利益,所以,不论犯罪行为发生于何地或罪犯的国籍如何,各国均有权对其行使管辖"③。国际条约是行使普遍管辖权的法律依据。

普遍管辖在适用方面仍有相当的局限性。

---

① 赵维田:《国际航空法》,社会科学文献出版社2000年版,第425页。
② 邵沙平:《现代国际刑法教程》,武汉大学出版社1993年版,第246页。
③ 王秀梅:《国际刑事法院研究》,中国人民大学出版社2002年版,第141页。

（1）国际罪行范围的难以确定限制了普遍管辖原则的适用，由于文化的差异和法制的不同，国际社会关于国际犯罪的概念至今尚未达成共识。

（2）普遍管辖原则在现实中常常不能得到有效适用。普遍管辖权的行使可能会影响其他国家的利益，由是，在世界范围内完全确立普遍管辖原则，不仅在法律上存在实际困难，而且在政治上也有一定阻力。

（3）许多国家不愿行使普遍管辖权。普遍管辖权在扩大某国管辖权适用范围的同时，也增加了该国在预防和惩处国际犯罪方面的义务。面对日益猖獗的犯罪活动，每个国家的警察和司法机关都要投入大量的人力和物力同犯罪做斗争。因而对于与犯罪行为无关的第三国是否愿意行使普遍管辖权的问题，司法压力和经费困难往往使一些国家望而生畏。特别是对证据的提取、搜集和使用等，每一步复杂的刑事司法协助程序无疑给当事国增加了许多麻烦，故而有些国家不愿行使普遍管辖权。即使有些国家在特殊情况下有兴趣对某些案件行使管辖权，这种管辖也往往是出于政治或主权的要求。①

我国第六届全国人大常委会1987年6月23日通过的《关于中华人民共和国缔约或参加的国际条约的规定的罪行行使刑事管辖权的决定》首次确立了我国刑法的普遍管辖原则。1997年《刑法》第9条又对该原则进行了明确规定。

5. 管辖权原则之冲突

在国际刑事管辖权问题上，各原则的并存与适用，一方面确实对于打击国际犯罪起到了积极作用，另一方面也反映了在确定国际犯罪管辖权的归属问题上存在的矛盾和问题。如果这种局面不能得到合理、有效的解决，则必然会影响引渡等国际刑事司法协助活动的顺利进行，最终也必然影响对国际犯罪的预防与惩处，甚至会损害有关国家之间的关系。因此，需要采取一种科学、合理的方法或标准确定究竟由哪个国家对国际犯罪实施管辖。

现有的国际刑法规范中对此问题没有做出明确规定。国际刑法学界也是争议颇多，其中比较受推崇的是"优先管辖原则"。著名国际刑法学家巴西奥尼在《国际刑法典草案》中主张对本法分则确认的任何国际犯罪的诉讼和惩罚管辖按下列顺序授予：犯罪全部或局部发生在其领土内的缔约当事国、被告为其国民的缔约当事国、受害者为其国民的缔约当事国、在其领土内发现被告的其他缔约当事国。

我国学者也主张，国际公约在规定国际犯罪时，对国际犯罪的刑事管辖权应当按照下列顺序授予：犯罪地国、犯罪人国、受害国、在其领土内发现被指控的犯罪嫌疑人的其他国家。另一种呼声比较高的观点是主张适用"一事不再理"原则。持该主张的学者认为当一国对某一国际犯罪依法做出生效的裁判后，其他国家就不得对该罪再行使管辖权，他们认为"一事不再理"原则是"解决国际刑事管辖权冲突的有效途径"。

6. 国际恐怖主义犯罪应适用的管辖权原则

国际恐怖主义是一种具有严重危害性的国际罪行，这一点已经成为国际社会的共识。为了严厉打击这一国际罪行，使国际恐怖主义犯罪人难逃法律制裁，应将国际恐怖

---

① 耿德举：《国际恐怖主义犯罪的管辖权问题研究》，四川大学2007年硕士学位论文。

主义罪行纳入普遍管辖原则范围之内。"普遍管辖使世界各国在追诉国际犯罪时形成了一张天罗地网,国际犯罪在普遍管辖体系下无一遗漏。国际犯罪无论在哪里被发现,终将逃脱不了刑罚的惩罚。"①

普遍管辖的本质是根据犯罪性质适用刑事管辖权,而无须考虑犯罪的实施地、被指控人的国籍、被害人的国籍或者其他因素。因此,为保护世界各国的共同利益,凡是国际条约规定的侵害国际社会共同利益的犯罪,不论犯罪人是本国人或外国人,也不论犯罪地在本国领域内或在本国领域外,各国均可适用本国刑法惩治这类犯罪。即使在国家立法出现空白的情况下,只要国家法律制度允许,一国仍可依据普遍管辖权起诉这类犯罪。

普遍管辖原则的根据是基于对全人类整体利益的维护,国际犯罪以外的其他犯罪不符合适用普遍管辖原则的条件。普遍性管辖权使得罪犯无论在何时何地被发现,罪犯所在地国家均有管辖权。普遍性管辖权可以有效弥补属地管辖、属人管辖、保护管辖的缺漏,当这些管辖无法实现时,就可以根据普遍管辖来实现对恐怖主义犯罪的惩处。普遍管辖实际上包容了其他种类的管辖,对于世界各国联合打击恐怖主义犯罪具有十分重要的意义,它使得恐怖主义罪犯无论逃到哪一个缔约国,都逃不出法律的制裁。

国际恐怖主义犯罪具备适用普遍管辖权的要素。早期恐怖主义犯罪的手段较为单一,如暗杀、劫持航空器、绑架、劫持人质等,如今已逐渐危及人类安全,如美国"9·11"恐怖袭击事件。恐怖主义犯罪已经发展为一种有组织并运用现代手段的大规模攻击型犯罪,这些犯罪行为严重威胁世界和平,其侵害范围从国内发展到国际范畴。尤其是经恐怖主义聚居地国家同意或鼓励而实施的某些恐怖主义行为,从训练、资助、支持到为恐怖犯罪人提供避难场所,国家本身直接成为恐怖主义袭击活动的后盾。这些犯罪的性质对世界和平与安全构成直接威胁。恐怖主义犯罪行为不止影响一国的利益,不止包括一国的公民,犯罪行为包含的手段或方法超越了国家的疆界。这些因素都可以成为普遍管辖权适用的理论基础。

此外,一些法律明文规定对恐怖主义犯罪适用普遍管辖。自第二次世界大战后,普遍管辖权的适用已经延伸到某些恐怖主义犯罪行为,恐怖主义犯罪通常包含严重威胁人类生命与财产利益的行为,其行为特点及危害结果类似于海盗、贩卖奴隶、战争罪和危害人类罪,扰乱和动摇了国际社会的正常法律秩序。因此,普遍管辖原则在惩治恐怖主义犯罪过程中应得到广泛适用。国际社会也已经为普遍管辖的适用提供了充分的法律依据,将国际恐怖主义犯罪纳入普遍管辖权范围内的做法在一些国际条约中已有体现。1970年《海牙公约》第5条第1款列举了各种管辖权原则,如属地管辖权、航空器登记国管辖权等;第2款规定:当被指称的罪犯在缔约国领土内,而该国未将此人引渡给第1款所指的任一国家时,该缔约国应同样采取必要措施对罪犯实施管辖权;第3款规定:本公约不排斥根据本国法行使刑事管辖权。其中,第2款的规定即为普遍管辖原则的体现,其他反恐怖主义公约关于普遍管辖的规定均以《海牙公约》为蓝本。②

---

① 曹建明:《国际公法学》,法律出版社1988年版,第614~615页。
② 耿德举:《国际恐怖主义犯罪的管辖权问题研究》,四川大学2007年硕士学位论文。

(二)国际恐怖主义犯罪管辖权的法律依据

自20世纪初至今,国际社会已经制定了许多法律文件,为预防和惩处国际恐怖主义奠定了重要的法律基础,其中涉及国际恐怖主义犯罪管辖权的重要国际文件主要如下。

1.《防止和惩治恐怖主义公约》

1937年11月16日,在国际联盟主持下,27个国家召开应对国际恐怖主义的正式外交会议,会上签署了《防止和惩治恐怖主义公约》。《防止和惩治恐怖主义公约》是国际社会所制定的第一个针对恐怖主义的专门公约,尽管未能生效,但它奠定了国际恐怖主义犯罪立法的基础。

公约第3条规定确立了属地管辖。对在本国领土内发生的危害另一缔约国的恐怖行为,包括:①对构成此项行为的教唆,如果此项行为发生效果;②对第二条行为进行直接的和公开的煽动,不论此项行为是否发生效果;③故意参加此项行为;④旨在为完成此项行为有意识提供一切援助,缔约各方应在刑法中规定为犯罪。

公约第9条规定确立了属人管辖。当一国国民在外国犯了第2条和第3条所列举的罪行后返回本国领土,该国应如同在本国领土内犯罪一样,予以追诉和惩罚。对于在犯罪后才取得本国国籍的犯罪人同样适用于该项规定。

公约第10条规定确立了普遍管辖。对在外国犯了恐怖主义罪行而在一缔约国领土上发现的外国人如果具备下列条件,应当如同在该国领土内犯罪一样,以同样方式予以追诉和惩罚:引渡的请求已经提出,但拒绝引渡的理由与犯罪事项本身无关;庇护国法律承认对外国人在外国的犯罪有管辖权;外国人系对外国人在外国的犯罪承认有权管辖的国家所属的国民。

2.《关于防止和惩处侵害应受国际保护人员包括外交代表的罪行的公约》

1973年12月14日,联合国大会在纽约通过了《关于防止和惩处侵害应受国际保护人员包括外交代表的罪行的公约》(简称《纽约公约》),于1977年2月20日生效。

该公约对于侵害应受国际保护人员罪的刑事管辖权采取的是并行管辖方式,确认了犯罪行为地所在国家、犯罪人国籍国、被害人所代表的国家为拥有管辖权的国家。公约第3条第1款规定:每一缔约国应采取必要措施,以确立其在下列情况下的管辖权:所犯罪行发生在本国领土之内或者在本国登记的船只或飞机上时;嫌疑犯是本国国民时;所犯罪行是对因代表本国执行第1条所规定的职务而享有应受国际保护地位的人员所犯时。

同时,该公约对侵害应受国际保护人员罪确立了普遍管辖原则。公约第3条第2款规定,每一缔约国应采取必要措施,于嫌疑犯在本国领土内,而本国不将该罪犯引渡至上述规定所确定的管辖权的国家时,对这些罪行确定其管辖权。此外,该公约不排除依照国内法行使的刑事管辖权。

3.《反对劫持人质国际公约》

1979年12月17日,第34届联合国大会审议通过了《反对劫持人质国际公约》,该公约于1983年6月3日生效。公约序言明确指出该公约的目的是"防止作为国际恐怖主义的表现的一切劫持人质行为"。

公约要求该犯罪的发生地国、罪犯国籍国或经常居住地国或受害者国籍国应采取必要的措施,确立对该项罪行的管辖权。该公约第 5 条第 1 款规定,每一缔约国应采取必要的措施来确立该国对本公约所称劫持人质罪行的管辖权,如果犯罪行为是:①发生在该国领土内或在该国登记的船只或飞机上;②该国任何一个国民所犯的罪行,或经常居住于其领土内的无国籍人所犯的罪行;③为了强迫该国做或不做某种行为;④以该国国民为人质,而该国认为适当时。从上述规定可以看出,缔约国可以依据属地管辖、属人管辖、保护管辖等原则确立对劫持人质罪行的管辖权。同时,公约不排除按照国内法行使刑事管辖权。

此外,公约通过"或引渡或起诉"原则的规定确立了缔约各国对此类罪行的普遍管辖权。公约第 8 条第 1 款规定:任何缔约国如发现嫌疑犯在其领土内,而且不论罪行是否在其领土内发生,如不将该人引渡,应毫无例外地通过该国法律规定的程序,将案件送交该国主管机关,以便提起公诉。该国主管机关应按该国法律处理任何普通严重罪行案件的方式判决,并根据公约第 2 条的规定,按照所犯罪行的严重性处以适当的刑罚。

4.《制止恐怖主义爆炸的国际公约》

1997 年 12 月 15 日,第 52 届联合国大会以决议的形式通过了《制止恐怖主义爆炸的国际公约》。该公约于 2001 年 5 月 23 日生效,对恐怖主义爆炸罪行确立了强制管辖权、任意管辖权及有条件的普遍管辖权。

强制管辖权意味着缔约国应当采取必要的法律措施确定刑事管辖权。该公约第 6 条第 1 款明确规定,在下列情况下,每一缔约国应酌情采取必要的法律措施,对第 2 条所述罪行确定管辖权:①罪行在该国领土内实施;②罪行是在罪行发生时悬挂该国国旗的船舶或按照该国法律登记的航空器上实施的;③罪行系由该国国民实施。这一具有强制管辖权性质的规定体现并尊重了缔约国的属地管辖权和属人管辖权。

该公约第 6 条第 2 款规定,在下列情况下,缔约国也可以对此种罪行确立管辖权:①犯罪的对象是该国国民;②犯罪的对象是一国在国外的国家或政府设施,包括该国大使馆或其他外交或领事房地;③罪行系有惯常居所在该国境内的无国籍人实施;④犯罪的意图是迫使该国从事或不从事某种行为;⑤罪行的实施场所为该国政府操作的航空器。上述任意管辖权的规定在一定程度上体现了保护管辖原则的精神,是对属人管辖原则和属地管辖原则的有效补充。

该公约第 6 条第 4 款规定:如被指控的罪犯出现在某缔约国领土内,而该缔约国不将其引渡给根据本条第 1 款和第 2 款确定了管辖权的任何国家,该缔约国也应酌情采取必要措施,确定其对公约所述罪行的管辖权。关于普遍管辖权的这一规定有条件地赋予了缔约国对恐怖主义爆炸罪行的管辖权。

此外,公约不排除缔约国按照其国内法规定的任何刑事管辖权。

5.《制止向恐怖主义提供资助的国际公约》

1999 年联合国大会以决议的形式通过了《制止向恐怖主义提供资助的国际公约》,该公约是联合国专门为了从资金上切断恐怖主义的活动来源而制定的国际法律文件,它也对强制管辖权、任意管辖权和有条件的普遍管辖权进行了相关规定。

该公约第 7 条第 1 款规定了缔约国确立强制管辖权的情形:①罪行在该国境内实施;②罪行在案发时悬挂该国国旗的船只上或根据该国法律登记的航空器上实施;③罪

行为该国国民所实施。

第 7 条第 2 款规定了任意管辖权的情形：①犯罪的目的或结果是在该国境内或针对该国国民实施第 2 条第 1 款所述罪行；②犯罪的目的或结果是针对该国在国外的国家或政府设施，包括该国外交或领事房地实施第 2 条第 1 款所述罪行；③犯罪的目的或结果是实施第 2 条第 1 款所述罪行，以迫使该国从事或不从事任何一项行为；④罪行是由惯常居所在该国境内的无国籍人实施；⑤罪行是在该国政府营运的航空器上实施。

第 7 条第 4 款规定了有条件的普遍管辖权情形，即当犯罪嫌疑人在一国境内但不将该人引渡给按本条第 1 款或第 2 款确立管辖权的任何缔约国时，该国也应酌情采取措施，确立其对第 2 条所述罪行的管辖权。

此外，公约不排除缔约国在不妨碍一般国际法准则的情况下根据其国内法行使管辖权。

6. 国际民用航空组织制定的公约

国际民用航空组织制定的涉及国际恐怖主义犯罪管辖权的重要公约包括：1963 年 9 月 14 日通过的《关于在航空器内的犯罪和其他某些行为的公约》（简称《东京公约》）；1970 年 12 月 16 日通过的《关于制止非法劫持航空器的公约》（简称《海牙公约》）；1971 年 9 月 23 日通过的《关于制止危害民用航空安全的非法行为的公约》（简称《蒙特利尔公约》）。这三个公约采用的是并行的管辖权体系。

根据《东京公约》第 3 条、第 4 条的规定，航空器登记国享有对该航空器内所犯罪行的刑事管辖权；非登记国的缔约国在以下条件下享有刑事管辖权：①该犯罪行为在该国领土上发生后果；②犯罪人或者受害人为该国国民或在该国有永久居所；③该犯罪行为危及该国的安全；④该犯罪行为违反该国有关航空器飞行或驾驶的规定规则；⑤该国必须行使管辖权，以确保该国根据某项国际多边协定，遵守其所承担的义务。

《海牙公约》除规定航空器登记国及缔约国基于本国法享有的刑事管辖权外，又增加了航空器降落地国、航空器承租人的主要营业地国或永久居住国及罪犯所在国对劫持空器罪的刑事管辖权。

《蒙特利尔公约》在《海牙公约》的基础上又进一步完善了对危害国际航空安全犯罪的刑事管辖权的规定，确立了行为发生地国、航空器登记国、航空器降落地国、航空器承租人的主要营业地国或永久居住国、罪犯所在国等对此类犯罪的刑事管辖权。

根据《海牙公约》第 12 条第 1 款、《蒙特利尔公约》第 14 条第 1 款的规定，如果两个或者几个缔约国之间对公约的适用发生争执而不能以谈判解决时，经其中一方请求，应交付仲裁。如果在要求仲裁之日起 6 个月内，当事国对仲裁的组成不能达成协议，任何一方可以按照国际法院规约，要求将争端提交国际法院。但是，各个国家在签字、批准或加入公约时，可以声明该国不受前款规定的约束。

7. 国际海事组织制定的公约

由国际海事组织主持制定的有关公约目前有两个，一是 1988 年 3 月 10 日通过的《制止危及海上航行安全非法行为公约》；二是与上述公约同时通过的《制止危及大陆架固定平台安全非法行为议定书》。

《制止危及海上航行安全非法行为公约》确立了严格的刑事管辖体系，分为强制管辖、任意管辖和普遍管辖。强制管辖指具备法定的管辖条件的国家对危害海上航行安全的犯罪行为必须履行刑事管辖的义务。公约第6条第1款规定:"在下列情况下,每一缔约国应采取必要措施,对第三条所述的罪行确定管辖权:(a)罪行发生时是针对悬挂其国旗的船舶或发生在该船上;或(b)罪行发生在其领土内,包括其领海;或(c)罪犯是其国民。"这一规定体现的是缔约国对危害海上航行安全罪的属地管辖权和属人管辖权。任意管辖,是指缔约国可以根据情况行使管辖权。公约第6条第2款规定:"在下列情况下,缔约国可以对任何此种罪行确定管辖权:(a)罪行系由惯常居所在其国内的无国籍人所犯;或(b)在案发过程中,其国民被扣押、威胁、伤害或杀害;或(c)犯罪的意图是迫使该国从事或不从事某种行为。"普遍管辖,是指不论犯罪行为人是本国人还是外国人,也不论犯罪行为发生在本国领域内还是本国领域外,只要犯罪行为人在本国境内被发现,该国就可以在承担义务的范围内,行使刑事管辖权。公约第6条第4款规定:"如被指称的罪犯出现在某缔约国领土内,而该缔约国又不将他引渡给根据本条第1款和第2款确定了管辖权的任何国家,该缔约国对危害海上航行安全罪实行普遍管辖的原则。"此外,该公约不排除缔约国按照国内法行使的任何刑事管辖权。

《制止危及大陆架固定平台安全非法行为议定书》也确立了类似的刑事管辖权体系。关于强制管辖,议定书第3条第1款规定:"在下列情况下,每一缔约国应采取必要措施,确定其对第二条所述罪行的管辖权:(a)罪行系针对位于其大陆架上的固定平台或罪行发生于该固定平台上;或(b)罪行由其国民所犯。"关于任意管辖,该条第2款规定:"在下列情况下,缔约国亦可以对任何此种罪行确定管辖权:(a)罪行系由惯常居所在其国内的无国籍人所犯;或(b)在案发过程中,其国民被扣押、威胁、伤害或杀害;或(c)犯罪的意图是迫使该国从事或不从事某种行为。"关于普遍管辖,该条第4款规定:"如果被指称的罪犯出现在某缔约国领土内,而该缔约国又不将他引渡给根据本条第1款和第2款确定了管辖权的任何国家,该缔约国应采取必要措施,确定其对第二条所述罪行的管辖权。"此外,议定书不排除按照国内法所行使的任何刑事管辖权。

8. 国际原子能机构制定的公约

由国际原子能机构主持制定的有关公约中,涉及国际恐怖主义犯罪管辖权的是1979年10月26日通过的《核材料实物保护公约》。该公约对核材料犯罪规定的刑事管辖权包括强制管辖、任意管辖和普遍管辖三种情况。

公约第8条对核材料犯罪的管辖做出了如下规定:"每一缔约国应采取必要的措施,以便在下列情况下对核材料犯罪确立其管辖权:(a)罪行发生于该国领土内或该国注册的船舶或飞机上;(b)被控犯人是该国国民。每一缔约国应同样采取必要措施,以便在被控犯人在该国领土内而该国未按照第11条有关引渡的规定将其引渡给上述任何国家时,对这些罪行确立其管辖权。该公约不排除按照国内法行使的任何刑事管辖权。任何缔约国亦可按照国际法,在该国于国际核运输中为输出国或者输入国时,确立其对核材料犯罪的管辖权。"①

---

① 娄松涛:《国际恐怖主义犯罪管辖权冲突问题研究》,华东政法大学2009年硕士学位论文。

三、国际恐怖主义犯罪人的引渡

(一) 引渡的概念

引渡是一种法律程序,是基于条约、互惠、礼让或国内法,一国将被指控或判定犯有违犯请求国法律或违犯国际刑法之人,移交给另一国(请求国),以便使该人就请求书中指明的犯罪,在请求国接受审判或处罚。① 简言之,引渡是一国应另一国的请求,将在其境内而请求国对其犯罪有管辖权的人,移交给该请求国审判或惩处。

(二) 国际恐怖主义犯罪人引渡的法律依据

从国际法的规定来看,引渡并没有成为国家在国际法上应该承担的相应义务,相反各国都有权决定是否引渡该国内的人员,无论这一人是否是该国的国民。请求国所提出的引渡请求是否会得到被请求国或者地区的积极响应和配合,要受到诸多因素的影响,如两国的关系、是否签订有引渡条例、被请求引渡人所犯罪行的种类等。如果被请求国或地区基于某一理由拒绝了引渡请求,请求国也不能援引国际法的规定去追究被请求国或地区的法律责任。

引渡涉及国与国之间的关系,难免会受到国际形势及国内政治的影响。但是,当代引渡制度已经向着法制化方向发展,必须要避免过多受到政治因素的影响,回归法律制度的本质。国与国之间的引渡是按照条约建立起来的,主要表现在双边、多边或者国际条约。我国近年来与许多国家签订了双边引渡条约:1994 年 3 月 5 日《中华人民共和国和泰王国引渡条约》颁布实施;2003 年 11 月 3 日《中华人民共和国和巴基斯坦伊斯兰共和国引渡条约》在北京签订;2006 年 3 月 12 日《中华人民共和国和菲律宾共和国引渡条约》生效。

国际条约中有关引渡条款也是引渡关系建立的重要表现形式。2003 年《联合国反腐败国际公约》就腐败犯罪在各个成员国之间倡导引渡互助;《美洲引渡公约》基本建立起了美洲国家之间的引渡关系;在欧洲,涉及国际恐怖犯罪人引渡的条约较多,其中有代表性的是《欧洲引渡公约》《欧洲引渡公约附加议定书》《欧洲引渡公约第二附加议定书》《惩治恐怖主义的欧洲公约》《欧盟成员国间引渡公约》《欧盟成员国间简易引渡程序公约》《关于欧洲逮捕令及成员间移交程序的框架决定》等,欧盟国家间在引渡合作上将这些区域性多边公约奉为主要国际法律依据。②

(三) 国际恐怖主义犯罪人引渡的原则

1. 政治犯不引渡原则

政治犯不引渡原则,或称政治犯罪例外原则,是指当被请求国根据其本国法认为引渡请求所针对的犯罪构成政治犯罪时,则拒绝请求国的引渡请求。

1833 年,比利时制定了《引渡法》,这是第一部明文禁止引渡外国政治罪犯的国内

---

① 赵秉志:《国际恐怖主义犯罪及其防治与对策专论》,中国人民公安大学出版社 2005 年版,第 165 页。

② 周露露:《欧盟引渡制度的新发展及对我国的启示》,载《法学》2003 年第 12 期,第 111 页。

法。1834年《比利时与法国引渡条约》中写入了政治犯不引渡的条款。该原则发展至今已经成为全世界公认的国际法原则。

政治犯不引渡原则在国际上被普遍接受有其内在的必然性。由于各国政治制度、政治观念上存在着差异,对于与政治问题相关联的犯罪,不同性质的国家按照本国的具体国情和利益发展来考虑,做出的反应也是各不相同的。这是因为在一种社会制度下如果被法律宣布为危害国家政权的相关犯罪的话,那么在另外一种相关的社会制度下则很有可能完全不被视为犯罪甚至在某些特殊情况下还会受到肯定甚至是鼓励。①

另外,确立政治犯不引渡原则也有人权保障方面的考虑。由于政治犯罪侵害了国家的政治利益,因而容易成为国家不公正审判的牺牲品。肯定政治犯不引渡,也是为了保护犯罪人的基本人身权利,目的在于防止针对那些持有不同政见的相关人员进行政治迫害抑或是相关方面的不公正的审判。

由于政治犯的概念伸缩性很大,使得政治犯不引渡原则常常成为借口而拒绝引渡请求。这在国际恐怖主义犯罪的引渡中也经常出现。因为,许多国际恐怖主义犯罪产生都起源于民族问题、宗教问题,国际恐怖主义犯罪人或多或少都会涉及政治因素,政治犯不引渡原则就成为拒绝引渡国际恐怖主义犯罪人最好的理由。所以为了尽可能地避免政治犯不引渡原则逐渐发展成为国际恐怖主义犯罪最终的"保护伞",较为有效的措施就是将国际恐怖主义犯罪非政治化。许多国际条约都对国际恐怖主义进行了明确的界定或者是提出一些建设性的提议和倡议。从国际条约的规定来看,有的条约从正面明确了国际恐怖主义犯罪的含义,有的条约则通过列举的方式,规定了一些犯罪行为不属于政治犯不引渡原则所规定的政治犯范畴,对于这些犯罪,缔约国应予以引渡。例如,1996年实施的《欧盟成员国间引渡公约》第5条第1款明确规定:"为适用本公约之目的,被请求成员国不得视任何犯罪为政治犯罪、与政治犯罪有关的犯罪或基于政治动机的犯罪。"

2. 或引渡或起诉原则

或引渡或起诉原则,是指对于侵犯重大国际利益者,缔约国既要依本国法承担对罪犯起诉的义务,又要承担把该罪犯引渡给要求对之起诉的国家的义务。或引渡或起诉原则日益受到国际社会的广泛关注。在众多的区域性多边条约中,不乏关于或引渡或起诉原则的条款。例如,1933年《美洲国家间引渡条约》第2条同样规定:当被请求国认为罪犯是本国公民而依照本国法律决定不予以引渡时,被请求国应当承担将罪犯移交本国主管机关就罪犯被请求国指控的罪名起诉的强制义务,并且还必须将最后宣告的罪名和判处的刑罚及时通知请求国。

国际刑法学界普遍认为,1929年4月20日签订、1931年2月22日生效的《防止伪造货币国际公约》是第一部明确规定"或引渡或起诉原则"的国际公约。此后,1936年《禁止非法买卖麻醉药品公约》、1937年《防止和惩治恐怖主义公约》、1949年《禁止贩卖人口及取缔意图使人卖淫的公约》等国际公约都引入了该原则。

基于国际社会还没有形成完全厘清恐怖主义犯罪和政治犯两者之间界限的条件基

---

① 张伟:《论引渡在国际反恐合作中的适用》,湘潭大学2012年硕士学位论文。

础,为了加强国际反恐合作以打击日益严重的国际恐怖主义犯罪,国际社会在反恐领域合作中开始重视或起诉或引渡原则的适用,以期在国际恐怖主义犯罪的引渡问题上制定一个"安全阀"。

正是基于这样的积极意义,国际社会在制定打击国际恐怖主义犯罪的有关公约时都将这一原则作为重要内容予以规定。1970年《海牙公约》第7条确立了现代意义的"或引渡或起诉"原则,为之后的国际刑法公约尤其是国际反恐公约树立了样板[①]。在这之后的联合国国际反恐公约无一例外地都确立了该原则。同时,在国家双边和多边条约中也存在大量关于或引渡或起诉原则的规定,如欧洲国家间制定的《欧洲引渡公约》《欧盟成员国间引渡公约》等。我国与外国签订的双边引渡条约中,也普遍存在对或引渡或起诉原则的规定。

(四)国际恐怖主义犯罪人引渡的程序

1. 强制措施

引渡作为追捕国际恐怖主义犯罪嫌疑人、被告人或被判刑人并将其遣返归案的国际合作手段,必须有相应的强制措施制度与之配套,以防止被请求引渡人逃跑、保障引渡诉讼的正常进行。根据我国《引渡法》第四节的规定和我国同其他国家签订的引渡条约,引渡中的强制措施分为两类:一是为引渡而采取的临时强制措施,二是紧急情况下采取的强制措施。

(1)为引渡而采取的强制措施。为引渡而采取的强制措施同样具有限制或剥夺人身自由的特性,但同我国《刑事诉讼法》规定的刑事诉讼强制措施有所区别。

1)强制措施所针对的对象不同。为引渡而采取的强制措施针对的是外国刑事诉讼中的犯罪嫌疑人、被告人或者被判刑人。一般来说它是针对外国人的,而且可以针对未触犯中国刑事法律的外国人,是国际刑事司法合作的表现。为引渡而采取强制措施不像在普通刑事诉讼中那样要求立案程序,但它必须以外国主管机关明确提出的采取强制措施的请求为条件。

2)采取强制措施的目的不同。在普通刑事诉讼中,采取强制措施是为了保障追诉活动的顺利进行;在引渡案件中,采取强制措施是为了保障可能的引渡合作的开展。因此,根据外国主管机关的请求对逃犯采取强制措施不是一种独立的国际司法合作形式,而是引渡的附带合作形式。换言之,如果不是为了可能进行的引渡,就不能根据任何外国的请求对未触犯中国刑律的外国人采取强制措施。再进一步讲,一旦我国主管机关发现或者确认引渡的可能性已不存在,就必须毫不迟疑地解除根据外国请求而采取的强制措施。[②]

3)适用强制措施的条件不同。我国《刑事诉讼法》为各种强制措施的适用规定了相应的条件,原则上讲,为引渡而采取强制措施也应当遵守这样的条件,但是需要从立法上对有关条件做必要的补充并在司法实践中给予特定的理解。比如,逮捕的条件之一是

[①] 黄涧秋:《论国际刑法中的"或引渡或起诉原则"》,载《当代法学》2008年第1期,第38页。
[②] 赵永琛:《国际刑法与司法协助》,法律出版社1994年版,第110页。

"有证据证明有犯罪事实",而在为引渡而采取强制措施时则不可能像在普通刑事诉讼中那样去对有关案件事实的基本证据进行审查。又如,《刑事诉讼法》在强制措施的适用条件中规定的"社会危险性",在引渡案件中应当主要理解为逃跑的可能性等。

4)强制措施的期限不同。一般来说,为引渡而采取的强制措施需要持续比较长的时间,因为在国际司法合作中受特定的联系途径、环节、程度和方式的影响,相互转递有关材料、要求和信息的周期较长,而且需要保留足够的时间进行比较慎重的多方面审查和研究。在各国签订的引渡条约和各国关于引渡的国内立法中,一般都对为引渡而羁押的期限做出不同于普通刑事诉讼程序的特殊规定。我国刑事诉讼中强制措施包括拘传、取保候审、监视居住、拘留、逮捕五种,为引渡而采取的强制措施是否也是指上述五种呢?根据我国《引渡法》的规定,引渡强制措施包括引渡拘留、引渡逮捕、引渡监视居住三种。

(2)紧急情况下采取的临时强制措施。紧急情况下采取的临时强制措施在我国《引渡法》第30条中有明确规定,我国公安机关在出现紧急情况下可以采取强制措施。可见,紧急情况下采取的临时强制措施主要是指引渡拘留。在紧急情况下提出临时拘留请求的程序与提出正式引渡请求的程序不同。正式的引渡请求必须向法定的"联系机关"如向司法部或者外交部提出才具有合法效力,否则,被请求国的机关可以援引引渡条约或者本国的《引渡法》拒绝接受引渡请求;而关于临时拘留的请求则可以采用一种快捷的方式直接向执行机关提出,或者通过被请求国的其他主管机关向执行机关提出。如《中泰引渡条约》第9条第1款规定:临时羁押的请求"可通过外交途径或国际刑警组织以书面方式提出"。《中俄引渡条约》第11条第1款规定:"临时羁押的书面请求传递的方式有两种,即本条约规定的方式和双方约定的其他方式,可以采取任何合适的信息传递方式。"紧急情况下采取临时引渡拘留措施,一般按下列程序和要求办理。

1)在遇到紧急事项的时候,除了通过向我国提出申请外,还可以借助于外交途径,也可以通过国际刑警组织向我国提出请求。

2)采取临时强制措施的请求应包含下列情况:①被请求拘捕者的个人情况,如该人的姓名、国籍、住所地、身份证件的种类和号码、可能潜藏的地点,在可能的情况下,描述该人的外表特征,提供该人的照片、指纹及一切有助于辨别该人的材料。②有关犯罪事实的简要说明。③如果请求拘捕的对象是犯罪嫌疑人或者被告人,要提供请求国主管机关签发的拘捕决定或者逮捕令。在紧急情况下,如果提供这类文件的副本有困难,也可以在请求书中说明已存在此文件并将随引渡请求提交。④如果请求拘捕的对象是被判刑人,要提供请求国司法机关对该人作出的生效判决书的副本,在紧急情况下,如果提供判决书副本有困难,也可以只在请求书中说明存在此判决书。⑤明确表示将随后针对该人提出正式的引渡请求。

3)在收到请求之后,我国相应机关会指示市一级的相关部门采取临时强制措施。

4)我国相关部门采取临时强制措施之后,应当及时作出报告。

5)在采取临时性的强制措施之后,请求国应该在30天内提出引渡,否则临时性的强制措施将会被撤销。①

2. 提出引渡请求

提出请求是引渡发生的前置性条件,只有请求国向被请求国提出了关于某个或某些国际恐怖主义犯罪人的引渡请求后,被请求国才会启动相关程序,决定是否引渡②。提出引渡请求涉及以下几个问题。

(1) 提出引渡请求的当局资格。一国内部由哪个机关负责提出引渡,该问题由各国自行规定。按照各国引渡法及实践,国家内部有权提出引渡的当局主要有:外交部门的首长、司法部长、最高法院或联邦法院、中央警察当局。在简易引渡程序中,如果引渡请求是通过国际刑警组织渠道移交的,则由该组织各自国家中心局局长签发请求引渡书,特别是在警察当局请求外国给予普通的司法协助如协助侦查、扣押、提供犯罪情报时,警察当局往往通过国际通缉令附带要求外国引渡被通缉人,这种程序主要是针对不特定国家进行的。所以,机关具有的提出引渡请求资格是由国家依法授予的,一国内部的基层司法行政当局无权向外国请求引渡罪犯。

(2) 提出引渡请求的途径。一般来说,引渡申请的提出可以有不同的方式,相关的国内立法和引渡条约也可以对这一问题加以规定,从现有的立法和实践来看,主要包括通过领事途径、通过司法部直接通信途径、通过第三国的途径、通过司法机关直接联系途径等。除此之外还有的国家在立法中对申请的次数进行了限制,立法禁止以相同的事项再对同一人提出引渡申请,目的是保护犯罪嫌疑人的合法权益。如1933年《泛美引渡公约》第12条规定:"一旦拒绝引渡某人,不得再对同一被指控行为提出引渡请求。"我国的引渡法规定请求引渡的接受机关是外交部。

(3) 支持引渡请求的文件。请求国在提出引渡国际恐怖主义犯罪人请求时,除了要提交引渡申请外,还要提交有关的证明材料,对引渡申请进行佐证,这样也是方便被请求国当局进行审查。引渡请求书应当包括下列内容:①提出申请的机构;②国际恐怖主义犯罪人的个人信息;③国际恐怖主义犯罪人的犯罪情况;④相关的法律规定作为追究国际恐怖主义犯罪人刑事责任的依据;⑤对国际恐怖主义犯罪人犯罪行为的定性;⑥追究国际恐怖主义犯罪人刑事责任的相关法律文书。

(4) 引渡请求书的送达。引渡请求书从法律性质来看,属于请求国的正式文件,必须表现为书面形式,使用的语言必须考虑到被请求国能否接受,以保证请求的意思能够有效传达。提出引渡请求时,还需要同时附带以下的材料:①提出申请的机构;②国际恐怖

---

① 有关临时性强制措施的期限在特殊情况下最长还可以再延长30天。我国现有的双边引渡条约和《关于办理引渡案件若干问题的规定》对采取临时强制措施至提出正式引渡请求的期限规定不同。《中泰引渡条约》第9条第4款规定:"在羁押被请求引渡人后六十天内,如果被请求方的主管机关未收到正式引渡请求及第7条所要求的文件,临时羁押应予撤销。"《中白俄引渡条约》《中保引渡条约》《中哈引渡条约》和《中罗引渡条约》也规定了同样的临时羁押期限。但是,《中罗引渡条约》规定的该期限起算时间与前三项条约不同,它规定"在对被请求引渡人逮捕后三十天内",而不是"在请求的缔约一方收到羁押通知之日起的三十天内"。《关于办理引渡案件若干问题的规定》规定临时强制措施的期限为一个月,延长期不得超过一个月。

② 黄风:《引渡制度》(增订本),法律出版社1997年版,第328页。

主义犯罪人的个人信息;③国际恐怖主义犯罪人的犯罪情况;④相关的法律规定作为追究国际恐怖主义犯罪人刑事责任的依据;⑤对国际恐怖主义犯罪人犯罪行为的定性;⑥追究国际恐怖主义犯罪人刑事责任的相关法律文书,包括追诉机关的起诉状、逮捕书、刑事判决书、执行裁定书、刑事羁押证明等文件。提供的材料必须符合被请求机关的要求,如果被请求机关认为提供的材料不够充分可以要求提出请求的机构补充相关材料。引渡请求书作为一种正式的法律文书,一经送达就会产生法律效力,对双方都会产生法律约束力。对被请求国来说,收到了引渡请求书,被请求国接到请求书后,便获得了与引渡相关的权力,诸如临时拘留、逮捕被请求引渡人,扣押、查封被请求引渡人的财产及可能作为犯罪证据的物品、文件,传唤有关证人,通缉闻讯逃跑的被请求引渡人,等等。同时,被请求国也负有某种国际义务,即必须按照双方缔结的引渡条约或互惠原则,安排有关引渡事宜,妥善处理与引渡相关的一系列问题。

3. 对引渡请求的审查

对引渡请求的审查是引渡程序中必不可少的一个环节,它主要是被请求国对于请求国的请求,依据相关法律的规定,审查考虑引渡请求的合法性。对引渡请求的审查只由被请求国独立进行,目的在于确定引渡请求是否合法,引渡是否有利。① 实践中,主要通过行政审查、司法审查、双重审查的方式进行。

(1)行政审查,或称政治审查,是指被请求国的政府主管机关对引渡进行审查,审查的主要内容如下。

1)审查外国提交的引渡请求书和支持引渡请求的材料是否符合有关国际条约或者被请求国法律规定的形式要件,是否是根据条约规定的联系途径或者其他合乎被请求国法律制度的途径提出的。

2)在双方无专门的国际条约关系的情况下,审查请求国是否作出互惠承诺或者是否曾经给予过被请求国以互惠待遇。

3)审查是否应当给予或者已经给予请求引渡人以在被请求国受庇护的权利。

4)根据有关行为的性质和具体的政治背景,审查引渡请求所针对的犯罪是否属于政治犯罪。

5)根据具体的事实,审查是否有充分理由认定刑事责任的追诉是否存在不公和歧视。

6)审查被请求引渡人是否属于被请求国法律应当予以保护的本国国民;在肯定的情况下,与有关机关协商决定是否依照"或者引渡,或者起诉"的原则将该人移送本国司法机关处理。

7)审查被请求引渡人在被请求国是否享有刑事豁免权。

8)审查允许引渡是否会对被请求国的主权、安全或者其他重大的国家利益造成损害或者影响。在存在这种可能性的情况下,可与其他主管机关协商采取合法的方式并选择合适的理由拒绝引渡请求。

---

① 林欣:《论引渡与庇护制度的新动向》,载《中国社会科学》1985年第6期。

9）根据被请求引渡人的年龄、身体健康等个人情况，审查对该人实行引渡是否符合基本的人道主义精神。

10）在数个国家对同一人提出引渡请求的情况下，根据有关条约和被请求国法律的规定审查并决定接受引渡请求的次序。

11）为维护被请求国的国家利益或国际形象，审查是否应当要求请求国就有关案件的处理作出必要的承诺，并且就此进行交涉。

12）在允许引渡的情况下，就移交被引渡人的时间、地点、方式等问题与请求国进行协商，并且安排具体的执行事宜。

13）在外国提出过境引渡或者补充引渡的情况下，以比较简捷的方式进行审查并作出决定，在必要时应当依法征求本国司法机关的意见或者将有关请求提交司法机关审查。

14）审查被请求引渡人是否已获得或者将获得赦免。①

（2）司法审查，即由被请求国的刑事司法机关对引渡请求进行审查，审查的内容主要如下。

1）根据本国的法律和国际条约的有关规定，审查请求国提出的对被请求引渡人采取强制措施的请求是否符合法定条件，并且就是否接受此请求作出决定。在请求国未在规定或者商定的期限内提出正式引渡请求的情况下，被请求国司法机关有权释放被处以临时强制措施的人。

2）审查和核实被处以强制措施的人或者在未采取强制措施的情况下参与引渡诉讼的人是否确为请求国提出的羁押请求及引渡请求所针对的人。如果发现有误，应当立即依法采取相应的补救措施。

3）依照双重犯罪原则进行下列审查：被请求引渡人的行为假如实施于被请求国境内或者属被请求国的刑事司法管辖范围是否构成犯罪；引渡请求所针对的犯罪行为是否属于国际条约规定的可引渡的犯罪；是否符合国际条约或者本国法律所规定的最低刑期标准。

4）在有些情况下，还须审查请求国提供的证据材料是否足以证明被请求引渡人有犯罪嫌疑并且应当将其提交审判。

5）根据国际条约和本国法律审查请求国的追诉活动是否超越了被请求国法律限定的刑事管辖范围。

6）审查被请求国对引渡请求所针对的犯罪是否拥有刑事司法管辖权，是否应当在本国境内对被请求引渡人提起诉讼，是否正在对同一案件进行诉讼，或者是否已对同一案件和同一被告人作出生效判决。审查是否适宜将本国司法机关正在审理的同一案件转交给请求国司法机关进行审理；在认为适宜的情况下根据国际条约或者双方商定的条件

---

① 玛丽亚木·依明：《引渡制度基本原则及完善我国引渡立法研究》，载《商品与质量》2011年第6期，第174页。

作出移送案件的决定。①

7）根据本国法律和请求国的法律审查请求国的追诉活动或者刑罚执行活动是否已经超过时效；被请求引渡人是否得到被请求国或者请求国给予的赦免。

8）审查被请求引渡人是否属于被请求国的国民。

9）根据犯罪的性质、目的、动机等情形，审查引渡请求所针对的犯罪是否属于政治犯罪，或者是否应根据国际条约或者本国法律将该犯罪排除在政治犯罪之外。

10）审查引渡请求所针对的犯罪是否仅仅属于违反请求国法律规定的军事义务的行为，而根据该国法律或者被请求国法律不构成普通刑事犯罪。

11）审查有关权利人针对引渡案件所涉及的财物提出的权利主张，并就这类财物的移交问题作出决定。

12）如果被请求引渡人正因其他犯罪在被请求国接受刑事审判或者刑罚的执行，审查是否可以对其实行临时引渡或者是否应当对其推迟引渡，并且就此提出意见。

13）在数个国家针对同一人提出引渡请求的情况下，根据有关的国际条约和被请求国的法律，就接受引渡请求的次序问题提出意见。

14）为维护或者体现被请求国法律的基本原则，审查是否应当要求请求国就有关案件的审理、定罪、量刑或者行刑等具体问题作出必要的承诺。

15）在被请求国法律制度允许或者有明确规定的情况下，根据引渡诉讼参与人的要求，审查本国行政机关就有关引渡案件作出的决定或者所采用的程序是否合法。

（3）双重审查，即指对请求国提出的引渡请求分别由被请求国进行行政审查和司法审查，并在此基础上作出最终决定。单独采取行政审查或司法审查，都不可避免地存在一定的缺陷。引渡作为一种合作机制，需要考虑诸多因素，目前大多数国家，包括我国，都采取双重审查制。无论哪一种审查，被请求国最终都要作出是否准予引渡的决定。②

4. 被请求引渡人的相关申诉

在那些专门针对引渡国际恐怖主义犯罪人所涉及的实践过程当中，为了全面保障被请求引渡人自身的正当权益，一般立法中都规定了国际恐怖主义犯罪人有获得救济的权利，这里的所谓救济权利，主要是向司法机关提出上诉或者申诉。

5. 对引渡决定合法性的审查

对国际恐怖主义犯罪人的引渡决定，被引渡者如果质疑其合法性，可以申请由法院进行相关方面的合法性审查。如1967年丹麦《引渡法》第16条第1款明确规定："根据司法部的决定应当被引渡的人，可以要求警方将这一决定的合法性问题提交所在地法官审查。"这一规定反映了立法者要求必须对引渡进行合法性审查，目的是维护被引渡者的合法权益。

---

① 乔慧娟：《刍议我国国际引渡制度的发展与完善》，载《商业时代》2010年第2期，第111～112页。

② 张伟：《关于中国的恐怖主义犯罪引渡法律建设的思考》，载《商业文化》（上半月）2011年第4期。

6. 移交

移交问题涉及两个方面,一是专门针对国际恐怖主义犯罪人的引渡移交,二是相关的财物移交。

(1)移交被引渡恐怖主义犯罪人。关于被引渡恐怖主义犯罪人的移交,中国和外国签订的引渡条约中主要作了如下规定:①被请求方如果作出了决定,就应立即通知请求方,如果同意,则由双方协商细节问题,决定具体的时间、地点等问题,反之,则要告知请求方拒绝引渡的理由和依据;②如果在确定的移交日期超过十五日请求方都不接收引渡恐怖主义犯罪人,则视为放弃对恐怖主义犯罪人的引渡,被请求方应当取消对被引渡恐怖主义犯罪人采取的强制措施,将其释放,并拒绝请求方的再次引渡请求;③如果是不可控制的原因导致无法移交,应提前通知另一方,并由双方协商最终重新商定相关的移交日期。①

(2)移交同犯罪相关的物品。关于同犯罪相关的物品的移交,主要是作为证据、非法所得的财物的移交问题。一般是随着恐怖主义犯罪人一起移交。例外的情况是如果犯罪人已经身亡,则也可能要移交作为证据和非法所得的财物。

7. 过境

如果请求国和被请求国不是邻国,要将恐怖主义犯罪人引渡到请求国,必须途径第三国,此时即产生过境问题。根据我国《引渡法》规定,对于外国提出的过境请求,由外交部依法进行审查,作出准予过境或者拒绝过境的决定。准予过境或者拒绝过境的决定应当由外交部通过与收到请求相同的途径通知请求国。外交部作出准予过境的决定后,应当将该决定及时通知公安部。过境的时间、地点和方式等事宜由公安部决定。《引渡法》第46条还规定:"引渡的过境由过境地的公安机关监督或者协助执行。公安机关可以根据过境请求国的请求,提供临时羁押场所。"

四、国际反恐联合侦查

随着国际局势的发展,各国政府逐渐认识到单靠一国的力量去打击和防范国际恐怖主义犯罪的难度越来越大,各国必须进一步加强国际刑事司法合作。在此背景下,针对国际恐怖主义犯罪的联合侦查(joint investigation)应运而生。

(一)国际反恐联合侦查的概念

所谓国际反恐联合侦查,是指两个以上国家的侦查机关,对有权管辖的国际恐怖主义犯罪案件,联合采取侦查行动,调查取证,缉捕恐怖犯罪嫌疑人的一种侦查措施②。

---

① 参见《中华人民共和国和吉尔吉斯共和国引渡条约》《中华人民共和国和白俄罗斯共和国引渡条约》《中华人民共和国和俄罗斯联邦引渡条约》《中华人民共和国和保加利亚共和国引渡条约》《中华人民共和国和罗马尼亚引渡条约》《中华人民共和国和哈萨克斯坦共和国引渡条约》《中华人民共和国和乌克兰引渡条约》第12条;《中华人民共和国和泰王国引渡条约》第10条;《中华人民共和国和蒙古人民共和国引渡条约》第14条;《中华人民共和国和柬埔寨王国引渡条约》第11条;《中华人民共和国和乌兹别克斯坦共和国引渡条约》第10条。

② 崔家国:《国际反恐联合侦查研究》,载《铁道警官高等专科学校学报》2008年第4期,第81页。

(二)国际反恐联合侦查的方式

国际反恐联合侦查的方式依不同的合作内容而有所不同。

1. 直接合作与间接合作

直接合作是一种有效的侦查合作形式。它由参与联合侦查的各个当事国就某个具体的侦查事务直接进行联络、交流并处理。国际司法合作要实现高效,就要尽量减少中间环节,开展直接合作。间接合作则指参与联合侦查的当事国不直接进行接触,而是通过中介来实现其协助意图。这种联合侦查的效果比起直接侦查来要差很多。但在许多情况下,这种方式是绕开敏感的外交和政治问题,处理棘手的跨国犯罪案件的有效手段。①

2. 一方境内侦查与各方境内同时侦查

从联合行动的地域来看有两种形式:一种是就某一案件在一国境内联合行动。如中俄联合侦破中国公民在俄罗斯杀人案件。②另一种是围绕某一案件双方在各自国家里分头侦查,同时行动,如中美联合侦查的"12·5"案。

3. 多边合作与双边合作

多国联合侦查在消除恐怖主义威胁方面发挥着积极的作用,如独联体国家范围内的联合侦查与"上海合作组织"范围内的反恐联合侦查。双边合作在实践中打击恐怖主义犯罪是较为成功的模式。在这种情况下,双方互信程度高,可以有效地进行情报交流,容易在具体方面达成秘密协议,如法国与西班牙联手在两国接壤的边境城市建立的"法西联合工作委员会",其任务就是通过在边境地区打击恐怖主义和违法犯罪活动及时收集相关业务数据,在尽可能短的时间内与对方交换情报,实施预防犯罪和抓捕罪犯的联合行动。

(三)国际反恐联合侦查的法律依据

1. 国际法规范

目前全球性或区域性的许多国际公约对联合侦查作出了规定。

联合国大会于2000年12月通过的《联合国打击跨国有组织犯罪公约》第19条规定:"缔约国应当考虑缔结双边或者多边协定或者安排,以便有关主管机关可以据以就涉及一国或者多国侦查、起诉或者审判程序事由的事宜建立联合侦查机构。如无这类协定或者安排,可以在个案基础上商定进行这类联合侦查。有关缔约国应当确保拟在其领域内开展这种侦查的缔约国的主权受到充分尊重。"③

欧盟国家之间亦有相关规定。欧盟委员会于1999年10月在芬兰坦佩雷会议上要求会员国毫不拖延地成立联合侦查组。"为了进行刑事调查,各会员国必须互相配合和采取协调一致的行动,针对跨国犯罪由至少两个会员国成立一个联合侦查组,以打击非法

---

① 赵永琛:《跨国犯罪对策》,吉林人民出版社2000年版,第262页。
② 《公安部通报近年来铁路公安工作情况》,载央视国际网,http://news.cctv.com/china/20061010/102080.shtml.,2016年7月19日访问。
③ 崔家国:《国际反恐联合侦查研究》,载《铁道警官高等专科学校学报》2008年第4期,第82页。

毒品交易、人口买卖和恐怖活动。"2000年5月29日,欧盟理事会在布鲁塞尔通过的《欧盟成员国刑事司法互助公约》规定了联合侦查组这种新的侦查方法以打击跨国犯罪。2001年在斯特拉斯堡缔结的《欧盟成员国刑事司法互助公约第二附加议定书》对联合侦查作出详细规定。该议定书第20条"联合侦查组"规定:"经双方同意,两个或多个缔约方的主管当局可以通过协议,设立一个有特定目的和期限的联合侦查组,经双方同意可以延长期限,小组的组成情况应在协议中载明。"①

在我国同其他国家签订的打击跨国犯罪的协定或者其他法律文件中,也有联合侦查的规定。如2006年7月27日《中华人民共和国公安部国际合作局和美利坚合众国国土安全部移民与海关执法局谅解备忘录》第6章"联合执法侦查合作"第2条规定:"双方建立和使用联合行动组,作为方便联合侦查和交换证据材料的交流机制。"再如《中华人民共和国和塔吉克斯坦共和国关于打击恐怖主义、分裂主义和极端主义的合作协定》第13条第3款规定:"缔约双方主管部门,应缔约一方请求,可以就涉及《上海公约》第1条第1款所指行为的案件进行共同侦查或协助侦查。"这里的"共同侦查"即指联合侦查。

2. 国内法规范

通常来讲,进行国际司法合作,除了有各方签订的有效条约、共同加入或签署的国际公约外,还需要有国内法规范,而且要求两者之间的规定能相互衔接,因为无论如何实施国际刑事司法合作,都最终要有相当一部分适用国内法规范。有的国家单独制定了刑事互助方面的法律,有的将其规定在刑事诉讼法中,如俄罗斯即是如此。

(四)国际反恐联合侦查的原则

由于国际反恐联合侦查是不同国家侦查机关之间的合作,又往往是一些重大案件的合作,加之国与国之间的法律制度、政治观点甚至人权观念有着冲突,因此应按照国家合作的特有规律性,结合案件的实际情况,确立相关原则,在实施联合侦查的过程中共同遵守。国际反恐联合侦查的原则包括国家主权原则、不干涉内政原则、尊重合作方的法律和公共秩序原则、互惠原则及双重犯罪原则。②

国家主权原则、不干涉内政原则、尊重合作方的法律和公共秩序原则属于国际法的原则。作为调整国家关系的法律规范,国际法原则同样适用于国家间联合侦查恐怖主义犯罪案件的活动。不论何种形式的国际合作,尊重各国主权平等、领土完整及不干涉他国内政,尊重他国现有的法律制度、司法制度是开展刑事司法国际合作的基础和前提。只有在相互尊重他国的政治制度、法律制度的基础上建立互信机制,不以自己的意识形态和司法理念衡量对方或强加给对方,求同存异,才是开展国与国之间务实的法律合作的基础。

互惠原则体现了各国在联合侦查上的平等地位,一国要求另一国给予协助,却又不愿帮助该国,则无法进行基于互惠机制之上的联合侦查。只有建立在互惠原则基础之上

---

① 王家胤:《联合侦查组制度初探——以欧盟联合侦查立法与实践为视角》,载《中国刑警学院学报》2013年第4期,第28~31页。

② 赵永琛:《跨国犯罪对策》,吉林人民出版社2000年版,第263~265页。

的联合侦查,才能保证两国未来合作的长期性和稳定性。双重犯罪,又叫双重归罪,是指某个行为按照请求国法律和被请求国法律都认为是犯罪行为①。因为国际恐怖主义犯罪的联合侦查需要当事国全面介入,而且只有当事国都认为正在侦查的案件是犯罪案件,才能保证合作诸方顺利地进行联合侦查。

(五)国际反恐联合侦查的程序

国际反恐联合侦查的程序通常分为请求阶段、审查阶段和办理阶段。

1. 请求阶段

一般来说,国际恐怖主义犯罪案件发生后,总是先由一国立案侦查。在侦查过程中遇到无法由本国单独解决的复杂问题时,立案国往往需要借助外国侦查力量,实施联合侦查或侦查协助。通常立案国依照国内法律规定的程序,取得一定的证据支持之后,即可向有关国家提出联合侦查国际恐怖主义犯罪案件的倡议和请求。

2. 审查阶段

一国接到另一国请求联合侦查国际恐怖主义犯罪案件之后,通常要依照国内法程序进行实质性审查和程序性审查。所谓实质性审查,主要审查联合侦查事项是否涉及国家主权、国家利益;所谓程序性审查,是从司法角度考虑该请求是否符合法定程序。被请求国应尽快作出决断,并将审查结果尽快通知请求国,以免延误战机。审查的结果,可能有两种,一是接受,二是拒绝。一般情况下,作出拒绝的决定时要求被请求国说明理由。

3. 办理阶段

一般来讲,办理阶段开始于侦查步骤的协商与侦查计划的联合制订,包括签订具体协议,规定行动范围,制定行动准则和具体实施步骤等。当事国决定对某起国际恐怖主义犯罪案件进行联合侦查后,就要依照双方商定的结果实施,直至案件侦破、互通结果。包括建立固定的联络渠道,随时保持沟通信息,协调行动计划;建立专项行动指挥部,在国内坐镇指挥;精心挑选派遣人员,除业务过硬的侦查人员之外,为协调外事工作还应配备精通外语的外事警官。②

(六)国际反恐联合侦查的措施

1. 联合侦查的一般措施

从理论上讲,国家间联合侦查可在各自国家现行法律许可的情况下进行,因而凡是本国法律所规定的侦查措施都可列入合作范围,从调查取证、强制措施到采取各种侦查措施和手段来侦查破案,都可以进行联合侦查③。当联合侦查的各方当事国在本国内实施具体侦查措施时,一般来说国内法律规定的刑事侦查措施都可以使用,当涉及域外调查取证或一国到另一国境内进行联合行动时,则只能根据各方联合制定的侦查措施的范围适用具体的侦查手段。从实际可能性来讲,联合侦查往往都是有针对性地就具体的案件确定具体联合侦查的方式和方法。比如,联合搜集犯罪情报、联合查获毒品、联合通缉

---

① 赵永琛:《国际刑法与司法协助》,法律出版社1994年版,第194页。
② 王红玉:《中国高度重视合作打击跨国犯罪》,载2007年4月12日《云南日报》。
③ 赵永琛:《跨国犯罪对策》,吉林人民出版社2000年版,第262页。

在逃犯、联合解救人质、联合扣押赃款赃物、联合查缴文物等①。需要注意的是,国内法规定的强制措施或专门调查手段只能在本国适用。

2.联合侦查的特殊措施

控制下交付、诱惑侦查、电子监视、卧底与特工行动等特殊侦查手段也属于联合侦查的范围,但由于适用条件特殊、适用标准较高,通常情况下,有关国际公约都专门作出规定。例如,我国已经批准的《联合国打击跨国有组织犯罪公约》第20条"特殊侦查手段"对以上特殊侦查措施作出了具体的规定,我国2012年修订《刑事诉讼法》时规定了控制下交付、技术侦查等特殊侦查手段,实现了与国际公约的接轨。

所谓控制下交付,系指在主管机关知情并由其监控的情况下允许非法或可疑货物运出、通过或者运入一国或多国领域的做法,其目的在于侦查某项犯罪并查明参与该项犯罪的人员。特工行动,系指运用秘密的侦查力量,收集证据,抓获犯罪嫌疑人的特殊侦查方法。电子监视主要指利用现代电子技术监控或听取他人的办公、住所等场所的谈话,或者对特定的人或物进行监视或秘密拍照、录像等秘密侦查方法。其他监视形式指利用电子技术以外的现代科技方法收取或截获犯罪信息,如卫星监控、红外线探测等。

为侦查国际恐怖主义犯罪,各国在必要情况下联合使用这类特殊侦查手段应当缔结适当的双边或多边协定或者安排。这类协定或者安排的缔结和实施应当充分遵循各国主权平等原则,执行时应当严格遵守这类协定或者安排的条款。在没有协定或者安排的情况下,关于联合侦查使用特殊侦查手段的决定,应当在个案基础上作出,必要时还可以考虑到有关缔约国就行使管辖权所达成的安排或者谅解。

第三节 预防和惩处国际恐怖主义犯罪的国际法困境及解决

一、预防和惩处国际恐怖主义犯罪的国际法困境②

国际恐怖主义犯罪日渐猖獗,现有的国际反恐刑事立法尚不能满足新的反恐国际形势要求,面临的困境如下。

(一)集体行动困境困扰国际反恐合作

恐怖主义的横行给世界各国人民带来了巨大灾难,尽管国际社会都认识到恐怖主义的危害,由于各国对恐怖主义的认识存在分歧,各国所面临的恐怖主义威胁程度不同,可用于投入反恐中的资源存在差异,以及国内政治因素等影响,导致国际反恐陷入集体行动的困境,直接影响了反恐的效果。

从目前来看,国际反恐合作在多个层次上同时进行着,有普遍性合作、多边合作和双边合作等。联合国是普遍性反恐合作最具代表性的组织,然而在面对恐怖主义问题时,

---

① 赵永琛:《论跨国犯罪的联合侦查》,载《中国人民公安大学学报》1997年第2期,第41~46页。

② 谢万兵:《国际反恐怖主义刑事合作的几点法律思考》,载《湖南公安高等专科学校学报》2004年第3期,第67页。

成员国首先考虑的是独立和主权,不一定是安全。很多国家将国际反恐合作的眼光转到区域性的国际组织,在多边合作中来寻求解决恐怖主义问题,如欧盟、美洲国家组织及上海合作组织等。但由于同一组织中仍然存在着不同的利益,各国的反恐积极性存在很大的差异,要执行一个共同的反恐行动仍然非常困难。集体行动困境一直困扰着国家间的反恐合作,至今还没有更好的办法解决。①

国际社会在对待反恐怖主义的立场上存在严重分歧,造成这种分歧的最主要原因是以美国为首的少数西方国家惯于从实用主义出发,运用双重标准处理国际恐怖主义问题。所谓双重标准,是指对符合本国利益的恐怖行为给予支持、默许,对有害于本国利益的恐怖行为则给予制裁、打击。例如在巴以冲突中,当以色列军队对巴勒斯坦平民实施军事暴力行动时,美国采取偏袒政策;而当巴勒斯坦平民以"人肉"炸弹回击以色列时,美国则给予谴责,并扣上"恐怖主义"的帽子②。最近十多年来,包括我国在内的许多国家都遭受了恐怖主义的威胁,然而以美国为首的西方国家在打击恐怖主义、人权等问题上长期存在的"双重标准"在客观上构成了恐怖主义威胁升级的复杂的国际环境,也增加了国际反恐合作的难度。打击恐怖主义需要国际社会的共同努力,作为目前世界上综合实力最强的美国,应该以正义方式行正义之事,在打击恐怖主义问题上一视同仁,这样才有可能取得反恐斗争的最终胜利。因此,国际反恐合作应该反对一切形式的恐怖主义,摒弃"双重标准",不断尝试建立更加务实有效的合作机制。

(二)国家主权制约刑事管辖权的行使

国际刑事管辖权冲突赖以存在的理论基础是国家主权原理。众所周知,国际法的主体是国家,刑事管辖权也是建立在国家主权基础之上的,管辖权与国家主权在范围上虽然不同,但是一个国家行使管辖权的权力是以它的主权为依据的。国家主权在国际关系中最为敏感,刑事管辖权实际上是一个国家主权的体现。从本质上讲,国际刑事管辖权的冲突就是国家之间维护本国主权的斗争和矛盾的表现。不可否认,在当今全球一体化的趋势之下,国家主权的观念已经发生了很大变化,主权平等和限制主权的观念得到进一步发展,但这种平等仍然立足于对抗的基础之上,绝大多数国家依然推崇国家主权的自主性、独立性和排他性,这也就必然导致管辖权冲突的广泛存在。

国际刑事管辖权的冲突通常分为两种情况。其一,国际刑事管辖权的垂直冲突,也叫垂直竞合,是指国际刑事法院与缔约国之间就某个国际犯罪产生的管辖权争议。1998年订立于罗马的《国际刑事法院罗马规约》规定,只有在国内法院不能或不愿行使管辖权时,国际刑事法院才有权对国际犯罪进行管辖。其二,国际刑事管辖权的平行冲突,也叫平行竞合,是指各个主权国家之间就某个国际犯罪产生的管辖权争议,国际刑事管辖权的冲突主要表现为此类冲突。这两种情况均与国家主权密切相关。

国际刑事管辖权是对国际犯罪案件进行管辖的权力。对于国际恐怖主义犯罪,各个

---

① 李阳:《试论当前国际反恐合作中存在的突出问题》,载《新西部》2015年第8期,第65页。
② 谢万兵:《国际反恐怖主义刑事合作的几点法律思考》,载《湖南公安高等专科学校学报》2004年第3期,第67页。

主权国家都可能拥有对国际犯罪的管辖权,由此必然产生管辖权冲突的问题。以美国2001年遭受的"9·11"恐怖主义袭击为例,从普遍管辖原则看,世界各国对此案均可拥有刑事管辖权;从属地管辖原则看,犯罪行为的实施地与结果地(美国)以及犯罪行为的策划地、预备地的国家也享有管辖权;从属人管辖原则看,劫持飞机并袭击美国世贸大厦和五角大楼的犯罪行为人的国籍国也享有管辖权;从保护管辖原则看,世贸大厦是一个多国公司的办公场所,在事件中死难的民众中,除美国国民之外的其他任何被害人的国籍国也均可从保护本国国民的利益出发,而享有管辖权。

刑事管辖权作为国家主权一项重要职能,通常只能在本国领土内行使,没有他国的同意和协助,就不能及于本国领土之外。由于国家主权的独立性,任何国家都不容许他国在自己的领土上从事刑事司法活动。目前,国际社会始终未能形成一个超越国界的国际刑事司法系统,也没有任何一个国家的刑事司法系统可以超越国家主权的管辖范围,在他国领土上自由地追诉犯罪。因此,国际恐怖主义分子往往故意利用国家主权造成的刑事管辖权上的漏洞,在不同国家之间策划并实施国际恐怖主义犯罪,以逃避法律制裁。

(三)反恐国际刑事合作面临的困境

以联合侦查这种新的国际刑事合作方式为例,国际及各国国内的立法不够完善问题、情报与信息共享问题、小组成员的侦查权问题、特殊侦查措施问题、合作各方的信任问题等每个因素都有可能影响国际刑事合作的成效。

1. 法律不完善的问题

由于缺乏法律依据,联合侦查的合法性会受到质疑,其启动也会面临困难,只能依靠个案合作的模式成立联合侦查组;没有细化具体的规定,也会制约小组成立,阻碍案件的侦查。在我国的联合侦查实践中,也是"个案合作先于对外缔约,对外缔结条约先于国内立法"。①

2. 情报、信息共享及公开问题

国际社会在打击恐怖主义犯罪的过程中,各国之间及时地互相交换信息、情报,对于采取有效措施预防和控制恐怖主义犯罪尤为重要。但是,各国之间交换信息、情报又是十分慎重的。因为信息、情报的内容和来源大多具有机密性,各国都不会将自己掌握的信息和情报毫不保留地交给他国。而且,在交换情报、信息的内容和范围上也没有统一的规范。联合侦查的一大优势就是小组成员间信息共享的便捷性。但是在实践中,这一优势并没有得到体现,反而总是由于情报、信息共享的效率低下而延误联合侦查进度。有的国家担心信息共享会影响自己国内正在进行的刑事侦查,有的国家宁愿在小组成员之间进行双边信息共享,有的信息在共享之前在各国国内经过了预先分析与处理,这会严重影响联合侦查组对信息作出正确判断。另外,在庭审中证据的公开问题也同样困扰着联合侦查组的信息共享。证据公开制度涉及公民自由、公民隐私和信息保护问题,如果国家间没有足够的信任,肯定不愿共享敏感信息,不愿公开获得信息的渠道,那么联合

---

① 王家胤:《联合侦查组制度初探——以欧盟联合侦查组立法与实践为视角》,载《中国刑警学院学报》2013年第4期,第28~31页。

侦查组的优势也就无法体现。

3. 侦查权及侦查措施问题

联合侦查的侦查权问题也一直困扰着立法者和实务工作者。比如,附属组员在侦查地国是否拥有采取强制措施的权力?在欧盟范围内,《2000 互助公约》对侦查措施作出了规定,如询问犯罪嫌疑人、证人和专家、卧底侦查和电子监听等。但是,由于侦查权和侦查措施都涉及一国主权,各国法律制度存在很大的不同,难以对侦查措施制定统一的标准。尤其是特殊侦查措施,如控制下交付、电子监听、诱惑侦查、卧底与特工行动等,这些侦查手段由于适用条件特殊,适用标准比较高,又涉及国家主权、公民隐私和人权保护问题,因此运用更为困难。《联合国打击跨国有组织犯罪》和《联合国反腐败公约》都规定缔约国应根据本国法律采取控制下交付、电子或其他形式的监视和特工行动以有效打击犯罪。但并不是所有国家都是该公约缔约国,也不是所有国家国内立法都规定了这些特殊侦查手段。按照国际标准,如果没有国内法规定特殊侦查手段的合法地位,通过这些手段所获得的证据材料往往只能作为侦查线索使用,不能直接作为法庭定罪量刑的根据。这必然会产生庭审中对此类手段所获得的证据的效力认证问题,因无法律根据而无法采信,从而弱化对国际恐怖主义犯罪的惩治。①

(四)国际恐怖主义犯罪人的引渡面临困境

一方面,"政治犯不引渡"概念的模糊导致其与国际恐怖主义犯罪引渡存在冲突。部分国家随意滥用"政治犯不引渡"原则,扩张其适用范围,充当恐怖分子幕后的"保护伞"。国际法之所以适用"政治犯不引渡"原则,目的是为了保障人权,防止对持有不同政治见解的人进行政治迫害和不公正的审判。而某些国家将带有政治性的恐怖主义活动与纯粹的政治事件混为一谈,歪曲"政治犯不引渡"原则的内容,扩大其适用领域,为恐怖分子提供安全的避难所。由于各国的政治体制不同,如何定义政治犯罪则没有一个统一的标准。为此,在适用该原则时往往发生如何定义政治犯的争执。最终多由于无法达成共识而导致引渡的失败。尤其是在东、西方不同政治体制的国家之间,"政治犯不引渡"原则几乎成为国家之间进行政治斗争的手段,以致消减了国际刑事司法协助的效率。

另一方面,国际社会未普遍接受或认可"或引渡或起诉"原则,导致该原则在执行上的困难。"或引渡或起诉"原则在国际公约中表述为:"在其境内发现被指控的罪犯的缔约国,如不将此人引渡,则不论罪行是否在其境内发生,应毫无例外地并无不适应延迟地将案件提交其主管当局以便起诉,该当局应按照本国法律以对待任何严重性质的普通罪行案件的同样方式作出决定。"②由于该原则在适用过程中因各国制定的法律存在差异,所以遇到两个待解决的问题:"一是可能缺乏管辖权,二是可能不存在双重犯罪情况。"③因此,至今该原则没有得到国际社会的普遍支持,不利于彻底追究恐怖分子的刑事责任。

具体来讲,一是该原则适用范围的限制。1997 年 12 月 15 日通过的《制止恐怖主义

---

① 王家胤:《联合侦查组制度初探——以欧盟联合侦查组立法与实践为视角》,载《中国刑警学院学报》2013 年第 4 期,第 28~31 页。

② 张智辉:《国际刑法通论》,中国政法大学出版社 1999 年版,第 345 页。

③ 张智辉:《国际刑法通论》,中国政法大学出版社 1999 年版,第 346 页。

爆炸的国际公约》规定了"有条件的强制普遍管辖权",即当犯罪人出现在某一缔约国,该缔约国必须要采取一定的措施,行使管辖权。同时,该条约还有关于"任意管辖权"的规定,限制了在国际恐怖主义犯罪领域政治犯不引渡原则的适用范围。但是,该条约未能从根本上解决或引渡或起诉原则存在的局限性。包括《制止恐怖主义爆炸的国际公约》在内的诸多国际条约,其本身只适用于缔约国之间,就目前的情况看,缔约国的数量还是有限的,还很难吸纳大部分国家或地区都加入,因此许多非缔约国都不受这些条约的限制①。二是或引渡或起诉原则自身存在的问题导致国际恐怖主义犯罪人引渡的合作存在障碍。根据该原则,被请求国可以自由选择是引渡还是起诉,如果被请求国基于种种理由,选择不引渡恐怖分子,他可能基于同样的原因拒绝适用国内法去起诉恐怖分子;即使被请求国被迫依照国内司法途径对恐怖分子进行侦查、起诉,最终的结果也很难保证会严格依法对恐怖分子加以严惩。

(五)国际恐怖主义犯罪的新变化使反恐形势更加严峻

目前恐怖主义袭击的目标遍布世界各地,国际恐怖主义犯罪呈现出一些新的变化,这在一定程度上为国际反恐合作设置了新的困难。②

1. 组织形态"国家化"

近些年,随着国际打击恐怖主义形势的一系列变化,国际恐怖主义表现出了新的组织形态,甚至出现"国家化"的组织形态,2014年6月,巴格达迪在摩苏尔宣布,"伊犁"更名为"伊斯兰哈里发帝国"(简称"伊斯兰国"),疆域不仅包括伊斯兰会议组织(OIC)所有成员国,还包括地中海北岸的意大利、西班牙和中国新疆。巴格达迪自封为"哈里发",要求全世界穆斯林服从他的统治。联合国安理会于2014年7月30日认定"伊斯兰国"为国际恐怖主义组织③。新的恐怖主义组织形态是根据国际反恐形势的变化而进行的调整,体现出其组织上的多元化。新形态的恐怖主义有共同的目标,就是建立政教合一的"哈里发国家"④。

2. 行为方式"独狼化"

恐怖组织在其组织方式转型的同时,通过各种手段大肆进行激进化宣传,煽动个人进行"独狼"式恐怖主义袭击。近年来,西方国家接连发生"独狼"式恐怖主义袭击事件,如2011年发生在挪威的布雷维克枪击案、2012年发生在法国的图卢兹系列枪击案、2013年发生的英国士兵伦敦被杀案等。在这些恐怖事件中,犯罪主体与恐怖主义组织之间没有隶属关系,犯罪行为有很强的突发性、隐蔽性和灵活性,往往以出人意料的形式,试图在短时间内造成无辜者伤亡,甚至大规模的群死群伤,从而制造社会恐慌。⑤

---

① 高健军:《国际恐怖主义与政治犯不引渡原则》,载《法学论坛》2000年第3期,第99~100页。
② 李阳:《试论当前国际反恐合作中存在的突出问题》,载《新西部》2015年第8期,第66页。
③ 董漫远:《"伊斯兰国"崛起的影响及前景》,载《国际问题研究》2014年第5期,第61页。
④ 李阳:《试论当前国际反恐合作中存在的突出问题》,载《新西部》2015年第8期,第65页。
⑤ 王宏伟:《西方应对孤狼恐怖主义的难点与对策》,载《北京行政学院学报》2014年第3期,第59页。

3. 传播方式"网络化"

互联网等技术的应用使恐怖主义活动增加了技术含量,同时也为恐怖组织传播恐怖主义意识形态提供了便利。网络正成为恐怖组织煽动、招募、资助或策划恐怖活动的便利工具,而所谓"网络恐怖主义"也日渐成为恐怖主义发展的一个趋势。① 恐怖分子借助网络寻求更多躲避各种限制、监控的方式,使得恐怖活动的策划与联络更加容易,因信息传播速度和覆盖面在现代社会都得到了长足发展,恐怖袭击事件的影响力也随之提高,其造成的恐慌和负面效应将波及更加广泛的人群。

二、预防和惩处国际恐怖主义犯罪的国际法困境之解决

国际社会应从以下几个方面着手,解决预防和惩处国际恐怖主义犯罪所面临的困境。

(一)制定打击国际恐怖主义犯罪的全面公约

联合国应尽快制定一个全面性的世界反恐怖主义公约,确立统一的标准,以消除各国在对恐怖主义的认识方面的差异。联合国 2000 年《关于国际恐怖主义的全面公约草案》②中也明确提及:"认识到有必要制定关于国际恐怖主义的全面公约……"但是,"联合国反恐全面公约至今仍未获通过,其主要争议在于国际反恐法中应如何看待民族解放运动问题,表现为:国际恐怖主义定义是否涵盖民族解放运动,公约的适用范围是否将反对外国占领的民族解放运动排除在外"。③

国际社会在"9·11"事件后进一步意识到控制恐怖主义犯罪的紧迫性,要求制定打击恐怖主义犯罪的全面性国际公约的任务已摆在世界各国的眼前。世界反恐怖主义公约必须具备以下相关内容:缔约国明确承诺在反恐怖活动斗争中所承担的国际义务即切实履行打击条约规定的恐怖主义犯罪;缔约国明确承诺世界上任何一个地方发生恐怖活动,都要给受害国以全力协助;为了不给恐怖分子隐藏的机会,当某一国根据确凿的事件和证据提出了引渡恐怖主义罪犯请求时,缔约国应积极予以支持;任何庇护或窝藏恐怖分子的国家,都可视为是恐怖分子的帮凶,联合国安理会可通过决议对其采取非军事的制裁行动,例如经济制裁。只有这样,才能使控制恐怖主义犯罪的法律规范化、系统化,促进国际刑事合作的顺利开展。

"9·11"事件也表明,即使像美国这样的经济、军事、科技强国,在控制恐怖主义犯罪问题上,试图用国内法解决一切问题,轻视国际法律合作,是行不通的。尽管已有的公约在确立打击恐怖主义犯罪的国际规则方面取得了突破性进展,但公约确立的规则尚未完全从"纸面上的规则"变成国际社会"实际遵行的准则",要有效控制恐怖主义犯罪,还有赖各国对公约的签署、加入和实施。同时,在控制恐怖主义犯罪方面,已有的公约尚不足

---

① 逯海军:《网络恐怖主义:没有国家能独善其身》,载 2014 年 7 月 4 日《解放军报》第 008 版。
② 本草案为联合国大会有关委员会框架下讨论的草案,草案文件编号 UN Doc. A/C. 6.55/1。参见任筱锋、郑宏、梁巍:《国际反对恐怖主义公约汇编》,世界知识出版社 2015 年版,第 280~281 页。
③ 黄瑶:《国际反恐法中的民族解放运动问题——以〈关于国际恐怖主义的全面公约草案〉为视角》,载《中山大学学报》(社会科学版)2008 年第 5 期,第 172 页。

以解决有效控制恐怖主义犯罪的各类法律问题。例如,按照已有公约规定,缔约国有义务对打击恐怖主义进行国际法律合作,但不合作的法律后果是什么,已有公约并不明确。再如,受到恐怖主义袭击的国家有权对实施恐怖主义犯罪的组织和个人采取行动,但采取行动时应遵循何种规则,如何保护合法第三方的利益,上述问题也并没有明确的法律规则。因此,加强对控制恐怖主义犯罪的国际法律合作的研究,尽快制定控制国际恐怖主义犯罪的全面的国际公约势在必行。①

(二)关于国际恐怖主义犯罪的刑事管辖权

1. 充分发挥国际刑事法院应有的作用

国际刑事法院是根据联合国1998年通过的《国际刑事法院罗马规约》于2002年7月正式成立的。该机构负责审理国家、检举人和联合国安理会委托其审理的案件,有权对种族灭绝罪、战争罪、反人类罪和侵略罪进行审判,追究相关个人的刑事责任。从主客观方面分析可知,国际恐怖主义犯罪符合反人类罪的构成要件。确立国际刑事法院对国际恐怖主义犯罪的刑事管辖权,有助于国际恐怖主义犯罪案件的统一审理,减少诉讼成本;有助于各国相互之间的刑事司法协助,如提供证据、协助调查、移交罪犯、送达文书以及执行判决等;有助于协调、解决各国刑事管辖权的纠纷。当然,只有各个主权国家愿意与国际刑事法院合作,国际刑事法院对恐怖主义犯罪的管辖权才能落到实处。

2. 合理、有效地行使刑事管辖权

行使刑事管辖权必须以尊重别国主权为先决条件。在实施过程中,应当积极促使各国刑事管辖权方面的法律与实践尽可能达到统一、协调,应当避免过分扩大国家管辖权的范围,以防止国家间发生不必要的法律冲突。当多个国家同时主张对某国际恐怖主义犯罪的管辖权时,会不可避免地产生管辖权冲突的问题。如果这种局面不能得到合理、有效地解决,会影响引渡等国际刑事司法协助活动的顺利进行,最终也必然影响对国际恐怖主义犯罪的惩治,甚至会损害有关国家之间的关系。

建议国际社会在一定区域内有计划地适用"优先管辖权"制度。缔约国享有优先管辖权,至少应具备下列条件之一:一是国际恐怖主义犯罪行为的全部或者局部在其领土上发生;二是被指控的国际恐怖主义犯罪人为其国民;三是被国际恐怖主义袭击的受害者为其国民;四是在其领土内发现被指控的国际恐怖主义犯罪人。符合上述条件的缔约国,可以按照上述顺序优先对国际恐怖主义犯罪实行刑事管辖权。简言之,优先管辖权的顺序依次为:国际恐怖主义犯罪地国、国际恐怖主义犯罪人国、国际恐怖主义犯罪受害国、在其领土内发现被指控的国际恐怖主义犯罪人的其他国家。

(三)关于国际恐怖主义犯罪人的引渡

1. 限制"政治犯不引渡"原则的适用范围

"政治犯不引渡"原则从某种程度上说,为国际恐怖主义犯罪提供了庇护,这点是不能否认的。因此,应当对这一原则的适用加以必要的限制。凡是国际社会已缔结的国际

---

① 邵沙平:《控制恐怖主义犯罪与国际法律合作——历史、现状及发展趋向》,载《求索》2002年第1期,第42~46页。

公约中明确规定的恐怖主义犯罪,都应当排除其政治性质,而不得以政治原因为理由拒绝引渡。

联合国1997年《制止恐怖主义爆炸的国际公约》完全排除了政治犯不引渡原则。该公约第5条要求缔约国采取任何必要措施以确保公约所规定的犯罪行为,特别是当它们意图造成一种恐怖状态时,不因为政治的、哲学的、思想的、种族的、道德的、宗教的或其他类似性质考虑而成为正当,并根据它们的严重性质给予刑罚的惩罚。同时第11条规定:出于引渡或相互法律协助的目的,该公约所规定的任何罪行不得视为政治罪行或与政治罪行有关的罪行或由政治动机导致的罪行。因此,就公约规定的罪行所提出的引渡要求不得以被请求引渡人是政治犯为由而加以拒绝。由上可以看出,国际恐怖主义犯罪是具有严重社会危害性的国际性刑事犯罪,而不是政治犯罪。

我国2000年《引渡法》第8条第3项规定:"因政治犯罪而请求引渡的,或者中华人民共和国已经给予被请求人受庇护权利的,拒绝引渡。"由此可见,一方面我们与国际上的通行做法一致,在立法当中直接规定"因政治犯罪而请求引渡的,拒绝引渡",属于应当拒绝引渡的情形;另一方面又用庇护权的规定间接采用"政治犯罪不引渡原则"。一般来说,是否属于政治犯,应该由被请求国依据本国的法律结合被请求人犯罪行为的性质来最终下结论。而且,各国对引渡的政治犯罪的判断标准并不完全等同。不可否认,引渡在很大程度上是一种外交活动,不可避免地会受到政治因素的影响,使政治犯罪的概念模糊不定,而且往往内外有别。这就决定了引渡领域更加需要国际法的协调,至少,可以通过将一些习惯做法形成条约的办法,为政治犯罪不引渡的适用提供一个最低的标准。各主权国家也应该从维护国际公共秩序的角度出发,在相互尊重主权的基础上慎重对待政治犯罪不引渡问题,尽量使政治犯罪不引渡的操作依法而为。2007年我国在最终同中亚国家直接签署的《打击恐怖主义、分裂主义和极端主义上海公约》中明确规定了什么是恐怖主义犯罪及其具体的表现,这些规定同样也是为了防止在引渡恐怖主义罪犯问题上出现滥用政治犯不引渡原则的情况。我国在具体适用政治犯罪不引渡原则时,除在主权原则下遵循相应的国际惯例外,在立法上还应进一步完善以政治犯罪为由拒绝引渡的最终决定权制度,使之真正地成为一项法律原则。

2. 敦促国际社会切实履行"或引渡或起诉"原则

"或引渡或起诉"原则的确立,旨在通过国家间的刑事合作,使每个实施恐怖主义行为的罪犯,都无法逃避应受的刑事制裁。我们应当积极敦促该原则得到各缔约国的切实履行。因为"或引渡或起诉"既是普遍管辖原则的逻辑要求,也是引渡原则的必要补充。没有该原则的制约,在被请求国不同意引渡恐怖主义罪犯的情况下,国际社会联合打击恐怖主义犯罪的行动就不可能奏效。此外,特别需要强调的是应当鼓励各缔约国扩大其双方引渡关系,在合适的情况下,可以考虑详细拟定多边引渡公约,以弥补现有条约和现行引渡程序中的不足。而要拟定国际反恐多边引渡条约,必须首先要解决对国际恐怖主义犯罪引渡认识的分歧,消除不同国家之间存在的误解,尤其是一些发达国家不能以此为手段,干涉别国内政,要本着互相尊重互相合作的原则通过协商消除矛盾,增进共识。这其中需要发挥国际组织的积极作用,为国际反恐引渡条约的制定奠定基础。

3. 正确处理国际公约、双边引渡条约和国内引渡法的关系

以我国为例。我国 2000 年《引渡法》没有明确地规定我国国内引渡法与我国在国际上缔结的相关引渡条约、公约之间的关系,也没有关于解决引渡国际条约与国内法的位阶、适用冲突等问题的系统性规定。但从我国《引渡法》的一些具体规定中可以看出:一是在我国进行引渡的法律依据问题上明确规定《引渡法》作为基本依据的重要地位。二是在确定我国与外国之间进行引渡的具体主管机关时坚持适度灵活性原则。三是在引渡的相关程序问题上我国坚持"国际法优先"原则①。四是在提交行政审查的相关法律文书等问题的要求上坚持双重适用原则,即必须同时符合我国引渡法与引渡条约的规定②。总的来说,我国《引渡法》既维护了我国主权独立与完整的要求,同时也有利于我国在缔结和参加的相关双边、多边条约和国际公约的要求下承担和履行国际法上的义务,开展同其他国家的引渡合作。

在双边引渡条约和国际公约的关系上,我国签署的双边引渡条约也采取了比较灵活的做法。我国与泰国、俄罗斯、哈萨克斯坦、蒙古、乌克兰、柬埔寨、韩国、菲律宾、秘鲁、阿联酋、老挝、巴西、西班牙、阿尔及利亚、法国等国家签署的双边引渡条约一般都规定"本条约不影响缔约双方根据多边国际公约所承担的义务和享有的权利"。这说明履行国际公约和双边引渡条约是并行不悖的。

因此,在对特定国的引渡请求进行司法审查时,对于发生在国际公约、双边引渡条约和我国《引渡法》之间的适用冲突,不论是在我国《引渡法》颁布前签订的还是在颁布后签订的,在不违背我国《引渡法》的基本原则的前提下,应当依照国际条约优先和特别法优于一般法的原则。具体而言,可采取如下原则:①引渡条约与《引渡法》均有规定,且规定不一致的,选择适用双边引渡条约中的特别规定;②双边引渡条约规定不明确而《引渡法》有明确规定的,适用《引渡法》;③双边引渡条约有规定,我国《引渡法》无规定的,适用双边引渡条约;④双边引渡条约无规定,《引渡法》有规定的适用《引渡法》;⑤双边引渡条约与多边引渡条约中关于引渡的规定有冲突时,适用共同参加的多边条约。

(四)关于反恐国际刑事合作

1. 国际国内立法衔接问题

国际社会在惩治国际恐怖主义犯罪方面,即使是已经达成的国际公约,如果没有各国国内法规范及程序作保障,其效力往往会大打折扣,甚至无法执行。以我国为例,涉及国际刑事司法合作内容的刑事程序方面的法律,只有《刑事诉讼法》第 17 条③及 2000 年

---

① 我国《引渡法》第 49 条规定:引渡、引渡过境或者采取强制措施的请求所需的文书、文件和材料等引渡的具体程序性问题,首先以国际引渡条约的规定为准。在与没有与我国签订双边、多边引渡条约或者不能共同适用国际公约的国家进行引渡时,我国《引渡法》规定按照国内法相关规定进行或者与相关国家进行协商。

② 陈立虎、吴曦:《国际反恐怖主义犯罪和我国刑事立法》,载《江苏警察学院学报》2002 年第 1 期,第 151 页。

③ 我国《刑事诉讼法》第 17 条确认了进行司法协助的基本原则:"根据中华人民共和国缔结或者参加的国际条约,或者按照互惠原则,我国司法机关和外国司法机关可以相互请求刑事司法协助。"

颁布的《引渡法》,此外无其他国内法规范可循,而有的国家在国内法中用整个章节的内容规定有关刑事司法合作的内容①。缺少国内法规范的现状使我国的刑事司法合作面临一些严重的问题,如对于联合侦查制度,我国国内法缺乏相关的衔接规定,司法实践在国内法层面上处于无法可依的尴尬局面。为了有效惩治恐怖主义犯罪,保护国际社会整体利益,不仅需要国际社会不断完善惩治恐怖主义犯罪的国际立法,还需要各主权国家不断完善其惩治恐怖主义犯罪的国内立法,因此,修订和完善相关的国内法就成为大势所趋,既包括实体法,也包括程序法。世界各国应尽快制定包含联合侦查制度的刑事司法合作方面的法律,使国际反恐联合侦查制度法制化、规范化、明确化、具体化。如我国在2012年《刑事诉讼法》修改之前,相关立法中并没有特殊侦查措施方面的规定,修改后增加了卧底侦查(隐匿身份侦查)和控制下交付两种侦查手段,实现了与国际公约的衔接。

2. 规范相互交换信息、情报的内容

对国际恐怖主义犯罪的预防和控制,取决于各国之间开展有效的相互合作与协助,而各国相互交换信息、情报是进行合作与协助的前提条件。交换信息、情报的内容应具有如下情况。

(1)恐怖主义犯罪活动的基本情况。如恐怖主义犯罪的策划、准备、实施过程,恐怖主义组织活动的区域,实施何种恐怖行为,利用哪些工具和技能。

(2)恐怖主义袭击的受害人情况。在侵害应受国际保护的人员和劫持人质的国际恐怖主义的犯罪案件中,拥有受害人资料的任何缔约国应当充分、及时地将此信息提供给受害人所属的国家。

(3)采取保护措施的情况。当恐怖主义犯罪发生后,犯罪地缔约国根据签约的国际公约规定采取必要的保护性措施,并将这些措施及时通知有刑事管辖权的其他缔约国。

(4)适用刑事强制措施的情况。某一缔约国在对国际恐怖分子依照本国刑法采取如拘留、逮捕、扣押等刑事强制措施之后,应将这种情况及结果及时通知其他对其有管辖权的国家。

(5)提供犯罪证据的情况。当一国对已经发生的恐怖主义犯罪进行审判时,其他缔约国应将自己所掌握的与该犯罪相关的资料和证据提交给审判国,以便确保审判国对恐怖分子作出公正的裁判。

3. 证据规则的冲突问题

如何协调一国侦查机关与他国或国际公约规定的取证规则,是国际反恐联合侦查必须解决的问题之一。各国的非法证据排除规则不一致,对国际反恐联合侦查的成功实施有很大的影响。在实行非法证据排除规则的国家的刑事司法实践中,遇有非法取证的情况,国内法院可以排除有关证据。非法证据排除规则虽然是通过法院的审判活动排除非法证据,但其对侦查和取证工作产生很大影响。在联合侦查的请求中,如果请求国存在非法取证行为,而请求国根据这些证据请求另一个国家给予合作,那么,被请求国就可能

---

① 黄道秀译:《俄罗斯联邦刑事诉讼法典》,中国人民公安大学出版社2006年版。

以非法取证不能采纳为由拒绝实施联合侦查①。因此,一国在向他国提出联合侦查的请求时,应当预先了解被请求国的非法证据排除规则对取证的影响,准备好被请求国取证时所需要的材料,避免提出被请求国不能进行的非法取证的行为,这样才能不耽误侦查案件和取证的时间,提高联合侦查的效率。在实施联合侦查的过程中,侦查和取证行为必须考虑到将来法庭对证据的态度。因为在一国所取得的证据将来可能在合作各国的法庭审判中使用,因此合作方的侦查取证部门必须遵守包括非法证据排除规则在内的有关侦查取证的规定,也不能因为某证据将来不在本国使用而改变取证的方法,甚至采取非法的方式为外国取证②。

(五)打击网络恐怖主义犯罪

全球信息化时代,互联网成为国际恐怖主义犯罪实施的重要工具,恐怖分子利用互联网制作恐怖杀人的音频和视频,宣扬"圣战",对抗主流文化,瓦解文明社会的意识形态,扭曲青少年心灵,吸引着他们成为恐怖主义的后备力量。因此,治理网络恐怖主义是全世界刻不容缓的任务。以我国为例,打击网络恐怖主义犯罪可从如下几个方面着手。

1. 借鉴国际反恐公约制定与别国的网络反恐协定

国际社会关于网络犯罪的公约主要是2001年30个国家签署的《网络犯罪的公约》及2003年欧盟在斯特拉斯堡通过的《网络犯罪公约补充协定》。虽然我国由于知识产权问题未参加该公约,但是可以借鉴其他有关内容,相互交流网络反恐的经验,学习网络反恐技术,将其融入与他国签订的双边或多边协议中。

2. 加强网络信息传播管理

为阻止境内外恐怖分子利用网络相互勾结、策划并实施暴恐活动,我国《反恐法》作出相关规定,③强化了电信业务经营者与互联网服务提供者的反恐责任,并加强了与行政机关的合作机制,担负起保护国家网络安全的基本职责。

3. 加大网络恐怖主义监控力度

目前各个大国都以反恐为名开始加大了网络监控的力度,建议我国建立反恐信息监控平台,进一步加强对监控信息的分析,网络谣言及具有恐怖主义思想的音频和视频造成的社会危机值得警惕,一旦出现散播虚假恐怖信息及破坏国家稳定和民族团结的内容,有关部门必须在第一时间将其删除和屏蔽,还要加大对微信公众平台、各大论坛的实时监控,以防止突发性虚假信息的出现。同时,要设立专门的监督机构以防止其网络监

---

① 崔家国:《国际反恐联合侦查研究》,载《铁道警官高等专科学校学报》2008年第4期,第84页。
② 崔家国:《国际反恐联合侦查研究》,载《铁道警官高等专科学校学报》2008年第4期,第84页。
③ 《中华人民共和国反恐怖主义法》第19条第1款规定:"电信业务经营者、互联网服务提供者应当依照法律、行政法规规定,落实网络安全、信息内容监督制度和安全技术防范措施,防止含有恐怖主义、极端主义内容的信息传播;发现含有恐怖主义、极端主义内容的信息的,应当立即停止传输,保存相关记录,删除相关信息,并向公安机关或者有关部门报告。"该条第2款规定:"网信、电信、公安、国家安全等主管部门对含有恐怖主义、极端主义内容的信息,应当按照职责分工,及时责令有关单位停止传输、删除相关信息,或者关闭相关网站、关停相关服务。有关单位应当立即执行,并保存相关记录,协助进行调查。对互联网上跨境传输的含有恐怖主义、极端主义内容的信息,电信主管部门应当采取技术措施,阻断传播。"

控权利滥用。

(六)禁止向恐怖主义活动提供资助

古往今来,恐怖组织的经济实力决定着它的规模大小及势力范围,要想维持组织运转则必须依靠巨大的经济支持。国际恐怖组织就是世界洗钱犯罪主体中的重要一员,他们利用国际金融系统将犯罪所得进行掩饰并转化为合法收益,再将洗白的资金用各种手段转移至别国用于进行恐怖活动。要想彻底而全面地打击国际恐怖主义犯罪,就必须进行金融反恐,从源头上切断恐怖组织的资金链,摧毁恐怖活动各个阶段的资金输送系统。

国际社会在打击恐怖主义活动的过程中,注意到向恐怖主义提供资助与国际恐怖主义犯罪之间的密切联系,1999年《制止向恐怖主义提供资助的国际公约》序言中明确提出:"国际恐怖主义行为的次数和严重性端赖恐怖主义分子可以获得多少资助而定。"该公约规定了一系列打击国际恐怖主义犯罪的措施,明确规定了"资助恐怖主义罪"这一新型犯罪行为。

将金融机构引入控制犯罪的网络,始自1988年《联合国禁止非法贩运麻醉药品和精神药物公约》打击洗钱犯罪的规定,该规定提供了通过控制洗钱来控制相关犯罪的新思路。而1999年《制止向恐怖主义提供资助的国际公约》可以视为国际反洗钱法与国际反恐怖主义法的结合,该公约一个独具特色的规定,是有关金融机构的义务和责任。公约要求缔约国应采取一切切实可行的措施,合作防止发生资助恐怖主义罪行。这些措施包括:规定金融机构和从事金融交易其他行业使用现行效率最高的措施查证其惯常或临时客户,以及由他人代其开立账户的情况,并特别注意不寻常的或可疑的交易情况和报告怀疑为源自犯罪活动的交易。1999年公约扩大了金融机构在控制犯罪中的作用,将金融机构识别和报告有关"犯罪收益"的客户与交易,扩大到识别和报告有关"资助恐怖主义资金"的客户与交易。

附　录

中华人民共和国反恐怖主义法

（2015 年 12 月 27 日第十二届全国人民代表大会常务委员会第十八次会议通过）

目　录

第一章　总则
第二章　恐怖活动组织和人员的认定
第三章　安全防范
第四章　情报信息
第五章　调查
第六章　应对处置
第七章　国际合作
第八章　保障措施
第九章　法律责任
第十章　附则

第一章　总　则

第一条　为了防范和惩治恐怖活动，加强反恐怖主义工作，维护国家安全、公共安全和人民生命财产安全，根据宪法，制定本法。

第二条　国家反对一切形式的恐怖主义，依法取缔恐怖活动组织，对任何组织、策划、准备实施、实施恐怖活动，宣扬恐怖主义，煽动实施恐怖活动，组织、领导、参加恐怖活动组织，为恐怖活动提供帮助的，依法追究法律责任。

国家不向任何恐怖活动组织和人员作出妥协，不向任何恐怖活动人员提供庇护或者给予难民地位。

第三条　本法所称恐怖主义，是指通过暴力、破坏、恐吓等手段，制造社会恐慌、危害公共安全、侵犯人身财产，或者胁迫国家机关、国际组织，以实现其政治、意识形态等目的的主张和行为。

本法所称恐怖活动,是指恐怖主义性质的下列行为:

(一)组织、策划、准备实施、实施造成或者意图造成人员伤亡、重大财产损失、公共设施损坏、社会秩序混乱等严重社会危害的活动的;

(二)宣扬恐怖主义,煽动实施恐怖活动,或者非法持有宣扬恐怖主义的物品,强制他人在公共场所穿戴宣扬恐怖主义的服饰、标志的;

(三)组织、领导、参加恐怖活动组织的;

(四)为恐怖活动组织、恐怖活动人员、实施恐怖活动或者恐怖活动培训提供信息、资金、物资、劳务、技术、场所等支持、协助、便利的;

(五)其他恐怖活动。

本法所称恐怖活动组织,是指三人以上为实施恐怖活动而组成的犯罪组织。

本法所称恐怖活动人员,是指实施恐怖活动的人和恐怖活动组织的成员。

本法所称恐怖事件,是指正在发生或者已经发生的造成或者可能造成重大社会危害的恐怖活动。

第四条　国家将反恐怖主义纳入国家安全战略,综合施策,标本兼治,加强反恐怖主义的能力建设,运用政治、经济、法律、文化、教育、外交、军事等手段,开展反恐怖主义工作。

国家反对一切形式的以歪曲宗教教义或者其他方法煽动仇恨、煽动歧视、鼓吹暴力等极端主义,消除恐怖主义的思想基础。

第五条　反恐怖主义工作坚持专门工作与群众路线相结合,防范为主、惩防结合和先发制敌、保持主动的原则。

第六条　反恐怖主义工作应当依法进行,尊重和保障人权,维护公民和组织的合法权益。

在反恐怖主义工作中,应当尊重公民的宗教信仰自由和民族风俗习惯,禁止任何基于地域、民族、宗教等理由的歧视性做法。

第七条　国家设立反恐怖主义工作领导机构,统一领导和指挥全国反恐怖主义工作。

设区的市级以上地方人民政府设立反恐怖主义工作领导机构,县级人民政府根据需要设立反恐怖主义工作领导机构,在上级反恐怖主义工作领导机构的领导和指挥下,负责本地区反恐怖主义工作。

第八条　公安机关、国家安全机关和人民检察院、人民法院、司法行政机关以及其他有关国家机关,应当根据分工,实行工作责任制,依法做好反恐怖主义工作。

中国人民解放军、中国人民武装警察部队和民兵组织依照本法和其他有关法律、行政法规、军事法规以及国务院、中央军事委员会的命令,并根据反恐怖主义工作领导机构的部署,防范和处置恐怖活动。

有关部门应当建立联动配合机制,依靠、动员村民委员会、居民委员会、企业事业单位、社会组织,共同开展反恐怖主义工作。

第九条　任何单位和个人都有协助、配合有关部门开展反恐怖主义工作的义务,发现恐怖活动嫌疑或者恐怖活动嫌疑人员的,应当及时向公安机关或者有关部门报告。

第十条　对举报恐怖活动或者协助防范、制止恐怖活动有突出贡献的单位和个人,以及在反恐怖主义工作中作出其他突出贡献的单位和个人,按照国家有关规定给予表彰、奖励。

第十一条　对在中华人民共和国领域外对中华人民共和国国家、公民或者机构实施的恐怖活动犯罪,或者实施的中华人民共和国缔结、参加的国际条约所规定的恐怖活动犯罪,中华人民共和国行使刑事管辖权,依法追究刑事责任。

第二章　恐怖活动组织和人员的认定

第十二条　国家反恐怖主义工作领导机构根据本法第三条的规定,认定恐怖活动组织和人员,由国家反恐怖主义工作领导机构的办事机构予以公告。

第十三条　国务院公安部门、国家安全部门、外交部门和省级反恐怖主义工作领导机构对于需要认定恐怖活动组织和人员的,应当向国家反恐怖主义工作领导机构提出申请。

第十四条　金融机构和特定非金融机构对国家反恐怖主义工作领导机构的办事机构公告的恐怖活动组织和人员的资金或者其他资产,应当立即予以冻结,并按照规定及时向国务院公安部门、国家安全部门和反洗钱行政主管部门报告。

第十五条　被认定的恐怖活动组织和人员对认定不服的,可以通过国家反恐怖主义工作领导机构的办事机构申请复核。国家反恐怖主义工作领导机构应当及时进行复核,作出维持或者撤销认定的决定。复核决定为最终决定。

国家反恐怖主义工作领导机构作出撤销认定的决定的,由国家反恐怖主义工作领导机构的办事机构予以公告;资金、资产已被冻结的,应当解除冻结。

第十六条　根据刑事诉讼法的规定,有管辖权的中级以上人民法院在审判刑事案件的过程中,可以依法认定恐怖活动组织和人员。对于在判决生效后需要由国家反恐怖主义工作领导机构的办事机构予以公告的,适用本章的有关规定。

第三章　安全防范

第十七条　各级人民政府和有关部门应当组织开展反恐怖主义宣传教育,提高公民的反恐怖主义意识。

教育、人力资源行政主管部门和学校、有关职业培训机构应当将恐怖活动预防、应急知识纳入教育、教学、培训的内容。

新闻、广播、电视、文化、宗教、互联网等有关单位,应当有针对性地面向社会进行反恐怖主义宣传教育。

村民委员会、居民委员会应当协助人民政府以及有关部门,加强反恐怖主义宣传教育。

第十八条　电信业务经营者、互联网服务提供者应当为公安机关、国家安全机关依法进行防范、调查恐怖活动提供技术接口和解密等技术支持和协助。

第十九条　电信业务经营者、互联网服务提供者应当依照法律、行政法规规定,落实网络安全、信息内容监督制度和安全技术防范措施,防止含有恐怖主义、极端主义内容的信息传播;发现含有恐怖主义、极端主义内容的信息的,应当立即停止传输,保存相关记录,删除相关信息,并向公安机关或者有关部门报告。

网信、电信、公安、国家安全等主管部门对含有恐怖主义、极端主义内容的信息,应当按照职责分工,及时责令有关单位停止传输、删除相关信息,或者关闭相关网站、关停相关服务。有关单位应当立即执行,并保存相关记录,协助进行调查。对互联网上跨境传输的含有恐怖主义、极端主义内容的信息,电信主管部门应当采取技术措施,阻断传播。

第二十条 铁路、公路、水上、航空的货运和邮政、快递等物流运营单位应当实行安全查验制度,对客户身份进行查验,依照规定对运输、寄递物品进行安全检查或者开封验视。对禁止运输、寄递,存在重大安全隐患,或者客户拒绝安全查验的物品,不得运输、寄递。

前款规定的物流运营单位,应当实行运输、寄递客户身份、物品信息登记制度。

第二十一条 电信、互联网、金融、住宿、长途客运、机动车租赁等业务经营者、服务提供者,应当对客户身份进行查验。对身份不明或者拒绝身份查验的,不得提供服务。

第二十二条 生产和进口单位应当依照规定对枪支等武器、弹药、管制器具、危险化学品、民用爆炸物品、核与放射物品作出电子追踪标识,对民用爆炸物品添加安检示踪标识物。

运输单位应当依照规定对运营中的危险化学品、民用爆炸物品、核与放射物品的运输工具通过定位系统实行监控。

有关单位应当依照规定对传染病病原体等物质实行严格的监督管理,严密防范传染病病原体等物质扩散或者流入非法渠道。

对管制器具、危险化学品、民用爆炸物品,国务院有关主管部门或者省级人民政府根据需要,在特定区域、特定时间,可以决定对生产、进出口、运输、销售、使用、报废实施管制,可以禁止使用现金、实物进行交易或者对交易活动作出其他限制。

第二十三条 发生枪支等武器、弹药、危险化学品、民用爆炸物品、核与放射物品、传染病病原体等物质被盗、被抢、丢失或者其他流失的情形,案发单位应当立即采取必要的控制措施,并立即向公安机关报告,同时依照规定向有关主管部门报告。公安机关接到报告后,应当及时开展调查。有关主管部门应当配合公安机关开展工作。

任何单位和个人不得非法制作、生产、储存、运输、进出口、销售、提供、购买、使用、持有、报废、销毁前款规定的物品。公安机关发现的,应当予以扣押;其他主管部门发现的,应当予以扣押,并立即通报公安机关;其他单位、个人发现的,应当立即向公安机关报告。

第二十四条 国务院反洗钱行政主管部门、国务院有关部门、机构依法对金融机构和特定非金融机构履行反恐怖主义融资义务的情况进行监督管理。

国务院反洗钱行政主管部门发现涉嫌恐怖主义融资的,可以依法进行调查,采取临时冻结措施。

第二十五条 审计、财政、税务等部门在依照法律、行政法规的规定对有关单位实施监督检查的过程中,发现资金流入流出涉嫌恐怖主义融资的,应当及时通报公安机关。

第二十六条 海关在对进出境人员携带现金和无记名有价证券实施监管的过程中,

发现涉嫌恐怖主义融资的,应当立即通报国务院反洗钱行政主管部门和有管辖权的公安机关。

第二十七条 地方各级人民政府制定、组织实施城乡规划,应当符合反恐怖主义工作的需要。

地方各级人民政府应当根据需要,组织、督促有关建设单位在主要道路、交通枢纽、城市公共区域的重点部位,配备、安装公共安全视频图像信息系统等防范恐怖袭击的技防、物防设备、设施。

第二十八条 公安机关和有关部门对宣扬极端主义,利用极端主义危害公共安全、扰乱公共秩序、侵犯人身财产、妨害社会管理的,应当及时予以制止,依法追究法律责任。

公安机关发现极端主义活动的,应当责令立即停止,将有关人员强行带离现场并登记身份信息,对有关物品、资料予以收缴,对非法活动场所予以查封。

任何单位和个人发现宣扬极端主义的物品、资料、信息的,应当立即向公安机关报告。

第二十九条 对被教唆、胁迫、引诱参与恐怖活动、极端主义活动,或者参与恐怖活动、极端主义活动情节轻微,尚不构成犯罪的人员,公安机关应当组织有关部门、村民委员会、居民委员会、所在单位、就读学校、家庭和监护人对其进行帮教。

监狱、看守所、社区矫正机构应当加强对服刑的恐怖活动罪犯和极端主义罪犯的管理、教育、矫正等工作。监狱、看守所对恐怖活动罪犯和极端主义罪犯,根据教育改造和维护监管秩序的需要,可以与普通刑事罪犯混合关押,也可以个别关押。

第三十条 对恐怖活动罪犯和极端主义罪犯被判处徒刑以上刑罚的,监狱、看守所应当在刑满释放前根据其犯罪性质、情节和社会危害程度,服刑期间的表现,释放后对所居住社区的影响等进行社会危险性评估。进行社会危险性评估,应当听取有关基层组织和原办案机关的意见。经评估具有社会危险性的,监狱、看守所应当向罪犯服刑地的中级人民法院提出安置教育建议,并将建议书副本抄送同级人民检察院。

罪犯服刑地的中级人民法院对于确有社会危险性的,应当在罪犯刑满释放前作出责令其在刑满释放后接受安置教育的决定。决定书副本应当抄送同级人民检察院。被决定安置教育的人员对决定不服的,可以向上一级人民法院申请复议。

安置教育由省级人民政府组织实施。安置教育机构应当每年对被安置教育人员进行评估,对于确有悔改表现,不致再危害社会的,应当及时提出解除安置教育的意见,报决定安置教育的中级人民法院作出决定。被安置教育人员有权申请解除安置教育。

人民检察院对安置教育的决定和执行实行监督。

第三十一条 公安机关应当会同有关部门,将遭受恐怖袭击的可能性较大以及遭受恐怖袭击可能造成重大的人身伤亡、财产损失或者社会影响的单位、场所、活动、设施等确定为防范恐怖袭击的重点目标,报本级反恐怖主义工作领导机构备案。

第三十二条 重点目标的管理单位应当履行下列职责:

(一)制定防范和应对处置恐怖活动的预案、措施,定期进行培训和演练;

(二)建立反恐怖主义工作专项经费保障制度,配备、更新防范和处置设备、设施;

(三)指定相关机构或者落实责任人员,明确岗位职责;

(四)实行风险评估,实时监测安全威胁,完善内部安全管理;

(五)定期向公安机关和有关部门报告防范措施落实情况。

重点目标的管理单位应当根据城乡规划、相关标准和实际需要,对重点目标同步设计、同步建设、同步运行符合本法第二十七条规定的技防、物防设备、设施。

重点目标的管理单位应当建立公共安全视频图像信息系统值班监看、信息保存使用、运行维护等管理制度,保障相关系统正常运行。采集的视频图像信息保存期限不得少于九十日。

对重点目标以外的涉及公共安全的其他单位、场所、活动、设施,其主管部门和管理单位应当依照法律、行政法规规定,建立健全安全管理制度,落实安全责任。

第三十三条　重点目标的管理单位应当对重要岗位人员进行安全背景审查。对有不适合情形的人员,应当调整工作岗位,并将有关情况通报公安机关。

第三十四条　大型活动承办单位以及重点目标的管理单位应当依照规定,对进入大型活动场所、机场、火车站、码头、城市轨道交通站、公路长途客运站、口岸等重点目标的人员、物品和交通工具进行安全检查。发现违禁品和管制物品,应当予以扣留并立即向公安机关报告;发现涉嫌违法犯罪人员,应当立即向公安机关报告。

第三十五条　对航空器、列车、船舶、城市轨道车辆、公共电汽车等公共交通运输工具,营运单位应当依照规定配备安保人员和相应设备、设施,加强安全检查和保卫工作。

第三十六条　公安机关和有关部门应当掌握重点目标的基础信息和重要动态,指导、监督重点目标的管理单位履行防范恐怖袭击的各项职责。

公安机关、中国人民武装警察部队应当依照有关规定对重点目标进行警戒、巡逻、检查。

第三十七条　飞行管制、民用航空、公安等主管部门应当按照职责分工,加强空域、航空器和飞行活动管理,严密防范针对航空器或者利用飞行活动实施的恐怖活动。

第三十八条　各级人民政府和军事机关应当在重点国(边)境地段和口岸设置拦阻隔离网、视频图像采集和防越境报警设施。

公安机关和中国人民解放军应当严密组织国(边)境巡逻,依照规定对抵离国(边)境前沿、进出国(边)境管理区和国(边)境通道、口岸的人员、交通运输工具、物品,以及沿海沿边地区的船舶进行查验。

第三十九条　出入境证件签发机关、出入境边防检查机关对恐怖活动人员和恐怖活动嫌疑人员,有权决定不准其出境入境、不予签发出境入境证件或者宣布其出境入境证件作废。

第四十条　海关、出入境边防检查机关发现恐怖活动嫌疑人员或者涉嫌恐怖活动物品的,应当依法扣留,并立即移送公安机关或者国家安全机关。

检验检疫机关发现涉嫌恐怖活动物品的,应当依法扣留,并立即移送公安机关或者国家安全机关。

第四十一条　国务院外交、公安、国家安全、发展改革、工业和信息化、商务、旅游等主管部门应当建立境外投资合作、旅游等安全风险评估制度,对中国在境外的公民以及驻外机构、设施、财产加强安全保护,防范和应对恐怖袭击。

第四十二条　驻外机构应当建立健全安全防范制度和应对处置预案,加强对有关人员、设施、财产的安全保护。

第四章　情报信息

第四十三条　国家反恐怖主义工作领导机构建立国家反恐怖主义情报中心,实行跨部门、跨地区情报信息工作机制,统筹反恐怖主义情报信息工作。

有关部门应当加强反恐怖主义情报信息搜集工作,对搜集的有关线索、人员、行动类情报信息,应当依照规定及时统一归口报送国家反恐怖主义情报中心。

地方反恐怖主义工作领导机构应当建立跨部门情报信息工作机制,组织开展反恐怖主义情报信息工作,对重要的情报信息,应当及时向上级反恐怖主义工作领导机构报告,对涉及其他地方的紧急情报信息,应当及时通报相关地方。

第四十四条　公安机关、国家安全机关和有关部门应当依靠群众,加强基层基础工作,建立基层情报信息工作力量,提高反恐怖主义情报信息工作能力。

第四十五条　公安机关、国家安全机关、军事机关在其职责范围内,因反恐怖主义情报信息工作的需要,根据国家有关规定,经过严格的批准手续,可以采取技术侦察措施。

依照前款规定获取的材料,只能用于反恐怖主义应对处置和对恐怖活动犯罪、极端主义犯罪的侦查、起诉和审判,不得用于其他用途。

第四十六条　有关部门对于在本法第三章规定的安全防范工作中获取的信息,应当根据国家反恐怖主义情报中心的要求,及时提供。

第四十七条　国家反恐怖主义情报中心、地方反恐怖主义工作领导机构以及公安机关等有关部门应当对有关情报信息进行筛查、研判、核查、监控,认为有发生恐怖事件危险,需要采取相应的安全防范、应对处置措施的,应当及时通报有关部门和单位,并可以根据情况发出预警。有关部门和单位应当根据通报做好安全防范、应对处置工作。

第四十八条　反恐怖主义工作领导机构、有关部门和单位、个人应当对履行反恐怖主义工作职责、义务过程中知悉的国家秘密、商业秘密和个人隐私予以保密。

违反规定泄露国家秘密、商业秘密和个人隐私的,依法追究法律责任。

第五章　调　查

第四十九条　公安机关接到恐怖活动嫌疑的报告或者发现恐怖活动嫌疑,需要调查核实的,应当迅速进行调查。

第五十条　公安机关调查恐怖活动嫌疑,可以依照有关法律规定对嫌疑人员进行盘问、检查、传唤,可以提取或者采集肖像、指纹、虹膜图像等人体生物识别信息和血液、尿液、脱落细胞等生物样本,并留存其签名。

公安机关调查恐怖活动嫌疑,可以通知了解有关情况的人员到公安机关或者其他地点接受询问。

第五十一条　公安机关调查恐怖活动嫌疑,有权向有关单位和个人收集、调取相关信息和材料。有关单位和个人应当如实提供。

第五十二条　公安机关调查恐怖活动嫌疑,经县级以上公安机关负责人批准,可以查询嫌疑人员的存款、汇款、债券、股票、基金份额等财产,可以采取查封、扣押、冻结措施。查封、扣押、冻结的期限不得超过二个月,情况复杂的,可以经上一级公安机关负责人批准延长一个月。

第五十三条　公安机关调查恐怖活动嫌疑,经县级以上公安机关负责人批准,可以根据其危险程度,责令恐怖活动嫌疑人员遵守下列一项或者多项约束措施:

（一）未经公安机关批准不得离开所居住的市、县或者指定的处所;

（二）不得参加大型群众性活动或者从事特定的活动;

（三）未经公安机关批准不得乘坐公共交通工具或者进入特定的场所;

（四）不得与特定的人员会见或者通信;

（五）定期向公安机关报告活动情况;

（六）将护照等出入境证件、身份证件、驾驶证件交公安机关保存。

公安机关可以采取电子监控、不定期检查等方式对其遵守约束措施的情况进行监督。

采取前两款规定的约束措施的期限不得超过三个月。对不需要继续采取约束措施的,应当及时解除。

第五十四条　公安机关经调查,发现犯罪事实或者犯罪嫌疑人的,应当依照刑事诉讼法的规定立案侦查。本章规定的有关期限届满,公安机关未立案侦查的,应当解除有关措施。

第六章　应对处置

第五十五条　国家建立健全恐怖事件应对处置预案体系。

国家反恐怖主义工作领导机构应当针对恐怖事件的规律、特点和可能造成的社会危害,分级、分类制定国家应对处置预案,具体规定恐怖事件应对处置的组织指挥体系和恐怖事件安全防范、应对处置程序以及事后社会秩序恢复等内容。

有关部门、地方反恐怖主义工作领导机构应当制定相应的应对处置预案。

第五十六条　应对处置恐怖事件,各级反恐怖主义工作领导机构应当成立由有关部门参加的指挥机构,实行指挥长负责制。反恐怖主义工作领导机构负责人可以担任指挥长,也可以确定公安机关负责人或者反恐怖主义工作领导机构的其他成员单位负责人担任指挥长。

跨省、自治区、直辖市发生的恐怖事件或者特别重大恐怖事件的应对处置,由国家反恐怖主义工作领导机构负责指挥;在省、自治区、直辖市范围内发生的涉及多个行政区域的恐怖事件或者重大恐怖事件的应对处置,由省级反恐怖主义工作领导机构负责指挥。

第五十七条　恐怖事件发生后,发生地反恐怖主义工作领导机构应当立即启动恐怖事件应对处置预案,确定指挥长。有关部门和中国人民解放军、中国人民武装警察部队、民兵组织,按照反恐怖主义工作领导机构和指挥长的统一领导、指挥,协同开展打击、控制、救援、救护等现场应对处置工作。

上级反恐怖主义工作领导机构可以对应对处置工作进行指导,必要时调动有关反恐怖主义力量进行支援。

需要进入紧急状态的,由全国人民代表大会常务委员会或者国务院依照宪法和其他有关法律规定的权限和程序决定。

第五十八条　发现恐怖事件或者疑似恐怖事件后,公安机关应当立即进行处置,并向反恐怖主义工作领导机构报告;中国人民解放军、中国人民武装警察部队发现正在实施恐怖活动的,应当立即予以控制并将案件及时移交公安机关。

反恐怖主义工作领导机构尚未确定指挥长的,由在场处置的公安机关职级最高的人员担任现场指挥员。公安机关未能到达现场的,由在场处置的中国人民解放军或者中国人民武装警察部队职级最高的人员担任现场指挥员。现场应对处置人员无论是否属于同一单位、系统,均应当服从现场指挥员的指挥。

指挥长确定后,现场指挥员应当向其请示、报告工作或者有关情况。

第五十九条　中华人民共和国在境外的机构、人员、重要设施遭受或者可能遭受恐怖袭击的,国务院外交、公安、国家安全、商务、金融、国有资产监督管理、旅游、交通运输等主管部门应当及时启动应对处置预案。国务院外交部门应当协调有关国家采取相应措施。

中华人民共和国在境外的机构、人员、重要设施遭受严重恐怖袭击后,经与有关国家协商同意,国家反恐怖主义工作领导机构可以组织外交、公安、国家安全等部门派出工作人员赴境外开展应对处置工作。

第六十条　应对处置恐怖事件,应当优先保护直接受到恐怖活动危害、威胁人员的人身安全。

第六十一条　恐怖事件发生后,负责应对处置的反恐怖主义工作领导机构可以决定由有关部门和单位采取下列一项或者多项应对处置措施:

(一)组织营救和救治受害人员,疏散、撤离并妥善安置受到威胁的人员以及采取其他救助措施;

(二)封锁现场和周边道路,查验现场人员的身份证件,在有关场所附近设置临时警戒线;

(三)在特定区域内实施空域、海(水)域管制,对特定区域内的交通运输工具进行检查;

(四)在特定区域内实施互联网、无线电、通讯管制;

(五)在特定区域内或者针对特定人员实施出境入境管制;

(六)禁止或者限制使用有关设备、设施,关闭或者限制使用有关场所,中止人员密集的活动或者可能导致危害扩大的生产经营活动;

(七)抢修被损坏的交通、电信、互联网、广播电视、供水、排水、供电、供气、供热等公共设施;

(八)组织志愿人员参加反恐怖主义救援工作,要求具有特定专长的人员提供服务;

(九)其他必要的应对处置措施。

采取前款第三项至第五项规定的应对处置措施,由省级以上反恐怖主义工作领导机构决定或者批准;采取前款第六项规定的应对处置措施,由设区的市级以上反恐怖主义工作领导机构决定。应对处置措施应当明确适用的时间和空间范围,并向社会公布。

第六十二条　人民警察、人民武装警察以及其他依法配备、携带武器的应对处置人员，对在现场持枪支、刀具等凶器或者使用其他危险方法，正在或者准备实施暴力行为的人员，经警告无效的，可以使用武器；紧急情况下或者警告后可能导致更为严重危害后果的，可以直接使用武器。

第六十三条　恐怖事件发生、发展和应对处置信息，由恐怖事件发生地的省级反恐怖主义工作领导机构统一发布；跨省、自治区、直辖市发生的恐怖事件，由指定的省级反恐怖主义工作领导机构统一发布。

任何单位和个人不得编造、传播虚假恐怖事件信息；不得报道、传播可能引起模仿的恐怖活动的实施细节；不得发布恐怖事件中残忍、不人道的场景；在恐怖事件的应对处置过程中，除新闻媒体经负责发布信息的反恐怖主义工作领导机构批准外，不得报道、传播现场应对处置的工作人员、人质身份信息和应对处置行动情况。

第六十四条　恐怖事件应对处置结束后，各级人民政府应当组织有关部门帮助受影响的单位和个人尽快恢复生活、生产，稳定受影响地区的社会秩序和公众情绪。

第六十五条　当地人民政府应当及时给予恐怖事件受害人员及其近亲属适当的救助，并向失去基本生活条件的受害人员及其近亲属及时提供基本生活保障。卫生、民政等主管部门应当为恐怖事件受害人员及其近亲属提供心理、医疗等方面的援助。

第六十六条　公安机关应当及时对恐怖事件立案侦查，查明事件发生的原因、经过和结果，依法追究恐怖活动组织、人员的刑事责任。

第六十七条　反恐怖主义工作领导机构应当对恐怖事件的发生和应对处置工作进行全面分析、总结评估，提出防范和应对处置改进措施，向上一级反恐怖主义工作领导机构报告。

第七章　国际合作

第六十八条　中华人民共和国根据缔结或者参加的国际条约，或者按照平等互惠原则，与其他国家、地区、国际组织开展反恐怖主义合作。

第六十九条　国务院有关部门根据国务院授权，代表中国政府与外国政府和有关国际组织开展反恐怖主义政策对话、情报信息交流、执法合作和国际资金监管合作。

在不违背我国法律的前提下，边境地区的县级以上地方人民政府及其主管部门，经国务院或者中央有关部门批准，可以与相邻国家或者地区开展反恐怖主义情报信息交流、执法合作和国际资金监管合作。

第七十条　涉及恐怖活动犯罪的刑事司法协助、引渡和被判刑人移管，依照有关法律规定执行。

第七十一条　经与有关国家达成协议，并报国务院批准，国务院公安部门、国家安全部门可以派员出境执行反恐怖主义任务。

中国人民解放军、中国人民武装警察部队派员出境执行反恐怖主义任务，由中央军事委员会批准。

第七十二条　通过反恐怖主义国际合作取得的材料可以在行政处罚、刑事诉讼中作为证据使用，但我方承诺不作为证据使用的除外。

第八章　保障措施

第七十三条　国务院和县级以上地方各级人民政府应当按照事权划分，将反恐怖主义工作经费分别列入同级财政预算。

国家对反恐怖主义重点地区给予必要的经费支持，对应对处置大规模恐怖事件给予经费保障。

第七十四条　公安机关、国家安全机关和有关部门，以及中国人民解放军、中国人民武装警察部队，应当依照法律规定的职责，建立反恐怖主义专业力量，加强专业训练，配备必要的反恐怖主义专业设备、设施。

县级、乡级人民政府根据需要，指导有关单位、村民委员会、居民委员会建立反恐怖主义工作力量、志愿者队伍，协助、配合有关部门开展反恐怖主义工作。

第七十五条　对因履行反恐怖主义工作职责或者协助、配合有关部门开展反恐怖主义工作导致伤残或者死亡的人员，按照国家有关规定给予相应的待遇。

第七十六条　因报告和制止恐怖活动，在恐怖活动犯罪案件中作证，或者从事反恐怖主义工作，本人或者其近亲属的人身安全面临危险的，经本人或者其近亲属提出申请，公安机关、有关部门应当采取下列一项或者多项保护措施：

（一）不公开真实姓名、住址和工作单位等个人信息；

（二）禁止特定的人接触被保护人员；

（三）对人身和住宅采取专门性保护措施；

（四）变更被保护人员的姓名，重新安排住所和工作单位；

（五）其他必要的保护措施。

公安机关、有关部门应当依照前款规定，采取不公开被保护单位的真实名称、地址，禁止特定的人接近被保护单位，对被保护单位办公、经营场所采取专门性保护措施，以及其他必要的保护措施。

第七十七条　国家鼓励、支持反恐怖主义科学研究和技术创新，开发和推广使用先进的反恐怖主义技术、设备。

第七十八条　公安机关、国家安全机关、中国人民解放军、中国人民武装警察部队因履行反恐怖主义职责的紧急需要，根据国家有关规定，可以征用单位和个人的财产。任务完成后应当及时归还或者恢复原状，并依照规定支付相应费用；造成损失的，应当补偿。

因开展反恐怖主义工作对有关单位和个人的合法权益造成损害的，应当依法给予赔偿、补偿。有关单位和个人有权依法请求赔偿、补偿。

第九章　法律责任

第七十九条　组织、策划、准备实施、实施恐怖活动，宣扬恐怖主义，煽动实施恐怖活动，非法持有宣扬恐怖主义的物品，强制他人在公共场所穿戴宣扬恐怖主义的服饰、标志，组织、领导、参加恐怖活动组织，为恐怖活动组织、恐怖活动人员、实施恐怖活动或者恐怖活动培训提供帮助的，依法追究刑事责任。

第八十条　参与下列活动之一,情节轻微,尚不构成犯罪的,由公安机关处十日以上十五日以下拘留,可以并处一万元以下罚款:

（一）宣扬恐怖主义、极端主义或者煽动实施恐怖活动、极端主义活动的;

（二）制作、传播、非法持有宣扬恐怖主义、极端主义的物品的;

（三）强制他人在公共场所穿戴宣扬恐怖主义、极端主义的服饰、标志的;

（四）为宣扬恐怖主义、极端主义或者实施恐怖主义、极端主义活动提供信息、资金、物资、劳务、技术、场所等支持、协助、便利的。

第八十一条　利用极端主义,实施下列行为之一,情节轻微,尚不构成犯罪的,由公安机关处五日以上十五日以下拘留,可以并处一万元以下罚款:

（一）强迫他人参加宗教活动,或者强迫他人向宗教活动场所、宗教教职人员提供财物或者劳务的;

（二）以恐吓、骚扰等方式驱赶其他民族或者有其他信仰的人员离开居住地的;

（三）以恐吓、骚扰等方式干涉他人与其他民族或者有其他信仰的人员交往、共同生活的;

（四）以恐吓、骚扰等方式干涉他人生活习俗、方式和生产经营的;

（五）阻碍国家机关工作人员依法执行职务的;

（六）歪曲、诋毁国家政策、法律、行政法规,煽动、教唆抵制人民政府依法管理的;

（七）煽动、胁迫群众损毁或者故意损毁居民身份证、户口簿等国家法定证件以及人民币的;

（八）煽动、胁迫他人以宗教仪式取代结婚、离婚登记的;

（九）煽动、胁迫未成年人不接受义务教育的;

（十）其他利用极端主义破坏国家法律制度实施的。

第八十二条　明知他人有恐怖活动犯罪、极端主义犯罪行为,窝藏、包庇,情节轻微,尚不构成犯罪的,或者在司法机关向其调查有关情况、收集有关证据时,拒绝提供的,由公安机关处十日以上十五日以下拘留,可以并处一万元以下罚款。

第八十三条　金融机构和特定非金融机构对国家反恐怖主义工作领导机构的办事机构公告的恐怖活动组织及恐怖活动人员的资金或者其他资产,未立即予以冻结的,由公安机关处二十万元以上五十万元以下罚款,并对直接负责的董事、高级管理人员和其他直接责任人员处十万元以下罚款;情节严重的,处五十万元以上罚款,并对直接负责的董事、高级管理人员和其他直接责任人员,处十万元以上五十万元以下罚款,可以并处五日以上十五日以下拘留。

第八十四条　电信业务经营者、互联网服务提供者有下列情形之一的,由主管部门处二十万元以上五十万元以下罚款,并对其直接负责的主管人员和其他直接责任人员处十万元以下罚款;情节严重的,处五十万元以上罚款,并对其直接负责的主管人员和其他直接责任人员,处十万元以上五十万元以下罚款,可以由公安机关对其直接负责的主管人员和其他直接责任人员,处五日以上十五日以下拘留:

（一）未依照规定为公安机关、国家安全机关依法进行防范、调查恐怖活动提供技术接口和解密等技术支持和协助的;

(二)未按照主管部门的要求,停止传输、删除含有恐怖主义、极端主义内容的信息,保存相关记录,关闭相关网站或者关停相关服务的;

(三)未落实网络安全、信息内容监督制度和安全技术防范措施,造成含有恐怖主义、极端主义内容的信息传播,情节严重的。

第八十五条　铁路、公路、水上、航空的货运和邮政、快递等物流运营单位有下列情形之一的,由主管部门处十万元以上五十万元以下罚款,并对其直接负责的主管人员和其他直接责任人员处十万元以下罚款:

(一)未实行安全查验制度,对客户身份进行查验,或者未依照规定对运输、寄递物品进行安全检查或者开封验视的;

(二)对禁止运输、寄递,存在重大安全隐患,或者客户拒绝安全查验的物品予以运输、寄递的;

(三)未实行运输、寄递客户身份、物品信息登记制度的。

第八十六条　电信、互联网、金融业务经营者、服务提供者未按规定对客户身份进行查验,或者对身份不明、拒绝身份查验的客户提供服务的,主管部门应当责令改正;拒不改正的,处二十万元以上五十万元以下罚款,并对其直接负责的主管人员和其他直接责任人员处十万元以下罚款;情节严重的,处五十万元以上罚款,并对其直接负责的主管人员和其他直接责任人员,处十万元以上五十万元以下罚款。

住宿、长途客运、机动车租赁等业务经营者、服务提供者有前款规定情形的,由主管部门处十万元以上五十万元以下罚款,并对其直接负责的主管人员和其他直接责任人员处十万元以下罚款。

第八十七条　违反本法规定,有下列情形之一的,由主管部门给予警告,并责令改正;拒不改正的,处十万元以下罚款,并对其直接负责的主管人员和其他直接责任人员处一万元以下罚款:

(一)未依照规定对枪支等武器、弹药、管制器具、危险化学品、民用爆炸物品、核与放射物品作出电子追踪标识,对民用爆炸物品添加安检示踪标识物的;

(二)未依照规定对运营中的危险化学品、民用爆炸物品、核与放射物品的运输工具通过定位系统实行监控的;

(三)未依照规定对传染病病原体等物质实行严格的监督管理,情节严重的;

(四)违反国务院有关主管部门或者省级人民政府对管制器具、危险化学品、民用爆炸物品决定的管制或者限制交易措施的。

第八十八条　防范恐怖袭击重点目标的管理、营运单位违反本法规定,有下列情形之一的,由公安机关给予警告,并责令改正;拒不改正的,处十万元以下罚款,并对其直接负责的主管人员和其他直接责任人员处一万元以下罚款:

(一)未制定防范和应对处置恐怖活动的预案、措施的;

(二)未建立反恐怖主义工作专项经费保障制度,或者未配备防范和处置设备、设施的;

(三)未落实工作机构或者责任人员的;

(四)未对重要岗位人员进行安全背景审查,或者未将有不适合情形的人员调整工作岗位的；

（五）对公共交通运输工具未依照规定配备安保人员和相应设备、设施的；

（六）未建立公共安全视频图像信息系统值班监看、信息保存使用、运行维护等管理制度的。

大型活动承办单位以及重点目标的管理单位未依照规定对进入大型活动场所、机场、火车站、码头、城市轨道交通站、公路长途客运站、口岸等重点目标的人员、物品和交通工具进行安全检查的，公安机关应当责令改正；拒不改正的，处十万元以下罚款，并对其直接负责的主管人员和其他直接责任人员处一万元以下罚款。

第八十九条　恐怖活动嫌疑人员违反公安机关责令其遵守的约束措施的，由公安机关给予警告，并责令改正；拒不改正的，处五日以上十五日以下拘留。

第九十条　新闻媒体等单位编造、传播虚假恐怖事件信息，报道、传播可能引起模仿的恐怖活动的实施细节，发布恐怖事件中残忍、不人道的场景，或者未经批准，报道、传播现场应对处置的工作人员、人质身份信息和应对处置行动情况的，由公安机关处二十万元以下罚款，并对其直接负责的主管人员和其他直接责任人员，处五日以上十五日以下拘留，可以并处五万元以下罚款。

个人有前款规定行为的，由公安机关处五日以上十五日以下拘留，可以并处一万元以下罚款。

第九十一条　拒不配合有关部门开展反恐怖主义安全防范、情报信息、调查、应对处置工作的，由主管部门处二千元以下罚款；造成严重后果的，处五日以上十五日以下拘留，可以并处一万元以下罚款。

单位有前款规定行为的，由主管部门处五万元以下罚款；造成严重后果的，处十万元以下罚款；并对其直接负责的主管人员和其他直接责任人员依照前款规定处罚。

第九十二条　阻碍有关部门开展反恐怖主义工作的，由公安机关处五日以上十五日以下拘留，可以并处五万元以下罚款。

单位有前款规定行为的，由公安机关处二十万元以下罚款，并对其直接负责的主管人员和其他直接责任人员依照前款规定处罚。

阻碍人民警察、人民解放军、人民武装警察依法执行职务的，从重处罚。

第九十三条　单位违反本法规定，情节严重的，由主管部门责令停止从事相关业务、提供相关服务或者责令停产停业；造成严重后果的，吊销有关证照或者撤销登记。

第九十四条　反恐怖主义工作领导机构、有关部门的工作人员在反恐怖主义工作中滥用职权、玩忽职守、徇私舞弊，或者有违反规定泄露国家秘密、商业秘密和个人隐私等行为，构成犯罪的，依法追究刑事责任；尚不构成犯罪的，依法给予处分。

反恐怖主义工作领导机构、有关部门及其工作人员在反恐怖主义工作中滥用职权、玩忽职守、徇私舞弊或者有其他违法违纪行为的，任何单位和个人有权向有关部门检举、控告。有关部门接到检举、控告后，应当及时处理并回复检举、控告人。

第九十五条　对依照本法规定查封、扣押、冻结、扣留、收缴的物品、资金等，经审查发现与恐怖主义无关的，应当及时解除有关措施，予以退还。

第九十六条　有关单位和个人对依照本法作出的行政处罚和行政强制措施决定不

服的,可以依法申请行政复议或者提起行政诉讼。

第十章 附 则

第九十七条 本法自2016年1月1日起施行。2011年10月29日第十一届全国人民代表大会常务委员会第二十三次会议通过的《全国人民代表大会常务委员会关于加强反恐怖工作有关问题的决定》同时废止。

上海合作组织反恐怖主义公约(中文本)

上海合作组织成员国,

深表关切恐怖主义日益猖獗,威胁世界和平与安全、国家领土完整、国与国之间友好关系发展以及人的基本权利和自由,

遵循《联合国宪章》及二○○二年六月七日签署的《上海合作组织宪章》的宗旨和原则,

完善二○○一年六月十五日签署的《打击恐怖主义、分裂主义和极端主义上海公约》和二○○五年七月五日签署的《上海合作组织成员国合作打击恐怖主义、分裂主义和极端主义构想》,

承认本公约所涵盖的犯罪,不论在任何情况下实施,均无正当性可言,对实施和(或)参与实施犯罪的自然人和法人应追究其责任,

考虑到恐怖主义内涵、行为规模和性质发生的变化及加强反对恐怖主义合作的重要性,

认为必须加大反对恐怖主义的力度,重申预防和打击恐怖主义的一切措施,遵守法律至上和民主价值、人的基本权利和自由原则以及国际法准则,

认识到只有共同努力才能有效预防和打击恐怖主义,

达成协议如下:

第一条

本公约旨在提高反恐怖主义合作的效率。

第二条

一、出于本公约之目的,下列术语和概念系指:

(一)"各方"指本公约缔约国;

(二)"恐怖主义"指通过实施或威胁实施暴力和(或)其他犯罪活动,危害国家、社会与个人利益,影响政权机关或国际组织决策,使人们产生恐惧的暴力意识形态和实践;

(三)"恐怖主义行为"指为影响政权机关或国际组织决策,实现政治、宗教、意识形态及其他目的而实施的恐吓居民、危害人员生命和健康,造成巨大财产损失或生态灾难及其他严重后果等行为,以及为上述目的而威胁实施上述活动的行为;

(四)"恐怖主义组织"指:

1. 为实施本公约所涵盖的犯罪而成立的和(或)实施本公约所涵盖的犯罪的犯罪团伙、非法武装、匪帮和黑社会组织;

2. 以其名义、按其指示或为其利益策划、组织、准备和实施本公约所涵盖的犯罪的法人;

(五)"法人"指依据各方国内法的规定建立并开展活动的组织。

二、本条不妨碍任何国际条约或任何一方的国内法规定或可能规定比本条应用范围更广的术语和概念。

第三条

查明、防范和侦查本公约所涵盖的犯罪涉及至少两方司法管辖权时,适用本公约。

第四条

根据本公约行使权利和履行义务时,各方应遵循国家主权平等、领土完整和互不干涉内政的原则。

第五条

一、下列情况下,有关方应采取必要的措施,确定对本公约所涵盖的犯罪的司法管辖权:

(一)犯罪发生在该方境内;

(二)犯罪发生在悬挂该方国旗的船舶上,或是发生在根据该方法律注册的航空器上;

(三)犯罪由该方公民实施。

二、各方可在下列情况下对本公约所涵盖的犯罪确定各自的司法管辖权:

(一)旨在或导致在该方境内或针对该方公民实施恐怖主义行为的犯罪;

(二)针对该方境外目标,包括外交和领事机构馆舍而发生的旨在或导致实施恐怖主义行为的犯罪;

(三)企图强迫该方实施或不实施某种行为而发生的旨在或导致实施恐怖主义行为的犯罪;

(四)在该方境内常住的无国籍人士实施的犯罪;

(五)犯罪行为发生在该方经营的船舶上。

三、如果犯罪嫌疑人在一方境内且该方不将其引渡给其他方,该方应采取必要措施确定其对本公约所涵盖犯罪的司法管辖权。

四、本公约不排除按照国内法行使的任何刑事管辖权。

五、如果至少两方提出对本公约所涵盖的犯罪拥有司法管辖权,必要时,有关方可协商解决。

第六条

一、本公约规定的合作由各方确定的主管机关执行。

二、在各方提供关于批准或加入公约的通知文件时,各方应向公约保存机构提供本国负责执行本公约的主管机关名单,由公约保存机构告知其他各方。如主管机关变化,应立即通知公约保存机构,再由公约保存机构通报其他各方。

三、各方主管机关可就本公约规定的问题在职权范围内直接开展相互协作。为执行本公约,各方主管机关的地方部门和其他部门可按主管机关规定的程序建立直接联络。

四、各方主管机关基于提供协助的请求,或通过一方主管机关主动通报信息的方式,开展双边和多边合作。

五、相互协作可以通过外交渠道、国际刑警组织或上海合作组织地区反恐怖机构执委会进行。

第七条

一、为防止出现紧张形势而引发本公约所涵盖的犯罪,各方鼓励不同宗教和不同文化之间开展对话,必要时吸收非政府组织和其他社会团体参与,但必须遵守本国法律。

二、各方按照本国法律体系的基本原则,制定和实施反对恐怖主义的国内措施。这些措施可以包括:

(一)定期评估反对恐怖主义的法律文件及实际措施的有效性;

(二)与有关国际和地区组织合作制定并实施反对恐怖主义的措施,包括举行打击恐怖主义行为的演习;

(三)设立机构,协调各方有关机关反对恐怖主义的行动;

(四)提高反对恐怖主义执法及其他机关人员的职业素质,并为其提供必要的财政、物资和其他保障;

(五)对协助国家机关反对本公约所涵盖的犯罪、查明预备或实施本公约所涵盖的犯罪的人员给予奖励;

(六)通过立法规定,实行防范恐怖主义行为的限制措施;

(七)完善对自然人及设施的保护,包括提高执法机关及相关法人的合作效率,制定和推行旨在加强保护自然人和设施的标准;

(八)对受害者、证人等刑事诉讼参与人以及必要情况下的其他涉及反恐的人员进行保护;

(九)制定并采用认定自然人和法人参与实施本公约所涵盖犯罪的标准;

(十)保障法人有足够能力协助国家防范和查明在其设施内准备或实施本公约所涵盖的犯罪;

(十一)推动非政府组织、团体和个人参与反对恐怖主义,在全社会营造反对恐怖主义的氛围;

(十二)向公众宣传恐怖主义的危险、负面影响以及实施本公约所涵盖的犯罪应承担的责任;

(十三)为公民提供保障,使其可以通过匿名等方式向国家机关报告任何涉嫌本公约所涵盖犯罪的情况。

三、各方可采取比本公约更严厉的反对恐怖主义的措施。

第八条

各方应根据本国法律体系的基本原则,通过必要的立法及其他措施,防范和打击恐怖主义融资活动,包括:

(一)登记客户情况资料、金融交易数据并予以保存;

(二)向其各自授权的机关提供可疑的、经济上缺乏合理性的交易信息;

(三)根据执法机关或各方确定的其他机关的指令,暂时中止非法的、可疑的或经济上缺乏合理性的金融交易;

(四)应法院、检察院、侦查机关和各方授权的其他机关的请求,提供有关情况和文件。

第九条

一、各方应采取必要的立法措施,将故意实施的下列行为认定为刑事犯罪:

(一)恐怖主义行为;

(二)各方均参加的国际反恐公约认定为犯罪的行为;

(三)成立并利用法人机构策划、组织、预备和实施本款第一、二项,第四至十项所指的犯罪,或为此成立犯罪团伙、非法武装、匪帮、黑社会组织等;

(四)公开煽动或公开怂恿恐怖主义,即为唆使实施本款第一至三项,第五至十项所指的犯罪而传播某些言论,或公开呼吁支持和效仿恐怖主义;

(五)招募他人或用其他方式使其参与预备或实施本款第一至四项,第六至十项所指的犯罪;

(六)训练人员,以便实施或协助实施本款第一至五项,第七至十项所指的犯罪;

(七)参加恐怖主义组织;

(八)资助恐怖主义,即募集资金或提供金融服务以资助组织、准备和实施本款第一至七项,第九至十项所指的犯罪,或向恐怖主义组织活动提供资金或金融服务;

(九)为他人提供用于实施本款第一至八项,第十项所指犯罪的武器、爆炸物品或者其他工具;

(十)为涉嫌或被指控实施本款第一至九项所指犯罪的嫌疑人提供掩护、资助,帮助其逃跑,以及为其提供伪证。

二、各方可根据本国法律认定以下行为应受刑事处罚:故意窝藏、转移、收购或代为销售本条第一款规定的犯罪的嫌疑人和被告人的财产。

三、无论恐怖主义行为是否已实际发生,或被招募和(或)被训练的个人是否意识到本人行为的恐怖主义性质,不影响本条第一款第三至十项所指犯罪的构成。

四、各方还应采取必要的立法措施,将同谋、预备实施本条第一款所认定的犯罪及犯罪未遂认定为应受刑事处罚的行为。

第十条

一、各方应根据本国法律原则采取必要的立法及其他措施,禁止本国境内的法人参与本公约所涵盖的任何犯罪。

二、各方应采取必要的措施,规定法人参与本公约所涵盖的犯罪应负的责任。

三、在遵守各方法律原则的条件下,可以追究法人的刑事责任、民事责任或行政责任。

四、确定法人的责任时,不应免除参与法人实施本公约所涵盖犯罪的自然人的刑事责任。

五、各方确保采取下列措施,追究参与实施本公约所涵盖犯罪的法人的责任:

（一）警告；

（二）罚款；

（三）没收法人财产；

（四）暂时中止法人的活动；

（五）禁止法人的某些活动；

（六）取缔法人。

六、如法人策划、组织、准备和实施本公约所涵盖的犯罪行为，各方应采取法律措施，认定法人组织为恐怖组织，并根据法院判决或各方国内法律授权的其他机关的决定对其予以取缔。如通过控制法人行使其权利和义务的人员策划、组织、准备和实施本公约所涵盖的犯罪，也可采取这样的措施。

七、本条规定适用于参与本公约所涵盖的犯罪的外国法人在各方境内的下设机构（代表处、分支机构）。

第十一条

一、各方将本公约所涵盖的犯罪视为可适用引渡、移管和司法协助的犯罪。

二、本公约所涵盖的犯罪，均应视为任何已签订的各方之间的引渡条约中可以引渡的犯罪。各方有义务在今后签署的条约中承认这些犯罪是可以引渡的犯罪。

三、如果某方以条约作为引渡条件，在收到与其未签订引渡条约的其他方的引渡请求后，被请求方应视本公约为引渡本公约所涵盖犯罪的法律依据。执行引渡时，应遵守被请求方国内法规定的条件。

四、不以条约为引渡条件的各方，应将本公约所涵盖犯罪视为可以引渡的犯罪，并遵守被请求方国内法规定的条件。

五、当涉及引渡和提供司法协助时，应当遵守双重犯罪的原则。无论被请求方法律是否将有关行为界定为请求方法律所规定的犯罪，或是否使用请求方法律所用的术语对其进行表述，只要被请求提供司法协助或引渡的行为，根据双方国内法均被认定应受到刑事处罚，这一原则即可认为已得到遵守。

六、本公约所涵盖的犯罪，无论在何地实际发生，只要根据本公约第五条规定属于某一方司法管辖范围，即视为在其境内实施的犯罪而适用引渡。

七、法人涉嫌实施的本公约所涵盖的犯罪及其应承担的法律责任，根据各方国内法确定。

八、按照现行条约或双方商定，根据判刑国或被判刑人国籍国的请求，对因犯有本公约所涵盖犯罪的被判刑人，经其本人同意，可移交其国籍国继续服刑。

九、如犯有本公约所涵盖犯罪的人在被请求方境内，而该方仅以此人是其公民不予引渡，则应根据该方掌握的证据和有关材料，包括请求方提供的刑事案件材料，依照被请求方法律进行刑事诉讼。

第十二条

一、为预防和打击恐怖主义，各方主管机关可主动或根据请求相互提供涉及本公约有关问题的情报（文件、材料、其他信息）。

二、未经被请求方主管机关事先书面同意，请求方主管机关不得将本条第一款中的情报转交其他方。

三、除非请求方主管机关与相关方另有约定,各方主管机关不得泄露请求事宜及其内容,只能用于执行请求;各方主管机关应对被请求方转交的信息保密,只能在调查、法院审理或执行请求规定的程序范围内使用。

第十三条

一、请求的执行应遵循本公约和被请求方的法律。

二、如被请求方与请求方法律没有不同规定,在执行请求时可以适用请求方的法律。适用请求方的法律不应损害被请求方的主权和国家安全。

第十四条

一、请求以书面形式提交,应包括:

(一)请求方和被请求方的主管机关名称;

(二)请求的事项和理由;

(三)案件情况,包括开展立案审查、侦查或法院审理的案情说明(犯罪时间、地点和情节);

(四)有关法律法规的文本,如不能提供,应阐明相关法律法规条款,或者说明可在请求方境内依法采取的被请求措施或与其效果相同的其他措施;

(五)如有必要,标明密级。

二、关于对法人采取处罚措施的请求,除本条第一款所列举的内容外,还应包括:

(一)关于法人名称、所在地及其注册地址的信息、该法人组织代表的资料;

(二)处罚措施;

(三)请求方希望被请求方遵循的具体程序;

(四)关于可能被查封和没收的财产的信息(其所在地、与犯罪的关系以及其他人对该财产拥有合法权益的任何信息);

(五)请求方法院判决书或其他主管机关所作决定的核对无误的副本,以及判决和决定的理由;

(六)请求方依据的事实,供被请求方依照本国法律作出执行决定。

三、如请求审讯嫌疑人或被告人,则应当附上核对无误的刑事案件材料的副本。

四、如无其他约定,被请求方在收到请求之日起30日内通知请求方:

(一)关于针对请求所采取的行动及结果;

(二)关于阻碍执行或严重延迟执行的任何情况。

五、请求方应尽快通知被请求方:

(一)关于法院改判或关于对法人的制裁措施的判决和决定全部或部分失效的情况;

(二)关于造成根据本公约所采取的行动失去依据的情况变化。

六、一方根据同一判决,如向多方申请对法人采取处罚措施,应通知与执行该判决有关的其他各方。

第十五条

各方主管机关可执行下列请求:

(一)为追究刑事责任或为执行法院判决的引渡;

(二)立案审查；

(三)采取如下诉讼行为：

1. 鉴定；

2. 审讯犯罪嫌疑人、被告,询问证人、被害人和其他人；

3. 搜查、扣押；

4. 移交物证；

5. 查封财产；

6. 送达文书；

7. 职责内的其他行动；

(四)保全证据；

(五)对法人采取处罚措施；

(六)确定涉嫌实施本公约涵盖犯罪的自然人的所在地；

(七)确定被没收财产的所在地；

(八)本公约适用范围内所包括的其他情形。

第十六条

一、请求书由请求方主管机关首长或代理其职责的负责人签署,并(或)加盖带国徽的印章。

二、在紧急情况下,请求可以口头形式提出。但请求及其附带文件应在72小时之内以书面形式确认,必要时可通过技术手段转交文本。

三、如被请求方怀疑请求或请求的附带文件及其内容的真实性,可要求请求方予以补充确认或说明。

四、如根据本公约提出的请求数量较多,且涉及的情况相同,被请求方可自行决定执行请求的先后顺序。

五、如果请求的执行不属于被请求方主管机关的权限,该主管机关应将请求尽快转送本国其他负责执行机关,并立即通知请求方的主管机关。

六、被请求方主管机关可要求提供执行请求所需的补充信息。

第十七条

一、被请求方主管机关可以推迟对请求采取措施,如这些措施可能妨碍被请求方主管机关实施的立案审查、侦查或法院审理。

二、如果执行请求有损主权和国家安全或者违背国内法律,被请求方主管机关可以拒绝执行请求。

三、在拒绝或推迟执行请求之前,被请求方主管机关视情与请求方主管机关进行协商。

四、如推迟或拒绝执行请求,被请求方主管机关应立即通知请求方,并说明原因。

第十八条

一、如对涉嫌或被指控实施本公约所涵盖犯罪的人员进行刑事调查的请求方确定犯罪嫌疑人已进入被请求方境内,经被请求方主管机关同意,可派人进入被请求方境内参与对涉嫌或被指控实施犯罪人立案审查和侦查。

二、派遣到被请求国的请求方主管机关人员应当根据被请求方法律和双方共同加入的国际条约的规定参与在被请求方境内进行的立案审查和侦查。

三、在请求方根据本公约第十四至十八条的规定提出请求的基础上,被请求方决定接受请求方人员参与立案审查和侦查行动的办法。

四、在派人参与立案审查和侦查的请求中还应注明:

(一)所派人员的资料;

(二)派遣目的、立案审查和侦查行动的清单及其实施办法和期限;

(三)在使用交通工具时,交通工具种类、数量和车牌号;

(四)其他必要信息。

五、被请求方收到请求后,在5日内作出决定,并立即通知请求方主管机关。此决定可以附带一定的条件。

六、如果请求方提出的请求未包括本条第四款所述内容或者信息不完整,被请求方主管机关有权要求提供补充材料。

七、按规定到被请求方境内的请求方主管机关人员,应根据被请求方法律及有关驻留和执行公务的约定,在被请求方境内履行职责。

八、在被请求方境内参与被请求方主管机关进行的立案审查和侦查的请求方主管机关人员有义务:

(一)遵守被请求方的法律及有关机关提出的合法要求;

(二)向被请求方提供获取的信息。

九、被请求方一旦提出要求,请求方应立即停止参与在被请求方境内进行的立案审查和侦查行动。

十、双方可就本条规定另行签署协议。

第十九条

被请求方主管机关根据本国法律执行请求过程中获取的证据,在请求方境内具有同样的证据效力。

第二十条

一、在执行没收参与实施本公约所涵盖犯罪的自然人或法人财产的决定时,被请求方承认请求方对第三方权利作出的司法判决。

二、如出现下列情形之一,可以拒绝承认:

(一)第三方没有足够的条件主张自己的权利;

(二)第三方有充分理由主张自己的权利;

(三)判决与被请求方的判决相抵触;

(四)判决与被请求方法律相抵触;

(五)判决有违被请求方国内法规定的排他性司法管辖条款。

第二十一条

一、根据本公约提交的文件免除各种形式的认证手续。

二、在一方境内按照规定格式出具的,或经主管机关或授权人员在其职责范围内确认,并盖有带国徽印章的文书,其他各方在本国境内应予接受,无需任何专门的证明文件。

三、在一方境内被视为正式的文件,在其他各方境内具有正式文件的公信证明力。

第二十二条

一、各方主管机关可就本公约所涉及的问题通过外交渠道或其他方式,也可通过另一方主管机关将正式文件送达该方境内的自然人和法人。

二、各方主管机关应相互协助,将正式文件送达自然人和法人。

第二十三条

各方应在本国境内采取必要措施,防止向参与实施本公约所涵盖犯罪而被一方通缉的人员提供证明难民地位的文件。

第二十四条

一、为追究参与实施本公约所涵盖犯罪的法人的责任,一方应根据另一方请求采取以下必要措施:

(一)查封可能被依法没收的财产;

(二)暂时中止(冻结)金融交易;

(三)暂时中止法人的部分活动(广播、电视,出版发行包括电子媒体在内的大众媒体)。

二、本条第一款措施应当根据被请求方国内法和本公约实施。

三、被请求方终止本公约规定的措施之前,应保障请求方有权提出坚持执行该措施的理由。

第二十五条

一、在请求对参与本公约所涵盖犯罪的法人(包括其分支机构)采取处罚措施时,如该法人在被请求方境内,或者在被请求方境内拥有财产或从事活动,被请求方应当:

(一)执行请求方关于要求采取处罚措施的法院判决或其他主管机关的决定;或者

(二)根据请求方判决书中提供的事实和结论,及请求采取的处罚措施,按照本国法律进行审理。

二、对法人的处罚措施应当根据被请求方法律执行。

第二十六条

为确保没收进行,各方应根据国内法采取以下措施:

(一)查封、扣押、冻结为了实施本公约所涵盖任何犯罪而企图使用(或已使用)的、或资助实施本公约所涵盖任何犯罪的钱款、有价证券、贵重物品、武器及其组成部分(配件)、弹药、爆炸物或其他财产;

(二)如无法查封、扣押、冻结本条所述财产,应确保收缴与之价值相当的钱款。

第二十七条

一、根据本公约提出的没收自然人或法人财产的请求,不影响被请求方执行本方关于没收同一自然人或法人财产的决定的权利。

二、根据请求没收的财产总值不能超出没收决定标明的数额。如果某一方断定可能超出,双方应进行协商,避免发生这样的结果。

三、满足债权人的要求后,根据本公约应予取缔的法人的剩余财产也应予没收。

四、被请求方应根据本国法律对被没收财产进行管理，并确保其完整无缺。

五、经相关方商定，被没收的财产或其等值钱款，可以全部或部分移交给作出没收决定的一方。

第二十八条

如无另行商定，各方各自承担履行本公约所产生的费用。

第二十九条

一、如对根据本公约合作中因不合法行为或不作为造成的损失起诉要求赔偿，各有关方应当相互协商，确定分摊赔付上述损失的金额。

二、被提起赔偿损失诉讼的一方应通知其他有关各方。

第三十条

本公约不限制各方就本公约所涵盖的不违背其宗旨和目的的问题缔结其他国际条约，不影响各方参加其他国际条约所承担的权利和义务。

第三十一条

一、本公约无限期有效。

二、本公约须经各缔约国批准。批准书应交存公约保存机构。本公约自第4份批准书交存公约保存机构之日起第30日生效。

三、在第4份批准书交存后批准本公约的国家，本公约自该国向公约保存机构交存批准书后第30日起对其生效。

四、本公约保存机构为上海合作组织秘书处。

第三十二条

一、赞成本公约各项条款的其他国家，经上海合作组织成员国同意并向公约保存机构交存加入书，可加入本公约。

二、对于加入国，本公约自公约保存机构收到加入书之日起第30日生效。

第三十三条

根据《联合国宪章》第一百零二条规定，本公约应在联合国秘书处登记。

第三十四条

各方可以签订单独议定书，对本公约进行修改和补充，议定书构成本公约不可分割的组成部分。任何一方均可向公约保存机构提交进行修改和补充的书面建议，公约保存机构应立即将该建议提交其他各方审议。

第三十五条

任何一方可退出该公约，但需要在退出之日前至少6个月向公约保存机构发出书面退出通知。公约保存机构在收到退出通知后，30日内将此通知其他各方。

第三十六条

如对本公约条款的适用或解释出现争议，有关各方应通过协商和谈判解决。

第三十七条

一、各方在本公约框架下开展合作所使用的工作语言为汉语和俄语。

二、本公约正本交公约保存机构保存，公约保存机构应将核对无误的副本送交各方。

本公约于二〇〇九年六月十六日在叶卡捷琳堡签订，一式一份，用中文和俄文写成，两种文本同等作准。

哈萨克斯坦共和国代表　努尔苏丹·阿比舍维奇·纳扎尔巴耶夫(签字)

中华人民共和国代表　胡锦涛(签字)

吉尔吉斯共和国代表　库尔曼别克·巴基耶夫(签字)

俄罗斯联邦代表　德米特里·阿纳托利耶维奇·梅德韦杰夫(签字)

塔吉克斯坦共和国代表　埃莫马利·拉赫蒙(签字)

乌兹别克斯坦共和国代表　伊斯拉姆·阿卜杜加尼耶维奇·卡里莫夫(签字)

参考文献

一、论文类

[1] 朱素梅. 当代恐怖主义的类型与反恐怖主义[J]. 国际关系学院学报,1996(4):1-6.

[2] 莫洪宪. 有组织犯罪结构分类研究[J]. 河北法学,1998,16(5):16-18.

[3] 青峰. 附属刑法规范的创制性立法问题[J]. 法学研究,1998,20(3):65-71.

[4] 翁晓斌,龙宗智. 罪错推定与举证责任倒置[J]. 人民检察,1999(4):7-11.

[5] 陈桂明. 论推定[J]. 法学研究,1993(5):45-50.

[6] 牟军. 论英国刑事证明责任[J]. 现代法学,2000,22(1):129-133.

[7] 高健军. 国际恐怖主义与政治犯不引渡原则[J]. 法学论坛,2000,15(3):93-100.

[8] 孙长永. 沉默权制度的基本内容研究[J]. 诉讼法论丛,2000(1):36-96.

[9] 李文燕,田宏杰. 黑社会性质组织特征辨析[J]. 中国公安大学学报,2001,17(3):1672-2140.

[10] 杨明杰. 恐怖主义根源探析[J]. 现代国际关系,2002(1):54-62.

[11] 尧超. 浅析界定恐怖主义的四个核心要素[J]. 人民论坛,2016(14):248-249.

[12] 胡康生. 关于《中华人民共和国刑法修正案(三)》(草案)的说明[J]. 全国人民代表大会常务委员会公报,2002(1):18-20.

[13] 陈立虎,吴曦. 国际反恐怖主义犯罪和我国刑事立法[J]. 江苏警察学院学报,2002,17(5):144-152.

[14] 王艳雯. 现代恐怖主义的历史根源[J]. 安阳师范学院学报,2002(4):80-82.

[15] 陈敏. 构筑修补反恐怖新法网《刑法修正案(三)》登台亮相[J]. 人民公安,2002(6):41-43.

[16] 宁金和. 探析恐怖主义的根源[J]. 西南民族学院学报,2002,23(12):247-250.

[17] 康树华,胡戎恩. 恐怖主义历史与现状[J]. 法学杂志,2003,24(6):20.

[18] 王立民. 中国的反恐怖立法及其完善[J]. 时事观察,2003(3):25-27.

[19] 高铭暄. 论恐怖主义犯罪的惩治及我国立法的发展完善[J]. 中国法学,2002(3):130-143.

[20] 何秉松,廖斌. 恐怖主义概念比较研究[J]. 比较法学,2003(4):44-54.

[21] 于俊平. 现代国外恐怖主义及组织的基本类型[J]. 辽宁警专学报,2003,5(5):42-44.

[22] 田宏杰. 恐怖主义犯罪的界定[J]. 法律科学,2003,24(6):31-39.

[23] 张杰. 俄罗斯的恐怖主义犯罪及反恐措施[J]. 俄罗斯中亚东欧研究,2004(1):

26-30.

[24] 陈志军. 恐怖主义定义解读[J]. 犯罪研究,2004(1):24-32.

[25] 翟金鹏. 组织、领导、参加恐怖活动组织罪研究[J]. 犯罪研究,2004(3):56-60.

[26] 戚建刚. 后"9·11"时代德国反恐法律制度之改革[J]. 欧洲研究,2004,25(4):135-148,161.

[27] 王跃进."9·11"以来国际恐怖主义活动的主要特点[J]. 世界经济与政治论坛,2004(5):64-67.

[28] 曲岩. 试析当代恐怖主义的类型、特性及其产生根源[J]. 通化师范学院学报,2005,26(1):21-22.

[29] 莫洪宪,叶小琴. 我国恐怖主义定义研究综述[J]. 北京行政学院学报,2005(5):77-82.

[30] 翟金鹏. 恐怖主义相关行为要素研究[J]. 山东警察学院学报,2005,17(6):103-105.

[31] 张洁. 中国的反恐政策:原则、内容与措施[J]. 当代亚太,2005(11):33-39.

[32] 王文华. 关于"恐怖主义"的定义[J]. 北京政法职业学院学报,2006,48(1):34-38.

[33] 汪力,李林,江海. 当代恐怖犯罪及刑法对策新论[J]. 西南师范大学学报,2006,32(1):75-80.

[34] 窦学梅. 一起警察逼供案在德国引起广泛争论[J]. 中国司法,2006(4):94-95.

[35] 张云鹏. 论推定对刑事诉讼证明责任分配的影响[J]. 中国刑事法杂志,2006(5):65-69.

[36] 于志刚. 恐怖活动犯罪中资助行为入罪化的价值取向——与传统洗钱罪的冲突与整合[J]. 中国检察官,2006(6):31-33,36.

[37] 张明明. 恐怖主义特性和中国政府的反恐立场[J]. 理论前沿,2006(24):26-27.

[38] 赵秉志,杜邈. 俄罗斯与中亚诸国反恐怖主义法述评[J]. 法学评论,2007,25(1):109-119.

[39] 余凌云,洪延青. 反恐侦查中的监听权力规制[J]. 中国公共安全(学术版),2007(3):104-114.

[40] 朱定秀. 近代以来国家恐怖主义的特点及构成要素[J]. 安徽史学,2007(3):13-17.

[41] 蔡桂生. 论洗钱罪上游犯罪的刑事立法界定[J]. 中山大学研究生学刊,2007,28(4):73-81.

[42] 刘涛.《2005年美国爱国者法修改与再授权法》介评[J]. 国家检察官学院学报,2008,16(2):28-34.

[43] 康海军. 反恐侦查权与反恐侦查措施研究[J]. 犯罪研究,2008(3):75-80.

[44] 李世安. 恐怖主义的历史考察[J]. 烟台大学学报,2008,21(4):107-113.

[45] 徐公社,翁里. 恐怖主义的危害和防控策略[J]. 中国人民公安大学学报,2008,24(4):12-20.

[46] 黄瑶. 国际反恐法中的民族解放运动问题——以《关于国际恐怖主义的全面公约草案》为视角[J]. 中山大学学报,2008,48(5):172-181,215-216.

[47]杜邈.外国恐怖组织认定机制初探[J].山东警察学院学报,2008,20(6):102-108.

[48]肖平.恐怖主义的法律定义研究[J].福建行政学院学报,2009(1):68-72,76.

[49]阿地力江·阿布来提,古丽阿扎提·吐尔逊.中亚反恐法律及其评析[J].新疆大学学报,2009,37(6):87-94.

[50]梅建明,李健和,马振超.美国反恐怖预警机制研究[J].中国人民公安大学学报,2009,25(1):1-9.

[51]张小玲.反恐法庭的比较与借鉴[J].国家检察官学院学报,2008,16(2):11-16.

[52]肖平.浅析恐怖主义的构成要素[J].成都大学学报,2009(4):11-14.

[53]邓碧波.恐怖主义组织的要素、活动及其预防[J].南京政治学报学报,2009,25(5):78-80.

[54]袁世亮.信息、情报、资讯概念适用范围的分析与述论[J].图书与情报,2009(5):130-134.

[55]马克·埃尔博.法国反恐怖主义和反有组织犯罪的斗争[J].王鲲,译.国家检察官学院学报,2009,17(6):27-31.

[56]吴学永.当代国际恐怖主义的类型与特点[J].当代社会视野,2009(9):60.

[57]邵峰.当前全球恐怖主义的现状与发展态势[J].太平洋学报,2010,18(9):90-99.

[58]姚臻.关于"恐怖主义"的界定[J].北京政法职业学院学报,2010,52(2):74-77.

[59]王钢.出于营救目的的酷刑与正当防卫——战后德国最具争议之刑法问题评析[J].清华法学,2010,4(2):26-44.

[60]臧建国.论我国《反恐怖法》立法的基本原则[J].新疆大学学报(哲学·人文社会科学版),2011,39(6):50-54.

[61]张红.当代中国反恐怖主义行政执法体制研究[J].北京师范大学学报,2016(3):148-154.

[62]玛丽亚木·依明.引渡制度基本原则及完善我国引渡立法研究[J].商品与质量,2011(6):174.

[63]刘永昌.恐怖主义势力对我国的威胁[J].学理论,2011(7):54-55.

[64]倪春乐.比较与借鉴:论恐怖主义犯罪追诉中的恐怖组织认定[J].中国人民公安大学学报(社会科学版),2012,28(1):120-126.

[65]姚贝,王拓.法益保护前置化问题研究[J].中国刑事法杂志,2012(1):27-33.

[66]樊崇义,吴光升.论犯罪目的之推定与推论[J].国家检察官学院学报,2012,20(2):101-113.

[67]赵宝云,冯小卫,华小勇.中国政府的反恐立场和反恐政策[J].思想理论教育导刊,2012(4):66-70.

[68]程雷.论技侦手段所获材料的证据使用[J].证据科学,2012,20(5):557-564.

[69]王新霞,马晨.刍议洗钱罪的上游犯罪范围[J].西部法学评论,2012(5):101-104.

[70]兰跃军.比较法视野中的技术侦查措施[J].中国刑事法杂志,2013(1):66-74.

[71]许桂敏.俄罗斯反恐立法特点评介[J].环球法律评论,2013,35(1):46-62.

[72]柳兰.风险社会下的我国刑事政策与刑事立法[J].江苏警官学院学报,2013,28

(3):5-11.

[73]王家胤.联合侦查组制度初探——以欧盟联合侦查组立法与实践为视角[J].中国刑警学院学报,2013(4):28-31.

[74]喻义,夏勇.走向经济犯罪的恐怖主义:经济全球化背景下恐怖主义犯罪的新趋势及其对策分析[J].犯罪研究,2013(5):47-55.

[75]龙宗智.我国非法口供排除的"痛苦规则"及相关问题[J].政法论坛,2013,31(5):16-24.

[76]于改之,贾配龙.美国反恐立法评析[J].山东社会科学,2013(5):81-87.

[77]郝琦.浅论恐怖主义融资[J].东方企业文化,2013(13):187-188.

[78]李寿伟,王思丝.论反恐怖主义法的立法精神[J].北京师范大学学报,2016(3):127-135.

[79]董漫远."伊斯兰国"崛起的影响及前景[J].国际问题研究,2014(5):51-61.

[80]王宏伟.西方应对孤狼恐怖主义的难点与对策[J].北京行政学院学报,2014(3):59-64.

[81]王清新,李响.英国《恐怖主义预防和侦查措施法(2011)》对构建我国预防性控制制度的启示[J].云南师范大学学报,2014,46(5):96-102.

[82]冀莹."英国预防性刑事司法"评介与启示[J].政治与法律,2014(9):115-124.

[83]陈辐宽.恐怖犯罪刑事诉讼程序的完善[J].政治与法律,2014(11):156-161.

[84]王林.对恐怖主义概念和类型的重新界定——从德国之翼航班空难说开来[J].武汉公安干部学院学报,2015,29(2):55-57.

[85]姬艳涛.论我国反恐特别侦查程序的制度构建[J].辽宁警专学报,2015,17(2):23-28.

[86]罗海敏.论恐怖主义犯罪案件的审判管辖[J].河南社会科学,2015,23(3):46-51.

[87]贾春阳.美国如何鉴别恐怖分子及其启示[J].国际关系研究,2015(3):128-138.

[88]张健.简论恐怖主义要素[J].学理论,2015(5):23-24.

[89]高扬.美国执法系统反恐措施探析[J].江苏警官学院学报,2015,30(5):118-123.

[90]李阳.试论当前国际反恐合作中存在的突出问题[J].新西部,2015(5):65-66.

[91]兰迪.恐怖主义犯罪的事实定义与基本类型研究——以犯罪学为视角[J].净月学刊,2016(1):106-115.

[92]周振杰,赵秉志.惩治外国恐怖主义战斗人员的国际与国内刑事立法研究[J].吉林大学社会科学学报,2016,56(2):5-18.

[93]潘新睿."9·11事件"后美国反恐证据规则变迁及其对中国的启示[J].证据科学,2016(2):198-207.

[94]李章仙.技侦证据使用问题研究[J].山东警察学院学报,2016,28(2):84-91.

二、学位论文类

[1]徐晨.防治恐怖主义的国际合作机制研究[D].上海:复旦大学,2014.

[2]王子愉.探析防治恐怖主义犯罪的国际立法及实践[D].北京:外交学院,2016.

[3]张伟.论引渡在国际反恐合作中的适用[D].湘潭:湘潭大学,2012.

[4]娄松涛.国际恐怖主义犯罪管辖权冲突问题研究[D].上海:华东政法大学,2009.

[5]耿德举.国际恐怖主义犯罪的管辖权问题研究[D].成都:四川大学,2007.

三、著作类

[1][法]孟德斯鸠.论法的精神[M].张雁深,译.上海:商务印书馆,1986.

[2][美]乔恩·R.华尔兹.刑事证据大全[M].何家弘,王若阳,陈洁,等译.北京:中国人民公安大学出版社,1993.

[3]陈兴良.刑法疏议[M].北京:中国人民公安大学出版社,1997.

[4]黄风.引渡制度[M].北京:法律出版社,1997.

[5][法]安德鲁·博萨.跨国犯罪与刑法[M].陈正云,朱深远,孙丽波,等译.北京:中国检察出版社,1997.

[6]高铭暄,赵秉志.新中国刑法立法文献资料总览[M].北京:中国人民公安大学出版社,1998.

[7]康树华.当代有组织犯罪与防治对策[M].北京:中国方正出版社,1998.

[8]赵秉志.扰乱公共秩序罪[M].北京:中国人民公安大学出版社,1999.

[9][美]E.博登海默.法理学:法律哲学与法学方法[M].邓正来,译.北京:中国政法大学出版社,1999.

[10]马克昌.犯罪通论[M].武汉:武汉大学出版社,1999.

[11]马大正,冯锡时.中亚五国史纲[M].乌鲁木齐:新疆人民出版社,2000.

[12][俄]斯库拉托夫,列别捷夫.俄罗斯联邦刑法典释义(上)[M].黄道秀,译.北京:中国政法大学出版社,2000.

[13]周密,刘迪.德国刑事法律制度的新变化[M].北京:法律出版社,2000.

[14]何秉松.恐怖主义·邪教·黑社会[M].北京:群众出版社,2001.

[15][西]佩佩·罗德里格斯.痴迷邪教:邪教的本质、防范及处置[M].石灵,译.北京:新华出版社,2001.

[16]吴强.末日疯狂:世纪末全球十大恐怖主义活动[M].北京:当代世界出版社,2001.

[17]王逸舟.恐怖主义溯源[M].北京:社会科学文献出版社,2002.

[18]中国现代国际关系研究所反恐怖研究中心.各国及联合国反恐怖主义法规汇编[M].北京:时事出版社,2002.

[19]陈光中.刑事诉讼法[M].北京:北京大学出版社,2002.

[20]法国新刑法典[M].罗结珍,译.北京:中国法制出版社,2003.

[21]何家弘.证人制度研究[M].北京:人民法院出版社,2004.

[22]黄道秀.俄罗斯联邦刑法典[M].北京:中国法制出版社,2004.

[23]卢建平.有组织犯罪比较研究[M].北京:法律出版社,2004.

[24]马长生.国际公约与刑法若干问题研究[M].北京:北京大学出版社,2004.

[25]卢宇蓉.加重构成犯罪研究[M].北京:中国人民公安大学出版社,2004.

[26]赵秉志.惩治恐怖主义犯罪理论与立法[M].北京:中国人民公安大学出版社,2005.

[27]赵秉志.国际恐怖主义犯罪及其防治对策专论[M].北京:中国人民公安大学出版社,2005.

[28] 阮传胜.恐怖主义犯罪研究[M].北京:北京大学出版社,2007.
[29] 高铭暄,赵秉志.中国刑法立法文献资料精选[M].北京:法律出版社,2007.
[30] 王燕飞.恐怖主义犯罪立法比较研究[M].北京:中国人民公安大学出版社,2007.
[31] 杜邈.恐怖主义犯罪专题整理[M].北京:中国人民公安大学出版社,2008.
[32] 孙长永,黄维智,赖早兴.刑事举证责任制度研究[M].北京:中国法制出版社,2009.
[33] 杜邈.反恐刑法立法研究[M].北京:法律出版社,2009.
[34] 许桂敏.俄罗斯恐怖主义犯罪研究[M].北京:法律出版社,2009.
[35] 段洁龙.国际反恐法律文件汇编[M].北京:海洋出版社,2009.
[36] 孙茂利.反恐怖主义法律规定汇编[M].北京:中国民主法治出版社,2016.
[37] 赵秉志、杜邈.中国反恐法治问题研究[M].北京:中国人民公安大学出版社,2010.
[38] 王丽玉.国际罪行——索马里海盗:挑战国际法[M].哈尔滨:黑龙江教育出版社,2011.
[39] 简基松.恐怖主义犯罪之刑法与国际刑法控制[M].北京:国家行政学院出版社,2012.
[40] 郎胜.《中华人民共和国刑事诉讼法》修改与适用[M].北京:新华出版社,2012.
[41] 中国民用航空局政策法规司,中国民航科学技术研究院政策法规研究所.恐怖主义行为的国际法律控制——国际航空保安公约体系:现状、问题和前景[M].北京:中国政法大学出版社,2012.
[42] 张金平.国际恐怖主义与反恐策略[M].北京:人民出版社,2012.
[43] 杨隽、梅建明.恐怖主义概论[M].北京:法律出版社,2013.
[44] 孙昂.国际反恐前沿——恐怖主义挑战国际法[M].哈尔滨:黑龙江教育出版社,2013.
[45] 戴艳梅.俄罗斯反恐体系研究[M].北京:时事出版社,2015.
[46] 本书编写组.防范和应对恐怖主义活动知识读本[M].北京:人民日报出版社,2015.
[47] 任筱锋,郑宏,梁巍.国际反对恐怖主义公约汇编[M].北京:世界知识出版社,2015.
[48] 中国现代国际关系研究院反恐怖研究中心.国际恐怖主义与反恐怖斗争年鉴(2013—2014)[M].北京:时事出版社,2015.
[49] 戴艳梅.国际反恐实务[M].北京:中国言实出版社,2015.
[50] 叶俊.国际恐怖主义犯罪人引渡的法律困境[M].上海:上海人民出版社,2015.
[51] 孙茂利.《中华人民共和国反恐怖主义法》释义[M].北京:中国民主法治出版社,2016.